一起打铁到八十

常江 ◎ 著

人民日报出版社
北京

图书在版编目（CIP）数据

一起打铁到八十 / 常江著. —北京：人民日报出版社，2021.9
ISBN 978-7-5115-7117-5

Ⅰ.①一⋯　Ⅱ.①常⋯　Ⅲ.①铁人三项全能运动 - 运动训练 - 普及读物　Ⅳ.①G888.12-49

中国版本图书馆CIP数据核字（2021）第171985号

书　　　名：	一起打铁到八十	
	YIQI DATIE DAO BASHI	
著　　　者：	常　江	
出 版 人：	刘华新	
责任编辑：	王慧蓉	
出版发行：	人民日报出版社	
社　　　址：	北京金台西路2号	
邮政编码：	100733	
发行热线：	（010）65369527　65369509　65369512　65369846	
邮购热线：	（010）65369530　65363527	
编辑热线：	（010）65369844	
网　　　址：	www.peopledailypress.com	
经　　　销：	新华书店	
印　　　刷：	大厂回族自治县彩虹印刷有限公司	
开　　　本：	710mm×1000mm　　1/16	
字　　　数：	420千字	
印　　　张：	24.25	
版次印次：	2021年9月第1版　　2021年9月第1次印刷	
书　　　号：	ISBN 978-7-5115-7117-5	
定　　　价：	68.00元	

▲ 2010年犯腰椎、颈椎病的常江开始运动

▲ 2013年8月18日，宿迁铁人四项被关门后，常江立志完成226公里大铁

▲ 2012年常江的儿子常晋淳（龙龙）12岁生日会上立志成为男子汉

▲ 2014年1月18日，常江成为山西省首批完成香港百公里越野的选手，从此立志挑战330公里意大利巨人之旅

▶ 2014年7月27日，龙龙获得人生第一个铁人三项冠军

▲ 2014年7月23日,龙龙第一次比赛被常江扔在嘉峪关独自备战

▲ 2014年9月27日,常江参加兰卡威大铁,13小时14分完赛

▲ 2017年7月8日,常江带着龙龙13小时完成龙城60公里越野赛

▲ 2017年常江参加"忻州工行杯"长跑

2018年5月28日,常江参加河南睢县铁人三项赛合影

▲ 2019年4月6日,常江参加济南50公里越野赛

▲ 2019年3月15日,常江和山西跑友参加黄山越野赛

▲ 2019年9月8日,常江与龙之队太马合影　　▲ 2019年10月20日,常江完成广德大铁

2021年1月2日,常江冬泳磨炼意志

陶醉

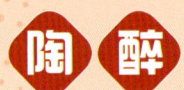

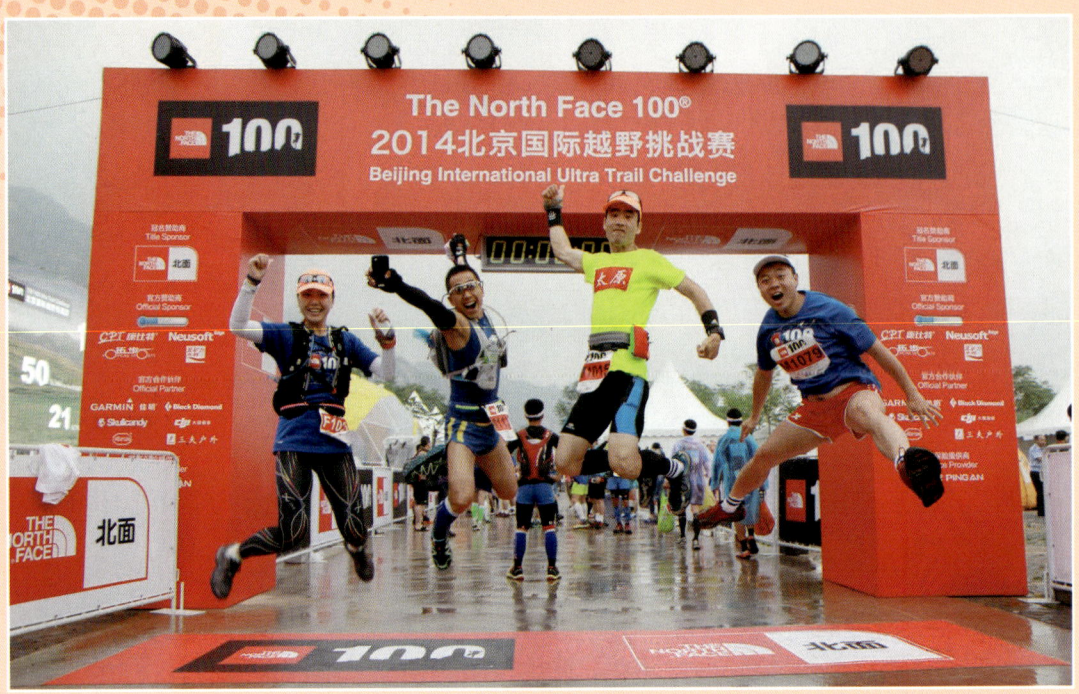

▲ 2014 年 7 月 25 日，常江参加北京 TNF 一百

▼ 2015 年 4 月 3 日，常江参加中国宝岛台湾垦丁大铁

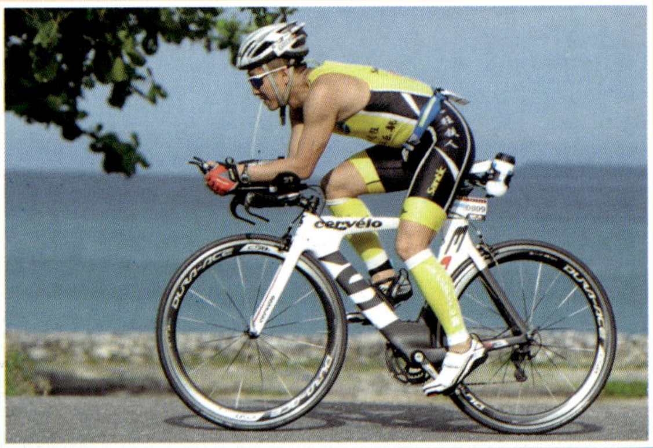

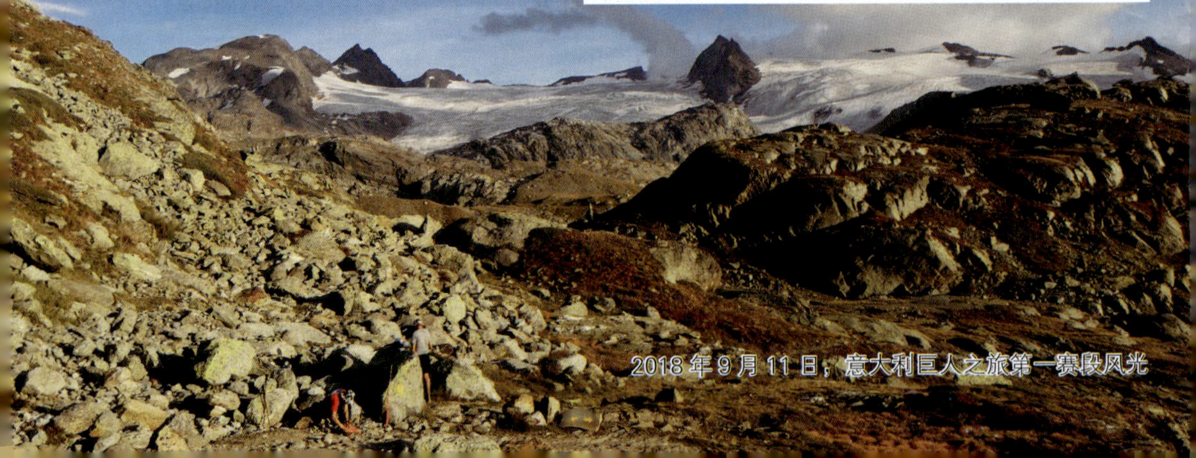

2018 年 9 月 11 日，意大利巨人之旅第一赛段风光

◀ 2018年9月15日,意大利巨人之旅危险赛道上享受比赛的外国选手

▲ 2018年6月10日,凯恩斯大铁比赛的海景

▲ 2019年4月6日,参加济南50公里越野,锻炼上大一的龙龙

▲ 2019年5月17日,乌蒙山比赛路上组织小学生比赛

圆梦

▲ 2017年，常江完赛喀纳斯330公里越野赛后与跑友庆祝

▲ 2018年9月15日，常江经历145小时完成意大利巨人之旅

▲ 2018年，常江历经6年磨炼终于完成意大利巨人之旅

▲ 2019年8月16日，常江代表山西省参加第二届青年运动会

▲ 2019年5月23日，常江经历163小时完赛国内最长越野比赛——乌蒙山478公里越野比赛

序

"金子"都是"铁打"出来的

大伙都知道,我是从事金融行业的。其实,文学是我的副业,对于体育,那更是门外汉了。可如今,我也要跟体育打交道了,尽管是不得不。

事情起源于山西老乡常江。常江是山西太原人,就职于山西工行金融培训学校。山西人从事金融业,不足为奇,因为山西是中国现代金融的发祥地,常江成为金融人也算是门里出身。可没想到他吃着碗里看着锅里,这"碗"当然是金融,属于"钱"道;可这"锅"就是体育,完全属于"武"行啊。这还不算,最近几年,竟然又要抢占"文"坛,作品出了一部又一部。当常江把他的新作《一起打铁到八十》放到我面前时,我还真的有点蒙了。说实在话,我在金融系统跌打摸爬几十年,金融专家、金融作家也见得多了,但是既搞金融业务,又是体育达人,"文武双全"还不满足,还要进行文学创作,如此能够"一石三鸟"的人,我还是头一次见。便不由得钦佩。

通过交流,我才知道,这次他出版《一起打铁到八十》,真实记录了他从2013年到2020年以来参加的国内外知名度比较高的铁人三项、越野跑、马拉松等赛事,也记录了他通过铁人三项和越野跑培养儿子常晋浡从初中到大学的成长经历。

说实话,本人是个"文人",对于"武"行体育还真是生疏,于是赶紧自学,才知道了"铁人三项"是一项何等厉害的活动。原来在1974年2月,美国的一群体育官员聚集在夏威夷群岛的一个酒吧里争论:世界上究竟哪一种体育运动项目最具有刺激性、挑战性,最能考验人的意志和体能?有的说是橄榄球,有的说是渡海游泳,有的说是长距离自行车、登山马拉松等,他们各抒己见,争论不休。最后,美国海军准将约翰·科林斯提出:谁能在一天之内在波涛汹涌的大海游泳3.8公里,再环岛骑自行车180公里,最后跑完42.195

公里的檀香山马拉松全程，中途不得停留，谁就是真正的铁人。于是第二天就有 15 人参加了比赛，其中还有 1 位女选手。结果有 12 人赛完全程。就这样，一项挑战自然、战胜自我的新型体育运动项目，在这种充满戏剧性、冒险性的情况下诞生了。

如今的常江同志，已经是从全国金融系统全员运动活动中涌现出的健身"达人"。也许大家都会认为常江是位天生健将，其实他以前体质羸弱，是出了名的"病秧子"。2006 年工行股改上市那段时间他负责省内的债转股、各类风险资产的数据、资料收集、审核、整理和报送工作，为了按时按质完成总行任务，连续加班熬夜三四天是常态。长期生活不规律的伏案工作，导致他 36 岁时就被腰椎、颈椎、失眠等亚健康问题困扰。一次偶然的机会他参加了单位组织的游泳健身运动，从此爱上了运动。经过长期坚持锻炼，不但身体恢复健康，而且利用业余时间参加国内外的越野跑、铁人三项、马拉松等比赛，逐步成长为金融系统为数不多的健将"铁人"，并将这种精神影响给下一代。

通过阅读，我还认识到常江同志是一个意志超强的人。书中，常江描述了父子通过训练和参加赛事，不断挑战自我体能极限、磨炼精神意志、激发潜能，从量变到质变，最终实现了那个曾经遥不可及的铁人梦想。同时他还记录了每一场赛事的赛道难度、举办方组织能力、推荐指数以及对赛事的整体评价，方便爱好者了解赛事，理性选择适合自己参加的赛事，从而达到科学运动，树立挑战自我、超越极限、坚忍不拔、永不放弃的"铁人"精神。

正如他在书中写道：世上本没有路，披荆斩棘，就会有路，路在脚下。"喀纳斯天彻底黑一般是晚上 10 点后，可在这湖边的大森林里，没有光线只有黑暗，打开头灯找那条所谓的小路很快就找不到了。地球在不停地转动，时间在不停地飞逝，我们不能停留在这里，必须以最快的速度离开这个浓密森林的鬼地方，只有到达 CP11 才能安全。所以在确定我们现在的位置就是打卡点所在的山后，我果断地决定按照手表指标的大体方向走。这里有一条不知是人走过还是兽走过的痕迹穿梭在草丛当中时有时无，可沿着这条路走了好久，路线好像总是与我们的目标处于忽远忽近的平行位置。这样走下去肯定会再次误入歧途，所以我主动担任带路任务。世上本就没有路，深夜探路有何惧？"

就是凭着这种"铁人"精神，常江在 1993 年至 2015 年，从支行至二级

序

分行再到省分行，一直工作在信贷岗位的前中后台。2009年小企业部成立，全省没有人会做小企业贷款，常江带头深入一线，手把手指导支行完成了省内第一笔500万元小企业保理贷款。2009年至2015年期间全省所有的小企业客户经理培训都是由常江来组织和培训的，打造出了一支素质过硬的小企业信贷队伍，三年时间小企业贷款余额从500万元做到超百亿元。

通过阅读，我还明白了常江是一个既脚踏实地又胸怀远大理想的人。常江经常说：跑完喀纳斯330公里三个人能够安全回来就已经是个奇迹了，名次、奖金对于我们所经受的苦难来说又算得了什么？330公里的修行就是让我们在经历五天五夜的磨难后，知道我是谁？我该做什么？生活并不会在这五天五夜变好或变坏，但我们可以充满信心地去遇到更好的自己。就像喀纳斯330公里一样，虽然我们中间走了很多弯路、迷失了很多次方向，但我们自始至终都没有放弃目标，我们永远相信迈向前方的每一步都将离我们的梦想更近一步！

近年来，金融系统特别关爱和重视金融从业人员的身体健康，鼓励金融职工利用业余时间走到户外，强身健体，磨炼意志，消除亚健康。在全国范围内举办了很多金融特色的健步走活动和金融系统运动会，积极推动金融行业员工参与到全民健身活动中。大力弘扬劳动精神、"铁人"精神、劳模精神和"大国工匠"精神，历练了一支特别能吃苦、特别能战斗的金融职工队伍，推动了金融事业健康稳定发展。

常江已经是业务先进、体育达人和业余作家"三栖明星"，但他依旧谦虚好学，孜孜以求。他说：我始终认为只有拼搏、创新才能让银行工作有生命力，金融行业更需要"铁人"精神，只有每个人都能够发扬"铁人"精神，坚持不懈地去当好开拓者、贡献者，争做拓荒牛、孺子牛和老黄牛，才能够为银行创造价值。愿常江这个"铁"打的汉子，更加威武雄壮，心海和大地一样宽广，谱写出新时代金融人的"好汉歌"！

是为序。

中国金融作协主席
中国金融文联副主席
中国作协全委会委员

致敬我最爱的中国越野跑

作为国内最早走向国际越野赛场的跑者之一,深知中国越野文化和赛事与国外还是有很大差距。中国越野跑正在经历从无到有的发展与变革。为了推动中国越野跑赛事,我从2013年以来先后创办了大连100越野赛(2013年)、大理100越野赛(2013年)、中国三峡超级越野赛(2015年)和黄山超级越野赛(2017年)等"雷越野"系列赛事。经过不断努力,终于让"雷越野"系列赛事列入世界著名越野跑赛事名录,并将欧洲顶级越野赛事UTMB(环勃朗峰越野赛)积分制成功引入国内越野跑赛事中。大连100越野赛同时还是亚洲区域除香港100和日本环富士山越野赛之外仅有的第三个获得"美国西部100越野赛"报名资格积分赛事。中国三峡超级越野赛在2017年中国户外产业年度评选中荣获2016年度"最具影响力越野赛"。

中国越野跑的快速崛起,离不开常江这样的忠实越野跑爱好者的大力推广,他们热心组织本地区的越野爱好者组团参加越野跑赛事,无私地奉献自己积累的越野跑经验。这次常江在2014年出版《疯狂铁人ing》之后,再次出版续集《一起打铁到八十》,这本书详细记录了常江从2013年立志完成意大利330公里巨人之旅梦想,到最终实现巨人梦想的成长过程,而"雷越野"赛事也成为他不断提升自己、磨炼自己的平台之一。

借此感谢多年来广大越野跑爱好者对"雷越野"赛事的支持,"雷越野"系列赛也将不断吸收国际赛事的先进经验和理念,为中国越野跑运动的发展奉献自己的一份微薄之力。

"雷越野"系列赛创始人 于雷

序

成为铁人不留遗憾

在我练习铁人三项的近20年里,经常遇到一些人对我说,"党琦,铁人三项真是一项有魅力的运动,如果我再年轻几岁就一定参与铁人三项""如果我再有多一点儿的时间,就一定去打铁"。同时也有一些人说,"虽然我工作很忙,但我一定可以完成铁人三项的比赛""我身体有缺陷,但不影响我成为一个铁人"!每个人都有自己的想法,没有对错之分。但我们都可以开放心态,给自己更多的可能性。中国的铁人运动发展得很快,2005年的时候每年只有5场比赛,2019年时达76场。我们很高兴看到有社会各届的朋友,不论男女、不分老少,都陆读加入铁人这个大家庭中,在赛场上奋力拼搏,展现铁人风采;他们在生活和工作中乐观积极,书写精彩人生。所以,就像本书所讲述的:想要成为铁人没有什么障碍,只要你勇敢地踏出这一步,你就可以成为一个铁人!

中国铁人领军人物

自序

地球上存在的最主要三种形态是液态、气态和固态，它代表了海、陆、空。人类生存也离不开液态、气态和固态。老子说：道生一，一生二，二生三，三生万物。铁人三项的三项运动分别经历了液态（公开水域游泳）、气态（双脚离地骑行对抗风阻）和固态（脚踏实地跑步），是一种天地人合、适应环境、刚柔并济的运动科学，与《道德经》提倡的人与自然不谋而合。

铁人三项运动比赛没有年龄限制，国际上 226 公里（游泳 3.8 公里、骑行 180 公里、跑步 42.2 公里）铁人三项的最大完赛选手年龄超过了 80 岁，速豹疯狂铁人三项运动协会最大完赛选手是 73 岁的张铁娃。全球最大年龄完赛选手是日本 86 岁的铁人三项爱好者稻田弘，他于 2018 年 10 月 13 日打破了完赛 KONA 世锦赛最年长铁人纪录，226 公里完赛成绩为 16 小时 53 分 49 秒（关门时间 17 小时），只比我的最好成绩慢 4 小时。86 岁的铁人稻田弘 69 岁才开始喜欢上铁人三项运动，70 岁才完成人生第一个 51.5 公里的奥运标准铁人三项比赛。这样的生命质量让多少人羡慕嫉妒？

40 岁那年的我为摆脱因长期伏案工作、加班熬夜导致腰、颈椎病的亚健康状态，喜欢上了铁人三项运动。儿子龙龙（常晋浮）从小和我一样体质较弱，家庭的溺爱导致他自信心不足，14 岁还不敢自己一个人睡觉。每个男人内心深处都住有一个铁人，铁人三项这项运动能否赋予我们铁人般的能量和精神？从我训练铁人三项开始的第一天，就期望将龙龙培养成与我并肩作战的队友，希望有一天我们能够一起驰骋在全球各地的铁人三项赛场上，成为真正的铁人父子。

2020 年是铁人三项进入中国的第 30 个年头，致敬中国铁人 30 年来的不懈努力，期望中国铁人三项赛事越办越好，铁人三项早日成为中国人民最喜欢的全民健身运动。一起打铁到八十（岁），成为所有铁人共同追求的梦想。

目录

铁人三项篇

2014年4月26日	镇江金山湖国际铁人三项赛	/ 2
2014年5月2日	疯狂铁人联赛超级骑跑马拉松	/ 7
2014年7月25日	张掖百公里越野加铁人三项	/ 11
2014年7月25日	嘉峪关铁人三项赛	/ 23
2014年9月7日	北戴河铁人三项比赛	/ 26
2014年9月20日	威海长距离铁人三项世界锦标赛	/ 29
2014年9月27日	马来西亚兰卡威226公里Ironman	/ 33
2015年4月13日	台湾垦丁226公里Ironman	/ 40
2015年7月4日	宁夏石嘴山国际铁人三项赛	/ 43
2015年8月8日	哈尔滨全国铁人三项锦标赛	/ 45
2015年10月17日	重庆长寿湖国际铁人三项赛	/ 48
2015年10月24日	杭州富阳全国业余铁人三项积分赛	/ 51
2016年8月7日	大庆全国铁人三项积分赛	/ 54
2017年7月1日	中国铁人三项联赛——绥中东戴河	/ 57
2017年8月20日	易水湖铁人三项比赛	/ 59

2017年9月30日　威海超级铁人三项比赛	/ 62
2017年11月12日　Ironman 厦门 70.3	/ 67
2018年5月27日　中国铁人三项联赛——河南睢县	/ 72
2018年6月10日　澳大利亚凯恩斯 226 公里 Ironman	/ 79
2018年7月22日　中国铁人三项联赛——大庆铁人三项接力赛	/ 86
2018年9月16日　天津团泊湖铁人三项比赛	/ 89
2018年10月28日　宁波东钱湖中国铁人三项联赛总决赛	/ 92
2019年7月7日　嘉峪关铁人三项戈壁挑战赛	/ 97
2019年8月2日　山西运城圣天湖二青会铁人三项决赛	/ 99
2019年10月2日　速豹疯狂铁人联赛第三站	/ 101
2019年10月20日　安徽广德 226 公里大铁	/ 104
2019年12月1日　汕头中国铁人三项联赛总决赛	/ 110
2020年10月17日　连云港 226 公里大铁	/ 115
2020年10月23日　黄河英雄挑战赛	/ 120
2020年11月8日　舟山群岛铁人三项赛	/ 126
2020年11月15日　东台条子泥湿地铁人三项公开赛	/ 128

越野跑马拉松篇

巨人倒下的是肉体，升华的是灵魂	/ 132
2013年12月1日　上海国际马拉松	/ 133
2014年1月1日　太原迎元旦光猪健身跑	/ 136
2014年1月16日　香港百公里国际越野赛	/ 138
2014年2月6日　太原迎春纳福马拉松	/ 152

目 录

2014年3月26日	太原10小时越野耐力王挑战赛	/ 158
2014年5月24日	北京TNF100公里国际越野赛	/ 161
2014年11月30日	香港168公里越野赛	/ 170
2015年1月24日	冬朝五台山	/ 177
2015年3月29日	汇添富南京山地越野马拉松	/ 185
2015年4月18日	大连100公里越野赛	/ 189
2015年7月25日	第零届大五台越野赛	/ 200
2015年11月28日	第一届三峡168公里超级越野赛	/ 203
2015年12月5日	深圳国际马拉松	/ 209
2015年12月6日	广州国际马拉松	/ 212
2016年3月12日	问道杭州100公里越野赛	/ 214
2016年5月20日	青岛崂山50公里越野赛	/ 222
2016年9月16日	太原国际马拉松	/ 227
2016年9月17日	北京国际马拉松	/ 229
2017年6月15日	喀纳斯330公里越野挑战赛	/ 231
2017年7月8日	太原龙城60公里越野赛	/ 252
2017年11月23日	第三届三峡168公里超级越野赛	/ 258
2018年3月9日	UTMB高黎贡160公里越野	/ 266
2018年9月10日	意大利330公里巨人之旅国际越野赛	/ 279
2019年3月15日	黄山170公里雷越野赛	/ 310
2019年4月6日	济南50公里越野赛	/ 316
2019年5月11日	乌蒙山478公里越野赛	/ 321

总结篇

2013 年，铁人三项为我打开生命的另一扇门	/ 346
2014 年，光辉岁月	/ 347
2015 年，没有什么可以阻挡铁人的成长	/ 348
2016 年，小铁人成熟了	/ 349
2017 年，贵人解忧，离梦想又近了	/ 350
2018 年，老子英雄儿好汉	/ 351
2019 年，更上一层楼	/ 352
2020 年，一切都会更美好	/ 354

附 表

2013～2020 年山西速豹疯狂铁人三项运动协会在中国铁人三项运动协会年度积分排名	356
截至 2020 年山西籍完赛 226 公里铁人三项选手名单	356
截至 2020 年山西省完成 330 公里以上越野跑选手名单	357
2013～2020 年常江个人训练量	358
2013～2020 年常江参加的赛事及评价	360

铁人三项篇

一起打铁到八十

2014年4月26日

镇江金山湖国际铁人三项赛

镇江国际铁人三项赛是今年国内首场铁人三项比赛,各路英豪已经摩拳擦掌准备大展身手,人数也创了新高。很多选手都提前去适应赛场,而我还在忙工作。晚上10点多的火车去镇江,镇江从来没有去过,不过这座城市的名字和我有缘,都是"江"字辈的兄弟,希望能够给我带来好运。

10点到火车站,乔晓东老哥竟然专门到火车站送我,感动!同行的太原电视台记者拍摄我背着自行车进火车站的镜头,这可把检票员紧张坏了。我也很不自在,旁边有旅客小声议论这是哪位明星?我装腔作势地美滋滋和小王胡吹……听见旁边的人又议论:这哪是明星,看那大包小包的估计是在拍农民工外出打工……我晕,马上泄气了,这不是纯粹把人从天上硬硬往地上摔吗?好坏也稍微过渡一下行不行?

到达镇江已是第二天中午12点,下火车就马不停蹄一路奔波,然后安排住宿、装车、报到、开技术会、20人聚餐、收拾准备比赛装备……一直忙到晚上,好不容易躺下又开始下雨了,一下就是一晚上……

既来之则安之,世上没有绝对的好,也没有绝对的差。你认为最好的东西别人可能当作垃圾,你认为是垃圾别人可能视为宝贝。看淡所谓的好与坏,做最好的自己,善待每一个人或事,就能走出更远、更精彩的路……

镇江金山湖,白娘子水漫金山的地方,一汪令人神往的湖水,这里也是一座小资情调的江南小城……在一夜雨水的浸润下,今早显得格外羞涩,像一个怀春的江南美女,迫不及待地在雨中期待情郎……

美女别急,8点不到这座寂寞的江南小城沸腾了!来自五湖四海的近800名铁人从四面八方会集到金山湖——他们不管法海懂不懂爱,也不会沉迷于

白娘子的妩媚，他们是要在这烟雨蒙蒙里挑战自我，去完成18℃水温下游泳1.5公里，在湿滑的公路上骑行40公里，然后在雨中奔跑10公里。我这个山西菜鸟有幸成为他们中的一员。山西疯狂铁人俱乐部这次派出最强阵容，22个铁人代表山西去征战今年国内的首场国际铁人三项比赛。

9点比赛开始了，湖岸上铁人们按组别出发，个个精神抖擞，意气风发。没办法，这就是铁人，一帮观众眼里的"二货"，在风里、在雨中，面对看着就冷飕飕的湖水嗷嗷乱叫，观众不加油我们自己给自己加油，我们不是竞争对手，我们是来自五湖四海的兄弟姐妹，每一次比赛都是铁人聚会的嘉年华！这种感觉真棒，能够成为铁人家族的一员真是一生的荣誉。

汽笛声响起前我们已经泡在冰冷的湖水中，还好我穿着胶衣不觉得冷，但好多没穿胶衣的兄弟们就痛苦了，多待一分钟都要付出巨大的热量，真佩服他们的勇气，前几天在南内环17℃水里我游了两次，游几百米就冷得不行，1.5公里在这样的水温里我真游不下来，没有穿胶衣的才是真正的英雄，真正的铁人！

游泳比赛开始了，我下水刚开手表计时扭头一看几个兄弟已经游出了一个身位，追吧！两分钟发一组，我们这组近80人，刚才还是情深深雨蒙蒙的兄弟姐妹们摇身一变就成了不分青红皂白的水鬼，还没反应过来，左边先中一记二踢脚，赶紧往右躲，右边又中一记铁砂掌！打得好，彻底把我打清醒了，这不是在游泳馆练习，这是在赛场上拼搏，不能礼让，要想超越就必须狠！狠！再狠！想到这里我也发威了，抡圆两个大膀子，啪啪啪地劈出一条水路。别看咱瘦，这胳膊拉伸力量也是200斤呀，在水里加上浮力的作用，300斤的大胖子我照超不误！东风吹战鼓擂，当今世界谁怕谁？只要脸皮厚母猪也能爬上树！何况我乎？怎么想到这么不恰当的比喻？差点把自己笑呛水。下着雨视线本来就不好，我视力差，游泳的人也多，一直看不清远处的浮标，比赛前也没有试游泳赛道，一直在辨别方向中挣扎，游得很不顺畅！第一圈上岸感觉不算太累，第二圈出发我很勇猛地想学习党琦视频里的大力跳水出发，奋力向前一跳，扑通一声差点完蛋，这哪是跳水，纯粹是跳河自杀，平时没练过，关键时刻想逞能的结果……

第二圈人还是那么多，偌大个金山湖今天煮饺子了，比游泳馆都拥挤。我想到《白蛇传》水漫金山的画面，我们就是被白娘子水淹的虾兵蟹将……心中默默祈祷，白娘子快快赐予我力量吧，我可不是许仙，我也讨厌法海（可悲的法海，这么大雨也不见你敢出来作法停一停），我和您一样渴望爱情，您还是留下许大官人在湖里陪您吧，我要冲出金山湖，冲向长江路……长江路是我们自行车赛道一部分。嘿！前面的小子们听着，此山是我开，金山湖是我灌，快快闪开，哇咔咔，老夫来也！我是一路挠脚、抓腿、扒腰、拉肩见人就超，别人游得快冻死了，我游得浑身出汗，感觉我不是在游泳，是在爬人头……到后来突然发现前面没人了，我还以为白娘子真显灵把前面的铁人收走了。抬头一看，是我差点搞失联了，拐最后一个浮标时没转对方向，赶紧调整，目标正前方，冲呀！游泳上岸一点不冷，胶衣就是好！上岸边跑边脱掉上半身胶衣，凉快舒服，奋力冲向换项区……这时听到赛事广播，党琦自行车第一圈已经结束了！这就是残酷的现实，在铁人三项赛场上没有关系，没有后门，更不会有捷径，想要成绩，拿实力说话。游泳1.5公里用时32分，对我来说是相当好的成绩，党琦游泳20分钟搞定！

  骑行每次都是我三项中最怕的一项，一是因为距离最远，二是因为骑车水平差练得少。到了换项区我半天脱不下来胶衣，费了不少蛮劲还弄得头晕目眩，赶紧坐地上脱才缓解了晕倒的危险。起来戴头盔、号码布，穿上锁鞋取下自行车往外跑，换项这一会儿已经有不少铁人非常利索地冲上了自行车赛道。我推出上车线也跟着他们冲了起来。镇江自行车赛道需要骑6圈才能完成40公里，真是个让人头痛的数字，需要头脑清楚才能不少骑或多骑。小雨还在不停地下，我第一圈总是无法发力，虽然游泳上来比较早，但是骑车速度太慢，一会儿工夫就听见旁边一声"江外八哥超你了啦"，不用看就知道是中尉，这家伙游泳提高不少呀，竟然这次我骑车第一圈就被他超了，太悲催了。骑车路线是环金山湖，其中有一段路特别窄，有运动员在雨地里打滑冲进了花池。安全完赛！安全完赛！我一直提醒自己高度集中注意力，别人弯道还加速，我是刹车减速。第二圈时我实在受不了了，骑得慢的另一个原因是下雨把骑行眼镜弄湿了，眼镜又不像汽车挡风玻璃有雨刷器，视线严重受影响。把眼镜取下来放后背口袋里，这下舒服多了。看见洪姐骑了过来，神呀！她居然在紧追李农，李农可是去年男子铁人三项国内积分排名第一的选手，太强了！我也紧紧跟上，没想到突然感觉脸上一阵冰凉——大家骑公路车都没有挡泥板，一过积水地卷起的水就溅在后面骑行者的脸上。想跟上还真难，一会儿工夫转过一个弯，他们就像汽艇一样冒起水花绝尘而去，

唉，我这骑行水平除了沾点水花的光，根本跟不上。不知不觉中三圈过去了，因为比赛前没有熟悉赛道，每次经过主会场我都注意观察从哪里进换项区，每次路过一次换项区就暗暗记一下圈数。有个同组的大块头一直和我相距不远，我超他一会儿，他就又超我一会儿，看他的骑行水平也一般，总是晃来晃去的，跟在他后面很危险，超他又超不远，真是令我头痛。正在发愁，突然看见一个熟悉的身影，原来是昂国平老哥，他骑得真快，我马上拼命追他，昂哥的骑行水平非常厉害，经常是他们组的冠军，我要能跟上他3公里就满足了。还好这次跟了3公里摆脱了大块头，骑行我最怕那些集团作战的选手，虽然规定不让跟骑，但是那些骑TT车的大神总是能够很好地利用跟骑战术，远远就能听到他们那刀圈发出磨刀霍霍的声音，然后很快就从你身边唰地超过，你还不敢马上跟上跑，因为他们后面肯定还有两三声唰唰……三四个人鱼一样穿梭在赛道上，我也练就这样的功夫才能算得上一个真正的铁人。苦苦煎熬总是会有盼头的，终于数够了六圈，也在后三圈找到了换项入口，早早解开锁鞋滑向下车线。骑车对我来说，永远没有亮点只有痛点，因为进入换项区看到的是和游泳上来一样的场面，游泳上来时没骑的车很多，那是因为很多人还没有起水。骑车回来同样车也很多，那是因为很多人已经骑完自行车放回了换项区。40公里骑车我用时1小时18分，一个相当差的成绩。仅有一点值得开心，就是赛道中有一条路叫长江路，常江骑在长江路上那感觉就像是在视察工作一样，别人超就超吧，俺要的就是这范儿！

　　进入跑步赛道我要做的第一件事情就是超人！第一个目标就是中尉，因为如果跑步超不了他，还不被他笑死。我刚跑出赛道就看见了穿山甲，我的天，我竟然追上了他？有点不可思议，原来他今天身体不适。我说周哥加油就撒腿跑了，生怕他追上我，我可是铁人三项比赛从来没有超过他的，虽然胜之不武，但是这就是竞技比赛的残酷，没有时间让你在赛道上家长里短，分秒必夺才是体育精神。镇江跑步赛道真棒，跑两圈都是在相连金山湖中间的堤坝上，中间还过两座小桥，江南美景尽收眼底。跑在这江南美景中骑车的疲惫感马上抛到了九霄云外。步子越迈越大，速度越跑越快，上桥都没有怎么减速，下桥更是一路猛冲。好像一路上就小罗超了我，他已经是第二圈冲刺，我才跑第一圈，最后他是那个组第二名，第一名是赛会总冠军，他比国内铁人三项第一人党琦都快。第一圈5公里跑完我感觉状态非常好，第二

圈继续加力,最后一个折返点我跑疯了,一路狂奔,只要眼前晃动的是人我超,是神也要超,因为我知道终点的大门在向我招手,我的铁人三项新纪录就在眼前。在终点最后一刻我还超了一位,最后跑步10公里总用时46分,创造了我铁人三项跑步的最好成绩。

三项总用时2小时37分1秒,拿到了国家二级运动员资格,虽然是我的最好成绩,却是最差名次,仅排名第19位,和去年第一次参加铁人三项比赛的名次一样。高手越来越多,你在进步,别人也在进步;你在努力,别人付出了比你更多的汗水。世上本没有最好与最差,只要你没有放弃追求,你就永远是别人眼中最强大的对手。真的没有办法,只好这样安慰一下我这个铁人三项菜鸟,希望下次能够飞得更高更远,金堂我们再战!

赛道难度:★★
组织能力:★★★★
推荐指数:★★★★

整体评价

镇江金山湖国际铁人三项赛在镇江4A级景区举办,镇江是个历史文化悠久的城市,市区有非常多历史文化背景的公园,值得借比赛去细细品味。镇江的风景很美,消费又没有杭州贵,是个非常惬意的城市。中铁协举办的这次铁人三项赛,虽然天气不太好,但是比赛路线设计得很出色,让我们一边比赛一边领略到金山湖烟雨朦胧的江南画卷。赛道难度不大,如果再晚一个月举办,水温和天气将是更好。

2014年5月2日

疯狂铁人联赛超级骑跑马拉松

5月2日太原首届超级铁人百公里骑跑马拉松,骑行70公里后再跑一个42公里马拉松,几乎是国内最高难度的骑跑比赛。龙城的大神们都来了,也就8个人敢挑战一下这个难度。今天112公里超级铁人骑跑比赛八大金刚要八仙过海各显神通!

今天来自山西大学的22个志愿者,虽然2/3都是女生,但在疯狂铁人精神的影响下基本女生当男生用,男生当畜生用……有点夸张,但志愿者很团结配合、任劳任怨,整个赛事没有出现大问题。表现最差的是我,比赛前没有向大家好好介绍一下疯狂铁人系列赛的内涵,也没有详细介绍一下参赛选手和志愿者。很多该说的话没说,该叮嘱的忘记了叮嘱,主持分只能打不及格。

骑行和骑跑选手在大家的倒计时下,8点准时出发,一开始骑行者们混在一起冲,感觉很危险,总是主动让位,生怕碰到别人,或前面有人摔倒导致集体摔车。能和本地公路车顶级高手同场竞技,"偶很兴奋啦!"刚开始5公里还能跟上大部队,不一会儿就听穿山甲吼一声"快拉出来了!",吓我一跳,这货刚开始比赛就紧拉了?话声刚落,只见几个悍将在他的带领下风驰电掣般地杀出重围绝尘而去……刚才混在一起轮流领骑的滚筒阵马上变成了"一"字长蛇阵,能跟上的跟,跟不上的甩,大集团就此分化成几个小集团,而我也就彻底单飞了……不是我飞在了前面,而是被甩在了集团军后面!八大金刚中的飞哥此时一路领先,穿山甲和爱拼在第二集团,我处于第三梯队,还算凑合!当然单项骑行的高手太多,在总骑车队伍中我一直处于落后状态,基本上没有超人,都是别人超我。骑行线路是从小店骑到太谷然后原路返回,去时一路小顶风,不过天气相当给力,昨天的一阵狂风骤雨仿佛是给今天的比赛清扫现场。蓝蓝天上白云飘、白云下面自行车跑……

到达太谷城区时突然我身后蹿出一匹黑马，差点没把我笑死，这货也太有才了，骑个大粗轮胎山地车竟然还有后车座，就这样骑得还飞快！我心想，小样，正好我顶风累得不行，就让这头野驴给我当开路先锋吧。我暗暗偷喜，紧紧跟他，仔细看他号牌，原来是韩思明同学，据说他跑马320的水平，非常喜欢骑车，也是这次八大金刚之一。可不敢跟丢呀，同组的竞争对手。跟骑了5公里左右，我越来越感觉吃力，最后还是被他甩了！普通山地车也能秒杀我，太衰了！刚才还偷着乐，这会儿只能一把鼻涕一把泪地偷着哭了。骑到太谷35公里折返点，我用时1小时8分，比平时训练还慢，状态不佳。可能是镇江铁人三项刚比完，前天爬楼梯59层，腿部力量没彻底恢复。

到折返点喝口饮料就匆忙追，因为刚才看见大神们已经飞了过去，至少领先我8公里，没骑几下发现前面修路，下车推车过去浪费了点时间。回程怎么还是顶风，奇了怪了，难道我往哪儿骑，风就对着和我干？怎么就这么累？比平时骑累得多，喘不过来气，赶紧吃了个能量胶，沿途经过21公里和12公里补给点，热情的志愿者在为我们摇旗呐喊，我激动得真想下车来个拥抱。回程路上我一个人都没追上，还好也没有人超我。看见终点的红旗时终于如获重释，每次比赛自行车完成我就放松了。70公里骑行总用时2小时24分，均速29公里多点，比平时训练的30公里慢，骑车水平真是越来越次。

骑过终点放下自行车和头盔，换上跑鞋拿着车上半瓶饮料就跑，感觉跑步腿部力量还可以，我前面有4个人，其中两个没有跑过马拉松，所以我抱着追上一个算一个的心态拼了！这个时候单骑行的比赛已经结束，单跑马拉松的刚开跑一个半小时。已经是上午10点半了，气温升高很快，太太路也没有树荫，也看不到任何竞争对手的影子，感觉和自己平时训练差不多。爱拼和我在太太路训练过两次，近90后的他成长很快，平时70公里他能领先我10分左右，跑步30公里也是10分多钟，希望这次比赛我能追回来点时间。跑了不到10公里就看见马拉松组鱼刺第一个冲了过来，厉害！骑车回来时我看周斌进还领先他，冲刺阶段他已经反超了，看这速度进3小时已经没有问题。小周可能差他也就不到1公里的距离，竞争已经进入白热化阶段，谁能笑到最后还不一定。后面陆续看到张运平队长、池素珍大姐，最让我兴奋的是，来自阳泉70岁的武大神也快马加鞭一路奔向终点！看着他们拼搏的样子我也浑身充满了力量，但一问我离前面的选手有多远时，立马泄气了。至少相差 5 公里！5 公里也就是半个小时，我的天，这怎么可能追得上，离第一名还不差 10 公里？安心跑吧，就算差 1 公里也得一步一步向前跑。路过 12 公里的补给点时我没有吃任何东西，非常感谢一个美女志愿者给我照相，她远远地就为我加油，那灿烂的笑容就是我最好的补给品，为了返回来再次看到她那激动人心的笑容，我一定会加速前进。跑到 15 公里左右时我晕了，只见前方连蹦带跳地飞过来一个人，原来是穿山甲，太牛了，这奔跑的状态，我甘拜下风。骑跑组第一至少甩我 12 公里，离他差不多 1 公里左右飞扬大哥和爱拼紧紧相跟，神仙呀，都跑这么快，给我插上翅膀也追不上。跑到离折返点 3 公里左右时看见了骑山地车超我的韩思明，他跑步的状态也相当不错。我的心这时彻底沉了下来，追上追不上看自己的能力吧，我给自己制定的目标是 7 小时内完赛。超越不了别人至少要先超越了自己。

到达 21 公里折返点时又让我小兴奋一把，只要看见美女为我们加油我就兴奋，估计这是雄性动物的共同特征。半程跑步用时 1 小时 50 分，还不错，保持在 5 分 20 秒左右的配速，比我平时训练的速度提高了。在补给点吃了几口水果，拿了瓶饮料就匆忙上路了。刚跑出来 2 公里就看见了温小军，他可是龙城 10 小时耐力王越野挑战赛的亚军、全马 310 水平、大连百公里 21 小时完赛的大神，离我这么近？抓紧跑，不敢让他反超了我。跑了很久还看不到 12 公里补给美女的笑脸，心里很是失落，喝了几口饮料，突然看见了一个近似裸奔的光脚怪物。原来是赤脚大仙王金文老师，太硬了，66 岁的老伙计光脚跑了 100 多个马拉松，这次敢挑战骑行 70 公里加 42 公里马拉松，仅这勇气就可以秒杀所有龙城高手！我赶紧把手里的半瓶饮料送给老爷子，让他注意安全。他告诉我穿山甲已经抽筋了，快追吧。听到这消息我不知所措，一是很担心穿山甲受伤，毕竟下周我们还要一起去成都并肩作战；二是我追？我现在已经接近崩溃的边缘真是有心无力，能够坚持跑下去就不错了。

再次到 12 公里的补给点时美女还在，只是在炎炎烈日的煎熬下已经没有了刚才的精气神。在这大太阳下面就是鲜花也晒蔫了，何况美女？毕竟人家是美女不是铁人。一路上遇到几个跑马拉松的都抽筋了，我让他们一定走到 12 公里补给点，等待救援。还有 12 公里，要在平时"那都不是事！"今天我感觉每迈一步都很沉重，两只脚都打了水疱，肚子饿得咕咕叫。坚持吧，作为组织者我都不能完赛还让大家怎么玩？我强打精神继续跑，决不能停下来！这条路我已经跑过多次，每个位置大概离起点几公里都心中有数，我越来越焦虑，因为跑半天一看还有8公里，又跑半天一看还有5公里，越跑越发愁。要是没跑过的路线还能沿途欣赏风景，这条阳光大道无论你跑多久，抬头就是那片白云在默默关注，低头就是那条无尽的公路在默默沉思，扭头就是那块葱绿的田野和不多的几片树林在默默招手……

坚持到最后3公里，突然看见前面有一个白影子在晃动，那不是小韩吗？哈哈可算是逮到一个，看见他一直在步行，我就一路追呀追，眼看就要超过他了，心想不能这样悄悄超人家，太没大家风范了。远远地给他喊加油：小韩加油，跑起来！我们并排跑了一会儿，他能力真强，一会儿又甩下了我，就这样我俩前后相差200米左右冲向了终点。终点的志愿者给我们大声喊加油，没想到山大美女赵慧鑫第一次参加马拉松也完赛了，在这之前她最远才跑过13公里，现在的大学生能够像她一样吃苦的不多。希望我们的疯狂铁人系列比赛能够吸引到更多的大学生加入进来，能够培养出更多小赵这样自强不息、勇于挑战自我的大学生，让健康快乐的正能量在他们中间不断发扬光大。

马拉松我总用时4小时14分，这个成绩虽然是我跑马拉松以来的最差成绩，但是这是骑行70公里后完成的，我已经满足了。骑跑112公里总成绩6小时43分，完成了自己7小时完赛的目标，排名第五。龙城大神太多！可喜的是我的小兄弟爱拼在最后阶段小宇宙全面爆发，竟然取得了第一名的好成绩，用时6小时14分；飞扬刘贵平大哥第二，用时6小时20分；穿山甲第三，用时6小时26分；小韩第四，用时6小时41分；温小军第六，用时7小时14分，后面完成的还有胡亮和赤脚大仙。八大金刚全部完赛，真是可喜可贺，这样艰难的比赛需要超乎常人的体力和勇气，我为龙城八大铁金刚的诞生感到无比的自豪！

比赛后吃了一桶方便面，组织大家合影，开车去接被关门的运动员……各种的忙碌后还不能休息，完成112公里骑跑总感觉还差点什么？当然是游泳，直接开车到游泳馆一口气游了2公里，每500米分别用时13分10秒、12分39秒、12分35秒、12分18秒，总用时50分42秒。刚下水时刺激得左脚水疱好痛，但为了排酸痛点也值，游出来再冲40分钟冷水澡，立马感觉神清气爽、无比自在，一瘸一拐地走了出来已是饥肠辘辘，此刻见到我的人

谁也不会相信这个黑不溜秋、步履蹒跚的老后生刚才生龙活虎地完成了 70 公里骑行、42 公里跑步和 2 公里游泳，总耗时 7 小时 34 分。一个 70.3 英里铁人三项的距离。

儿子龙龙今天也参加了他的首场比赛，虽然只是 5 公里的迷你马拉松，但是也努力完赛，并取得了第二名的好成绩，希望今后他能够多和我一起参加比赛，让运动的基因代代相传。

赛道难度：★★★★
组织能力：★★★
推荐指数：★★

整体评价

疯狂铁人超级骑跑两项比赛难度很大，70 公里骑行、42.2 公里跑步单项都是一般爱好者难以完成的，何况两项同时完成。由于赛事规模小，并非封闭赛道，因此参赛也是有一定风险的，这个比赛更适合准备参加 226 公里大铁的选手拉练。

2014 年 7 月 25 日

张掖百公里越野加铁人三项

今年参加了两次百公里越野，香港和北京，都是国际大都会，以前总感觉越野和大都会是两个不同的概念。香港百公里美丽的环海风光加上近 20% 的台阶路和灯火阑珊的都市夜景，美丽的赛道让我感受到的不是 1600 人同时参加"高大上"的国际赛事，而是处女百公里越野的残酷。北京 TNF 百公里 6600 米的累计爬升非常虐，湿滑的羊肠小道、荆棘丛生的山头、深夜低能

一起打铁到八十

见度不断迷路的折返路线……我也克服重重困难顺利完赛。这次张掖百公里号称中国最美赛道，我没有经受住诱惑，和没有参加过百公里越野跑的白雪组队，在没做任何赛前配合训练的情况下盲目参赛。心想这次累计爬升不如北京 TNF，台阶不如香港多，我应该能够轻松完赛，计划比赛完直接坐火车再去参加嘉峪关铁人三项赛！完美的百公里加铁人三项连轴赛计划，让我飘飘然，忘记了高原反应、忘记了装备、忘记了配合，没有任何赛前技术准备，张掖我就这样来裸奔你了！等待我的会是什么？是鲜花美酒还是痛苦悲伤？

比赛没开始人先累崩了

25 日上午，和冷箭、龙龙、赤脚大仙吃了早餐，叮嘱冷箭赛前每天继续带龙龙训练，特别是游泳。晚上龙龙就只能一个人在宾馆睡了，这是对他很好的一个锻炼。安排好后我就赶 10 点的火车直奔张掖。到达张掖再挤公交车到报到酒店已经快 14 点了，白雪和龙哥早就等上了。报到过程很复杂，我的装备没有怎么检查，但是白雪检查得非常细，内衣重量不足 200 克，怎么也不让通过。折腾了半天又找了件厚点的才通过。报到完赶紧回宾馆小休息一会儿就参加技术会吃饭。吃完饭快 18 点了，组委会说 19 点发车去起点。匆忙回去收拾装备，太紧张了，等再跑回来时已经 18 点 45 分了，大巴竟然没有等我和白雪、小军等 5 个人就开跑了。开会说好 19 点出发，结果……头都大了，组委会也不清点人数。赶紧出去拦出租车，拦上也不打表，说好 140 元拉过去，5 个人挤在一起匆匆赶到起点。21 点开始比赛，但这要命的奔波已经耗费了我们大量的精力。到达停车点背上装备还要上山近 500 米，我已经气喘吁吁了。本以为终于能够安心比赛了，然而……

到了起点组委会又一次检查出发装备，结果我准备的救生毯不知道去哪里了，检查人员死活不让我和白雪参加比赛，白雪拿的医用救生毯也不行。我去翻行李也没有找到。后来还是小军多带了一个才让我们通过检查。从到达张掖到开始比赛前，真是一刻都没有消停，一直在和组委会因为各种装备的小问题争执。组委会强硬的态度让我怀疑我是来参加比赛的，还是来当孙子的？想想香港热情的小志愿者无私地帮助我们，想想北京 TNF 为选手精心设计获奖的小惊喜，从来没有一次百公里比赛前心情如此糟糕过。但我们一

直在积极争取,我们不能因为别人的负能量而选择退赛!既然来了,我们就要坚持到底!

哥哥面前 N 条弯弯的河

克服重重困难终于站到了起跑线上,我和白雪已经把前面的不快抛到九霄云外,和大家一起热身,在倒计时下冲出起点。丹霞地质公园已经被夜幕笼罩,传说中美丽的五花肉似的丹霞山包也已经羞答答地睡去了,而我们这些百公里疯子才拉开真正的百公里大戏。从来没有 21 点开始比赛,平时这个时间已经犯困,洗漱准备睡觉了,今天却要连夜穿山越岭比赛,真的很不适应,一边打着哈欠,一边给白雪打气:"注意速度,别跑太快跑崩了。"白雪是一名白衣天使,通过我举办的两站疯狂铁人比赛认识的,龙城首届雪地马拉松她获女子第二,10 小时华北耐力王越野挑战赛她再获女子第二,真的比我还二,虽然她没有参加过百公里比赛,但是我相信她的实力。加上我的经验,我们一定能够克服困难完成比赛。

前面的路况比较简单,都是平路。大家配速都很快,特别是习惯跑马拉松的选手 4 分的配速就杀出去了,小军和如风、天才和 Bug 简直是瞬间就消失在头灯的长龙中。最搞笑的是花花,跑得太兴奋了,跑出 5 公里遇到时竟然没有搭档了!我逗他:"你跑得太快都不管人家是小女生啦?"花花脸红着往回走……跑了快 1 小时该补给了,突然发现补给全没有了,糟糕!这可怎么办?CP4 换装点在 50 多公里,这一晚上没有能量补给可完蛋了,路上跑步包开了,难道是路上掉了?心中很懊恼,暗暗骂自己太粗心,出发前没有好好检查包拉锁问题。白雪很从容地安慰我,我们只好做好硬攻 CP4 的打算。跑过 CP1 大概 14 公里,一路也没有风景可看,更谈不上河流了,到处是黑压压的,只有前方选手的头灯才能感知我们不是在一个人战斗。

哥哥面前一条弯弯的河
妹妹对面唱着一支甜甜的歌
哥哥心中荡起层层的波
妹妹何时让我渡过你呀你的河

一起打铁到八十

赛前技术会上赛事主管介绍赛道时多次强调，晚上要过12次河，河水最深到达膝盖。我当时很兴奋，从小就喜欢有山有水的地方，也有过很多和小伙伴们搬石头搭桥过河的美好回忆。跑过两次百公里也没有经历过河这样有趣的赛道，所以非常期盼和白雪一起过12次河，心中哼唱起了潘长江《过河》的小曲。现在满心期待美好的事情马上就要来临。过了CP1没多久河流来了，完全是摸黑过，白雪和我小心地脱掉鞋子光脚走过，然后再擦干脚穿上鞋出发，刚才超过的其他选手这时早跑得没影子了。过河完全没有想象中的浪漫情怀，反而此刻变成了焦虑，这才过了一次就用了近20分钟时间，这过12次就得花4小时，这不是要被关门的节奏吗？跑了2公里又过河，我踩石头跳了过去，劝白雪也跳。白雪鼓足勇气跳过来，湿了一只鞋倒水又花了10分钟。现在我已经完全对过河没有半点好感了，和白雪商量过12次我们迟早是要湿鞋的，我们每次过完河拼命追过去的选手，过一次河就把我们甩在了后面。下次我们再遇到河干脆直接蹚水过吧，坚持到CP4就有鞋换了。白雪有点不情愿，可是眼睁睁看着超过我们的组合，她也就同意了。加快节奏冲吧，再遇到河时我们能跳过就跳，跳不过就直接蹚水过，护腿和鞋全湿了，但效率大大提高，甩掉了一部分选手。这段路一直是沿河道跑，一会儿跑在河道右边，河道一变向就要过一次河，除了河就是荒草和石头滩，过到第10次时心里暗暗感谢组委会选择的线路。马上就要过完河了，每次过河的地点选择得都不错，还比较浅，没有什么大水坑之类的危险。数到12次时告诉白雪胜利在望，再也不用湿身了。然而好景不长，一会儿就多出来了第13次、14次、15次……后来数不清了，反正在大黑山的河谷里转吧，幸亏是我们，要是换潘长江来，还敢再唱《过河》？

白雪公主的世界

到了一个中间临时补给站，遇到了会疯，他见我直接来一句还有20分钟CP3就要关门了，说完就跑了。我和白雪直接就傻眼了，激情全无！离CP3还有不到5公里我们的张掖之行就这样结束吗？不行，拼了！拉上白雪就追。两个泥腿子在深夜里靠着头灯昏暗的光芒奔跑了快1个小时终于看到了补给站摇曳的灯火，当我们绝望地看着表，以为被关门时，服务人员说关门还有

一个半小时呢。会疯,纯粹是想让我们提前跑崩吧?!也怪我俩马虎没有研究每个关门点的时间,被他忽悠晕了。40公里的山路和河道我就这样深一脚浅一脚地跑过来了。从 CP2 到 CP3 用了近 4 个小时,一路除了喝饮料没有任何食物补给。进了站点先要方便面和咖啡,没吃两人差点吐出来,哇!天才和 Bug 居然在这里,我们不慢呀!一问原来他们有高反,身体非常不舒服。一会儿他们先出发了,我和白雪少吃点也急忙出发了。毕竟深更半夜的,追上天才他们安全点。吃过东西白雪的状态慢慢恢复了,遇到上坡她开始能领跑在前面了,遇到下坡我再超她。晚上 4 点多正是大家熟睡的时候,而此刻我们却是在拼命追时间。为了提神我打开强光手电和音乐,麦克尔·杰克逊的爵士摇滚、汪峰、黑豹……那刺穿山谷的沧桑瞬间变成了我们跑步的频率,此刻的我就是狂热嘶吼的野兽,拉着白雪扭腰提胯向前奔,强光照亮了我们的星光大道,山谷的回音就是粉丝怒吼的伴唱。

> 我用翅膀掀起那天边的排浪
> 我用身躯托起那血红的太阳
> 就在这刺骨而凛冽的大风中
> 你会听到我赞美未来的呼喊
> 也许迷途的惆怅会扯碎我的脚步
> 可我相信未来会给我一双梦想的翅膀
> 虽然失败的苦痛已让我遍体鳞伤
> 可我坚信光明就在远方

兴奋的奔跑让我们忘乎所以,一会儿就追上了天才,我用登山杖一捅 Bug,说:"加油!谁说我看不见你?"赶紧拉上白雪跑。天才男男组合是今年香港百公里 16 小时内完赛的金人选手,我跑了 22 个小时,那时别说看他们了,连味都闻不着。这次我和首次参加百公里的白雪能超过他们,我想就是一秒钟也是相当不容易的。(当然这时我跑得太兴奋了,忽视了天才组合脸上高反的痛苦,后来他们坚持到 CP4 退赛了,直到现在我还在为自己的小人得志的表现深感遗憾,本应该停下脚步关心一下,结果反而是刺激了一下 Bug,罪过罪过!)不一会儿又追上了温暖如风组合,小军又犯了北京 TNF 胃痛的老

毛病，我知道他的实力，安慰他们两句就继续前进。天飘起了小雨，我一晚上只穿着短裤和背心也没有觉得冷，这会儿山风加小雨一吹打了几个喷嚏，套上皮肤衣吧，官方让一路背的秋衣、毛线帽、药品……对于我只会增加了两个人的装备重量，我根本不会碰。东方鱼肚白悄然把身旁云雾缭绕、高耸入云的大山、耳边清脆的鸟叫和山坡上静静吃着青草的羊群拉近了我们，刚才还是黑暗的世界，一切都是那么清新、那么自然，看看和我并肩战斗一晚的白雪，仿佛我们回到了白雪公主的童话世界，一片片野花滋润在白雪欢快的笑声中，我们欣赏着美景，忘情地照相，忘记了一夜的疲惫，小雨中我们终于看到了半山腰CP4换装点。我们早上7点到达了，50.8公里用了近10个小时，想想后面还剩下不到50公里，还有20个小时，完赛问题不大呀。已经冻得发抖的两个人，终于换上了干运动鞋，吃了碗热方便面。没有想到早上的山风比半夜还大，我把短裤变成了长裤。正准备出发，小军的温暖如风组合到了，看两个人的表情就知道大事不妙，如风要退赛、小军要坚持完赛，我们只好留下来劝说，劝说了半天也没有效果。百公里越野跑是一项高风险运动，张掖不比其他地方，远离城市远离村庄，在这里出现伤痛带来的后果是任何人无法预知的，所以最后我还是理智地拉着白雪离开了，每个人的生命只有一次，尊重自己才懂得珍惜。

海拔3850米的五星级卫生间

在CP4最终找到一些能量补给，心里宽慰了许多。有十几个选手组成的小分队向海拔3850米的最高峰进军。太阳终于赏赐给了我们难得的笑脸，阳光明媚的山坡被青草和野花打扮得如此娇艳，就像女神的裙子一样绚丽，而我们如一群小蚂蚁艰难地爬行在裙子的边缝上。白雪经过CP4的修整已经满血复活，像采蘑菇的小姑娘一样蹦蹦跳跳跑在了前面，而我此刻却变成了蜗牛，刚开始还不要紧，海拔越高越浑身没劲，基本是走三步就要休息一步，后来才知道原来这就是传说中的高反。白雪要等我，我总是说你能多快跑多快，别管我，我能追上。男女组合名次的关键是女生，因为一般都是女运动员比男运动员慢，此刻我可能大脑已经不清楚了，明明是我在拖后腿，还怕白雪跑得慢影响成绩。难道是我内心有一个强大的声音一直在告诉我：你能够完赛？刚才还在和我愉快合影的其他组合这时也扔下我们匆匆而去？还能不能愉快地玩耍了？我心里嘀咕着，这山看似也没有什么难度呀，崎岖的山路松软、富有弹性，本来是最享受的赛道，此刻却让我气喘吁吁迈不开腿。好不容易坚持到山顶，看到几个队员往回走，难道跑错路了？原来是他们高反无法坚持了。这么高的山已经爬上来还要再原路返回去，理解不了，原路返回下山退赛和继续前进的难度有多大？反正我不退赛，站在山顶迎着山对面的朝阳，远方是无尽的山峦中屹立着一座云雾缭绕的雪山，难道是因为山高空气稀薄，所以天才这么蓝、云才这么薄、花才这么艳、草才这么青、我才这么累吗？一阵肚子痛，一看时间该到我正常排空的时候了，爬上3850米的山峰不容易呀，让白雪快跑，我好痛痛快快地在3850米的高度，在团花簇锦中排空一肚子的垃圾，好给这些美丽的花儿奉献上最新鲜的肥料，反正这不是如来的五指山，我也不是孙大圣，不需要在这里留下"到此一游"的绝唱。暗暗自喜我这肠胃功能太强大了，说明身体机能没有因为一夜的奔波而运转出现失常，更说明我这一路吃进去的补给都正常消化了。解个手马上神清气爽，狂吼一声冲呀，一路小下坡追上了白雪。下坡跑步还比较正常，没跑几步又是上坡，一群群牛儿在旁边悠闲地吃草，一群伟岸的骏马也在快活地嬉戏，而我看着山坡就头痛，一手拄着登山杖，一手拉着沿路的铁丝网，一步一步艰难爬坡。白雪上坡简直就是梅花鹿，小脚蹦蹦跶跶就把我远远抛在了后面。难怪刚才那帮人退赛，爬上3850米的高度才是个开头，我们要在3500～3850米之间的几个山头不停地转呀转，起伏不断的山丘全是由绿色大馒头般的草甸和湿地组成。呼吸着湿润的空气，真想躺在这天然的席梦思大床垫上，摆个"大"字，晒着朝阳、听着不远的山头飘来悠扬的马头琴声，喝口热腾腾的奶茶，抓把酸甜的奶酪，欣赏着漫山遍野的山花，这才是享受人生。这帮比赛的疯子走过多少美丽的地方，都来不及驻足欣赏，特别是那些快驴，连照一张照片都舍不得时间。我想放弃，我想让时光在此刻停滞，追上白雪在这雪山、高原、白云、花海的天然牧场留下最开心的笑容，享受此刻美酒般香醇的高原牧草的清香，大声呼唤沉睡中的大山，"我们来了，永不后悔！"

最毒莫过……

  清晨被阳光炫染的快乐很快就过去了,一夜的寒冷被渐渐升起的太阳晒得找不到一点踪影,一路盼着快点下山吧,下山我还能跑出速度来,等到真正下山时我却完全不敢跑了。下山的路是陡直的大下坡,刚跑几步就顶得脚尖痛,这样一直下去双脚非废掉不可。唰唰唰,只见一位跑者周身上下包裹着黑色压缩衣透露出优美的肌肉线条,脸蒙黑纱,手提一把明晃晃利剑,从山顶一路飞跃而下。吓得我冒出一身冷汗,这是何方女侠?难道是要为民除害?我也没干啥坏事,也就是在山顶随地……眼看就要过来了,我连忙拿起登山杖在胸前打个交叉,她若敢骚扰我,我必将拼命守护我已经生锈的钢铁之躯。嗖,人家根本没理我,直接飞奔而过,原来拿的不是利剑,是一对银色登山杖。看人家左点右点的下山腾空落地跑动作,给我一点启发,不用拿脚尖正面触地下山,应该学她那样左扭右扭,侧身下坡,这样不但脚尖和膝盖得到有效缓冲,免受伤害,安全性还能大幅度提高。其实我和白雪都是纯业余选手,赛前根本没有进行过针对性的训练,只凭借满腔热血来打拼,在遇到技术含量比较高的路段就显示出了能力差距。眼看着几个黑衣女侠落差消失在眼前,急得我,我,我……一瘸一拐干着急没办法,急忙喊:"白雪,快给我追上她!"

  到达 CP6 已经中午 12 点多了,早晨的凛冽的寒风已经迅速转化为令人窒息的暴晒,吃点东西走出补给站时,虽然是平路但真的一点都跑不动了,看着不远处即将爬升的大山,心里有种发毛的感觉。又热又困,真想找个树荫倒头睡下,哪怕是长眠于此。一起出补给站的一对男男组合,两人马拉松成绩竟然都是 310 的水平,我和白雪 345 的水平,能够在这里遇到也算是一种安慰。看着眼前山上无尽的 S 形盘山公路,我说:"白雪你先上,我掩护……"掩护是假,解大手是真,这中午吃点东西又消化了,心里想减轻负重轻装上阵。再出发时前面的人都走光了,望着盘山路真不想走,火了,直接爬碎石野路上去。直线虽然难爬但还是省了点时间,爬上去累得够呛,坐在路边石头刚一休息,白雪也上来了,看来她体能也接近崩溃的边缘了。张掖的太阳怎么就这么毒?晒得我们无处可逃,期盼着能跑到乌云下面,翻过了一座山又一座山,跑过

了一条沟又一条沟。原来感觉新鲜的风景现在已经厌烦了，怎么没完没了的全是山？全是让我们无处藏身的暴晒赛道。CP7的总里程是78公里，是第二个换装点，过了这个点胜利就在望了。到达这里我们已经跑了18个多小时了，从前一天21点一直跑到第二天15点多，总算看到了点完赛的希望。

天无绝人之路

志愿者告诉我们爬过这个800米的山然后下坡很快就到CP9了，感觉难度不大呀，到达CP8总里程就85公里了，完赛希望就大大提高了。我和白雪激动地加速前进，这时天降毛毛雨，暴晒了一天的疲劳终于被小雨带走了大半。望着绿幽幽的山头，好像不是很高，路也不难走，一会儿就爬到山头了，正满心欢喜下坡。往下一走才发现，下雨后草地很湿滑，根本没有下山的路，下山的山坡遍布开满野花的荆棘，原本世外桃源一样的美景现在完全是在挑衅我们的忍耐力。小腿上被划了很多小口子，追上了今年已经跑了7个百公里的陈静大姐，她竟然没有拿登山杖，一路悠闲地慢慢下山。我拿着登山杖下山还无处下脚，差距呀！

山坡一路下来，发现路越来越难走，到处是横倒在山坡上几人无法合围的粗壮巨松和朽木，上面长满了绿色的苔藓，我们不得不爬树而过。渐渐地我明白了，我们是从山顶走进了一个狭长的山谷，山谷两侧都是高耸入云的原始森林，山谷中间有一条冰冷的小溪川流在乱石、枯树和泥土中间，走了好久也没有头，居然山谷中间出现了冰川。这盛夏之际能够看到冰川真是神奇，走在冰川上特别小心谨慎，生怕踩碎冰盖掉下去，心里暗暗佩服赛事组织者怎么找到如此奇葩的越野线路。其实这里根本就没有路，我们就是跟着山谷里随便扔下的红带子跑，带子在冰上我们就爬冰上，带子在枯树上我们就爬树，带子在泥坑里我们就穿泥坑。天色渐渐暗淡了，我们在和时间赛跑，如果天黑前跑不出这条没有路的峡谷，后果将是多么可怕，想想组委会这路选得真叫天无绝人之路，感觉平时根本不能走的路，今天我们全走了。从昨天晚上到现在，居然一路没有看见一个有人烟的地方，所以也理解了原来比赛方案上写的15个补给点，现在只剩下不到10个。这条路也太可怕了，原始森林的山沟里，组委会就不怕这里出现狼、熊等野兽吗？特别是我们后面

还有不少选手,天黑了跑这山谷里真是要人命呀。越想心里越虚,一路催白雪快跑,经历千难万险两个人逃出了这个布满杀气的魔鬼山谷,见到一个志愿者说翻过山还有800米就到了,我们这时已经对他们说的距离完全不敢相信了。刚才说爬800米爬升的山下坡就到CP7,结果我们这下坡直接到冰川里。已经19点多了,虽然这里天黑得晚,但是要想在天黑前结束比赛已经没有可能了,我们只有抓紧时间尽量在天黑前完成最大距离。

上山后只有一脚宽的小道在山边边上转圈,虽然这段赛道风景绝美,山坡上全是半人高的绿油油的稻草,长长的几乎是垂直下降的稻草坡下是黑压压的地下森林,森林远处是雪山和大黑山,这才是最危险、最暗藏杀机的赛道。因为此刻我们的脚下就是万丈深渊,刚才山谷里看到高耸入云的参天大树,现在树尖就在我们脚下一两百米的地下。这要是不小心滑落下去绝对会……不敢多想,一路叮嘱白雪注意脚下安全,千万不敢着急,腿有没有抽筋的感觉。真的特别担心,也特别害怕,根本没有想到这比赛这么虐、线路这么危险,如果白雪出个什么事我可怎么交代?

颤颤巍巍跑出这段最美最危险的赛段,终于到达了一条河边的CP8,夜幕已经开始降临了,理论上还剩下不到20公里了,我和白雪说,加满水从现在开始我们再过补给点就不休息了,一口气跑完吧,不然越拖越受罪。这个冒险的决定白雪也同意了,白雪真是一个强大的女人,跟上我这么个疯子,她一路没有一句怨言。刚出发天就黑了,前后都看不到选手,我们再次打开了头灯,终点在哪里?

父 爱

从深夜再次跑进深夜的感觉有生以来还是第一次,原计划20小时完赛,再坐23点的火车从张掖去嘉峪关与儿子会合,参加第二天的嘉峪关铁人三项世界杯。但是现在已经是21点多了,我还在大山里迷茫地奔跑着,比赛终点离张掖市区还有几十公里的距离,晚上去嘉峪关的计划马上就要泡汤了。嘉峪关铁人三项赛是龙龙第一次参加比赛,现在他一个人眼巴巴盼着我回去和他一起参加铁人三项比赛,作为父亲我一直期待他能够完成铁人三项体验组的比赛,让他拥有铁人般的坚强意志。但是我现在还困在这大山里,如果不能完

赛就无法完成给儿子的许诺。当他一个人站在远离家乡的陌生铁人三项比赛赛场上时，没有和他一起并肩作战的父亲，他一定非常失望。为了他我要加快步伐，我要努力完赛。后面路过小补给站我们没有再补给，路上还超了两对组合，而我的状态也越来越好，我一定要抓紧完赛尽快赶到嘉峪关与儿子会合。

　　父爱原来也是自私的，心里想着儿子就忘记了白雪，不小心将她一个人远远地扔在了大山深处。好在这一路上坡下坡都是石子路，刚开始我跑得快看不见她，吼两声还能听到她的回音，到后来根本听不到了。我想终点可能就在眼前了，先到达终点再说，结果路过最后一个补给点，说剩下5公里的路程。我跑了8公里还是一片黑暗的大山，根本看不到前方一丝灯火。我甚至以为自己跑错了路，可是跑一段还能看到路标，山谷里拐了一个弯又一个弯，始终没有个头。原来计划5公里一口气冲刺拿下，可到现在越跑越心虚，难道我们已经被关门？终点已经撤离了？有这种想法更加刺激我加速跑，如果真有问题好马上返回去告诉白雪。终于看到四个人，一看原来是会疯和另外一对组合，我说"会疯加油！"就兴奋地跑了过去，看见人说明没跑错，就这样我一路冲到一座桥下，终于看见了志愿者。桥上是终点，真是一个奇葩的终点设计，终点需要两人同时到达，我只好返回去找白雪，这时刚才被我超过的四人组合也到了终点。终于在夜幕中我看到了一个小星星，那是白雪的头灯，我平静地看着她没有一点激情，早已经把赛前名次和奖金的梦想扔到了九霄云外。对不起白雪，真的没有想到是这样残酷的比赛，把你的处女百公里越野扔在了海拔如此高的荒无人烟的地方。谢谢你白雪，你能够安全完赛是我最大的安慰。

张掖百公里越野仅仅是个起点

　　26小时33分完赛，已经24点了，终点没有以往百公里越野终点的喧闹和热烈的气氛，或许是因为连续两晚上一白天的比赛让所有志愿者和参赛选手此刻都已经睡眼蒙眬了，我和白雪携手走过去才知道是终点的大门。终点比魔鬼赛道更加冷清，没有热饭，没有热水，更没有完赛服，只有一块冰冷的奖牌、双人组合成绩证书和毛巾。我和白雪取得男女组合第14名，这已经足矣，我为白雪能够战胜这样残酷的比赛而感到无比自豪。别人此刻都可以

放松休息了，我不能，我还要继续我新的征程！

坐上24点回张掖的大巴，回到宾馆赶紧和白雪分开行李（为了减轻白雪的负重，比赛时她背我的小水袋包，我背她的大双肩背包，装着两个人的装备）。我没有休息片刻静静地走了，打车去火车站追赶晚上3点33分去嘉峪关的火车。没想到还能赶上这班火车，我是幸福的。不管能不能完成早上9点开始的铁人三项比赛，我都要回到儿子身边为他加油。我相信当我连夜站在铁人三项赛场上时，榜样的力量就是无穷的，儿子肯定能够取得最好的成绩。

上火车倒头睡了两个多小时，早上6点就到嘉峪关了，下了火车打车直接去酒店，龙龙已经起来开始准备装备了，我帮他检查好后带他去吃饭。儿子看着我通红的眼睛和一瘸一拐的步子，说："爸爸你还能参加比赛吗？"我说："行，爸爸一定给你加油！"吃完饭他先到赛场报到，我回去本想迷糊一小时8点出发，但怎么也睡不着，7点40分拿上装备也赶到了比赛场。我出现在赛场上时，雪梅大姐和很多铁人三项老朋友都不可思议地看着我？你比赛完百公里赶回来了？原来感觉是天方夜谭不可思议的事情真的发生了，我真的回来了！

赛道难度：★★★★★
组织能力：★★
推荐指数：★★

> 整体评价

第一届张掖的赛道难度非常大，全程没有经过一个村庄和城市，21点开始比赛无形中增加了很多比赛难度。连夜过河、穿越原始森林、冰川，无人区风景绝美的背后暗藏的是一旦出风险根本来不急救援。举办方的办赛经验也不足、赛事补给、路标和服务也不到位，全程没有任何观众加油助威，包括终点。高海拔的赛事，很多低海拔的选手会面临高反的痛苦。因此，这个比赛只适合有一定越野经验的中级以上跑者参与，对个人高海拔的适应能力要求比较高。

铁人三项篇

2014年7月25日

嘉峪关铁人三项赛

9点比赛开始了，我心里真的没有底，能不能完赛我不知道，但为了给儿子信心，我也要展示出永不服输的铁人精神。游泳出发我没有硬拼，毕竟连续26个半小时的越野跑再加9个小时的旅途和铁人三项赛前准备，我实际连续49个小时都没有休息，身体热量已经耗光了，跳进祁连山雪水融化的东湖中，冻得我直哆嗦，只好放松游，第一圈游完差点晕得上不了岸，幸好有扶梯抓着上来了，直接跳下水进行第二圈，东湖水太清澈了，铁人们的游泳姿势看得清清楚楚，大家都游得比较文明，没有平时在混水中拼抢得厉害。这时我看见一个美女超过了我，女子组后出发都追了上来，好厉害，看她那优美的泳姿马上勾起了我加速的激情，一路紧跟速度比刚才快了不少，突然明白为何总有人游泳时抠我脚心，原来跟紧游确实省力。游泳1.5公里最后用了39分26秒，虽然比平时慢了很多，但能够泳完就已经非常满意了。

上水摇摇晃晃地跑向换项区，换项区的自行车已经不多了，可见我已经落后别人不少。推上自行车赶紧跑向赛道，跨车上线还有点晕，暗暗告诫自己能够完赛就好，不急不急。可是上了车就不由自己了，看见别人超我我就想追，公园的搓板路也不减速，越骑还越猛。石家庄的铁人神龙和焦作铁人石宝江我都跟了一段，他们竟然也不容易甩掉我，后来我还帮昂哥领骑一段。嘉峪关自行车骑8圈，我竟然大脑清楚没有数错圈，最后40公里用时1小时15分骑完，居然看见了冷箭，自行车骑的速度不慢啊。

放下车子就跑，原来担心腿痛跑不动，结果经过游泳和自行车的折腾，腿居然跑起来不怎么痛了，冷箭也就领先我300米左右，我甚至开始意淫要超过冷箭。嘉峪关海拔1666米，但我经过海拔3850米越野跑的考验，现在反而跑得没有高反了。吃个能量胶拼命追，追到我大脑发涨，只能高昂起头见水就往头上浇，心里想着超过一个赚一个，超过两个赚一对之类的混乱想法。跑步4圈后最后一圈怎么也冲不起来速度了，就要冲向终点时突然看见儿子了，他刚出换项区开始跑步，我高呼："加油龙龙！"龙龙看了我一眼充满自信地跑了出去。我咬牙怒吼着冲向了终点，10公里跑步用时52分，加换项时间总成绩2小时50分15秒，排名本组第17名，这个成绩要是放在40岁以下的任何一个组都能进前八，可惜本组竞争太激烈。对比一下去年嘉峪关铁人三项比赛我当时2小时47分54秒的成绩，今年慢了不到3分钟，但今年是参加百公里越野后连续战斗的结果，能够进3小时我已经心满意足了。毕竟国内还没有人像我这样神经病，跑完百公里越野时隔不到10小时，奔波300多公里又来完成一个铁人三项比赛。

刚比赛完累得腰都快断了，想想儿子马上要完赛了，我赶紧又冲上赛道。龙龙此刻正在经历他人生最重要的时刻，刚完成了游泳和骑车，跑步是他的弱项，虽然只有2公里，他跑了1公里就有点岔气，在他最脆弱的时候幸好我跑了过来。"加油龙龙！完赛你就是铁人。"看到我来给他加油的那一瞬间，我发现他的眼睛亮了，那是我从没有见过的自信的目光。他提起速度迈着坚定的步伐冲向终点。当我们在终点拥抱时，我老泪纵横，鬼才知道这三天我是怎么挺过来的（53小时之内完成一场百公里越野跑再加一个奥运标准铁人三项的纪录至今国内无人打破），这一刻也深深地烙在龙龙那幼小的心灵里，铁人已经成为他成长中不可缺少的基因。他竟然夺得了男子体验组的冠军，获得500元的奖金。我从开始参加比赛到现在总共得的奖金也没有龙龙一次体验组的多，真为他感到自豪，摸摸儿子那满头是汗的小脑瓜，跑两天百公里越野不见他好像又长高了。忍不住流下眼泪，"孩子加油"，我相信这个冠军会给他今后的人生路带来更多的正能量。

看着他站上领奖台，领到奖金折腾到14点才吃了饭，回去睡会儿起来收拾东西，自行车打包起来足足有20多公斤。晚上和冷箭吃告别饭让龙龙拿奖金请的客。第一次用自己赚来的钱请客，龙龙满满的自豪感。兄弟这一分手再见面就是威海了。虽然每次话不多，但他总是最值得我信任的兄弟，祝愿他一切顺利！

这几天一下没休息，吃了饭马上打包自行车，忙到22点半上火车就睡觉，一觉睡到早上8点，我从来没有在火车上睡这么香过，连续三天三夜的

战斗，真的太累了。起来吃点东西接着睡到车到站。下火车和龙龙扛着20公斤的大包走了近1公里路，感觉比百公里都累。不过想想自己终于按照原有计划完成了张掖百公里越野加嘉峪关铁人三项，虽然都是打酱油成绩，但依然感觉很幸福！特别是龙龙完成了人生的第一次铁人三项比赛并夺得了冠军。事实证明这次比赛使龙龙的人生发生了巨大的改变，从那天回来后他就再也没有晚上和姥姥一起睡，学习成绩也逐步提升。我也时刻提醒他，现在你已经是一名铁人了，你应该时刻以铁人的标准要求自己。"铁人"也成为同学对他的另一个称号，他获得了从未有过的自信心。铁人三项也成了他从男孩成长为男人最好的陪伴！

回家放下行李就马上去上班，上下爬楼14层，感觉腿部力量还好，没有什么不良反应。第二天早上公园小跑2公里，用时12分。做单杠4组30个，俯卧撑两组100个。一周的休假结束，非常忙碌的工作又开始了，但再忙相比张掖百公里加铁人三项又算得了什么？成功和失败或许只是几分钟、几公里的区别，虽然我们可以对自己说永不言弃，但我们有什么权利要求别人和你一起不要命？感谢我的百公里搭档——阳泉白衣天使白雪，没想到把你的第一个百公里奉献给了这个最变态最虐赛道里，也没有想到我们从黑暗到光明再沦为黑暗的比赛中能够没红一次脸。说句实话，感觉我们更像并肩作战的兄弟！我真心为你骄傲！不但为你高贵的体育精神品质，更佩服你成为娘子关第一个完成百公里的女豪杰，期待你也能参加铁人三项，早日成为铁娘子！

赛道难度：★★
组织能力：★★★★★
推荐指数：★★★★★

整体评价

嘉峪关铁人三项比赛是非常成熟的国内著名铁人三项赛事，公开水域游泳的环境非常好。游泳和跑步都在公园中进行，花团锦簇、色彩缤纷。当地人也特别热情好客，物价便宜、美食繁多，非常适合拖家带口比赛和旅游。

一起打铁到八十

2014年9月7日

北戴河铁人三项比赛

  我也拥有一身跑步压缩衣，今天北戴河铁人三项赛骑行到18公里时，一个身穿某知名品牌铁人三项服的美臀彻底把我惊呆了，为了多看一眼，我硬是追逐了22公里……

  这个月有两场铁人三项硬仗要打，分别是20日的威海长距离铁人三项世界锦标赛和27日的马来西亚兰卡威226公里Ironman大铁。今年还没有在海里游过泳，所以选择北戴河铁人三项适应海水游泳，给后面的两场比赛做准备。

  北戴河是北方夏季旅游度假胜地，9月旅游旺季刚过，赛道上树荫蔽日，海滩边白沙绿水。比赛场地在老虎石公园，这里的海水干净，海浪不大。北戴河铁人三项赛高手如云，早上6点10分起床，周哥竟然说我打呼噜影响他休息，我这么文明的人怎么也干起来这种事情了？想想来时火车上做噩梦的狂喊，看来我这睡觉确实越来越不老实了。

  早上起来吃周哥带的牛奶和月饼很开心，有一种玩铁人三项迎中秋的感觉！

  奇怪的是，这次比赛开始前我竟然痛快解大手三次，这是轻装上阵准备火拼了吧？

  参赛规则上说9点开赛，结果8点45分就提前发枪了，我还没开刚买的手表的GPS，慢慢往海里溜达，看着其他人都拼命游出去了，我才醒悟过来，兄弟是来比赛的不是来玩的，赶紧追吧。所有组别一起出发，简直就是一场混战，我出发至少晚了一分钟的代价就是跟在蛙泳后面不停地被踹，想超一个人就得想办法从头跃过，耗费了很多体力。第二圈下水才好点，但逝去的时间只能当作海水悄悄往肚子里咽。第一圈手表就没有计时，第二圈出发一会儿才弄好，游泳结束才记录了500多米，18分多，估计游泳至少用了40分

钟，太悲催了！

上岸跑进换项区推自行车，好多车子已经没了，赶紧追，自行车骑5圈，每圈8公里，又忘了切换手表运动模式，折腾高科技的东西付出的必定是时间代价。骑行那些不太大的坡度，但对我来说不算啥，就是牙盘不敢调小盘，因为换挡有问题，只能前大盘不变，调飞轮应战。前两圈骑得比较累，基本没超人，别人超我的也不多，到第三圈时看见一个17岁左右很瘦小的小朋友骑蓝色BMC超了我，感觉眼熟，追上一问，果然是罗晶宇的朋友，遇下坡他非常快，直接把我甩丢了。我这老脸真没地搁了，这时211号一个身穿名牌压缩衣的美臀突然超了我，我定睛一看，真诱惑！后面基本是透明的，难道没有自行车护垫？眼看就要甩我而去，我可不能让这超级美臀再甩了！猛发力追，绝对不能让这美臀变成遗憾！一路你追我赶，3圈都没有拉开距离，最后几百米进换项区我终于超过了，扭头一看，拥有这性感丰满美臀的居然是个白胖小伙，我……欣慰的是终于追上了那个17岁的帅小伙，40公里骑行的确是有点变态，不过均速达到了每小时32公里，1小时7分多的成绩应该是今年的最好成绩。

放下自行车心里轻松了许多！10公里跑步只是快慢问题，和我一起骑车回来的，我都有信心跑步超过他们。211号小胖哥和17岁的小帅哥一会儿就被我甩没了，正美呢，416号悄然超了我，刚骑完车腿部力量还处在调整状态，所以我只能紧跟他，不让他超我太多。没跑多久，一个熟悉的身影出现在我身边，铁人三项第一人党琦！他已经是跑步第二圈冲刺了，我赶紧加速在他前面坚持了1公里，但最终还是被他最后的冲刺甩掉了。看过党琦的冲刺，第二圈我终于爆发出了激情，陪速在5分之内正一路爽爽地超人，突然感觉身后有人一直跟着我，扭头一看是405号，不能让他超，拼了命跑，心跳估计已经达到160以上了，他还是死死咬着我，最后2公里他超了我，我紧跟着他，基本距离也就是前后脚，手表提示已经10公里了，应该马上到终点了，冲刺吧！我突然加速甩开他就跑，他也提速猛追，跑了500米还没看见终点，心想坏了冲早了，又被他超了过去。我俩一路拼命超过好多人，最后终点前居然还超了两个年轻老外，拼得我快累崩溃了，最后10米，405号和两个老外也疯狂了。我听到背后接踵而来加速的脚步声，拼了老命加速但还是被他们超了，太不想被秒杀了，但实力不允许啊，已经拼尽了全力。跑步距离估计有11公里，我跑了51分。总用时预计2小时36分40秒左右。

一起打铁到八十

比赛完没有休息，趁比赛还没有结束，抓紧时间练习海里沿水线游泳备战这个月后两场大铁，一口气又游了3圈，比结束的正式比赛还多游了1圈。没有比赛的大海游起来确实轻松，这才是享受运动的快乐，手表记录游泳2.4公里用时1小时。

游泳完回到换项区拿东西，人都走光了，肚子饿得够呛，回去洗澡后和穿山甲周哥还有路上捡到的石家庄大神李阳大吃一顿，李阳真是神人，骑车16公里时车座掉了，没车座硬摇车24公里，最后还得了第5名，真佩服他！我调侃道，你这没车座终于把困扰多年的便秘根治了吧？李阳最让我佩服的是彻底把原车日本产的套件都换掉了，真汉子！

马上就中秋节了，大家都匆匆忙忙赶回家过中秋，背着行李骑车10公里40分钟到火车站，一场铁人的盛宴又结束了，祝大家一路平安、中秋愉快！

赛道难度：★
组织能力：★★
推荐指数：★★★★

整体评价

9月北戴河海水清澈，温度适宜，海鲜肥美，价格实惠。好好练铁人三项吧，梦想着中秋佳节，拖家带口，在中国的海滨度假胜地，来一场酣畅淋漓的铁人三项大赛，披荆斩棘夺得冠军后，明月当空，喝啤酒、吃海鲜、阖家欢乐、其乐融融，真乃人间美事。

铁人三项篇

2014年9月20日

威海长距离铁人三项世界锦标赛

游泳篇

威海长距离铁人三项世界锦标赛是国际铁联非常重要的赛事,专业组选手需要有足够的实力和积分才能够取得比赛资格。可怜的是今年专业组居然没有中国铁人取得参赛资格。一场中国本土的国际赛事怎么能没有中国队的身影?还好有业余组比赛,我们这些铁人三项爱好者经过报名选拔自豪地组成了中国队。中国铁人三项运动协会统一定制了中国队的铁人三项战袍,我们每个人都抱着为国争光的光荣使命,信心满满地将为祖国荣誉血战到底。

下周末将参加兰卡威大铁,上周末通过太原国际马拉松对自己42.195公里马拉松重拾信心。21日威海长距离铁人三项世界锦标赛是我备战兰卡威大铁最后一次以赛代练。原本想在11个小时关门时间内安全完赛就好,没想到赛事技术会突然宣布关门时间改为9个小时。游泳4公里、骑行120公里、跑步20公里,总距离144公里,威海那变态大坡不断的自行车赛道,不拼命根本无法完赛!

比赛前发现自行车车头转向有点问题,早上5点起来吃了几块饼子、一盒牛奶、一个苹果、一个橘子,6点半赶到赛场自行车维修点,工作人员没来,放进换项区看到国外各式各样高大上的碳纤维铁人三项自行车,我的铝合金公路车挂在那里显得非常寒酸。遇到很多铁友各种拍照各种吹牛,就居然忘记去修理自行车了,2个多小时很快就这样浪费了。

世界锦标赛专业组8点开赛,到我们分龄组比赛时Pro(职业选手)们都快结束4公里游泳了。穿上胶衣汗水滴答个不停,真想早点跳进海里比赛。8点45分所有男选手一起发枪,直升机在头顶盘旋,岸边观众在高呼中国加

油，穿着胶衣的铁人们像一群海豚一样跃入大海，宁静的半月湾马上变成了千臂飞舞的海洋，老外速度很快，像一群快艇一样呈金字塔形破风斩浪杀入深海，开始我还企图跟上，但基本是跟两个身位就被甩在后面，这种高级别的比赛比我参加的任何一次游泳比赛都畅快，因为大家基本都是自由泳，即使相互离得很近也不会出现被蛙泳腿爆头的危险。刚开始追得太猛，游500米就感觉呼吸困难，毕竟是4公里的游泳比赛，还是用自己习惯的节奏游吧。努力拉长划水距离，放松僵硬的肌肉，逐步进入状态。游到返回区时发现后面上来红色泳帽的泳者，打腿频率特别快，身材特别棒，特别是那胸大肌比天才刘国宁的还突出！游得这么好现在才追上我？看来我这游泳的水平也是杠杠的，不能被超了，猛发力和人家齐头并进，没两下就滑落到腰际，着急得我加快频率猛划胳膊，一划水直接薅住那胸大肌向前爬，这手感不要太好！啊呀，原来是个外国女选手。妈呀，比我们晚出发5分钟都追上来了？太羞愧了，诧异间，美女一个侧滑贴身游过，两条修长的大腿打出激烈的水花，转眼之间就甩出我一个身位！哈喽！美女不好意思，刚才我是无意……唉，快别瞎想了，赶紧游吧。狂追后不到5秒钟，她已经消失在茫茫大海中。没想到A过去，后面B、C……每超一个我都穷追不舍，虽然一个都没追上，但这样游起来一点都不枯燥，一会儿2公里就游完了。上岸还有点头晕目眩，调整了一下游泳镜找好目标再次跳入大海。今天的大海很温柔，没有了前天晚上的风浪，游起来还比较畅快，第二圈人少了很多，老外早都游没影了，缺少了她们一路伴游的乐趣，游到最后前面居然看不到人，难道400多人都游完了？我沿着水线加快速度，享受海水的按摩，享受比赛的乐趣，4公里游泳我实际游泳距离4.38公里，用时1小时28分，一个还不错的成绩。

骑行篇

威海长距离铁人三项世界锦标赛成也骑车败也骑车，号称3倍标铁，实际游泳是4公里，不足4.5公里。骑车是3倍，刚好120公里，跑步20多公里不足30公里，这对骑车能力强的选手是巨大的福音，而对我这种骑车菜鸟则是痛苦。

游泳上来跑进换项区还感觉浑身是劲，但脱个胶衣就快让我筋疲力尽，

幸好旁边有个志愿者帮我拉下了裤子,不然我脱得腿抽筋也脱不下来。吃个能量胶和盐丸推车往外跑,因为一出换项区就是大坡,提前调好了变速。一开始的大坡我练过两次,一路摇车上去没怎么费力,游泳上来不算晚,骑车刚开始还有些领先,自行车赛道和去年一样。去年80公里骑行我一路腿抽筋5次,这次120公里心里压力山大。一路老外狂超我,连日本老太太也超我,跟骑遇坡也跟不上,自己骑也骑不动,只好放松心情欣赏环海路的风景。一座座散落在海中的小岛,漂浮在海天一色的白云下,路过市区两所大学门口,志愿者热情的加油声点燃爱国情结,边骑边和同学们一起高喊"中国加油",咸咸的汗水顺着劲爆的肌肉滚落在大地上,黑眼睛黑头发黄皮肤,我们都是龙的传人!最后一个大长坡是每圈最后的考验,烈日下逆坡而上,一群靓丽的中国大妈锣鼓喧天地为每位选手加油,崩溃的体能看到大妈们激情的热浪,我本能地站起来拼命摇车,跟着大妈们广场舞的节奏冲上制高点,随后一路下坡就轻松多了,突然下坡前方出现了加油的人群和吹哨声,我赶紧刹车减速,兴高采烈的我差点忘记了这个大下坡后的就是90度大拐弯,但速度已经不给我太多调整时间,巨大的离心力把我甩向了人群,完了!我心想这下完蛋了……摔倒后发现居然身体没受伤,原来屁股先落地搞了个屁刹,赶紧看自行车,车把摔破了点,车链条也摔脱了,热情的观众过来帮我挂链条,我这时顿然清醒了!必须安全完赛,下周末就是兰卡威Ironman我的首个大铁,明天就要飞北京出发,如果今天受伤或车子摔坏后果不堪设想!

赶紧起来调好车子继续骑行,暗暗庆幸没有受伤,放慢速度调整一下狂跳的心。第一圈摔车让我骑得更加保守,但厄运好像还没有完,第二圈没骑多久到一个中度坡时,变速盘又出现了问题,车链条脱落,又一次零速摔车。路过一个美国选手连忙停车帮忙,我赶紧说,Thank you, go! go! 不能因为我影响他的成绩。起来挂上链条,估计是第一圈摔车变速摔出问题了,还好速度慢我没有受伤。两次摔车让我越骑越谨慎,骑到平路时冷箭和中尉超过了我,我问中尉是第几圈,他说第一圈准备退赛了!他骑车这么强的人都想退赛,我摔两次车也想放弃……不过看到路边顶着烈日加油的观众,决不能放弃!就是爬也要完赛!每逢大坡我都特别小心,第三圈上坡变挡又出现一次掉链子,还好我已经有了心理准备,及时打开锁鞋没有摔倒。第三圈爬大坡体力已经接近崩溃,年轻的都已经骑完了,在我前后的都是外国老人,看着他们满头银发还

在努力爬坡，由衷地佩服这些六七十岁的老铁！回到终点时大部分自行车已经回来了，120公里我骑了5小时7分，而专业组来自法国的冠军5小时6分就已经完成整个144公里的三项比赛，这就是职业和业余的差距！

跑步篇

　　进入换项区放下装备就跑，俱乐部的张铁娃和王金文两位老大哥给我准备了吃的，我此刻完全没有心情吃，冷箭不知道甩我多远了，我嘴里嚼着一个骑车时拿的能量棒，满嘴都是黏糊糊的东西，真想吐。跑出没多久就看见中尉迎面而来，这家伙在我骑车第二圈时说要退赛，现在跑步已经完成一圈了，真是个大骗子！跑步跑4圈，每圈5公里，我要追上他的话必须跑步比他快近半小时才有希望，我不敢多想，迈开大步向前冲，速度达到每公里5分内的陪速。能量棒搞得我恶心想吐，跑到上坡时实在难以忍受，向路边的志愿者要了人家喝剩下的半瓶矿泉水，喝下水才舒服点。这时看到冷箭也迎面跑来，他速度明显比中尉快，我要追上他们简直不可能。

　　天气太热，遇到昂国平老哥时他也跑不动了，被一个志愿者搀扶着步行坚持，还有一个老爷严堂波弯着近90度的腰艰难前进，我的状态还不错，只要过了自行车这道关，完成比赛就没问题了。一路超人的感觉真好，20公里8次折返，为每个熟悉的面孔加油，为每个鼓励我的朋友微笑，看着与中尉的距离从一圈缩短到半圈，终于在最后2公里冲刺时超过了他，但同组的冷箭和范伟我还是追不上。20公里跑步用时1小时47分，还比较满意。

　　威海长距离铁人三项世界锦标赛作为我首个大铁的最后实战练兵，虽然骑车遇到不少麻烦，但总算安全完赛，8小时30分23秒排列全部中国选手第88名。比赛后我有幸获得了威海长距离铁人三项世界锦标赛的铁人精神奖，第一次站在领奖台上，深刻地感受到了铁人大家庭的温暖，为自己能够成为一名中国铁人无比自豪，排第98名的樊军和我一起见证了一个神圣的时刻。当他向观众介绍下周我即将参加兰卡威大铁比赛时，我暗下决心，一定要把中国铁人精神在国际赛场继续发扬光大！

　　赛后的晚宴是我们和国际选手共同庆祝的盛宴，大家席地而坐平等交流，当大屏幕播出当天比赛视频时，全场响起一波波热烈的掌声，大家是在为自

已喝彩,为铁人三项运动喝彩,为更高更快更强的体育精神喝彩!期待明年威海长距离铁人三项距离更长,参赛人数更多,更加国际化,也期待明年威海铁人三项我能有更加完美的表现!

赛道难度:★★★★★
组织能力:★★★★★
推荐指数:★★★★★

整体评价

威海长距离铁人三项世界锦标赛作为国内铁人三项的顶级赛事,我们第一次有机会和国外铁人三项顶尖选手同台竞技。铁人三项已经成了威海向世界展示的名片。威海拥有国内最难的自行车赛道、最美的游泳海湾、最棒的志愿者团队、最好的比赛气氛,在国内铁人三项办赛中独树一帜。威海铁人三项难度大,非常适合有标准基础的选手将威海作为向226公里大铁挑战的跳板。

2014年9月27日

马来西亚兰卡威226公里Ironman

兰卡威的"偷渡客"

一到兰卡威这个美丽的小岛,晚上去比赛起点试水。心想这里的大海一定清澈见底,能够看到笨笨的海龟、斑斓的小鱼、梦幻的珊瑚、洁白的沙滩。没想到这里的海水很混,沙滩都是稀泥,岸边海水很浅很臭,远不如威海和北戴河的海水好。和天才刘国宁、尔康去游泳,他们都不想下水,我自己下

水沿着海标（没有国内比赛的水线，只有一个个漂浮的小旗）游了500米，返回游时天已经黑了，黑乎乎的大海里游来时的海标完全找不到了，克服内心的恐惧，只能看着海岸远处不太明亮的灯光游，根本找不到下水的地方。渐渐地看到远处一片房屋的灯光，向灯光游去，游到岸边爬向沙滩，腿一下就陷进稀泥里，再往回游黑咕隆咚啥也看不见，硬着头皮爬向岸，每迈一步腿都会陷入稀泥，我拼命手脚并用向前爬，根本不敢停顿，因为一停就可能整个身子陷下去。在齐腰深的稀泥里爬了近半个小时才到滩边。太可怕了，感觉自己不是一个游泳选手，而是一个偷渡客，狼狈不堪地爬上沙滩大叫"天才"，也没有回音，按大致方向沿海岸走，看见几个黑影，终于找到天才和尔康了，这游泳简直像死里逃生。第二天早上天亮我再去观察这片恐怖的沙滩，居然看到泥滩上溜达着比狗还大的蜥蜴，不远处小港口的海水里还游弋着一条2米长的鳄鱼。看得我毛骨悚然，细思极恐，要是昨天晚上爬泥滩时遇到它们……

这里自然环境居然如此原始，真担心比赛时的游泳安全问题。没敢再下海游泳。和天才、尔康、小梁骑行比赛线路，前几公里都是爬坡路线，难度不小，我一下就被他们甩没了，还好这时来了一个单飞的日本女选手在TT，我一路尾随她才逐步找到骑行的节奏，可惜我语言不过关，原来她住我隔壁。兰卡威绿化非常好，很多地方居然有猴子，骑行100公里用时4小时49分，累计爬升777米。后天的大铁比赛3.8公里游泳加180公里自行车关门时间是10个半小时，我这水平就在边缘，看来不拼是不行了。兰卡威租车非常方便，我下飞机就租了一辆丰田面包，一天租金折合人民币才200元，虽然是右舵方向盘，交通方向与国内相反，但是小心点儿很快就适应了。晚上开车拉着几个吃货找本地小吃，开了50公里吃了13盘主食，搞得老板都不会算账了，66马币，一个吉祥的数字。

兰卡威226公里Ironman就在明天

去年就报名的兰卡威226公里Ironman比赛，没想到明天就要上演了，一年多的汗水、力量和披星戴月能否在明天开花结果？25日，Ironman报到，号码686，没有什么纪念品，580美元的报名费看来注定只能为荣誉而战。Ironman展会商品不多，价格不菲，只能饱饱眼福。晚上的欢迎晚宴票价175

马币，人太多，也没吃到啥高大上的美食，填饱肚子的基础上听着全英文技术会，头大了几圈。游泳区终于搭好了出发台，早上继续试水，1.1公里用时24分，看来选择游泳1小时15分区域完赛必定是要被超了。下午顶着高温烈日去放自行车和两个换项包，被专业组的自行车毒晕了，如果明天像今天这样35℃的高温我能顶住吗？一年的期待就在明天，不管有多困难我到了就要做最好的自己，Ironmam我一定要成为你们的一员，加油！

Am I an ironman? 游泳

9月27日这个日思夜想的日子终于来到了，入住的兰卡威酒店很给力，特意5点开早餐方便铁人们吃饱肚子上战场，我吃得非常非常多，吃了一盘子培根、两个鸡蛋、两碗粥。尔康和天才刘国宁都没敢吃肉，我是不怕，铁人铁胃才能顶住17个小时的比赛。

6点半到赛场，黑压压的铁人们挤满了赛道，有全身肌肉的猛男，有身材婀娜的美女，有浑身刺青的壮汉，还有大腹便便的胖子，这次Ironman比赛只有一个比赛级别，那就是游泳3.8公里，骑车180公里，跑步42.2公里，总距离226公里的大铁。难以相信他们都能够完成这样难度的比赛，但人确实不能貌相。从来没有参加过这么几千人规模的铁人三项比赛，虽然人多但赛事组织得井井有条，一点不混乱。

游泳前吃了两个能量胶，是三人同时出发，电子计时防止了大家一起出发拥挤抢位的肉搏。出发后我一路靠外侧游，海水比威海浑多了，温度很高，去时沿红旗游，返回沿绿旗游，3.8公里一大圈，从来没有在海里游过这么远的距离，千军万马冲进大海，去时都是别人超我，我没有超任何人，还好没有什么浪，但也不敢全力游，毕竟还缺少海里长距离游泳的经验，虽然上周威海长距离铁人三项游泳4公里，但那是游两圈，游2公里后上岸再下水游，今天连续游3.8公里只好蒙头苦游，一路没有跟上几个人，天有点阴，也看不到什么风景。最远端有条船，感觉游到了深海，在这汪洋大海里我们渺小得像个小泥鳅，什么铁人、什么Pro，一个大浪过来，你也只能随波逐流。深海的水是蓝绿色，游回岸边时海水特别浅，感觉大家都变成了海泥鳅，一个个从泥汤里挣扎着爬上岸……

3.8公里游了1小时31分8秒，实际游了4.1公里，原本想戴压缩小腿套游，结果到赛场不让戴，打乱了计划，没有游进一个半小时有点遗憾。

Am I an ironman? 骑车

游泳跑步换项区，领上自己的骑车包，吃了一个能量胶，戴上头盔、风镜、腰包号码带和锁鞋，推车跑出换项区，骑车路线骑过一次，心里有点儿底，一开始就进入状态全力以赴，刚开始的上坡就发现大问题，骑车路线居然没有完全封闭，很多车辆在路边排队，这种骑车赛道的危险性比威海大得多了，特别是下坡速度都在50公里以上，如果突然出现车辆或行人，后果不堪设想！时刻都得保持注意力高度集中，确保安全。骑在这样的国际赛场上，心里难免有点儿自卑，看着一辆辆铁人三项车甩我而去，我这辆铝合金公路车真心有点儿寒酸，成为赛道上的奇葩，难怪经常骑摩托的巡视员路过我时总挑大拇指，刚开始以为是夸我骑得快，可明明别人都在超我呀？后来才明白原来他们是在夸我敢骑铝合金车来PK满赛道的碳纤维铁人三项车。

骑车没多久尔康就超了我，我拼命追也追不上。平路还能偶尔跟骑一段超车者，一上坡就被甩。一路都是靠边骑，给汽车让大路，骑得很谨慎，选手们也很有礼貌，因为兰卡威是靠左行驶，超车都从右侧超，刚开始还真不习惯。补给点大概20公里一个，有冰水、饮料、香蕉、能量胶……我刚开始用自带的，后来35℃的气温实在难以煎熬，路过补给点就减速拿冰水浇头降温，然后大量喝水，就这样依然是一上坡满身大汗，晒得冒烟。9月的赤道，温度太高了，感觉自己都快被晒焦了。骑完90公里一圈用了3小时10分，比试骑赛道那天和天才骑4小时50分大幅度提升，比赛确实和平时不一样。第二圈开始那个大上坡骑得特别累，屁股两侧痛得要命，时刻屁股都可能抽筋，赶紧吃盐丸预防。第二圈折返点一度追上尔康，但到爬坡猴山时就又被他甩没了。一路没有看见天才，真担心他不会是中暑了吧？

兰卡威骑车赛道距离长，加油的观众不多，偶尔能看到猴子穿过马路，很多路段都有树荫遮蔽，沿海路很漂亮，有一段路不平坦，气压120的轮子跑上去很颠簸。主办方让骑行时要小心猴子，但遇到最多的不是猴子而是很多可爱的本地小孩子，他们激动地守在路边，伸出黑瘦的小手，期待选手与

他们击掌或捡拾扔下的补给水瓶。兰卡威虽然是一个旅游小岛，但经济并不发达，除去旅游开发区的酒店和商业区外，其他地方还是很落后的，本地人都住在老旧的平房里，过着淳朴的生活，每天岛上的大喇叭会响起五次《古兰经》的诵经声，每个房间都标记着麦加的方向，他们简单快乐地生活着。Ironman比赛打乱了他们平静的生活，看到来自世界各地的铁人来到这里完成如此挑战人类极限的运动，铁人精神一定会给从小沉寂在淳朴生活中的孩子们打开另外一扇窗，点燃他们摆脱命运走向世界的火种！

Ironman比赛与上周刚参加威海铁人三项世界锦标赛最大的不同在于专业和细致，特别是补给方面。威海比赛时骑车补给有一段设置在马路右边，用右手接水很容易摔车，而且如果补给点人员距离太近，误掉一个就很难得到后面的补给。而兰卡威的自行车补给点很长，每个点分几个补给区，按矿泉水、冰水、食物、运动饮料、冰运动饮料等这样的顺序排列，并有指示牌标明，骑车过来一目了然，补给人员全部靠左手，骑车选手很容易边骑行边接到水瓶。补给水瓶都是很实用的骑行水壶（非常结实密封，2021年了还用着一个），手一拿用嘴一拽就能喝，不喝也可以方便地放在自行车水架上，参赛选手完全可以不自带补给比赛，路上的补给足够保证完成比赛。在炎热的赤道地区，补给点充足的冰水供应为选手防暑降温提供了保证，我每经过一个补给点都是先拿一瓶冰水边骑边浇身上，然后再拿一瓶装着小半瓶的可乐，边骑边喝掉，再接一个香蕉放车包上一会儿吃，然后再接一瓶运动饮料加入破风水壶里路上喝，就这一个个小小的补给站充分体验出赛事举办的专业性，让参赛选手感受到550美元的报名费没白交。

双腿已经轮流抽筋好几次，让我骑到生无可恋时才再次回到瓜镇市区，180公里的骑行终于结束了，骑车用时6小时52分22秒，大大好于我的预期，180公里骑车结束我完赛也就有保证了，游泳加骑车10小时半关门，总关门时间17小时，每次比赛最担心的就是骑车，只要骑车安全完赛，后面的马拉松对我来说小菜一碟。

Am I an ironman? 跑步

进入换项区长出一口气，志愿者主动上来给放自行车，这是国内比赛没

有的待遇，选手只需要直接跑到跑步装备区，更换自己的跑步装备，同时将骑行装备放入跑步包即可。坐在凉快换项区换上跑鞋喝上冷饮，休息着快累断的老腰和酸痛的大腿。真不想离开这里面跑进暴晒的阳光下，想起白志刚老哥赛前提醒的话慢就是快，换项时稍慢点调整好状态对完成整个比赛非常重要。想到这里我又慢慢地给脸上抹上防晒霜，给脚和身上抹上凡士林，这些东西都是组委会提供的，很贴心！

跑出换项区，状态非常好，一路狂奔，跑步路线旁边加油助威的游客很多，特别是有不少华人来加油助威，我游泳、骑车、跑步都没有换服装，威海世锦赛的中国队铁人三项服一穿到底，胸前的五星红旗和标志让观众能够马上知道我来自中国，马来西亚有1/3是华人，参加这次比赛有近80个中国人，在国际铁人三项赛场上我们代表的就是不畏惧艰难、敢打敢拼的中国精神，我们就是要让世界知道中国也有铁人！

第一圈跑到半路中间时有一位丰腴的外国美女为我加油，她那热辣的目光比日光更夺目，虽然匆匆而过，但那眼神却像烙印一样印在我心中，跑步路线是4圈8个来回，每圈10.5公里，所以我就有8次机会与她再次相逢。我拼命地跑着，路过补给站机械化地冲凉、喝水、吃能量胶和西瓜，然后就继续奔跑，等再次返回到那里时没有看到她，不甘心地一路搜寻。跑到老鹰广场第一圈用时58分。领到第二个手环时继续返回时很疲劳，但心里还惦记着那个热辣的目光，这次跑到那里真的再次听到"中国加油"，看到了那赤道般的目光，一切疲劳和高温在此刻马上被抛到九霄云外，士为知己者死，我为加油者狂。跑完第三圈时发现天才刘国宁在我后面穷追不舍，多情的夕阳此刻也悄悄藏进山后闺房，夜里她还会为我加油吗？最后5公里原本是马拉松的鬼门关，而此刻我却像打足鸡血一样奔跑，我要捕获夜空下最后一缕热辣的目光，在黑夜里点燃我奔向终点的熊熊烈火，超过了日本人，超过了美国人，每超过一个老外我的心跳就加速一挡。

终于最后又一次见到了那个外国小美女，看着她那清澈见底的眼珠，那似肚皮舞一样扭动的腰际，这孩子长大一定是个绝代佳人，我热情地向她挥挥手不带走一片云彩，迈着坚定的步伐头也不回地冲向终点。迈向人生第一个大铁的终点，让肩头的五星红旗随风飘扬，China Ironmam Good！沿途的人们向我竖起大拇指，多少次披星戴月挥汗如雨下的训练只为今天的冲刺，多

少次跌倒后顾不得伤口继续奔跑因为梦想就在今天，多少次在别人的酣睡中奔波在比赛的旅程上只为能够成为一名真正的 Ironman！

终于看到了终点大门，时间定格在 13 小时 14 分，"一生一世"是不是在暗示我将一辈子热爱铁人三项运动，去追求站在 Ironman 科纳总决赛的起点？今天我终于实现了梦想的一小步，13 小时 3 分 11 秒（净成绩）我完成了人生的第一次大铁，这里不是终点，这里将是我 Ironman 人生的真正起点！

后 记

兰卡威赛道确实很难，当然不完全是坡度大，更主要的是天气原因。赤道的高温天气让很多选手吃尽了苦头。国内铁人三项领军人物党琦这次因为高温中暑遗憾退赛。庆幸的是老冤家天才刘国宁最终没有超过我，大铁成绩比我慢了 4 分钟。最终我赛事总排名第 296 名，国内选手排名第 18 名，刘国宁 13 小时 7 分排名第 19 名。国内排名第一的是来自四川的小伙巴斯李鹏程，10 小时 51 分。中铁协的罗晶宇 11 小时 1 分取得国内排名第三的好成绩。

赛道难度：★★★★★

组织能力：★★★

推荐指数：★★★

整体评价

兰卡威 226 公里 Ironman 赛事在 9 月举办，天气非常热，游泳的海域水质并不好，特别是沙滩简直就是泥滩。自行车比赛非封闭赛道，骑行存在安全隐患，国内到达没有直达机，需要中转相对比较费力。总体来看，这场比赛只适合有实力争夺 Ironman 科纳资格的选手，对于首场 Ironman 参赛不建议选择，毕竟炎热的天气进行如此艰苦的长距离比赛，参赛风险较大。

2015 年 4 月 13 日

台湾垦丁 226 公里 Ironman

　　预告今天有大风和中雨，早上 4 点多出门看到月亮东边黑压压的云层，心想今天台湾大铁看来得雨战了。到了赛场黑灯瞎火地放好换项包，穿上胶衣到海滩时已经人声鼎沸，穿着胶衣的铁人们黑压压地占据了整个海滩，点燃了我满腔的热血，毫不客气地站在第一排出发，专业组刚出发我就出发了。3.8 公里游泳 1 小时 10 分的队列我肯定是最慢的，任由他们超越，我自奋力拼搏，几乎没有海浪，海水清澈见底，离我五六米远的选手都看得清清楚楚，可惜都穿着胶衣，分不清男女，要是不让穿胶衣边游边欣赏美女岂不快哉？视力不好，看不清远处的浮标，只能跟着一拨又一拨超我的人游，三角形的游泳路线，游到最深处横向游时最痛苦，刺眼的阳光更难辨别方向，一圈 1.9 公里，往岸边回游时真舒服，柔和的光线能够尽情地欣赏海底的珊瑚礁和游动的小鱼儿，海底一点垃圾都没有，让我想起了十几年前亚龙湾的海水……就凭这美丽的大海参加这比赛值了。第一圈上岸用时 40 分，穿胶衣就是快，上岸胳膊都酸了，想想还有一圈有点儿怕，等冲进大海时就由不得自己了，第二圈也没减速，不过被人摸了很多次，快的都已经快游完了，后面的和我速度接近，游泳用时 1 小时 20 分，上来在喷淋的地方边淋水边脱胶衣，把胶衣剪短了点，脱起来省力不少。

　　跑进自行车换项区没进更衣室直接找到包就地戴好头盔、锁鞋、压缩腿套、骑行眼镜和手套就推车跑，好多车还在，说明我这次游泳挺快，抓紧时间不能让游泳抢出来的时间浪费了。这时太阳越来越晒，风也不算大，沿着海岸线骑车的感觉真棒，垦丁的骑车路线比威海更靠近海边，好多地方路下面就是奔腾的大海，路面也相当干净，让我产生了莫名的冲动，基本是有人超我就死命追，偶尔我也能超一两个人。正骑得美，跟着一个选手飙车，突

铁人三项篇

然听到哨子声！一个摩托车不知何时跟上我，叫我 Stop，一看是裁判，原来人家发现我跟骑车了，直接出示蓝牌，不会取消我比赛资格吧？不是第一次警告吗？原来只要发现跟骑，第一次罚时 5 分钟，第二次就取消资格。我的天，还好没取消资格，连声和人家说谢谢，吓得我再也不敢跟骑了。又骑出去几公里，宁夏丁炳宁追上了我，他这铁人三项大神居然在我后面，他叫我跟他骑，刚被罚了我哪敢，让他快骑我自力更生。没有 GPS 手表我也不知道骑了多少公里，反正是不停地上山然后就是曲折的下坡拐弯，险象环生几次差点冲出赛道，后面下坡都先控速，看清路况再放速度，由于不是封闭路线，很多地方有汽车和摩托车出现，特别危险。新换的铁人三项车我专门配的爬坡飞轮很给力，赛道的大坡都可以对付，下坡我的车轮组惯性非常好，经常能把上坡超我的选手追回来。新配的破风水壶和后座水壶架挺好用，就是补给点给的补给水壶质量太差，壶盖太松不能给破风水壶加水，导致破风水壶里面的水喝完后就没用了。好不容易骑到最后转三圈的路口，骑了一圈没弄明白从哪里算转完一圈，正好又遇到丁炳宁，他骑车真猛，20 多公里一圈的小三圈已经套了我一圈，问他后才弄清楚。中午的烈日毒辣辣，我越骑越慢，中间还解一次小手、捡一次颠掉的换胎瓶。爬了四次大坡才够三圈，快晒成干了，预告的中雨去哪里了？原以为是个阴天或小雨，结果是大晴天。最后一段路到换项区路我拼命骑，一路都没有抽筋真是难得，反正骑完还要进处罚区罚时 5 分钟，到时候再调整。骑车 180 公里用时 6 小时 48 分，路况比去年兰卡威难，能进 7 小时已经满足了。

  进入换项区还是没进换衣间，直接原地解决跑进处罚区，心想罚时时上个卫生间喝点水，结果规定啥也不让，只能在大太阳正面干站着等 5 分钟，还好不远处有个别人扔的水壶，里面有点运动饮料，我趁机就着吃个能量胶。熬到 5 分钟撒丫子就跑，一路超人，只要自行车安全下来，后面 42.2 公里的马拉松我一点都不发愁，熬时间呗！跑步赛道是三项中最不理想的，居然是半封闭的公路，不停地上坡下坡，旁边堵满了汽车，15 点多太阳暴晒，还要呼吸上汽车尾气。跑步一共三圈，每圈 14 公里，刚跑 4 公里就看见一个丰乳肥臀的女选手已经折返回来，我整个人都不好了，这身材都跑在我前面让我情何以堪？别让我追上，追上非咬两口！小丁跑步领先我一圈，我后面不远就是中尉，这次中尉骑车居然没超我，跑步可不敢被他追上，我不管上坡下

坡一步都不走，遇到补给点拿上点补给边跑边吃，第一圈跑完时才追上她。突然觉得自己好幼稚，路边的流浪狗都没咬人，我咬真成神经病了。佩服地给她喊加油，估计她也听不懂，不过在她的刺激下激发了我的斗志，真心应该感谢她。第一圈跑一半看见江阴的李小斌和无锡的楚楚也开始跑了。第二圈时成功套了他们的圈，狠狠地打了小斌，没想到他一会儿又追上我，我又超过他报仇，终于在一个大上坡时甩掉了他们。第二圈跑完时感觉腿部有抽筋的感觉，放慢节奏进行调整，有效防止了抽筋，第三圈看到了完赛的希望，一鼓作气跑完，到终点时前后都没有人，跑步阶段超过我的人不超过6个，大部分都是我超别人。42.2公里用时4小时15分。

残酷的比赛终于结束了，总用时12小时46分，比去年兰卡威进步了20分左右。比赛完胃里就恶心，能量胶吃了十几个，跑步又一路往身上浇冰水，跑完直接躺休息垫子上让赛会的志愿者台妹给按摩，那姑娘把我腿放她肩膀上使劲按，疼得我嗷嗷叫！刚比赛完浑身湿乎乎的，她也不嫌我臭，按了挺长时间，我的胃凉得更加难受了。按完去喝了点热汤就吐了，一口饭也不想吃，赶紧领上东西坐赛会大巴回到宾馆，冲个热水澡喝点热水，虽然很累但却兴奋得睡不着。以前比赛完都是胃口大开拼命吃，这次难受得要命，甚至产生了再也不想比赛的念头。打开手机看到疯狂铁人群的朋友们居然从早上一直实时关注我的比赛，感动得我热泪盈眶。想想俺也是山西历史上唯一一个既完成226公里Ironman比赛又完成百公里越野的人，一种自豪感油然而生，不能让全世界小瞧咱山西老西儿，暴风雨可以懦弱退缩，咱不能！

赛道难度：★★★★★

组织能力：★★★

推荐指数：★★★★★

整体评价

中国台湾垦丁是个特别美丽的地方，小镇每个角落都散布出浪漫的气息，小街小巷匹配的是无敌的海景，海水清澈到比赛时就可以看到海底的珊瑚焦和色彩斑斓的热带鱼。垦丁的志愿者基本都是来自高雄的大学生，

非常热情负责,为参赛选手提供了无微不至的服务。虽然骑行赛道很难,跑步赛道车多,但是与兰卡威相比中国台湾的整体赛事体验非常好,补给比兰卡威的更好吃,赛道风景更美。唯一的缺点是两个换项区不在一起,稍微有点麻烦。

2015年7月4日

宁夏石嘴山国际铁人三项赛

还记得去年夏天时为了治愈儿子龙龙胆小、14岁还不敢自己一个人睡觉的坏毛病。带着他参加嘉峪关铁人三项赛一个星期,其间我扔下他一个人在嘉峪关去张掖参加百公里,经过铁人的洗礼,他不但在嘉峪关铁人三项赛第一次站上了冠军的领奖台,自信心和荣誉感也得到了大大的提高。从那次回去后就再也没有晚上和姥姥睡过,学习成绩也大幅进步,在中考中非常有主见地选择报考了重点中学,并幸运地以定向生的成绩录取。

铁人三项对他的改变完全超出了我的预期,原本只想通过参赛激发他内心铁人的种子,没想到有事半成倍的效果。又是一年暑假到了,其他家长忙着让孩子报培训班。而我对他的要求是利用高中前最后的假期抓紧锻炼身体,和我一起多参加几场比赛,让他在领略祖国大好河山的同时,继续增强自信心,让他彻底转变为能吃苦自立的男子汉。

为了备战宁夏石嘴山铁人三项,放假前一个月我们几乎每周都去汾河上游进行训练,虽然他训练时间不长,但是运动方面的天赋让我大为吃惊。汾河游泳他蛙泳比我自由泳快,骑自行车也比我快,唯独跑步比我慢点,看着被阳光晒得比我还黑的龙龙,我非常期待他这次比赛的表现。

第二次到石嘴山比赛,一切都轻车熟路了,我换了铁人三项自行车,原来骑的公路车变成了龙龙的战车。两人两车出门,行车确实沉重,龙龙和我一样自己扛着自行车和铁人们赶火车,看着他那汗流满面却自信满满的样子,

感觉儿子真的长大了。

石嘴山的星海湖水质还是比较差，比起我平时带龙龙训练的汾河水差太远了，龙龙前一天试过了水，我也不太担心。

这次我参加25.75公里半程铁人三项比赛，给龙龙报名和去年嘉峪关一样的铁人三项体验组的比赛。10点我先比赛开始，龙龙的比赛11点开始。7月的石嘴山绝对是高温铁人三项，10点多下水刚刚凉快，发令枪就响了。我已经习惯了半程比赛的节奏，出发就一马当先游来，有多大力量使多大力量不管谁快谁慢，反正只游一圈，根本无暇考虑肉搏的问题。石嘴山的脏水对我的呼吸造成了一点影响，毕竟不想让这水流进嘴中。游泳一圈750米用时17分8秒，比睢县慢了一点。

没穿胶衣，换项很快，1分26秒搞定。骑行三圈共20公里。天气实在太热了，因为距离短也没有准备水，骑得一路大喘气，嗓子冒烟，骑了34分13秒，也比睢县慢了点。

进入换项区前已经提前脱了锁鞋，放下自行车和头盔，直接穿上跑鞋就跑，5公里还不是毛毛雨。此刻龙龙也已经骑行开始了，我要快点跑完给他加油。心里越急，腿越不给力，一路浇水降温，12点的太阳太毒了，高温下奔跑心脏都快烤熟了，最终跑了23分7秒，比睢县更慢。总成绩1小时16分28秒，比睢县慢了48秒，可喜的是高手来得少，年龄组排名第四名，比睢县进步了两名。

跑完就去给龙龙加油，此刻的他正在跑步痛苦的边缘挣扎，后面的选手正在一步步缩短与他的差距。我在赛道外拼命和他一起冲，喊着"加油龙龙，终点马上就到了"。龙龙那晒得黑黝黝的脸颊流着汗珠子，严肃的眼神让我既想笑又心痛，终于我们铁人父子一起冲进了终点，29分50秒完成了比赛，和去年嘉峪关体验组冠军的成绩几乎一样。

龙龙再次夺得体验组冠军让我非常兴奋，我玩铁人三项目前最好名次才第四名，他连续两次夺冠，简直比我拿冠军都自豪。看他站上领奖台，我兴奋地对旁边的观众说，看我儿子冠军。旁边的大爷大妈不屑地看着我：梦见了吧，你才多大有这么大的儿子……

14岁第一次参加铁人三项夺得冠军，15岁再次卫冕冠军。天外有天、人外有人，夺冠太容易可能会让龙龙骄傲，所以我准备给他制订一个更加残酷

的计划。因为有了两次冠军的基础，经过和中国铁人三项协会的特别申请，让他参加下个月哈尔滨全国铁人三项比赛男子20～29岁半程组的比赛，让15岁的他经历更艰难的挑战。

赛道难度：★
组织能力：★★★
推荐指数：★★★

整体评价

第三次参加石嘴山铁人三项比赛，对这个城市的好感有增无减，最感兴趣的就是石嘴山的羊肉，手把肉、烤羊肉就上新蒜和冰啤，怎么做都很好吃，价格比银川便宜1/3。其次是石嘴山的公园很多，去了两次也没有看完，如果有个无人机航拍一下，风景一定很棒。最大的缺点依然是游泳水质很差，如果能够把星海湖的水质好好治理一下，石嘴山铁人三项就太完美了。

2015年8月8日

哈尔滨全国铁人三项锦标赛

8月9日哈尔滨国际铁人三项赛，参加过十几场铁人三项比赛，没有比这一场比赛更让我激动的，因为这次比赛我将和龙龙第一次同场竞技铁人三项半程比赛。虽然龙龙已经参加过两次铁人三项体验组比赛，并很幸运地拿到了冠军，但是半程比赛的距离是体验组所无法相提并论的。这次比赛前我专门带龙龙一起完成了五台山一日连穿东北中西南五个台的挑战，这可是一般成人都难以做到的，龙龙做到了。不但磨炼了他的意志，还锻炼了他长距离

跑步的耐力。这次15岁的龙龙参加的是20～29岁成人半程年龄组比赛,半大孩子和成人一起出发,激烈程度可想而知,完成半程组比赛他才是一名真正的小铁人。

提前两天来到哈尔滨适应场地,微波轻漪、宽广碧绿的松花江面,干净平整、笔直宽阔的江畔自行车赛道,让我们对这次比赛充满了遐想。期待一次完美的铁人三项比赛,然而不经历风雨怎么见彩虹?

前一天的技术会刚结束,瓢泼大雨就把我们封锁在会场回不去酒店。刚刚给自行车打足气到135的气压,雷电交加中突然听到大堂里一声爆炸。所有的选手都一惊说爆胎了,没想到几百辆自行车中爆胎的正是我的。备胎没有,雨还在下,还好有个朋友开车来,坐车拉自行车回去。回去赶紧换上全新的备胎,每次外出比赛备胎是必需的,以防万一。换好胎准备好明天的比赛东西,没想到又砰一声,新换的后胎又爆了。我的天,脑仁痛,第一次爆的内胎口子近2厘米,补不住。新换的这个胎口子不大,但补了一下还慢跑气。剩下的备胎气嘴短,安装在50框高的轮组上打不上气。联系其他赛友,冒雨跑了两三个宾馆,借到一个加长气嘴。回来叫银川的丁炳宁大神帮我装上,没想到刚装上打气时又砰一声,第三次爆胎。现在我不是脑仁痛,是直接想死……这是老天不让我参加比赛的节奏?

手头没有内胎了,刚才跑了一圈能借的内胎都借过了……正在抓瞎之时,焦作范伟从房间出来,我那一炮把范哥从梦中惊醒。出来后一看说是没装好,又看了我补了还慢跑气的第二条内胎,说装上就不跑气了。我在半信半疑中装好内胎,果然没有跑气,如果早上起来没跑气就没有问题。心中暗暗祈祷。这一晚上三爆胎折腾得我精疲力竭……

早上起来发现后胎居然没跑气,心里暗暗佩服老范,没想到今年我铁人三项的老对手在关键时刻帮我大忙。铁友们就是这样,无论场上如何血拼,场下都是毫无保留的亲兄弟。刚到赛场不久,雨又下了起来,哈尔滨的天气还真考验铁人的意志,还有一个多小时开始比赛,半程的铁人们躲在树林里,风雨交加中只能光着脚(运动鞋已经放入换项区)穿着泳衣等待,龙龙已经冻得瑟瑟发抖,雨水将热量无情带走,激情也被冷风一点点熄灭。当我们看到全程组队友们游上岸,大家相互鼓励中又渐渐恢复了斗志。

9点50分我和龙龙同时出发,大雨中松花江没有让上阵父子兵有半点畏

惧，雨中游泳风浪扑面而来，乘风破浪大战松花江水，龙龙毕竟还是个孩子，我和他远离水线靠外侧出发，浪花中我还担心龙龙别被人踢着。只见龙龙在河里蛙泳节奏非常快，我居然跟不上。龙龙用时16分钟上水，我比他慢了半分钟。骑车我们基本又同时出发，雨中骑行，路滑容易摔车，我骑的铁人三项车小心翼翼，龙龙骑的公路车比我还快，我只能紧跟着他，感觉是儿子给老子遮风挡雨。也不知道是我俩在互相拼，还是联手在拼别人，风雨中我们笑看那满身的泥水，不畏如林的高手，20公里自行车用时34分，父子俩又同时进换项区。最后5公里跑步一起进入最后的对决，龙龙跑步耐力不行，但通过上周五台山大朝台的拉练，我相信他跑下5公里没有问题。叮嘱他尽量跑快点，坚持就是胜利。看他状态不错，我全力冲刺而去，雨中跑步不需要浇水降温，跑得还比较舒服。我5公里跑步用时22分6秒，龙龙用时26分惜败。最终我用时1小时16分39秒，获得年龄组第六名，斩获奖金300元。首次参加半程铁人三项的龙龙用时1小时21分31秒完赛，居然获得20～29岁年龄组第四名，斩获奖金500元。

赛后黑龙江电视台采访中知道我们是上阵父子兵后，连连夸赞："真的是长江后浪推前浪，一代更比一代强！"龙龙经过这一战更加信心满满，还想参加8月下旬的泰州铁人三项比赛。高中前最后的疯狂，我支持他，拥有比同龄人更健康的身体、更坚强的精神力量，对他的高中生涯一定能起到更加积极的作用。

赛道难度：★
组织能力：★★★
推荐指数：★★★★

整体评价

哈尔滨首次举办铁人三项比赛，松江花从市中心流过，而这次太阳岛公园就是比赛的场地。通过比赛游览松花江美景真是可遇不可求的机会，可惜下雨让美景打了点折扣。松花江水水质很好，自行车赛道平直，城市有很多著名的景点，非常适合入门级选手参赛。

一起打铁到八十

2015年10月17日

重庆长寿湖国际铁人三项赛

今年中铁协的所有赛事一场不落,周六早上出发周日比赛完直接回程的节奏已经有点麻木了,然而18日的重庆长寿湖铁人三项着实神奇不断,不可思议的事情就这样发生了……

周六太原直飞重庆,特意预订靠窗户的座位,飞过大江南北无数,但依然不放过每次鸟瞰祖国大好河山的机会。上周从太原飞长春一路寻找去年飞机上看到的麦田怪圈没找到,看到的是沟壑交错的红色山峦和大片荒漠的灰滩地……这次飞向南方,从深秋飞向翠绿,空气在云层中填充成半透明的物质,飞在行云流水之中俯瞰大地,感觉苍天就是大海,大地就是海底,云海就是漂浮在水面上的朵朵莲花,《庄子》里的鲲鹏莫非是古代人穿越到现代飞机上看到的景象吗?置身万米高空总是胡思乱想,幻想看到悟空驾筋斗云、天兵天将两军对垒……突然发现远处的云层出现了金色的光环,光环中间还端坐着一位……我极力想看清楚中间到底是谁,但那若隐若现的影像实在难以看清,更奇怪的是飞机以每小时700多公里的速度飞行,而这个七彩光圈居然一直与飞机同步,只是偶尔会暗淡,大约跟随了半个小时后才渐渐淡去。飞机快下降了,俯瞰巨大的苍绿山脉和九曲盘环的河流,我真担心驾驶员如何能够在苍茫山峦中准确找到那条微不足道的机场跑道,钻出云层下面又是一大片厚厚的深色云层像沙滩一样覆盖了大半个天空,飞机却灵巧地从一层云层外端绕飞到另一个云层的下端,躲避开飞入云层的风险,如果真有九重天,那么我们的飞机就好像跳出九重外不在五行中。

这次比赛还有一个重要的任务就是带徒弟胡琛昊(乐乐)参加他人生的第一场铁人三项赛。乐乐今年16岁,是个很有运动天赋的孩子,偶然的机会他认识了我,就和我一起训练起了铁人三项,非常认真刻苦的一个孩子,期

望他能够在铁人三项的舞台上找到全新的自我。为了带他比赛,所以我和他一起报了半程组的铁人三项比赛。

一夜秋雨之后长寿湖依然笼罩在烟雨蒙蒙之中,叫起乐乐同赴重庆国际铁人三项赛场。幸福的乐乐不但有我全程陪同,他的父母也来加油助威,首铁全家齐上场来加油,让我都有点吃醋。长寿湖铁人三项去年雨战摔伤不少人,赛事技术会秘书长又通报了北铁摔车人亡的悲痛教训,所以我没让乐乐穿锁鞋,第一次比赛安全完赛,享受比赛过程比名次更重要!

9点男子全程组开赛,边看比赛边告诉乐乐比赛中的重点环节,9点10分第一圈已经有人起水了,居然是一位独臂铁人!施圣海、郭冲等大神去哪里了?只见他像海豚纵身入水,一下滑出好远,健全人也难做到,随即单臂划水,频率非常快,划几下改蛙泳呼吸看方向,然后头一钻又单臂哗哗地游走了,大概游出150米才看到第二个铁人入水,太神了!岸边观战的铁人们都炸开了锅:了不得了,这个首秀的独臂铁人端了所有铁人的面子,太厉害了! 9点21分又是他第一个出水,一路和观众击掌跑进换项区,后面大群媒体慌乱了阵脚,都跟着他跑……怎么可能追上?两分钟后游泳大神施圣海才出水上岸!这个独臂铁人会不会是游泳特长昙花一现,单臂骑车和跑步我想他在重庆这么难的坡道上应该不会太厉害。铁人三项比赛中的独臂铁人见过几个,1.5公里游泳能比正常人快的从来没见过,真牛!

9点48分乐乐出发了,看着他稚嫩的笑脸,默默祝福他安全完赛。重庆赛道难度仅次于威海,今天又是雨中作战,真担心他能不能安全完赛,出发前我一再叮嘱他游泳、跑步要拼命,骑车安全第一!时隔两分钟轮到我们组出发,跳进长寿湖谁能不长寿?不过看到刚刚因生理原因退赛,冻得直哆嗦的米佛妹子,我还真有点担心雨后的湖水会不会很冷?再冷也就750米,下水就不是我了,继续采取我的外道游法,避开水线肉搏争夺战,前面游得不紧不慢,到折返时全力冲,17分11秒结束游泳,这速度和独臂铁人相比连膜拜的资格都没有。

跑进换项区看到旁边朱伟的车子已经没了,赶紧戴号码、头盔,穿锁鞋,推车跑出换项区,为对付一出发的大坡早就调好了变速,很顺利就骑上了赛道,一路小上坡骑得并不吃力,但随风飞舞的小雨时刻提醒我注意安全,真是老司机越比赛胆越小的节奏,下坡不敢全力放,上坡有心冲不动,一路没有尾

随任何人，沿路救护车的报警声和路边受伤躺倒的铁人，这是在战场吗？拐弯下坡都提前减速，根本不敢硬冲。骑车距离实测17.3公里用时39分半，累计爬升243米，大神李阳40公里59分骑完，看他爬坡的速度，谁人不服？

跑步也是坡道，刚跑2公里就看见乐乐已经折返，看到他飞奔而来心里乐开了花，自古英雄出少年，没想到第一次参赛的他发挥得如此出色，比我快近7分，赛前我让他必须超的几个同组的外国选手已经被他甩得找不见了。看到乐乐出色的表现，我也兴奋了起来，一路超人，折返点时宁雪松、徐海几个大连铁人超了我，我死命地追，他们全程以4分的配速冲，我半程5公里硬是跟不上，快到终点时看见江阴铁人朱伟就在前方，我豁出命跑冲刺，遗憾就差10米左右没有追上他。5公里跑步用时23分，这种坡道4分36秒的配速，爬升81米，要是全程10公里我估计至少得跑50分。最终总用时1小时22分56秒，排名第5名。

乐乐以惊人的1小时15分4秒的成绩站上了领奖台，16岁第一次参加成人20～29岁组半程铁人三项就取得季军的好成绩，太神了！而更神奇的是那个游泳第一的独臂铁人，居然在自行车摔车的情况下取得了全场第一，一个残疾人战胜了全场的健全铁人，没有谁能够帮他站上这个至高无上的位置，只有他自己，他那残缺娇小的身体站在领奖台上被亚军和季军相拥照相时，我仿佛看到了飞机上的那个七彩光环中间的影子……

赛道难度：★★★
组织能力：★★★★★
推荐指数：★★★★★

整体评价

可能是长寿湖自然条件太好，第二次举办铁人三项比赛又遇到了下雨。这个山清水秀的地方总是给我们烟雨朦胧的山水画的感觉。长寿政府对于长寿湖铁人三项比赛非常重视，依然保持了上一届比赛的优质服务，所以，虽然赛道难度大、天气不太好，但是组委会的贴心服务还是让我们感觉心里暖暖的。长寿湖铁人三项比赛需要有一定骑行爬坡经验的选手参

加，才容易取得好成绩，对于想挑战威海长距离铁人三项比赛的选手，长寿湖铁人三项是以赛代练的不二选择。

2015 年 10 月 24 日

杭州富阳全国业余铁人三项积分赛

　　23 日周五晚上 7 点半飞到杭州机场，接站的师傅居然跑错路，直奔宁波方向，还好有手机导航找到富阳……匆匆忙忙整理好比赛装备，装起来自行车已经晚上 11 点多。第一次没有看赛道直接比赛，还好富阳去年来过，今年线路没变化。上周重庆长寿湖铁人三项比赛回来自行车都没有开包，直接原封不动带到富阳，今年全程比得少，周六站在全程组比赛赛道上心里发虚，还没有开赛，汗水就已经流了一地，水温 21℃，穿上胶衣站在烈日下等待出发，热得要命。

　　终于等到发枪，一堆人挤在一起游，穿胶衣下去冷冷的水游着很舒服，但游不开，一路被蛙泳选手拉、踹，第一圈游完才拉开点距离，第二圈游得比较舒服，富春江水很清澈，水有淡淡的甜味，因为是流动的水，所以出发时逆江游速度慢点，到折返点回游时速度明显快了很多，去时游速百米 2 分 20 秒左右，回来游百米居然能够游到 1 分 50 秒。返回时感觉自己的动作怎么游都舒服，这种错觉的快乐很给力。1500 米 33 分 55 秒，比去年快了 7 秒。游泳爽完上岸就想哭，胶衣半天脱不下来，让旁边的观众帮助才拉下来袖子，脱胶衣穿鞋戴号码和头盔，换项就用了 3 分 27 秒，比去年还多用了 3 秒。

　　骑车想拼命，却总是感觉力不从心，4 圈骑车要过 8 次桥，12 次 180 度折返，去年比赛骑的老公路累得要命，总是零速过弯再重新加速启动，今年也没好到哪里去，甚至感觉比去年骑得还累。骑车路线窄，跟骑的人很多，基本没有超车的空间。第一圈跟着北京天马盼信老哥和俱乐部徐阿弟老哥他们骑了不到一圈就跟不上了，这帮五六十岁的大爷真够拼的，上桥一个小坡我就跟不住了，眼巴巴地看着他们狂飙而去。4圈40公里骑车用时1小时13分5秒，比去年才快了2分18秒，今年升级成TT车，练了一年多进步一点不明显。骑车结束进出换项区，用时1分11秒，比去年快了4秒。争分夺秒抢时间！

骑车结束跑步开始，双腿怎么就又无力了？这时的天气已经很热，浑身乏力、口干舌燥还不敢多喝水，见水站就拿矿泉水从头浇到脚，依然找不到想跑的状态，完全没有平时一路超人的感觉，跑步2圈各5公里，咬牙坚持，大平路感觉比重庆的大坡都累。10公里跑下来居然用了50分25秒，比去年慢了近4分钟。跑步一项浪费了前面全部的努力！最后总用时2小时42分3秒，比去年慢了1分20秒，看着镇江朱宏斌一年下来成绩大幅度提高，我真有点自惭形秽，打铁一年不如一年，无脸面对山西父老，半程铁人三项打多了，耐力确实下降了。

今年的铁人三项比赛就这样结束了吗？有点不甘心，周日是俱乐部接力比赛，主力队员受伤，全程比赛完就回家了，经过努力动员终于由我和李振山、郭朝阳、乔晓东凑合成一支队伍。接力组第二天10点40分才开始，时间宽松，我拿着相机给参加半程组的铁人各种狂拍，乐乐今天第二次挑战半程比赛，看着他第二个出水，我心里乐开了花。16岁花季般的年龄，能够吃比同龄孩子更多的苦，看着小徒弟拼命的样子，我也不能太掉链子，一会儿接力比赛一定要拼个你死我活。最后他在自行车落后的情况下，居然跑步超了好几位夺得了亚军，连续几站冠军的威海小梁这次被挤出了前三，乐乐真棒！参加两站比赛都站上了领奖台，成绩一次比一次好，我相信明年他一定是国内铁人三项赛场一颗闪亮的新星。

接力比赛共有10个俱乐部12支队伍比赛，我第一棒、李振山老哥第二棒、郭朝阳大姐第三棒、乔晓东老师第四棒，其他组都是本俱乐部的精英队员，我们几个心虚得不行，特别是乔老师已经64岁，昨天刚刚以4小时8分全场最后一个艰难完成他的第一个全程铁人三项比赛，老爷子累得够呛，今天为了俱乐部接力比赛不缺席，依然再次站到了赛场上，这种不怕失败敢于亮剑的精神不就是铁人精神的最高境界吗？接力比赛游泳居然采取跳发方式，这是我参加铁人三项比赛以来第一次以跳水方式出发，可惜平时没有专门练过跳水，其他俱乐部的第一棒都是昨天参赛精英组的大神，站在他们中间压力不是一般的大，跳水一浮出水面我就已经落后别人近一个身位，昨天游泳穿胶衣，今天为换项快没有穿，冰冷的水已经无法冷却我怒放的激情，接力游泳每个人才游 250 米，我 5 分半游完，起水已经是倒数第二了。骑车出来没一公里就成最后一个了，那种老末的滋味真难受。骑车感觉已经很用力了，一圈 10 公里下来 19 分 32 秒，均速才 29.5 公里，比昨天全程 31.3 公里的均速还慢。身体的状态看来并不是仅仅靠激情就能调动起来。等我跑步时最快的选手已经冲刺了，1.4 公里左右的跑步路线我跑得心快蹦出来还用了 6 分 10 秒，均速用时 4 分 20 秒，最终虽然还是倒数一名，但是跑步缩短了和第十名、十一名的差距。交给振山老哥第二棒时很内疚，老哥不愧是久经沙场的老铁人，他这一棒三项下来追到了第九，超了三个位次。第三棒是女子之间的较量，朝阳姐是女子组中的高手，她这一棒又追回了几位，我们排名逆势上升至第六位。最后一棒乔老师无压力上场，虽然乔老师是全场年龄最大、速度最慢的选手，但比赛结束我们并没有掉到最后一位，这样的结果我们已经非常满意，因为我们用实际行动证明了什么叫永不言弃，只要还有一个疯狂铁人，我们也要战斗到底！

  转眼一个赛季就这样过去了，经过一年的拼搏，速豹疯狂铁人三项运动协会和去年一样排名第二。虽然威海国际铁人三项站前我们成功冲上了全国第一，但威海比赛被威海队的人海战术打败屈居第二，最终将二进行到底，全年在国内 141 家俱乐部中排名第二。今年协会共 34 个人参加了铁人三项比赛，6 位铁人完成了 2015 年全部 8 站积分赛事的大满贯，4 位铁人完成了 7 站赛事，5 位铁人完成了 6 站赛事，5 位铁人完成了 4 站赛事，就凭这 20 位铁杆铁人的无私奉献，确保了山西铁人的名字能够屹立在中国铁人三项赛俱乐部前三之中。想想我这个酱油选手克服重重困难第一次实现了中国铁人三项协会年度积分赛事的大满贯，排名 96 位，连续两年保持在百强阵营中，自豪感油然而生！

赛道难度：★★

组织能力：★★★

推荐指数：★★★★

一起打铁到八十

> **整体评价**

如果新时代里再画一幅富春江山居图,那么富阳铁人三项一定是这幅画卷中最大的亮点,这条绵延远长的河在新时代因为铁人三项运动散发出了前所未有的独特魅力,展示出了新时代的铁人精神。富阳铁人三项连续两年成为中国铁人三项联赛的总决赛地,其赛事组织与服务水平毋庸置疑,作为江南最重要的铁人三项比赛,非常值得参与。

2016年8月7日

大庆全国铁人三项积分赛

龙龙开学就高二了,从入学成绩普通班中垫底到高二分班考试考入全校最好的尖刀班,完全出乎了我的预料。去年中考完,我带他到五台山一日跑大朝台,并完成石嘴山、哈尔滨和泰州三次铁人三项比赛,分别拿到了冠军和两个成人组前8名的好成绩,这对他的自信心有很大的提高。没想到他开学后,学习得非常刻苦认真,每天学到夜里一两点,我从来没有管过他学习,也没有给过他压力,但龙龙充分发扬了铁人精神。高一结束,进步很大,考进了全校前100名,进入了最好的尖刀班,让我很欣慰。

又是一年暑期,高中的学习压力非常大,但是铁人三项已经成了龙龙最好的放松方式。所以我俩又一起报名了大庆铁人三项比赛。马上就要比赛了,突然我因工作原因无法参赛。我给了龙龙两条选择,要么和我一样退赛,要么自己一个人去参赛。对于从来没有一个人远行过的16岁的龙龙来说,我想他应该选择退赛。然而出乎我所料的是他选择了自己一个人去参加2000公里以外的18~29岁组的成人组铁人三项比赛。他的选择让我既高兴又担心,高兴的是看到了他的勇气,担心的是一个16岁的孩子从太原坐火车去大庆,随身带着自行车,还要在北京换乘火车,他一个人能做到吗?下面是龙龙当时的记录:

铁人三项篇

8月3日　今天22点,爸爸把我送到太原火车站门口,我提着20斤的自行车包,背着双肩背包一个人走进火车站,我有点儿想放弃。但我一想到爸爸一定在我身后默默地注视着我,不能给铁人丢脸,我开始了大庆比赛之旅。

8月4日　今天早晨8点火车到达北京,爸爸告诉我可以不用出站直接到动车候车室,可工作人员说不行,必须先出站再进候车室。北京站并没有我想象中的那么大,我扛背沉重的自行车好不容易出了站,再排队进了候车室,时间还很宽裕。10点坐上动车后,一直到19点半。爸爸说不要和陌生人聊天,我基本都在边听音乐边玩魔方,周围一圈人都惊叹我一分多钟就能拼出六面魔方的高超技术。动车上的东西很贵,一个不知名的矿泉水都要10元,比饮料还贵。下了动车后,遇到了组委会的接站员和王金文大爷。司机跟着爸爸的朋友贺代强大爷的车来到了离赛场最近的一家酒店,距离只有100米!住下酒店后,我们去吃饭又买了些水果。

8月5日　今天早晨9点我才从睡梦中醒来。在王大爷的帮助下我把车子装好,我的车子没有拆得很彻底,所以装起来很简单。外面正在下雨,我们没法出去试水、骑车,我们只好在家里看了今年奥运会男足小组赛尼日利亚对阵日本的比赛。中午饭后天气变晴,便去组委会报道。因为距离较远也不清楚方位,我就尝试用百度地图导航过去。这是我第一次使用导航,感觉用起来非常方便,没有多走冤枉路,十几分钟就到了。我们去的时候没有什么人,完成得也很快。这次比赛居然不用交保险,估计是组委会给我们交了。回来之后去赛场试水。有风,浪太大没试成。22点多,樊响父子到了,我主动帮他们装车子。他们的车子基本全拆了,装起来很麻烦,一直装到快凌晨1点了,樊军叔叔让我去睡觉,但我一点都不困,所以写下了这篇日记。

8月6日　今天早上9点钟起来,看了奥运会开幕式后,我带樊响父子去报到。今天报到的人很多,也碰见了许多认识的选手,他们都问我为什么我爸没来,并对我一个人来比赛感到诧异。下午我们去参加技术会,但在途中发生一件坏事。我在报到的院子里骑车转弯时,由于这个车子前轮的转角是有一定的限度的,没有转好,我零速摔车了。伤口不是很严重,稍微处理了一下,明天赛完后再让医生看一下。回来去试水,结果那儿要铺地毯,所以也没试成。就在刚才我斗智斗勇,打死了一个不知名的飞虫,那个虫子有3厘米长,全身黑色,打了将近半个小时,这对从小就害怕虫子的我也是一个

一起打铁到八十

突破。现在睡觉,明天争取取得好成绩!

8月7日 今天就是比赛的日子了,早晨6点钟起来吃早餐后奔赴战场。9点30分我们才比赛,我的肚子有些痛,状态不是很好。终于要比赛了,开始拼命地往前游,想占据一个有利的位置。浪太大,我喝了好几口水,前面还有全程的选手在踢我,所以开始游得不是很好。在游泳中段,我调整好状态,超了很多人。但在后期浪更大了,我游偏了一些,浪费了不少时间。750米游泳用时17分39秒。

上岸进入换项区,我推车就赶快往前赶。骑车路段由于半程全程都是一圈,没有什么人可跟骑,在折返前是逆风,消耗了不少体力,折返后反而骑得较为轻松。骑行结束我是年龄组第三名,20公里骑行用时37分50秒。

跑步阶段出了种种状况。刚开始跑步时,我两条小腿都抽筋,我跑得很慢。跑了一会儿逐渐缓和过来后,我开始发力跑,但就算如此,还是有同组的两名选手超越了我。快到终点时,同组又有两名选手要超我,我紧跟着他们,想要在最后冲刺时超过去。但冲刺时我越跑伤口越疼,最后就差他们1秒钟,遗憾地成了第七名,5公里跑步用时25分34秒。25.75公里比赛总用时1小时23分39秒。

通过这次比赛我总结出两点教训,第一点是比赛前一定要注意安全,不然比赛时非常影响成绩。第二点是比赛前一定要熟悉赛道,以便发挥出自己最好的水平。如果我这次比赛前能做到这两点,那估计就是第三名了。

8月8日 今天的动车是8点30分的,组委会送站的车6点30分发。我昨天晚上设置了5点30分的闹铃,结果闹铃刚响,王大爷以为我是8点30分才坐送站车,就把闹铃给关了。幸亏我6点20分醒来了,虽然没赶上6点30分的车,但打出租过去没误火车。如果像往常一样,9点钟才起来那可就惨了。晚上火车里,同一个包间有一个四年级的小学生在看高中的书,现在的小孩真是太用功了。

赛道难度:★
组织能力:★★★
推荐指数:★★★★

> **整体评价**

  大庆是中国石油产业的发源地,是铁人王进喜战斗过的地方,大庆举办铁人三项赛也是新时代向铁人王进喜致敬的最好形式。大庆作为百湖之城,景色非常美,铁人三项的赛道很好,特别是全程组自行车的折返点是铁人王进喜的纪念馆,让铁人们重温铁人精神,鼓舞士气,点燃新的中国梦。

2017 年 7 月 1 日

中国铁人三项联赛——绥中东戴河

  7月2日是中国铁人三项联赛东戴河铁人三项比赛的前一天,海水风大浪高。我带着新队员何仙姑去试水,去年带她完成了百公里越野和马拉松,就鼓励她学游泳比赛铁人三项,没有想到她刚学了一个月游泳,一口气能连续游100米,就有勇气报名参加了铁人三项比赛。第一次去大海里游泳居然没有畏惧,我不知道是我胆大还是她胆子更大,看着翻滚而来的浪花,我叫乐乐一起下水,保护她试水。第一次到公开水域游泳就遇到巨浪,何仙姑变成了飘摇在大海中的一片树叶,虽然带着跟屁虫也游得非常困难,我游十几米就等她,原地踩水硬是让海水晃得我都吐了,最后游上岸发现比官方起水点偏了几百米。还好她艰难地游了上来,心里想明天比赛,第一项大海里游泳她肯定是要被捞上岸。

  比赛日注定是暴晒的一天,上午的海浪明显小很多。半程组出发时,暴晒的选手们像饿虎扑食一样冲进大海,痛快淋漓地在大海中拼搏起来,经过昨天试水的晕吐,今天我游泳比较谨慎,先保证了方向对再说速度。心里还在担心何仙姑游不动时有没有人捞她上岸?游泳耗时16分53秒,比去年慢了30秒,还算满意。

  骑车路况非常好,去年东戴河沿路还有比基尼美女喊加油,所以今天我边骑边期待美女们热情的尖叫声，骑了两圈硬是没有发现，有点小遗憾。很多人跟骑，但也没有看到有人被罚。20公里自行车骑得平淡无奇，耗时36分30秒，比去年慢了51秒。

进入跑步阶段，去年我跑得非常拼命，虽然天气热，但是我一直紧咬对手跑进了22分，今年我喀纳斯330公里越野和东戴河铁人三项背靠背玩，体能总体比较弱。5公里只跑了22分52秒，也算过得去，跑步比去年慢了1分8秒。

总成绩1小时19分38秒，比去年慢了3分24秒。虽然成绩都是第五名，但今年的成绩实在是有点水。跑回到终点时一直寻找何仙姑，生怕她出危险。心想她肯定被捞上了岸，这块中铁协有史以来最漂亮的、晶莹剔透的红色海星东戴河奖牌看来与我无缘了，送给何仙姑鼓励她下次完赛吧。

终点没有找到何仙姑，心里越发担心，不会是没有被捞上来吧？正心里发慌，突然看见一个晒成红苹果的美女跑了回来。不可思议！她居然完赛了，因为她的脖子上也挂着一枚亮晶晶的红海星！不，那不是奖牌，那是一颗坚韧不屈、敢于挑战自我的红心！刚学游泳一个月的铁人三项小白，居然完赛了大海游泳的东戴河铁人三项比赛，更让我吃惊的是她居然拿到了女子半程组亚军！我的天哪，这让我们这些每天刻苦训练、逢赛必去的老铁人情何以堪？看着她神采奕奕地登上领奖台，我的心里不知道是酸酸的，还是激动，各种滋味各种感慨：从前年带乐乐（胡琛昊）参加铁人三项，现在他站站拿奖上台子，再到何仙姑首铁就拿亚军，华瑞疯狂铁人越来越强大了，真是遍地铁人千重浪，一代新人换旧人！

东戴河华瑞疯狂铁人王东丽和崔玲获得了女子半程团体第一，李农男子全程年龄组第一名、俞一新男子全程年龄组第二名、曾繁群女子全程年龄组第一名、胡士春女子全程年龄组第二名。铁人的汗水没有白流，铁人的精神将继续鼓励更多的新人奋发向上，开创未来！

赛道难度：★
组织能力：★★★★
推荐指数：★★★★

铁人三项篇

> 整体评价

东戴河铁人三项作为中国铁人三项联赛的重要场次,对中铁联赛比赛的标准化起到了引领作用,联赛的开办对促进中国铁人三项运动效果显著。通过一年来的比赛,全国铁人爱好者从原来的几千人迅速增长到了上万人。我们这些老铁衷心希望联赛的赛事越办越多,越办越好,不仅仅要办51.5公里和25.75公里距离的赛事,也要办一些像威海一样的长距离赛事,更加丰富中国铁人三项运动的广度与深度。

2017年8月20日

易水湖铁人三项比赛

自从有了铁人八项,铁人三项成了小儿科,健康快乐变得触手可及。

易水湖在保定的郊区,小学课本里的狼牙山五壮士的故事发生地、长大后游览过的清西陵都在这里,只可惜这个名字是参加这次易水湖铁人三项比赛才知道。首届比赛组委会拿出了非常棒的诚意,不但给俱乐部特邀参加的待遇,对所有选手还免费提供了清西陵和狼牙山的免费门票……而比赛起点就在易水湖景区,运动员拿参赛证随便进出,游船随便坐,太超值了!

周五下班拉上四个铁友自驾开拔,400公里中途只休息一次就一路到达,平时一个人开车十几公里就犯困,这次400公里一气搞定算铁人第一项了。

第二天一早坐游船游览易水湖,易水湖的水实际是水库造就,几公里的水域围绕在群山峻岭之间,美不胜收。这里的山不是北方的土山,更像桂林或海边那种竹笋、宝塔一样拔地而起的山峰。游船泛舟8公里再爬上易水湖栈道,栈道依山而建,从湖面到山顶一步一景引人入胜,从山顶看易水湖全景,如同很多小盆景洒落在碧波之中,没想到北方居然还有如此山清水秀的地方,一眼望去看不到任何工业特质的东西,纯天然无污染的地球如此美好,

搞得我都不想回"火星"了，烧烤的阳光下一行8人居然也能玩到嗨。

下山后湖边有人工隔离出的游泳区域，马上就变成了疯狂铁人们PK游泳技术的试验田，比速度、比泳姿、比嘚瑟……景区虽然游客很多，但景区给参赛选手VIP的待遇让我们一路绿灯节省了大量的排队等候时间。

比赛报到非常简单，俱乐部团报一下子就领出了所有参赛物品，完全没有一般比赛那种苛刻呆板的报名要求。中午等上宋力键自然少不了大吃一顿，而这里的农家乐价格公道，味道醇正，10个人大口喝酒大口吃肉才花了不到400元，美味可口还实惠。吃完饭接着去湖里试水游泳，参加露天的赛前乡村技术会，开完继续再大吃大喝……完全是来度假的节奏。

早上8点半比赛，全部都是一个组别全程，我被排在最后一组出发。水域面积大，游起来感觉浮力也大，特别舒服，专门选在最外侧下水，没有怎么肉搏，可以安心地以自己的节奏享受易水湖的水质和空气，换气时透过清澈的水面瞥一眼山景，顿时感觉大自然已经与我融为一体，人在画中游的心情是多么的豪迈！景区水域的风景是城市铁人三项无法比拟的，大庆、嘉峪关很多比赛的湖都在城市之中，水域相对有限，视线中总少不了建筑，而易水湖这种景区的水域让喜欢亲近大自然的选手们更加兴奋！

游泳两圈1300米稍微有点短，游了26分多非常满意，最开心的是一上水就看到了肉肉的力键，冲上去狠狠地"慰问"了一下他的肥臀。力键回头诧异地看着我，你游这么快？我也顾不上和他多说话，一路狂跑进换项区，推车就跑。

骑车路线比较复杂，爬升较大，许多路段比较窄还是下坡带拐弯，最近摔了两次车遇大下坡都不敢放开骑，就这样还追上了力键。小猛男乐乐骑车还套了我圈，45公里我骑了1小时22分，够慢……

3.5圈的煎熬过去本想能轻松点跑步了。结果跑步路线也是有个大坡，今年第一次玩全程，没想易水湖全程难度这么大。跑步上坡速度明显下降，下坡还可以，跟着李军峰跑了1公里，平路能跟上，一上坡就跟不住了。跑步3圈9公里用时36分，不是我跑得快，而是计时点设计有点问题。

全程下来45公里总用时2小时43分，分组排名第12名。比赛完还有体育彩票现场抽奖，真的是玩坏比赛了，连抽了几次奖换奖，最后中了10元。比赛完骑十几公里马上回去打包自行车，装完车又带他们游览清西陵，结果

路上堵车和线路不熟悉耽误了时间也没进去游览成，带着遗憾回到金坡码头参加颁奖晚会，晚会疯狂铁人不但拿奖拿到手软，大家还主动表演节目，斌铁的歌喉、胡姐的舞姿震撼全场！一行11人参加比赛获得了团体第四名的好成绩，也给了大家一个意外的惊喜。

19点开完颁奖晚会，我一个人开车拉队友奔波5小时400公里深夜回到太原，这个比赛日真是从早上6点起来到12点比赛结束，再到晚上开夜车回家，全程高能不休息。这个周末真的是搞了个吃、喝、玩、乐、游泳、骑车、跑步、开车的铁人八项，别问我累不累，看看车后排东倒西歪睡觉的队友们，我全程打鸡血回到太原再把他们送回家，要说铁人三项比赛搞不过他们，弄个铁人八项比赛我还真有可能拿冠军！

赛道难度：★★★

组织能力：★★★

推荐指数：★★★★

整体评价

易水湖铁人三项第一次举办，诚意满满，又是免报名费，又是免本地各大景区门票，还有铁人自嗨的颁奖晚会。组委会干得漂亮，铁人们也玩得很爽。这个比赛骑车和跑步都有点难度，相对适合有一定参赛经验的铁人参加。易水湖的自然环境非常优美，时间宽松的话可以比赛加旅游，好好感觉一下北方小桂林的滋味。

一起打铁到八十

2017年9月30日

威海超级铁人三项比赛

刚刚为逃出波涛汹涌的大海劫后余生而庆幸,没想到骑上自行车就开始了风雨交加的征程,前面的自行车卷起的水花像水枪一样打在我脸上,路边的志愿者蜷缩在一起抱团取暖。铁人们只穿着湿透的铁人三项服,顶着大风、淋着大雨,飞驰在盘山公路上,好不容易爬上山顶,马上面对的是湿滑的大下坡,刚放开速度突然一个侧风,自行车50迈的速度突然开始抖动,天哪……

标铁老庞也疯狂

9月30日,威海全程铁人三项是我连续五年的第六次征战威海铁人三项比赛,当然明天就会变成第七次。为何是连续来了五年第七次比赛?因为和去年一样,在长距离铁人三项前我还加赛了个51.5公里的标铁。

14点才开始比赛,上午还一直忙着陪骑车受伤的队员去医院包扎伤口,中午刚吃完饭就急匆匆赶到赛场准备比赛。这次我主要是陪协会的新人庞华南老哥玩了一个全程铁人三项,当作拉练。庞哥61岁才开始玩铁人三项,别看他那苍白的头发,精瘦的身躯里却蕴藏着一般老人无法想象的能量。虽然他今年刚开始玩铁人三项,已经完成两次半程和一次全程铁人三项比赛,但是那都是平路铁人三项。威海这种大爬坡、高难度的赛道他还是第一次参加,赛前叮嘱他安全完赛就OK。

游泳我们一起出发,今天的海浪不大,选手也不算多,游得非常舒畅。1.5公里两圈下来用时31分51秒,是我威海游泳最快的一次,比庞哥先游完上了岸。

开始骑行有点不适应,下午的海风很大,我骑的80刀轮被侧风吹得很不稳。骑得非常小心,没想到庞哥骑车非常猛,威海那么大的坡他一度骑车超了我。这次骑行的方向与往年相反，每次进入换项区是原来出发的那个超大坡反向呈下坡方向，从山顶顶着海风向岸边冲下来，速度特别快，快到底时突然扑面而来的海风差点吹翻自行车，剧烈的抖动差点让我控制不住自行车，吓得魂飞魄散。好不容易稳住没摔倒真像捡条命一样，吓出了一身冷汗。赶紧追上老庞告诉他一定注意安全，前面看他超我时，骑车压弯的腿部发力都不对，边骑边告诉他压弯的技术要领和发力点。后三圈我们都骑得非常小心，真是谢天谢地安全骑完。四圈总距离 34.6 公里，爬升 645 米，用时 1 小时 43 分 42 秒。

跑步再大的风也不怕了，迎着风向前冲，10 公里跑步，爬升 102 米，用时 48 分 45 秒搞定。总用时 3 小时 7 分 32 秒。比去年威海标铁慢了 8 分钟。主要是骑车比去年慢了很多，今年骑四圈基本除了上坡就是下坡，去年骑两圈相对来说还有长距离滑行休息的时间。

超级铁人三项越野越喜欢

10 月 1 日，举国欢庆的日子，全国各地都沉浸在欢乐的海洋中，而我们这群"求虐"的铁人却在用特殊的方式为祖国庆生。今天威海推出了全新的超级铁人三项由大海游泳 3 公里，盘山骑行 100 公里，越野跑山 25 公里组成，总距离 128 公里。

早上 6 点就开赛，这是比赛开始最早的一次。昨天下午刚比完标铁，兴奋导致晚上睡不着。早上 4 点多起来喝了点酸奶，吃了点面包就出发了，下着小雨的天一片漆黑，到达换项区时 5 点半，大海还沉睡在夜色之中，什么都看不见，心想这黑漆漆的怎么比赛？

匆匆忙忙放好装备比赛就开始了，6 点天刚刚好亮了，组委会时间把握很准确。昨天游了 1.5 公里用时 31 分，感觉还比较舒服，今天对游泳 3 公里充满信心。然而比赛一开始就发现今天的海水深了很多，跑步冲进大海没几步就只能游起来，周围全是选手，游得相当辛苦，我老实地游自由泳，碰到其他选手绝对不会拉、拽、按、踢，但别人就不会顾及我的感受了，各种有意无意的身体接触就没有消停过，偌大的大海为了比赛大家都拥挤在一条水线上，百铁争流的场面如同鱼群迁徙一样壮观。第一次穿中潜的定制款胶衣，保温效果和保护效果都很棒，如果没有这层胶衣保护，估计我身上早就被抓成千疮百孔了！1.5公里一圈游得还比较流畅，特别是回程时借助海浪的推力，游得非常快。第二圈开始就感觉风浪大了起来，大海突然变脸了，波涛一浪高过一浪，每次扭头换气总被海水抢先一步，而身边的参赛选手和我的速度正好一样，我扭头向右侧换气，他扭头向左侧换气，我们不是花样游泳，只是在争锋换气，一路纠缠了五六百米，不是我喷他一脸，就是他划我一嘴水。在剧烈晃动的大海中，不但要掌握方向努力向前，还在提防身旁时刻都可能突然划过来的胳膊和脚，最终在一处拐弯的地方我的眼睛还是被狠狠踹了一脚，虽然知道是无意的，但也有点郁闷。我这么温柔地对待你，遇到别人的身体都是标准的自由泳动作轻轻划过，生怕让别人误会我借机揩油，他们怎么就这么明目张胆粗暴地对待我呢？不行，我可不能心甘情愿跟在后面喝别人的洗脚水，憋住气三次换气变成四次换气划，抢占有利水势，终于熬过了冲向深海的海浪，回游时顺着海浪的冲击力，速度明显快了很多，3公里游上岸用时1小时12分，比前一天游泳慢了很多。

游泳上岸舒服了很多，一路跑向换项区超了很多人。推车时发现吴国新的自行车早就没了，穿胶衣也没游过他，心里有些失落。一出换项区就是大爬坡，放车时就调好了变速，上坡还挺轻松，糟糕的是雨又下大了，风也很大，吹得浑身湿透的我瑟瑟发抖。只能加速骑车燃烧自身卡路里来对抗冷风细雨。威海这条赛道比过好多次，但下雨天比还是第一次。原来这条赛道我下坡也是非常猛的，放坡速度曾经也是70多公里的时速，但今天连中间小起伏的坡都不敢放开速度，雨中湿滑的路面本来就容易摔车，再加上猛烈的侧风，如果你以50迈的速度下坡再有个小拐弯，那必死无疑。昨天标铁比赛时，亲眼看见一个铁友在我前方下坡拐弯摔车，那车子顶在路牙上，突然就凌空飞向了我，真是要命。所以我在下了一个坡后就王八吃秤砣铁了心，宁可慢点全程下坡提前刹车也不能摔车。人一尿胆就小，胆一小骑车就慢，想起威海铁人姜大成打的那面旗帜"慢就是快！"，我认了！第一圈骑下来很多人都超了我，一点都不敢羡慕。铁人三项车大部分时间都不敢趴着骑，一直是捏着刹车骑行。真是上坡骑不动，下坡不敢骑，基本上全程都是别人超我，我最多超个推车走的选手。

雨中的威海环海公路非常干净，干净得可以看到雨水聚集成的小溪清清地流淌，而山下的大海也被海风吹成了浅绿到深蓝的渐变色，甚至可以看到

雨滴在海面上欢快地跳动。一辆自行车"嗖"地超过了我,后轮卷起的水花无情地打在我脸上,已经被风雨摧残得满脸泥水的我也不在乎再给我多来一点了,我只能咬紧牙关,用力把住方向,时刻对抗侧风的袭击,炯炯双眼紧紧盯住前方的路况,随时准备减速再减速……精神紧张人就疲劳得快,才骑了一圈25公里就已经有点干不动了。想想后面还有三圈真是绝望,越到换项区附近给我加油的观众就越多,我顾不上搜寻他们的身形,只是想狠狠地快快逃跑,生怕让别人发现我已经是强弩之末。

就这样被你征服
切断了所有退路
我的心情是坚固
我的决定是糊涂
就这样被你征服
喝下你藏好的毒
我的剧情已落幕

有什么可后悔的?想想那个曾经骄傲的自己,2014年威海铁人三项世界锦标赛比赛摔三次车完赛144公里超铁,第二天就坐上飞机去马来西亚兰卡威,背靠背完成下周的226公里大铁。2015年完成中国台湾垦丁226公里回来下一周背靠背完成大连100公里越野。所以我怎么可能完赛不了小小超铁?一边给自己打气,一边艰难地继续爬坡,以前威海骑车第二圈总比第一圈胆子大,因为路线骑一遍总能找回点记忆,然而今天却是记忆越多越害怕。想想上一圈就差点摔车,这一圈还没到就已经早早减速。今年骑车少,根本就没有练过山路,胆子小也正常,总比受伤好。这次超级铁人报名门槛高,标铁2个半小时内的选手和曾经参加过超铁的选手才有资格报名,我是属于后者,因此选手的整体水平相当高,就连女选手也是一个个毫不费力地超我而去。而第一圈超我的选手第二圈再看见时都已经扔我大半圈了。我已经不是在骑车,而是在熬时间,从一开始的欣赏美景到最后的饥寒交迫,我甚至在骑完第三圈时想放弃比赛,可是每次到换项区前总有人给我加油,想想观众站在雨中都不退缩,我有什么理由退缩?又一次骑上大坡时我肚子难受,有

点想解手。向一个海边亭子里的志愿者借手纸时,看见了人家放在身边的面包。试着问了声,能不能给我吃一口,她热情地把整个面包给了我,我害羞得只要了半块面包,毕竟他们还要坚守岗位。美女还给了我一小根火腿肠,这个时候雨瞬间停了,我坐在海边高崖的木凳上,天边的云层里照出一缕阳光,让我沐浴在阳光下吃到了最美味的补给(其实我平时一点儿都不喜欢面包和火腿),不!准确地说不是阳光温暖了我,而是志愿者那颗单纯又炽热的心给予了我无限的正能量。吃完面包、火腿真是哪儿都舒服,肚子也不痛了,把志愿者给我的纸巾放在怀里推起车子继续干,不能尿!

再次开干时,总有摩托车路过问我第几圈,难道我快被关门了吗?紧张得我再也不敢中途休息,一口气顶了下来。骑行总用时 5 小时 30 分,基本是本全场最慢的选手之一。

放下自行车看到老吴的自行车还没有回来,还有比我慢的?进入 25 公里越野跑我就放松了,越野跑比骑自行车爽多了,一路补给站很多,补给点吃的也比较多,不像自行车赛道除了水什么也没有。当时心想,这下雨天张嘴喝雨水都够了,谁还需要补水。还好跑步时牛奶、面包、士力架、香蕉都有。更可怕的是俱乐部张洁妹子还给我们准备了烩面和牛肉。唉!我实在是不敢停下来大吃,只好咽口口水说"不饿"就跑了,刚跑上山又遇到了罗晶宇的爱妻小乖,从她包里拿走了喝剩下的半桶酸奶,喝了半桶酸奶力量噌噌地往上涨,一路超人!我刚开始跑时马如好、李阳就已经开始冲刺了,我比大神们慢了 2 小时多了,再不加速真是无脸跑回终点。说是越野跑,实际并不难,也就是环山的土路而已,我越跑越兴奋,给每个迎面而过和被我超过的选手加油,雨后的大山充满了泥土的芬芳,来威海这么多次还是第一次爬山,这路线比原来的环海路爽多了,土路有弹性不费脚。12 公里的折返跑,快到折返点时我终于追上了天津的高雅楠,骑车第三圈时她和白志刚老哥相继超了我,没想到落下我这么远。去年厦门 70.3 我还比她快不少,没想今天在威海被虐了。返程时一路下坡跑得更舒服,只有特别大的坡才快走两步,其余基本都是跑着过,最后很轻松地用时 2 小时 55 分完成跑步。

总成绩 9 小时 43 分 48 秒完成了 128 公里威海超级铁人三项比赛,突然发现我威海的最好成绩是 2013 年第一次参加时,岁月静好,铁人老矣!自行车越换越好,胆子却越来越小,还好有一帮一起打铁的好兄弟姐妹能够不离

不弃征战沙场，永远不会忘记你们为我在赛道上的每一次加油，每一次呐喊，才让我有信心继续去追求一起打铁到八十的科纳之梦。

赛道难度：★★★★★
组织能力：★★★★★
推荐指数：★★★★★

整体评价

威海超级铁人三项再次升级了比赛难度，原来跑步的起伏公路变成了越野跑，对于没有越野跑经验的选手来说，完赛难度非常大。威海铁人三项最大的亮点无疑是威海无敌的海景，每年到威海打铁已经是必备的求虐项目。因为这个季节不但是铁人三项比赛的好季节，更是花好月圆海鲜肥美的好季节。

2017 年 11 月 12 日

Ironman 厦门 70.3

Ironman 厦门 70.3 今年是第二届，再次征战的主要原因是喜欢厦门这座城市。早早来到厦门的目的是带新人完赛。郝国怀小兄弟通过 10 月 6 日的华瑞疯狂铁人总决赛取得了厦门 70.3 的参赛名额，但他的弱项是游泳，因还没有在海里游过泳，最怕游泳不能完赛。他的最强项是骑车，其次是跑步。

赛前花絮

厦门的海边并不如威海和东戴河海水干净，黄黄的有点儿像宁波岱山的

 一起打铁到八十

海水，这个季节的水温还是不错，23℃水温游起来比较舒服，可惜当地人游的并不多。比赛报到前一天早上 5 点 53 分我带小郝先沿赛道骑行 42.7 公里，用时 1 小时 29 分，均速 28.6 公里，没想到这个速度居然……

放下自行车，我们又去海边游泳，早上 8 点已经有不少铁人游完了。看着混浊的海水，我们一时找不到下海的地方，海水退潮后比赛游泳起点的海水离岸边退去了 300 米，沙滩变成了泥滩。好不容易找到一个好下脚的地方，慢慢走进了海水深处才开始游。看着对面的小岛和小郝说，我们游上去。我带着跟屁虫，他紧跟着我，我就这样带着第一次下海的他游了起来，刚开始我还怕他跟不上，经常回头看他，没想到他跟得很轻松。放下心后我就向着小岛进军了。岸上看这个小灯塔的小岛很近，游起来却半天也到达不了。俗话说望山跑死马，这是要游死我俩的节奏，想想要真横渡琼州海峡难度确实不小。经过 31 分钟 29 秒的激流勇进，我俩终于游上了小岛，刚能站起来时突然岸上冲过来一只大狗，汪汪狂叫。此刻我们都没有力气了，站都站不稳，心想这下完蛋了，光溜溜的这下可要被狗欺了。正在我犹豫扭头下海还是上岸时，狗已经扑了上来，突然听到一个苍老的声音，"别怕它，用力扇它脑袋！"天哪，这么大的狗站起来能有一人高，我打它脑袋不是挑衅吗？犹豫中它扑了一下，还好没咬我，就是叫。我慢慢上岸，小郝也上来了，他居然和狗玩了起来。这狗是岛主养的，岛主 2005 年上岛，在岛上守护了 12 年灯塔，真能耐得住寂寞。岛上有两只狗，大狗一直围着我们转，小狗有点胆小，跟着岛主不敢过来。大狗高兴得像个孩子，和小郝玩疯了，眼看它的爪子划伤了小郝的肚皮，真担心再玩下去被它"亲一口"就麻烦了。从岸边游到岛上总距离 1.539 公里，用时 31 分钟 29 秒。这速度惊呆我们了，看来退潮游得就是快。

拍了几张照片，我就赶紧叫小郝返程，大狗还依依不舍地跟着我们跑进了海水，不过它好像不会游泳，没有跟多远就一往情深地看着小郝流泪了，难道这个小母狗喜欢上小郝了？回游时心里有底也不慌，海中间的水特别清澈，本来阴沉的天气此刻绽放出了阳光，边游边欣赏蓝天白云和厦门岛的风光，在海中看到红色大标语，感受到了中国的强大，自我的渺小。我们这沧海一粟的力量想"征服大自然"简单就是一句笑话，别说大海了，连条狗都惹不起呀。游了 1.33 公里用了 37 分 12 秒，明显比来时慢很多。回来是逆流，比来时短了 200 米是因为海水退潮了，海边退出了大片沙滩。本以为这下轻

松了,可以走上沙滩了,等站起来才发现苦不堪言,这哪里是沙滩,分时是沼泽,一腿深的淤泥,原以为马上就能够走出来,没想到越走淤泥越深,每次拔腿都困难,进退两难。停下来又怕越陷越深,让我想起了2014年去兰卡威比赛226公里大铁前试水的情景,这次比那次有过之而无不及。走得快累死了,连50米都没有走完,看着岸边就是累得走不过去,淤泥里的垃圾划得脚和腿都痛,一直担心万一踩在碎玻璃上就完蛋了。还有100米实在走不动了,我们只好手脚并用像狗一样爬行。真是莫大的笑话,刚才被狗追,现在我俩却像疯狗一样拼命爬行在淤泥之中,淤泥的恶臭恶心得我想吐,但为了生存我们只能低三下四地继续爬行,满身的淤泥也顾不得形象,只要能爬上岸就谢天谢地。经过20多分钟的爬行,两个来自臭海底的人终于爬上了岸,周边的游客都躲着我们走,生怕被蹭上黑泥。最后这200米淤泥比我们前面游2800米都累,心力交瘁!还好找到了一个公共厕所,厦门海边的公厕很给力,有免费的冲脚池,我们简单冲了冲泥就赶紧回宾馆了。实在太给铁人丢脸了,满身的泥走到哪里都是大家嘲笑的焦点。

从早上不到6点就开练,一直干到中午还弄得一身泥巴,回去洗了澡,赶紧又拉上小郝去医院打了狂犬疫苗。毕竟他还是小鲜肉,第一次出来比赛就被狗抓,万一有个啥事怎么办,像我这老铁有点划痕就不当回事了。晚上等深圳张恒宝老哥的时间两人又到海边跑了5公里后拉伸,这一天骑车42公里、游泳2.8公里、跑步5公里,比赛前最后的拉练。小郝经过了这次大海游泳的摧残,信心也倍增。

比赛准备

比赛前一天早上和Pro们一起晨练,天气预报说台风来袭,技术会说保留取消或调整赛道的权利,搞得我非常紧张,预告有7级大风,我只带了封闭轮,这是要死的节奏,还好换上了58框高的轮组。Ironman的赛事准备就折腾了一天,晚上了发现比赛补给什么都没有,从大秦铁人装帮主那里要回来三片泡腾片,前一天忙到21点才把各种换项包弄好。早上4点半起来,收拾好出门吃了碗台湾牛肉面(老板特意早上5点开门),5点40分到赛场放自行车补给才发现加了泡腾片的骑行水壶的水漏了一包,真是气死人不尝命的

节奏。还好还有一点点，将就用吧。气筒也没找到，轮胎气压也不太足。

游泳 1.9 公里

坐摆渡车到达起点，7点开始比赛，观看了专业组游泳出发，业余组就马上开始了，两人一枪滚动出发的方式比中铁联赛的方式好，不需要等4个小时才开始比赛。我7点06分出发，算是出发比较靠前的，90%的选手都穿胶衣，我没带胶衣，站在人堆里有点另类。有前天游泳的测试，我并不太担心游泳这个环节，倒计时一到我就冲进了大海，昨天海水离海岸至少有300米，今天才跑10米就可以开始游了，游泳路线非常简单，就是一个"∧"形，先游进深水处然后横向游到自行车起点位置，总距离1.9公里。正是退潮期，风向又是顺着游泳路线，大家游得都挺快，去年厦门1.9公里我游了49分钟，今天游了34分，比去年快了15分钟。

骑行 90 公里

游泳速度相当满意，跑向换项区信心十足，别人换项还要脱胶衣、换衣服。我戴上头盔推上自行车就跑，换项区500米长，光脚跑得很愉快。过了上车线开始骑行，新换的轮组是为防台风和下雨准备的，但天气除了阴点，根本没有下雨，也没有什么大风。让我很痛心，放着管胎破风利器80前轮加后封闭轮没用，换了一对开口的58碳刀，骑上来速度就28公里多，怎么也骑不快，看着身后一辆辆自行车扬长而去，我奋力骑行冲上五缘桥，一架飞机从高崎机场冲上蔚蓝的天空、一队"人"字形南归的大雁飞向远方、一条碧绿的河水平静地流入了浅绿色的大海、一个痛苦的铁人晒着烈日喘着粗气挣扎着骑上桥顶，"万类霜天竞自由"的季节居然是如此火热，预报的台风去哪里了？早就做好了让暴风雨来得更猛烈一点的准备，老天居然临时变得和颜悦色。如果用的是我的轮组，下桥肯定能超很多刚刚上坡超了我的选手，然而这个全新的开口胎，胎压估计还不到100，想超人太难，好几个漂亮的外国女选手唰地与我擦肩而过，看着那诱惑的背影，想追上去看个正脸都没那个速度和能力。12公里时均速每小时29公里，30公里时均速每小时30公里，

37 公里时均速最高达到了每小时 33.4 公里，随后就累得骑不动了，从趴着骑变成直立骑，一会儿再摇车骑，哪儿都不舒服。今年就没有练过长距离骑行，刚 40 公里屁股痛、腰困，速度直线下降。57 公里时均速掉成了每小时 25 公里，最后 5 公里更是掉成了 20 公里。一路骑得风景不想看、水也不想喝，中途还解了一次手，真是骑得够了。90 公里骑了 3 小时 5 分 30 秒，均速每小时 28.8 公里，比去年慢了 15 分钟。更神奇的是，这个骑行均速居然和我比赛前试赛道的速度一样快，看来我自行车水平真没有什么太大的发挥空间。

跑步 21 公里

放下自行车开始跑步就愉快了，最后一项可以拼一把，一直保持愉快的快节奏跑，最近跑步也没有练过长距离，确保不抽筋能完赛就 OK。小郝比赛出来比我晚十几分钟，自行车已经超了我，他自行车只用了 2 小时 40 分，自行车一项就比我快了 25 分钟，这个差距真是难以弥补。跑步第一个折返点我看到他和大秦铁人裴哥、姜维离得不远，奋起直追，跑步前两公里还能跑进 5 分，后面就掉出去了，一共跑 2.7 圈，总体难度不大，遇到补给站能量胶抓起来就吃，可惜没有水果，每一步都感受到心跳和腿部肌肉的变化，铁人三项不但是与对手的竞争，更多的是与自己的较量，享受比赛的过程其实就是自我意志与体能磨炼的过程。终于在第二圈时超了大秦铁人和姜维，也拉近了和小郝的距离。最后一圈，如果按照现有的速度肯定能够追上小郝，然而在最后一次折返点也没有再看见他，他最后 5 公里加速了。而经过前 14 公里的发力，我的配速也从 5 分 10 秒左右掉到了 5 分半。这速度咬牙坚持不能再掉，最后 21 公里用时 1 小时 51 分完成。

总　结

总成绩 5 小时 40 分，比今年 4 月 1 日的柳州 70.3 慢了 20 分钟，主要是骑车一项就比柳州慢了 15 分钟、跑步慢了 2 分钟。但比去年厦门 70.3 快了 16 分钟。

总体感觉今年厦门 70.3 除因为天气情况误判，赛前盲目换轮组外，其他发挥都正常。一分付出一分收获，今年自行车练得少，导致三项中自行车成

了明显的短板。赛前训练不到位,成绩肯定不尽如人意。可喜的是小郝第一次参加 70.3 比赛就以 5 小时 22 分的成绩完赛,特别是他最差的游泳,这次居然游出了 35 分的成绩,大大好于我们的预期,又一颗铁人新星冉冉升起。

赛道难度:★★
组织能力:★★★★
推荐指数:★★★★

整体评价

第二届厦门 70.3 铁人三项从参赛人数和举办经验都有明显提高。厦门这个季节比赛很舒服,天气不算太热,海水温度适宜,可惜的是选择出发的沙滩可能离排污河近,淤泥较多,水质也不是很好。厦门是个很讲诚信和文化的城市,作为海滨旅游城市,厦门的商家更有职业操守,让人消费得更放心。

2018 年 5 月 27 日

中国铁人三项联赛——河南睢县

高三铁人也疯狂

还有一周时间就要迎来高考了,对于顶高温鏖战到深夜的高考生来说,人生最重要的一场大考即将来临。同样是高三生的龙龙深切地体会到在这个最重要的时刻需要有人为同学们加油助威,就像选手冲向终点的那一刻,最艰难的时刻,一声加油,一个"最棒"的手势,一抹赞许的微笑都能够让已经达到体能极限的选手们,鼓起勇气、振奋精神冲向胜利彼岸。

速豹疯狂铁人三项协会的高三铁人龙龙去年年底就已经被保送到了天津

大学,没有高考煎熬,但他依然为同窗三年的同学们加油助威,希望每个同学都能够顶住最后的压力,冲向终点,迎接人生新的起点。让我们来一起看一看高三铁人的睢县赛记。

自从去年年底确定保送大学,我的高中生涯就突然中断了。看着争分夺秒埋头苦学的同学们,我告诉自己不能白白浪费高三最后半个学期。

3月去云南腾冲参加了高黎贡55公里国际越野跑比赛。

4月一边在雄哥体育打工当志愿者,一边参加了玉泉山25公里越野跑比赛。

5月去欧洲六国旅游回来就开始起早贪黑学开车。

还没开始训练铁人三项,为了给同学们加油助威高考,5月27日又参加中国铁人三项联赛睢县比赛。

谢天谢地,25日上午顺利通过了科二的考试,心里的一块大石头终于放下,可以痛快地去参加比赛了。当晚坐上去河南睢县的火车才意识到从去年暑假结束以来,基本就没练过铁人三项。这次比赛难道要打酱油?想想我那些还在苦战备考的兄弟姐妹,暗下决心一定要调整好状态,用最好表现为高考的同学们加油助威!

下周要去澳洲参加凯恩斯的113公里的70.3Ironman铁人三项比赛,这将是我直接从半铁跨过标铁到半大铁的飞跃。也算是我铁人三项生涯的一次高考,希望能通过这次睢县半程铁人三项比赛找回铁人的信念。

周六到达睢县经历了装车、报到、试水、看赛道、开技术会……一夜无眠迎来了周日的比赛,这次比赛算是我这么多年铁人三项比赛中里最奇葩的一次。半程组居然是11点20分才开始比赛,人们都已经晒得半死,渴望比赛的激情被一点点消磨殆尽,只能靠强大的精神力量强迫自己兴奋起来面对挑战。

睢县号称"中原水城"就得益于我们比赛的北湖,湖水泛着淡淡的绿藻和腥味,水质大不如太原的汾河。在太阳的暴晒下水温和游泳馆差不多。当跳下出发平台时,被热浪冲昏的脑袋马上清醒了。下水准备出发,专心等待裁判的号令。

发令声刚响我就飞了出去,所有的激情在此刻爆发,心中呐喊着:

一起打铁到八十

> 同学们冲锋吧，
> 只要我们努力，
> 就不怕任何艰难险阻！

最开始的 100 米我游得很自如，好景不长，一场水下的恶战已经悄然开始。一些游泳高手突破重围撵了上来，我感觉像进入了拳击馆，各种自由泳的掌、蛙泳的腿源源不断地往我身上招呼。前方的选手都连成了一大片，想超一个人要付出比平时成倍的力量，连我这游泳老司机也呛了几口脏水。真是翻江倒海地恶心！这种极差的比赛体验一直持续到上岸才结束。

当我跑到自行车换项区时发现本组的两个高手早已骑走，不能气馁！马不停蹄戴上头盔推上自行车就跑，出换项区没多久就感觉气紧。戴的这个头盔虽然风阻小但不怎么透气，这大中午的，顶着 30℃ 多的高温骑行实在太难受了。骑得都想呕吐，多次我都想把头盔摘了，这 20 公里比我 4 月参加美骑 100 公里都痛苦。高三铁人怎能轻言放弃？没有什么可以阻挡我们前进的脚步！终于在煎熬中一公里一公里硬撑了过来，放下自行车和头盔赶紧开始跑步。

原本心想跑步 5 公里简直太简单，毕竟今年我完赛过高黎贡 55 公里越野跑和玉泉山 25 公里越野跑。不跑不知道，一跑吓一跳，最近一个月都是在起早贪黑的旅游和学车中度过。"五行缺练"导致我已经找不到飞奔节奏，区区 5 公里跑步居然让我跑得上气不接下气，跑得超级痛苦，还好没有竞争对手超过我。通常都不补给的我，今天是逢补给点就喝一次水。高考尚未成功，同学还须努力，这何尝不是我的一次另类高考！一路上遇到队友们都在为我加油，看着五六十岁，甚至 70 多岁白发苍苍的铁大爷、铁大娘们，个个都像打了鸡血一样战斗在赛场上，我还有什么可埋怨？

在炎炎烈日的煎熬下终于看到了终点，加油吧高三生，我们一定会成功。心中默默祝福着他们，昂首挺胸冲向终点，为我们高三生赢得铁人的荣誉。

没想到取得了 16～19 岁组男子半程季军，1 小时 21 分 45 秒，虽然这不是我的最快成绩，但它代表的却是我们高三生的一种另类的奋斗。我们没有缺席中国铁人的这场盛宴，第一次站上铁人三项半程组的领奖台，我高高举起奖杯，为我的母校感到无比的自豪！

铁人三项篇

我被酒鬼逼进了2个半小时

  转眼打铁进入第六个年头，境外226公里的Ironman大铁玩过两次，国内113公里的70.3Ironman玩过四五次，标铁、双倍、三倍、半程更是玩得数不过来……可说起成绩来总有点冒虚汗，大铁最好成绩12小时45分，70.3最好成绩5小时20分还都凑合，唯独标铁全程居然没有进过2个半小时。这次报名中国铁人三项联赛睢县站本想刷个好成绩，可工作忙得没日没夜没周末。5月每个周末都加班，没有休息一天，平时白天上班一刻不休息，晚上还要带培训班，每天回家都是23点后。唯独能够坚持的就是早上跑步5公里去汾河游泳一个来回500米，然后再跑5公里去上班。5月自行车一次没有骑，今年一共也就骑过三四次。

  虽然已经比赛过多次中铁协的赛事，再次和队友们踏上睢县的列车，心中依然激动万分，今年中国铁人三项联赛姗姗来迟，到目前明确举办的赛事也并不多，对于中国铁人三项联赛的铁杆粉丝，真的希望中国铁人三项联赛能够越做越大，能够让中国铁人快速屹立在世界铁人的前列。看到国外一场226公里大铁好几千铁人参加，国内51.5公里的标铁不到千人的规模，差距确实太大。13亿中国人参加过铁人三项比赛的不足万人，参加过226公里大铁赛事的也就区区200人左右，中国铁人真的任重道远。

  休战了近7个月铁人三项比赛，拆车装车都有点陌生了，还带着几个新手，原本惬意的比赛变得有点忙碌，直到比赛开始前才安下心来。睢县比赛参加过一次半程铁人三项，那是2015年5月30日，那次也是我半程铁人三项的最好成绩1小时15分40秒。游泳16分52秒、T1换项2分5秒、骑行33分43秒、T2换项1分24秒、跑步21分36秒。线路基本一样，标铁翻一倍的话，我的成绩应该是游泳33分44秒、T1换项2分5秒、骑行67分26秒、T2换项1分24秒、跑步43分12秒，预计总成绩2小时27分51秒。而我标铁的最好成绩是2015年泰州铁人三项的2小时34分58秒，那次游泳36分57秒、T1换项2分45秒、骑行69分22秒、T2换项1分14秒、跑步44分40秒。2015年是我铁人三项状态最好的一年，大铁成绩也是那年创造的12小时45分。再次来到睢县这个快速赛道，破2小时30分的门槛应该是一次最好的机会，暗下决心拼一把。

全程组10点半出发，我们组是最后一组，10点36分出发，下水时前方三拨人已经把游泳赛道填得差不多了，口令一响我第一脚蹬空了，看着力键从我身边像一把利剑射入水中，我慌忙紧追他，他游泳水平比我高很多，我要跟上他破浪可以提高游泳成绩。小算盘打得挺美，可惜原来神一样的队友此刻变成了猪一样的慌张，前一天力键中午遇到河南知己喝了一斤酒，喝得旭光老哥睡了一下午，晚上又和华铁继续喝，所以今天他明显还有点晕，一出发直接从中间的好位置游向了目标的左前方。我正努力跟他乘风破浪，抬头一看，我的天，这是向岸边游要退赛的节奏？算了，还是自己老老实实游吧。没了破浪手，马上就进入了混战状态，前后左右全是选手，北湖的水本来就混浊，再被这帮铁人一搅，简直就是泥水大战。今年游泳算是练得最多的项目，肉搏过程我还能够保持住比较自在的呼吸相当不容易，第一圈下来已经超过了不少前一组出发的选手。第二圈跳水出发后，前方的选手少了不少，追上了白帽子的选手，可能是第一组出发的选手，一波波的战斗真累。毕竟是老铁人，别人对我肉搏我是尽量躲闪，身体接触是难免的，但绝对不会在超人时故意抓人、踢人，顶多是轻抚一下别人的身体。人就是这样，虽然在混浊的水里谁也看不清谁，但大家心里都明白身边的选手对自己的态度，你对别人温柔，别人也不会对你发狠肉搏。两圈下来没有受到严重的打击。1500米游泳我手表记录了1492米，没有多游冤枉路，用时33分24秒，比理论测算的成绩还少了20秒。力键游了近1600米，多游了100多米，难怪我游上来看见他也刚进换项区，以他平时的游泳成绩至少比我应该快3分钟。

骑行换项我还是比较顺利的，只是上水时看到有人在自行车口停住，我以为要求必须戴号码布，所以换项时多戴了一下号码布，换项用时1分59秒，比赛前理论预测的还快6秒。骑上车我就发力蹬，很快超过了华铁和力键，参加标铁我在这个组也就是打酱油的水平，拿奖金是没有任何希望，这次比赛只是想证明给两个酒鬼看看我并不比他们差。去年蹬口铁人三项，和华铁、力键赛前一路喝酒喝晕了，第二天比赛被华铁甩得找不见，让他得意了多半年，逢人就说铁人三项秒杀了帮主。今天我怎么也要找回点面子。这次比赛骑行4圈，路况非常好，拐弯都不用刻意减速，也就中间的180度转弯需要刹车减速。可惜的是这次比赛我骑的速豹车没有提前适应，连链条油都没有上，4月下雨骑过一次，明显链条有点锈。第一圈骑得很累，感觉腿上没有什么力量，很快就被力键超了，我努力追居然没有追上他。4月美骑100公里骑行力键完全是手下败将，难道昨天他喝的不是酒是兴奋剂？一圈下来我均速才每小时33公里，干着急没有办法。第二圈时朱风云超了我，他第一次上封闭轮，笑呵呵地看着我说常哥，你这封闭轮不行呀？骑封闭轮均速上35以上才有巡航效果，我这33公里的配速用封闭轮真是吃力不讨好的节奏。中午天气越来越热，破风水壶都快被我喝完了，骑了两圈20公里了依然没有找到骑行的感觉。突然一声怪笑从我身后传了过来，"老常加油干"。一听这笑声我就来气，华铁追上我了，这要是再让他超了我，今年铁人三项又不好混了。心中怒喊一声"赐予我力量吧，老天！"，我发疯一样骑，终于将配速推上了每小时35公里，也不知道是封闭轮的效果体现出来了，还是骑了20公里，生锈的链条磨合出来了，我骑的速度还真保持在了35公里。一路和华铁火拼，他像一头饿狼摇晃在我附近，总想伺机超过我，我绝不能给他这样的机会，就是吐血也要骑出强者的风范。终于在最后一圈进换项区时还追上了力键，比他俩先进换项区，心里那叫一个舒坦。40公里骑行实际骑行距离38.36公里，用时66分59秒，比预计快了27秒。

跑步换项1分7秒，比理论预计快7秒，看到前面的项目都提高了，心想这下有戏了，跑步也算是我的强项，大干一场甩掉身后这俩酒鬼没一点问题。信心满满地冲出换项区，跑了500米就发现右大腿内侧有抽筋迹象，根本跑不动。可能是骑车没有练，后面20公里被华铁逼得骑太猛了。这下完蛋了，想想他们在后面穷追不舍，我咬牙坚持振作精神硬撑着跑，但配速已经掉出5分，苍天啊大地呀，难道今天又要成为铁人三项界的一个笑话？我很不甘心，如果上次蹬口没比过华铁是因为喝酒了，这次我可是滴酒未沾，要被这两酒鬼超了，颜面何从？正在我叫天天不应，叫地地不灵的时候，突然看见路边有个亭子，写着"河南铁人服务站"，我不是河南人不知道给不给服务一下，跑上台子一看有云南白药气雾剂，赶紧往大腿上喷了点，看着河南的白衣天使小姐姐，真想说声"爱死你了"。云南白药还真是好药，跑着跑着抽筋的迹象没有了。还没高兴过来，旁边"嗖"地超过一个熟悉的身影，喊了声"常哥加油"。让我冒一身冷汗，我现在最怕听到别人给我喊加油，因为说明是别人踩油门超了我。我定睛一看是西安大秦的爱拼，还好不是那俩酒鬼，爱拼

一起打铁到八十

的实力我清楚，那可是陪我训练过大铁的队友。我可追不上他，还是按自己的节奏跑。一圈5公里，跑完一圈时听见大喇叭高喊"速豹疯狂铁人……速豹疯狂铁人李军峰、速豹疯狂铁人陈晓刚……"一堆队友的名字冲线了，太振奋人心了！他们和我不是一个组，要是华铁和力键冲线了，我可没这么好心情。剩下5公里对我太简单，一路见水就从头浇一瓶，再拿冰镇海绵边跑边冰大腿，天气太热！我怒吼着咆哮着，大脑里浮现的是今年高黎贡168公里最后20公里时我疯狂的爆发，这区区5公里一定要冲起来，一会儿居然超过了前面超我的爱拼。终于看到了终点大门，我加快步伐用尽最后的力气冲了过去，因为我不知道能不能跑进2小时30分，浪费每一秒都可能让我功亏一篑，冲过终点时时间定格在2小时29分18秒。我的天哪，第一次跑进了2小时30分。跑步用时45分49秒，比理论计算的43分12秒慢了2分37秒。主要原因是骑行练少了，腿部力量不足、跑步今年没练速度导致。

这次全程排名年龄组第12名，第1名成绩2小时6分52秒，这成绩在大师组也是杠杠的厉害，第8名成绩2小时20分14秒。和他们相比差距太大，这两年铁人三项成绩看来是彻底要进入酱油党行列，反正工作也太忙没时间训练，权当锻炼身体吧（其实是真认怂了）。力键最后成绩2小时44分，跑步跑了1小时，前面逼得我太吓人。幸亏前面有他逼，不然我还真破不了2小时半的门槛。华铁脚受伤了，最后成绩2小时55分，我估计他不会死心，这次脚伤了有借口，下次还得和我继续火拼。来吧，只要不拼酒，谁怕谁！有这样的最佳酒友和铁友，让我对打铁产生更多乐趣，感谢酒鬼相逼，让我突破了2个半小时，走！没啥好说的，翠花上汾酒！

赛道难度：★

组织能力：★★★

推荐指数：★★★★

整体评价

睢县铁人三项赛道是中铁协比赛中数一数二的快速赛道，基本上每年的好成绩都出现在这里。睢县比赛观众非常热情，因为赛道就在城市中心

地区，观看比赛非常容易。睢县人热情好客，餐饮、住宿也都经济实惠。唯一的缺点就是北湖公园的水质太差，如果能改善一下湖水质量，那将让睢县铁人三项更加完美。

2018年6月10日

澳大利亚凯恩斯226公里Ironman

226公里铁人碰上南半球

时间总是比我们的速度快太多，虽然我们在努力前进，虽然我们从来没有想过放弃，虽然我们也很想创造奇迹，但时间总是无法让我们满足……因为我们没有无限时间！

从爱好健身到追求卓越，一切都是在和时间赛跑，无数次的努力只为了那美好的一刻。我们的人生太需要有几次定格的美好来证明你没有虚度年华。当再次踏上大铁的征程时，脚步依然沉重，因为我知道离梦想或许不是更近一步。

凯恩斯大铁那个美梦终于要在明天上演，无敌的蓝天、无敌的海滩、无敌的赛事需要弱小的我用千万次的心跳和汗水一点一滴地去完成。赛前的各种烦琐、错误、劳顿更像是赛事对你信心的洗礼，任何一个小细节都可能让你付出更多的精力和费用。这次凯恩斯大铁又是一场非常考验铁人们智商的赛事。起点和终点距离25公里，每天的赛事服务时间比国内上班时间短，很多事项需要提前网上预约，起终点没有免费的摆渡车，还不是全天有车，单次每人收费10澳元（相当于50元人民币）。原本在起点订的酒店，明天比赛完就是21点后了，等拿上车和换项包就可能回不了酒店，只好在终点再订个酒店，行李分放在两个距离25公里的地方，真的非常考验我的智商，每个有

一起打铁到八十

用的东西都得规划好,不然……

赛前忙了一天报到和准备装备,这次比赛居然没有技术说明会,也没有赛事手册,让准备工作有点无从下手。还好有多次 Ironman 赛事的经历以及党琦和群友的帮助,才有惊无险地放好两个换项区的装备,安下心来享受大赛前的一丝安逸。

傍晚,凯恩斯棕榈湾的海浪很大,波涛汹涌的大海也拦不住雄鹰乘风破浪展翅飞翔,我是一只喜欢大铁的小小鸟,大铁的征程再困难我也要不忘初心展翅飞翔。

游泳篇

躺在海边的沙滩椅上,吹着夕阳下的海风,聆听着海浪一次次欢快的翻滚,我就想这样发呆下去,不去回想昨日那段煎熬的痛苦……

2018年6月10日,一个半年前就和龙龙预定一起征战 Ironman 的日子,没想到转眼间就来到了。他参加113公里半大铁,我第三次征战226公里大铁。对于我而言完赛只是时间问题,对他一个只完成过25.75公里半程标铁的选手而言,这个跨越有点大。

70.3半大铁早上6点半开赛,我们5点10分起床泡了方便面才开始吃时间就快赶不上了,他没吃两口就急忙跑向起点。至此一种不好的预感一直影响着我:空腹能干下来吗?其实我也没吃多少,7点35分大铁开赛时我已经清空了肠胃。看着其他选手自行车上贴着长串的能量胶,我和龙龙比赛准备的补给只有一人一个能量胶和赛会发的一罐红牛。Ironman 补给我想应该有保障吧?

前一天看游泳赛道,那海浪大得吓人,没想到此刻的海浪比前天还大,龙龙6点半天刚蒙蒙亮就跳海出发了,以他那蛙泳的水平会不会被捞起来,不过捞起来总比淹了强。胡思乱想中轮我出发了,跑进海里如同海葬一样壮烈,一个海浪打过来,根本无法立足,直接扑进水游泳。我好像是站到1小时游完的队伍里了,周边全是高手,穿着胶衣的铁人们完全不惧海浪,个个像鲨鱼一样飞跃在浪花之上。这是我今年第一次在大海游泳,游泳赛道是先游向深海300米,然后右转沿海岸线游1.8公里再向深海游200米,然后左转游回来,总共距离3.8公里。我穿着胶衣下海就后悔了,胶衣浮力大,平时

没练习胶衣游泳,浪打得我根本无法掌握方向,要是不穿胶衣或许浮力小点还好掌握方向,右转后前1.6公里是顶着海浪游,海浪总是无情地把我往岸边拍,我努力游向浮标,但总是被拍,很快一批批的高手超我而去,凯恩斯游泳赛道的海水质量比兰卡威好,但由于没有往深海里游,因此不如台湾垦丁游进深海的海水清澈。不过依然能够清楚地看到周边的选手,男生跟不住,女生也跟不上,澳洲的女铁人个个"丰乳肥臀",报到时微笑迷人,下了水瞬间就变成了猛兽,本来追上并排游挺好,人家一个侧身一屁股就把我撅了出去。本来海浪打得我就晕,再被这些猛兽横拍竖打上,游得我真想吐。游了1.9公里往回折返时,我才找到享受游泳的感觉,去是逆浪,回来顺浪,拉长身体尽量借浪多漂距离。速度明显快了,这次再遇到丰乳肥臀的"猛兽"我也不客气地超过去。海岸线很长,游泳的浮标做得有点儿少,幸亏昨天看赛道我记住游泳起水的地方有一座大桥,看到桥时才看见岸边那不起眼的上水口,全力冲刺,大海中原本散乱的铁人,此刻就像被一张大网收起一样,全部游向上水点。我刚加速,突然一个不长眼的猛兽横着从我面前游过,我总不能停下等她过去再游,一按她就蹿过去。结果她正好自由泳一侧身抬臂打在我的泳镜上,一只眼镜就翻开进水了。岸边的加油声已经不绝于耳,我没有停下来调整眼镜,睁一只眼闭一只眼强行冲上了岸。站起的那一刻真的是天旋地转,一个海浪又把我打翻在海里,我连滚带爬地上了岸,岸边观众此起彼伏的加油声让我忘记了刚才在水里一直想吐的感觉。3.8公里游泳由于海浪影响我游了4.1公里,用时1小时28分29秒。这么大的浪龙龙能游下来吗?值得怀疑。

骑行篇

海草,海草,海草……游完上岸真的可以随风飘摇,边跑进换项区边脱胶衣,长这么大脱衣服没这么累过,啥时候脱衣服用过1分钟?胶衣实在脱不下来,只好坐在换项区椅子上慢慢脱。我T1换项区只存了个头盔,戴上头盔推上自行车出换项区就骑车。天气已经热了起来,我默默告诉自己控制速度,别骑崩了。前置水壶里就灌了一瓶红牛,还得省着点喝,180公里自行车想想都头疼。今年长距离一共就骑过两次,每次都是100公里,用时都10小时多,骑车是我最发愁的项目。凯恩斯的骑车赛道据说爬升和难度都不大,我心里还挺期待骑车能快点。然而，自行车赛道大部分都比较窄，很多路面是我最讨厌的搓板路，骑上去车子那叫一个抖，一会儿就把手抖得麻得快抓不住把了。唯一不错的是这条赛道经常会路过海滨，特别是盘山公路段，无敌海景毫无防备地就冲进了我们的视线，海边铁人三项我玩过威海7次，东戴河2次，厦门2次，北戴河1次，中国台湾垦丁和兰卡威大铁各1次。但远观海景这里最漂亮，威海、垦丁都是湛蓝的海天一色，而凯恩斯的海是分层次的，浅蓝、浅绿、绿、深蓝，不知道是颜色的变换还是海平面不平，大海也像山一样高低起伏，立体感强烈到怀疑物理老师。赛道除了一望无际的海景还有林荫大道遮蔽烈日，时而吹着海风，时而还会来点小雨，如果是骑游玩耍这条路线真的很惬意，然而此刻是激烈的世界铁人角逐赛，最远端的海港很多当地民众像过节一样坐在路边，吹着海风，喝着啤酒欣赏不同肤色不同语言的铁人们风驰电掣而过。Ironman已经举办了40年，看着他们悠闲自得的表情，说不定他们曾经也是驰骋疆场的Ironman。澳洲铁人三项非常发达，比赛前一天的小铁人比赛，5～9岁的孩子非常多，如果国内举办一次儿童铁人三项比赛，我相信绝对不会有幼儿园和小学生来参赛。凯恩斯几百个小铁人也都参加的是游泳、骑车、跑步的三项比赛，国内70.3比赛前一天的小铁人比赛只有跑步单项。澳洲大街上只要骑车就必须戴头盔。所以当我骑着封闭轮用上吃奶的力量以不到30公里的速度经过他们时，感觉有点像在关公面前耍大刀。大概20公里就路过一个自行车补给站，每过一个都加水拿能量胶，边骑边接补给的感觉很爽。一路上最受刺激的还是那些女铁人，看到那些女铁人一晃一晃超过你时，你只能紧紧盯着想超过去，找回点仅剩的铁人尊严，然而并没有什么用。最多拉锯一两次，我就彻底败下阵来，眼睁睁地看着美女遇到急拐弯的弯道，潇洒地扭几下飞驰而过，而我是手忙脚乱地刹车减速确定安全通过。骑车第一赛段骑完两圈时我自己累到崩溃，想想还有30公里时，我一丝不敢有休息的想法，硬着头皮继续干。风越来越大，逆风而行我骑到半死不活还不到终点，好不容易快到市区时赛道又拐到机场海边转了一圈，市区的赛道特别窄，越到后面超我的女铁人们越多，大批男选手可能早已骑完。刚开始我还有心紧盯她们猛追一段，到后面真是有心无力，谁爱超超吧。进入终点前的海边小路，跑步的选手已经在旁边狂奔起来，我早早解开了锁鞋，可半天还看不到终点，双脚两侧痛得要命，甚至大腿都出

现了几次短暂的抽筋。根本蹬不动车，一路滑行到自行车终点，下车时还差点摔倒。把车交给志愿者，路都不会走了，腰痛得直不起来，裆部已经完全没了知觉。看见有卫生间赶紧进去检查了一下，还好就是麻痛。180 公里自行车用时 6 小时 43 分 55 秒。骑车太虐，心想龙龙就算游泳过关，估计骑车下来跑步肯定也得被关。

跑步篇

T2 换项区脱下头盔穿上跑鞋和戴上号码时，我已经开始怀疑人生，回来时看见那么多铁人在赛道上奔跑，我现在的状态还能跑吗？以往骑完车就代表着我已经基本大功告成，跑步相对骑车我更有信心。然而今天我真厌了，两只脚痛得走路都一瘸一拐，跑步？不可能。退赛？我的字典里没有这个字眼。我就是爬也要爬完 42.2 公里马拉松。已经连续 8 个小时作战，肚子空空的没有一点能量，跑步也没有准备补给，慢慢跑吧，坚持到补给点吃东西。以往跑步生龙活虎的，我今天像霜打的茄子一样有气无力地咬牙坚持，不知道自己的体能还能坚持多久，一路路过好多酒吧、餐厅，游客们喝着啤酒吃着牛扒给我们喊加油，和我们击掌预祝好运，我含着口水，心想能不能给我吃一口……要是在国内我会毫不犹豫地要口吃的——这可是在澳洲，好赖也得注重一下中国人的形象。我微笑着默默地吞咽着满腔的委屈，慢慢挺直疲劳的老腰长出一口内心的恶气，想想 9 月我还要参加 330 公里的意大利巨人之旅，如果被这区区一个马拉松击倒我还有什么脸面去参赛？慢跑了 3 公里时终于看到了补给站，里面有人吃饭，我眼巴巴地跑过去，饭肯定是没有我们的份，干货只有饼干。站着吃了 3 分钟饼干和西瓜，肚子里面终于有了能量。吃下两颗盐丸马上感觉找回点状态，从一开始快 7 分的配速慢慢加速到 5 分半。就这样跑下去，遇补给站就吃西瓜，头上浇水。边跑边想龙龙退赛了会在哪里出现？估计肯定回酒店睡觉了。终于看到骑车超过我的一个又一个外国美女，我毫不客气地高昂着头颅超了过去，我就不信你们这些丰乳肥臀的辣妹游泳厉害、骑车厉害，跑步还能厉害？赛道上过 2 公里就标距离，跑步一共跑 3 圈，线路非常曲折，跑第一圈下来都没搞清楚线路，第二圈开始天渐渐黑了，凯恩斯现在是冬天，18 点天基本就全黑了，很多路线没有路灯，真是摸黑在跑，坚持到21公里时精神状态还可以，就是腿困得不行。吃下了最后两个盐丸（全程一共就准备了四颗），一步不停地跑。一直没有看到龙龙，看来他被关门的可能性很大。最后一圈，赛道上的选手已经很少了，澳洲大铁参赛选手的水平普遍比较高，参加兰卡威和台湾大铁天黑时比赛的选手还很多，而这里大部分选手的实力都在13小时内完赛。开始时喧闹的酒吧街和路边加油的本地人也越来越少，我依然全神贯注地奔跑，黑灯瞎火的，进入公园的内部路面千万别摔倒，注意心跳和腿部感觉别跑抽筋。我就这样跑着盼着，熬过一公里又一公里，终于在终点前看到了龙龙，我没敢问他是不是退赛了，接过他给我的旗帜心情沉重地冲向了终点……4小时15分48秒跑完了马拉松。

总成绩12小时38分51秒再次完成了大铁，排年龄组80名，赛会总排名580名。比赛成绩居然比中国台湾垦丁大铁快8分钟，刷新了我的大铁新纪录。铁人碰上南半球真是给了一个天大的惊喜。

18岁铁人实现从半程到半大铁的飞跃（龙龙赛记）

没想到我的第一次113公里铁人三项比赛是在澳洲凯恩斯。1.9公里游泳、90公里骑行、21公里跑步是我从来没有尝试过的距离。我之前参加的铁人三项全是25.75公里的半标铁比赛，0.75公里游泳、20公里骑行、5公里跑步。连51.1公里的标铁都没有资格参加（中铁协不允许20岁以下选手参加）。这次比赛无疑是一个没有概念的全新挑战。

比赛早上6点35分开始，所以5点钟就起床吃饭前往赛场，澳洲天亮得也晚，6点多天空还是黑乎乎的一片，沙滩上黑乎乎的一片选手，目光如饿狼一样注视着海面。这次半大铁的参赛选手有2000多人。因为人数太多，游泳出发时是四个接四个，每隔5秒出发。顺序是按照自己的游泳速度，由快到慢自觉排队。

深知自己的游泳水平不行，但是还是站到了靠前的位置，因为前边人少，相对好游。比赛开始，我迅速跑进大海，比赛的激情使我也感受不到海水的冰凉。游了几下蛙泳，其实我会游自由泳，但蛙泳比较好，速度也和自由泳差不多。海里浪大，蛙泳好辨别方向。但是我抬头一看，身边的高手都是游的自由泳，感觉我在他们之中特别显眼，不太符合我这个站位的泳姿。于是我也装模作样地游了几下自由泳，等到离岸边比较远了，再改成蛙泳继续游。随着比赛继续，我心态爆炸了！不断地被高手们超越，游泳赛段我没有超一个人，而且好像只有我一个人游蛙泳。海浪太大，蛙泳游得七上八下手舞足蹈的，游泳体验极差。经过了不知道多长时间的挣扎，呛了多少口海水后，终于游完1.9公里上了岸，用时48分43秒。

虽然不知道时间，但我感觉超级慢。不过一看换项区还有不少自行车，我的心情又好了许多。自行车赛段很虐，我甚至怀疑凯恩斯这么大点城市哪来的这么多山，大坡一个接一个。刚开始我状态还不错，超了不少选手，可是随着比赛的进行，翻过一个又一个坡，我越骑越累。而且我发现外国人都很遵守秩序，没有人跟车，我也不好意思跟，所以也有很多选手超过了我。更无奈的是还有一些女选手也从我身旁飞驰而过。虽然一开始的赛道是沿着海边，风景很好。但根本没有心情去欣赏，一直专注于骑车。凯恩斯的太阳不是很晒，由于地处热带，上午的气温很高。我戴的头盔不是很透气，骑到一半的时候，感觉身体发软，使不上劲，昏昏欲睡。应该有些中暑，骑行的时候喝了许多水，超级想解手。骑行路线在公路上，两旁都没有厕所，只能憋着。这段时间别说超别人，就连刚超过我的选手都跟不上。骑行的后半段赛靠近市区，很多市民在公路旁给我们加油，虽然听不太懂，但是我疲惫的头脑能清楚感受到他们助威的激情，再次点燃了我的激情。速度慢慢提了上来，追上了许多选手，终于骑完90公里到了换项区，用时3小时22分41秒。

上了厕所一身轻松开始跑步。跑步一开始我吃了两个盐丸三个能量胶，感觉状态恢复得不错。跑步每路过补给站就喝一杯可乐吃一块西瓜。可乐糖分较多，也算是少量的补给。吃西瓜是因为澳洲的西瓜太好吃了，全是无籽西瓜，而且超级甜。跑步全程都很放松，甚至比平时比赛半程铁人三项的状态都好。跑步虽然是21公里，全程都没有身体不适的状况，只是中间又上了一次厕所。大部分澳洲人游泳骑行都很厉害，但是跑步就一般。跑步是我的弱项，以往在国内的比赛，我跑步基本超不了别人，无论年龄大小。这次我居然一路超人，从来没有体验过这种乐趣，2小时16分44秒完成了21公里跑步。最终用了6小时38分完赛，虽然成绩一般，但是成功实现了直接从半程到半大铁的飞跃。

这次来参赛的中国选手超过了100人——我是年龄最小的选手（刚够报

名资格），相对总人数 4000 多人来说，还是很少。我今天穿了一身中国红，冲线时主持人喊道："Jinbo Chang from China！"听到这声音，我内心无比自豪，为我们中国人骄傲！

最后我排年龄组 18 ～ 24 岁组第 14 名，赛事总排名 735 名。澳洲大中学生的身体素质确实厉害，还好我的成绩偏上，没有太给中国人丢脸。

赛道难度：★★★★
组织能力：★★★
推荐指数：★★★★

整体评价

凯恩斯是一个很小的海滨城市，有国内小县城的规模，但它因为大堡礁而闻名于世。自然环境毋庸置疑，社会福利也非常好，海边每隔几百米就有一个凉亭，里面宽大的台子上有自助电烧烤台，游客只需要自带或从附近的超市买上原料就可以在海边尽情地烧烤。市中心有非常大的免费的露天游泳池，水非常干净、条件非常好。赛道设计稍有些麻烦，可能是为了让选手看到更多的海景，T1 和 T2 换项区离 20 多公里，赛前准备和赛后装备领取都有点复杂。赛后的能量晚餐、赛前的欢迎晚宴都只允许 226 公里选手参加，70.3 选手不能参加，让 70.3 参赛选手龙龙很遗憾。

2018 年 7 月 22 日

中国铁人三项联赛——大庆铁人三项接力赛

我和铁人故乡大庆有个不解之缘，2016 年我高一时就孤身一人来大庆比赛铁人三项，没想到时隔两年后我再次一个人来到大庆比赛，而且这次还肩

负特殊的任务。

郭曦辰是老爸好兄弟郭敏大爷的儿子,也是我从小一起玩的小伙伴。多年未见,没想到今年去澳洲打铁,我们在悉尼再次重逢。原来的小胖墩已经成了近1.8米的大胖墩。看到我和老爸去澳洲比赛铁人三项,他也产生了浓厚的兴趣。正好放假回到国内,大胖墩也想挑战一下铁人三项比赛。正好大庆铁人三项有短距离的接力比赛,为了陪他完成人生第一场铁人三项比赛,我和俱乐部的武兵哥、王东丽阿姨加上他临时组成接力战队,一起征战这场比赛。

这次接力铁人三项很有意思,比半程铁人三项距离还短,和我初中刚开始打铁体验组的赛程一样,相当于半程距离的1/3。由0.25公里游泳、6.67公里骑行和1.6公里跑步组成。辰辰和我两年前一样,也是一个人来到了大庆,为了帮助他适应铁人三项,我和武兵哥提前带他适应了比赛场。第一次在公开水域游泳,辰辰心里很惊恐,不过在我们的保驾护航下,他也很快适应了。我们四个队员每个人都决定着赛事的成败,因为整场比赛需要四个队员接力完成,经过磨合后,大家都抱着期待体验的心理,轻松地踏进了赛场。

完成这个比赛相对于70.3Ironman来说简直是九牛一毛,一边和辰辰吹着牛,一边准备着比赛装备。初中时我参加这个体验组的比赛拿过两次冠军,现在更是容易。在我的吹牛下,辰辰也信心满满。接力算是整块比赛的压轴赛,放在了最后开赛。

正当晌午,大庆虽然地理位置在中国的最北端,但天气也是超级炎热。还没比赛,我们已经大汗淋漓。我们排兵布阵的顺序是,武兵哥速度最快第一棒,我是第二棒,王东丽阿姨第三棒,辰辰经验不足,先观看我们比赛,压轴最后一棒。我们的主要对手是南京队和天津队,这两支队伍高手如云,这几年联赛一直排名全国前三。

武兵哥玩铁人三项时间也不长,但他可是山西省马拉松成绩最快的选手,三项中就是游泳稍差一点。实在是比赛距离太短,发挥不出他超强的耐力。他三项结束时位列第二,距离第一南京队不太远。

轮到我接棒第二赛段。我迅速跳水狂追前面南京队的选手,250米的游泳不用考虑节省体力,使劲往前冲。起水时已经追上了第一名,我进换项区,他刚出换项区。但是这次骑行的赛道转弯太多,尤其是一开始的时候全是弯,一出来就看不见第一名在哪儿了。感觉他离我也不是很远，我就一直拼命发力蹬，只有转弯的时候稍减速。终于在折返的时候我看见了他，心中大喜，继续进攻，但回程又是一堆转弯，可惜在骑行赛段没追上他。骑行时感觉还良好，但一下车就觉得不对劲。从来没有遇到过这种情况，可能冲得太猛了，突然腹部紧绷超级疼，跑步别提加速了，腰都挺不起来。可能是赛前太热，喝了许多水，跑到一半竟然吐了，肚子里的东西全吐了出去，反而轻松了很多。速度也慢慢提了起来。这么一折腾不但被第一名拉开了距离，第三名都快追上我了，勉强跑到终点还是第二名。

接我棒的是60多岁、头发全白的王东丽阿姨。她可是协会打铁资格最老的前辈。四人接力必须有一位女性，王阿姨为了陪我们比赛，特意放弃了她最拿手的半程组比赛，与我们组队接力。然而这么短距离是需要爆发力的，这并不是她的强项，虽然游泳她依然保持第二，但进入骑行赛段，排名第三天津队的男队员自行车能力很强，很快就超了60多岁的王阿姨，并保持到了最后。

最后一棒郭曦辰终于要首秀他的人生第一场铁人三项比赛，大胖墩"啵"的一声就跳进了湖中，那水花溅满了半个出发平台，吓了裁判一跳，以为有人跳河自杀了。辰辰力气很大，但游泳技术还是有点欠火候，看着水花挺大，也非常用力，就是不太走水。还好游泳距离短，250米没有出什么状况，非常稳定地保持第三游上了岸。骑车他的能力不弱，可是临时用的自行车相对于他的体格就有些小，感觉像个狗熊骑着童车一样可爱。果然每个胖子都是潜力股，在辰辰的奋起直追下，居然接近了和第三名的距离。最后一项跑步有没有可能发生逆转？我们对辰辰的跑步能力都不了解，只能期待奇迹发生。不过当辰辰放下车子跑出换项区时，我们就不抱任何希望了，他那大跨度的步伐，每一步都感觉大地在颤抖，看他那满脸的表情构成了一个大大的"拼"字。精神可嘉，但是体重不允许呀，辰辰大喘着气，开足马力，像老爷车一样碾压而过，我们着急地盼着他早点回来。第一名南京队很快就回来了，第二名也没多久就回来了，还是看不到辰辰。武兵哥着急地去赛道迎他，一会儿，只见刚才跑步出发的老爷车，此刻已经变成了拖拉机，在大家的鼓舞下，"突突突……"冒着白烟就开回来了，确实太热了，辰辰已经拼尽了全力，我们稳稳地获得了第三名。

领奖台上，我们一致推选辰辰代表协会上台领奖，大胖墩万万没有想到，

自己的第一次铁人三项比赛居然站上了领奖台。从小在澳洲上学,那些上台领奖的都是澳洲白人,回到祖国第一次参加铁人三项,居然站上了领奖台,还接受了记者的采访。辰辰激动得语无伦次,直接来了句"My God,我爱铁人三项,我好想回国上大学"。

赛道难度:★
组织能力:★★★★
推荐指数:★★★★★

整体评价

大庆铁人之城,在这座英雄的城市比赛铁人三项,总能给我们带来不一样的感受。大庆人民对铁人三项特别热爱,已经将铁人三项办成了当地热闹的盛会,非常有仪式感。大庆地处中国北端,周边的特色景点特别多,是个难得的利用暑期比赛加旅游的好地方。

2018年9月16日

天津团泊湖铁人三项比赛

天津团泊湖铁人三项是天津第一次举办铁人三项比赛,而我正好刚刚入学,正式上课还没开始,正好参加一场铁人三项比赛,熟悉一下天津的铁人圈。

这场比赛是我在国内参加过的竞争对手最强的一次比赛,这个周末国内好多地方都在举办赛事,所以来团泊湖的总人数并不多。但团泊湖的奖金简直是鹤立鸡群,很多的老外都被诱人的奖金所吸引参赛,参赛水平都快赶上澳洲凯恩斯的那些专业选手了。

这也是我比得最水的一次比赛，好久没有认真训练铁人三项。尤其是骑车，来天津上学没想去参加很多赛事，所以就没有带我的铁人三项车、锁鞋和胶衣等装备。正当我发愁拿什么车来参赛时，天大的胡适教授借给了我他的公路车，解了燃眉之急。

这些年比赛我都是骑的铁人三项车，好久没骑公路车的我已经完全不能自如地操作，甚至怎么变速都不知道，还好赛前请教了胡教授。胡适教授平日里戴个眼镜，看起来温文尔雅的样子，是我们化工系的海归教授，但他的另一面却是国内一流的铁人三项高手。他在海外留学时就经常参加铁人三项比赛，回到天津大学任教后，工作比较忙，但他依然会坚持每年选择一两场比赛参加，平时他的训练很科学，比赛成绩一直处于年龄组前几名的水平。

新生周这几天一个讲座连着一个讲座，听得都能睡着。但是组织规定必须去，我没有时间试一试车子，只能直接上赛场拼刺刀了。北洋园这边离团泊湖太远，但庆幸的是一同参赛的风 PRO 铁人三项俱乐部的冯磊哥哥也在这边住。不到 5 点我就起来出校搭冯哥的车去赛场。早早到了赛场却因为比赛组织不全面，好多事情一拖再拖，一直等到 9 点半才开始比赛。

今天的水温很凉，感觉不到 20℃。允许穿胶衣，但我没有带，只能硬着头皮下水。一头扎进水里，简直心都是凉的。一开始大家都争先恐后向前冲，根本无暇考虑这些环境因素，为了占据有利的位置只能拼命往前游。游了一会儿适应了，反而不觉得水冷了。好久没有训练游泳，体能有点跟不上以前的强度。游了 1000 多米便游不动了，体温也开始下降。游完 1500 米最后手都是冰凉的，上水之后风一吹更是透心凉。

我甚至都不知道是怎么走进换项区推出来的自行车，一边走，腿一边抖、冻得牙齿都打架。今天天气是阴天，风还挺大。刚开始骑车才叫个爽，浑身湿淋淋的迎风吹着，更冷了。加速，燃烧体内的热量，过了一会儿身上的水被风吹干了。没好一会儿，长时间握着车把的手又开始疼了，好久没骑公路车，临时借的车，尺寸和我身体情况也不太匹配。握着上把和下把时间一长就手疼，只能上下交替着握。自行车一过减速带，屁股也颠得很痛。最倒霉的是肚子里一泡尿也憋得难受。折返的时候实在忍不住了，去路边解了手。

继续骑，没吃早饭肚子又饿得不行。据志愿者说，我的嘴唇都发白了。这次比赛的人比较少，骑车是一大圈，没有交叉路，路上遇见的人就更少了。一

直盯着前方骑,有点犯困,心里一直念叨着,40公里快点骑完吧,我快饿死了!终于下车线出现在我眼前,下了车我都饿得快不会走了。

开始跑步后勉强跑到第一个补给点就开始要吃的,一开始裁判还不让给我吃的,后来看我脸色发青、嘴唇发白,就允许了。志愿者小姐姐给了一袋巧克力豆和一盒饼干,高兴得我终于有了比赛的动力。拿上边跑边吃,精神也逐渐振作了起来。过几天是新生篮球院赛,如果是其他学院,这种球赛想都不用想,我这菜鸟水平肯定不会被选中。但我们院只有16个男生,稍微会打的就8个,我也只能参加。这几天每天晚上打球,腿累得跑不动。虽然跑得慢,还是坚持跑完了这10公里。3小时30分20秒,我的一个最差全程成绩。

以前的比赛,我跑完还有好多选手在比赛,这次比赛基本都是高手,我回头一看基本没啥人了。这是我头一回比赛没拿上奖金,高手大有人,想要在这种高手如云的赛事拿名次还得不断努力。最后由衷感谢胡教授借我自行车,冯哥捎我搭车助我参赛。没想到我的大学生涯以这样狼狈的方式开始了,好好收心努力学习吧青年!

赛道难度:★★
组织能力:★★
推荐指数:★★★

整体评价

天津团泊湖铁人三项是天津首个铁人三项赛,组委会为赛事筹备了丰厚的奖金,也吸引了大批国内外高手参赛。但是,毕竟办赛经验不足,赛道设计、赛事组织和补给还存在一定的问题,相信以后逐步改进后,会更加成熟。

一起打铁到八十

2018年10月28日

宁波东钱湖中国铁人三项联赛总决赛

21队混战接力　三男一女真疯狂

2018年10月27日的东钱湖很冷，水温只有19℃，对大多数铁人三项爱好者来说这个温度只有穿胶衣才能下水。然而，这个秋叶飘零、寒鸟过冬的日子，东钱湖却奇迹般地"炸锅"了。

来自全国各地近百家铁人三项协会聚集在东钱湖进行年度大考，比赛的项目是混合接力（三男一女，每人完成一个短程小铁人三项），混合接力前几站比赛并没有得到大家关注。本站比赛成为比赛焦点的主要原因是混合接力时间安排比较合理，联赛前一天比赛，参加全程组的会员可以兼项混合接力，这样的结果就是几乎所有的队伍都把最强的铁人加入这场中国铁人三项联赛史无前例的搏杀中。

南京铁人、上海毅力特、天津铁人、速豹疯狂铁人、无锡铁人、宁波铁人、石家庄铁人、火车头铁人都有可能摘得桂冠，各家协会和俱乐部积极排兵布阵，直到比赛前一天才确定最终人选，因为任何一个小的失误都可能导致比赛结果的改变。

第一棒关系着全队士气，几乎所有的队都把实力最强、最稳定、游泳最快的队员放在了第一棒，天津铁人魏臣、上海毅力特金玺、速豹疯狂王守义、南京铁人率先上水，金玺和魏臣300米游泳3分左右就游完了，让岸上观众直呼过瘾。6.6公里的自行车更是考验爆发力的项目，宁波拐弯较多的赛道给队员们提速造成了困难，基本刚发力就拐弯，但对于这些铁人三项PRO越是技术型赛道，越能拉开竞赛水平。毫无悬念，魏臣23分4秒第一个完成了第一棒的交接，而速豹疯狂铁人一队王守义居然在1.6公里的跑步赛道反超了上

海铁人金玺，紧随魏臣之后 23 分 44 秒也完成了第一棒交接。紧追上海铁人金玺之后完成第一棒交接的是速豹疯狂铁人二队李军峰 24 分 56 秒，他从游泳第十名追到第四棒简直太疯狂了。

第二棒天津铁人明显慢了，而上海铁人 Alexandre 登场，简直是自带音响一样开始战斗，速豹疯狂铁人队二棒是大侠郭竞，郭竞小伙不但颜值高，最关键的是敢打敢拼，虽然没有参加过大师组的比赛，但面对 Alexandre 一点都不会心慈手软，像小钢炮开火一样冲入东钱湖开战，居然在第二棒实现了逆袭，反超了上海毅力特一队交棒时暂居第一，他用时 24 分 54 秒！Alexandre 用时 26 分 7 秒。而此刻的宁波铁人和南京铁人已经被落下了很远。第三棒速豹疯狂铁人一队使出撒手锏阿萨，24 岁的阿萨第一次来中国参加铁人三项比赛，大家都为他捏了一把汗，小伙简直神勇无比，游泳阶段就拉开了和其他选手的差距，跑步回来总用时 22 分 57 秒，直接把上海队的女神于姝珺秒得找不见了。他交给速豹疯狂铁人的女队员曾阿姨时，大部分队第三棒还没有开始跑步。而曾阿姨一个人在空旷的游泳赛道上开始了最后的冲刺，大幅领先排名第二的上海队近 4 分多钟，曾阿姨游到还剩下 70 米时，上海毅力特的台柱子 Morgan 才出发，解说员激动地高喊，Morgan 来了，Morgan 再一次重返中国铁人三项赛场，Morgan 在全场观众的鼓励下风驰电掣一般跳入水中，这一跳就滑行了近 10 米，几个动作就 50 米开外，直接是开挂的节奏。队友们大声给曾阿姨加油，但 50 岁的曾阿姨和生龙活虎的青壮男子真的是没法比。骑车刚开始 Morgan 就超了曾阿姨，跑步阶段更是一路撒欢全程加速奔向终点，最终 Morgan 仅用时 21 分 34 秒完成第四棒，总成绩 1 小时 37 分 42 秒，成功将上海毅力特一队在第四棒逆袭为冠军。眼看宁波队的小老外一步步逼近了曾阿姨，曾阿姨也不是吃素的，最后跑步飙出了最快速度，最终以 29 分 41 秒完成第四棒（比上海第四棒慢 8 分多钟），速豹疯狂铁人一队以 1 小时 41 分 16 秒完成比赛（比上海慢 3 分多钟）取得亚军。混合接力比的焦点就是女选手的速度，曾阿姨 PK 八一队退役队友中国铁人三项一姐于姝珺，虽败犹荣。而几十秒后宁波铁人也杀进了终点，总成绩 1 小时 42 分 3 秒，真为曾阿姨捏了把汗，宁波队小老外第四棒拼出了不可思议的 19 分 54 秒，全场最快，实力直接秒杀 Morgan，这就是混合接力的魅力，团队的整体力量也决定了成败。

前三名出笼并没有影响比赛的热度，原来排名第五的速豹疯狂铁人二队

一起打铁到八十

第三棒是铁人三项新人武兵,游泳是他的最弱项,由于比赛经验不足,游得歪七扭八,多游了近50米,上水后过于激动找不到自行车戴不好头盔又浪费了一些时间,用时27分54秒,直接把第一棒军峰和第二棒李农大哥拉开的优势消耗无几了。眼看着南京队和天津的两个队已经逼近。速豹疯狂铁人二队的最后一棒是年近60的东丽阿姨。观众们也是醉了,这速豹疯狂队的女将基本是混合接力年龄里最大的队员了,这何止是巾帼不让须眉,完全是老太太要干掉小鲜肉的节奏。东丽阿姨下水刚游出去,南京铁人查建民一个仰面朝天就下水了,正当人们以为这位选手挂了,没想到他确实开挂了,优美的仰泳连水线都不需要看,自带导航哗哗地超了东丽阿姨,紧接着上海二队的专业游泳队退役的卞蓓丽也下水了,她那自由泳一流的男选手也顶不住,瞬间东丽阿姨就被反超了。等东丽阿姨上水时排名已经掉到第九名了。不过她没有气馁,山西第一女铁人的称号也不是白给的,急急忙忙推车出发,没控制好车子连摔了两跤,阿姨确实是铁打的阿姨,连伤口看都没看,爬起来就干。东丽阿姨上车奋起直追,今年新配的速豹铁人三项车在她手里简直玩出了汽车的速度,带着轰鸣声居然反超了两个队员。阿姨跑步平时练得少,但为了团队的荣誉她不顾伤痛越跑越疯,在第四棒大部分是男选手的情况下,她咬着牙发起了最后的冲击。而在她身后紧追不舍的是无锡铁人三项队的年轻妹子,妹子的大长腿抱起来像风火轮,眼看就要追上东丽阿姨了,结果……终点大门到了,这就是混合接力的难点,就算你跑得再快,1.6公里的跑步距离直接就是突然死亡,如果再长50米无锡都可能反超。最终速豹疯狂铁人二队奇迹般地争得了混合接力第七名,用时1小时49分4秒,4秒之后无锡铁人冲线第八名,又过30秒十堰铁人冲线。这七、八、九名的争夺比前三都刺激,看得大家热血沸腾。

高潮一浪高过一浪的比赛2小时就结束了,混合接力的观赏性让围观的群众大开眼界,就连一向沉稳的主持人也跟不上比赛的进度,在终点还没来得及介绍俱乐部名称,就已经鱼贯而入。铁人三项这种男女老幼一起拼搏的精神在混合接力的比赛中展示得淋漓尽致,只要一个人掉链子全队都会被淘汰。很快激荡的东钱湖就恢复了平静,但平静只是暂时的,湖水已经开始暗流涌动,因为明天才是中国铁人三项联赛的正餐,近千名铁人将狂砸东钱湖水,东钱湖的涟漪必定会像冲击波一样辐射到全国,中国铁人三项联赛必定

会将最精彩、最公平、最激动人心的时刻载入史册,让铁人三项运动在神州大地茁壮成长,成为全民健身运动中最璀璨的一颗明星。

疯狂逆袭锻造中国铁男天团

中国铁人三项联赛2018赛季终于10月28日在美丽的东钱湖畔落下帷幕,国内顶级的铁人三项协会和俱乐部都不遗余力地派出了最强大的阵容角逐年度最辉煌的时刻。在高手如林的对决中,"男子团体第一"无疑是代表中国铁人三项联赛最高水平的奖项。国内铁人三项大师级的选手魏臣、金玺、朱立昶等和一些外国高手都加入了这场激烈的角逐。

比赛一开始,游泳第一集团的上海毅力特的金玺(21分10秒)和天津铁人三项队的魏臣(21分27秒)就大幅度拉开了选手们的差距,随后的自行车赛段,天津铁人魏臣霸气反超金玺,仅用56分38秒率先完成自行车进入跑步赛段。而自行车赛段无锡铁人外国选手David Deady以不可思议的54分20秒实现超级逆袭,连续超过了金玺、朱立昶、李颂恩等一大批国内顶尖选手。最后的决战在David Deady和魏臣之间进行,关键时刻魏臣彻底疯狂了,为了刷进2小时大关他完全突破了自己的极限,10公里跑步今年前六站他从来没有跑进过37分,平均是38分左右,而今天他跑出了36分28秒的逆天成绩,比他的上一站德兴跑步提高近1分钟。最终实现了伟大的进化,成功将自己联赛的最好成绩写进了2小时大关(1小时59分22秒),成为本场比赛唯一突破2小时的选手。

魏臣拼到吐血也是逼不得已,无锡铁人David Deady最后跑步仅用时35分45秒。如果魏臣稍松口气,头把交椅就可能易主。无锡铁人David Deady最终成绩为2小时1分14秒,遗憾未进入2小时大关,排名第二。大师组比赛结束,天津铁人似乎已经稳拿铁人三项男子团体冠军,因为魏臣大师组第一(1小时59分22秒)、李颂恩第三(2小时5分38秒)、刘鑫第十五(2小时13分37秒),总成绩6小时18分37秒。同样以为锁定男团亚军的上海毅力特的所有铁男成绩已经出笼,三个快男的成绩Depardi第六(2小时6分18秒)、金玺第七(2小时6分56秒)、Alexandre第九(2小时9分19秒),总成绩6小时22分33秒,比天津铁人慢4分左右。他们每个人的成绩随便一

个放到年龄组都是最棒的,虽然分龄组比赛还没有结束,天津铁人中国铁人男子天团的宝座似乎已经板上钉钉。

然而铁人三项的魅力就是充满了不确定性,大师组比赛结束后速豹疯狂铁人的王守义第五(2小时6分10秒)、郭竞第八(2小时9分19秒),还缺一个铁人的成绩才能组成男团成绩。而这位铁人正在赛道上拼搏,因为他没有取得大师组的报名资格。Hassan Babaei 是速豹疯狂铁人三项协会的年轻队员,此时刚刚开始比赛不久,游泳赛段是第一组出发第一圈750米上岸用时仅9分钟多,然而第二圈开始他遇到了很大的麻烦,分龄组的全部选手都已经下水,游泳赛道已经拥挤不堪,他进行第二圈750米游泳时正好女子组已经下水,基本上一路躲避超越所有的参赛选手,最后游泳用时21分20秒,仅比大师组游泳最快的金玺(21分10秒)慢10秒。自行车阶段和跑步阶段赛道同样拥堵,第一次参加中国铁人三项联赛的他没有犯错,6圈自行车、4圈跑步稳稳地完成了比赛,最终成绩2小时3分36秒,这个成绩放在大师组可以取得季军。

天津铁人中国铁人男团最好成绩刚刚保留不到1小时,戏剧性的一幕发生了。速豹疯狂铁人通过男子全程分龄组 Hassan Babaei 创造的2小时3分36秒的完赛成绩成功逆袭,以不到1分钟的优势(总成绩6小时17分44秒)后来者居上,夺取了中国铁人三项男子全程团体第一的桂冠。

2018年中国铁人三项联赛全年7站比赛,速豹疯狂铁人三项协会南征北战始终不忘初心,努力打造速豹疯狂、疯狂如豹的铁人精神。这次在高手如林的男团对决中能够攻坚克难最终笑傲江湖,是每个团体成员默默付出的结果,速豹疯狂铁人三项协会2013年成立以来一直将推广铁人三项运动为己任,用辛勤的汗水一点一滴去培养和鼓励每个铁人的成长和发展,2014年以来连续5年取得中国铁人三项联赛(包括前身的中国铁人三项协会联赛)前三名,他们始终坚定信念,要让铁人三项运动在三晋大地生根发芽,让更多的有识之士加入进来,共同创造新的辉煌。

赛道难度:★★
组织能力:★★★★
推荐指数:★★★★

> **整体评价**

　　这届中国铁人联赛年度总决赛在宁波东钱湖举办得非常成功,新的接力项目策划,让比赛的对抗性和观赏性大大提高,前一天接力和第二天全程可以兼项的新规定,让很多想多玩赛的选手增加了选项。10月底的东钱湖水温和气温都有点儿低,自行车赛道还是有点儿复杂,如果赛道再能升级,时间再能提前一周,赛事将更加完美。

2019年7月7日

嘉峪关铁人三项戈壁挑战赛

　　今天您为梦想拼搏了吗?

　　而7月6日嘉峪关铁人三项二青会资格选拔赛上,就有这样一位17岁的少年为了梦想,他从悉尼一个人漂洋过海来到这里……

　　全国青少年运动会四年才一届,一个人一生可能只有一次参加青少年运动会的机会,如果失去这次机会,只能等到下辈子。我不想让我的人生留下遗憾。这或许是每个为二青会拼搏奋斗的孩子共同的心声。

　　郭曦辰是在澳大利亚悉尼读高中二年级的学生,2018年暑假一次偶然的机会他加入太原市铁人三项运动协会,参加过一次黑龙江大庆的铁人三项混合接力赛,从此爱上了铁人三项运动,铁人精神已经深深扎根在他青春激昂的生命里。得知第二届全国青少年运动会今年8月将在三晋大地盛大召开,他的心早已飞向这片神奇的土地。

　　7月初刚放暑假的他匆匆从悉尼飞广州,又从广州飞西安,再从西安坐9个多小时高铁来到了万里长城第一雄关——嘉峪关。中国有句古话,不到长城非好汉,郭曦辰小小年纪已经经历了比万里长城一倍多的距离来追逐自己的铁人梦想,不愧自古英雄出少年!

他参加的是二青会社会俱乐部组的选拔赛,虽然说是社会俱乐部,实际上其他选手都是体校生,他们长年专业训练。郭曦辰作为一名即将迈入高三的学生,只能挤出业余时间独自一个人跑步训练,甚至还没有一辆属于自己的公路自行车。但一切困难在梦想面前都显得那么微不足道,有志者事竟成,到达嘉峪关在太原市铁人三项协会的大力支持下,参赛服、自行车、头盔……一切都不是问题。

这注定是一场悲壮的比赛,500米游泳开始,体校组的孩子们如蛟龙入海一般劈波斩浪激流勇进,180斤的郭曦辰此刻却像一只可爱的小青蛙,慢悠悠地"昂头挺进",当大批选手如撒网捞鱼一样集体出水后,他离终点还有100多米,四只救援艇围护在他身边,安全等级直逼主席横渡长江。

游泳上岸,阳光照射下的祁连雪山格外刺眼,比雪山更加刺眼的是空荡荡的自行车换项区,只有他一个人一辆车,骑行13公里两圈。当他骑完第一圈时,很多体校生已经开始跑步了。不被嘲笑的梦想不是梦想,虽然他是最后一名但也不能轻言放弃。骑完两圈时几乎所有选手都已经冲刺完赛。

跑步对体重180斤的郭曦辰平时并没有多大压力,但从零海拔的悉尼到海拔1500米的嘉峪关,2.5公里的跑步距离显然已经成为他最后的噩梦。刚跑了1公里小腿已经严重抽筋,痛苦的汗水遮挡住他厚厚的眼镜片,他咬着牙将重心放在右腿,半走半跳地挪回了终点。1小时3分,虽然比冠军慢了12分钟,但这并不重要。重要的是他奇迹般地取得了二青会的决赛资格。

所以说,永远不要小看胖子,每个有梦想的胖子,他的潜力超乎你想象。今天您为梦想拼搏了吗?

赛道难度:★★
组织能力:★★★
推荐指数:★★★★

整体评价

嘉峪关万里长城第一关、塞外一颗璀璨的明珠。嘉峪关的铁人三项赛道是国内最独特的。即使是盛夏季节,依然可以远眺终年积雪的祁连山。

游泳的东湖是冰凉的雪山融化之水,跑步赛道全是盛开的花朵,骑行一半享受公园林荫道的凉爽,另一半在公路享受阳光高温杀菌。嘉峪关已经举办铁人三项比赛十几年,群众基础非常好,铁人三项也将这个小城变得更加美好和开放。

2019年8月2日

山西运城圣天湖二青会铁人三项决赛

能够在奔二的岁月里参加一次中国第二届青年运动会,告别天真烂漫、年少无知的自己,真的不是每个青年都能够拥有如此奢侈的梦想……

参加二青会铁人三项比赛必须先取得入选资格。资格是参加今年在江西德兴、河南睢县、甘肃嘉峪关的二青会铁人三项预选赛中,每站比赛前三名直接取得资格。没有进入前三名的,需要三站比赛累计的积分排名进前20名才可以入选。由于前两站比赛都是在上学期间,先不说有没有能力完赛,能够主动给孩子请假耽误上课,舍得孩子花好几天去外地参加铁人三项比赛的家长全中国真没几个。所以二青会社会俱乐部组报名的业余选手少之又少,大部分选手是来自体校只为拿二青会奖牌的专业选手。

2000年出生太原的唯一本土选手常晋浡(龙龙)已经是打铁第六个年头了,从初中开始跟随我参加铁人三项体验组,铁人三项伴随了他整体中学生涯,见证了他学业和体能的成长。让他从一个有点小内向的孩子,变成了山西本土很牛的小铁人。高中时期就参加成人组比赛敢与二三十岁的铁人一争高下,别人在高考时他去澳大利亚参加Ironman70.3比赛,高三毕业就考到了中国铁人三项协会颁发的铁人三项教练员证书。未成年就已经完成了很多国内顶级的50公里越野跑赛事,2018年由于学业优秀被保送到天津大学。2019年代表山西省参加中国第二届青少年运动会铁人三项比赛成为他给自己定制的最好的成人礼。

一起打铁到八十

2019年5月,江西德兴首站二青会铁人三项预选赛,他以第二名的成绩拿到二青会决赛资格。也看到了他与专业选手的差距,面对体校组以铁人三项为生存之本的同龄选手,主要以学业为重的业余小铁人的差距可想而知,这是一场自我的较量,战胜的对手只有你的内心。

8月2日,芮城胜天湖二青会铁人三项决赛如期而至,已经参加过多次铁人三项比赛的龙龙面对这样的大赛表情凝重,这注定是一场惨烈的比赛,最大的考验就是如何克服面对失败的恐惧,明明知道这是一口滚开的油锅,也要义不容辞地跳下去……

圣天湖就是那口油锅,当发令枪起来时,体校的学生们像一群海豚一样劈波斩浪而去,他和另外一个选手奋力游着蛙泳,像两只青蛙一样梦想追上海豚的速度……

当他们好不容易爬上岸边骑行时,体校的学生们已经骑完了第一圈,同组第一名可是代表国家队参加亚洲杯拿过冠军的选手。孩子们都拼尽了全力,甚至一个选手在骑车压弯时不幸重重地撞上了护栏,头破血流地被抬出了赛场。骑行赛道是圣天湖公园的山间坡道,骑行难度很大,能够安全骑行下来已经非常不易。

龙龙开始跑步时,同组冠军已经诞生了,只比全场冠军差几秒钟。社会俱乐部组前几名都是专业选手,而真正的业余选手并没有放弃。在这个时候比第一名更具考验的是最后一名的心理压力。当其他选手都已经冲过终点,当整个赛道只剩下你一个人在奔跑时,寂寞、失望、孤独、痛苦、煎熬……往往比比赛的过程更加艰难,你会害怕观众的嘲笑,你会担心终点是否还在计时,你甚至会千万次地问自己,为什么?我为什么要为别人甘当绿叶……1小时24分,龙龙拿到了二青会男子甲组半程第七名。

这就是生活的本质,你不可能永远成为生活的主角;这就是铁人三项,考验你的并不仅仅是能否完赛;这就是铁人三项,你应该学会战胜寂寞、伤心和痛苦,只有这样你才可能战胜自己,只有这样你才可能称之为铁人!

来吧,朋友!做自己的英雄,让生命之花在铁人三项中绽放!

赛道难度:★
组织能力:★★★

推荐指数：★★

整体评价

　　山西芮城圣天湖景区第一次举办铁人三项赛居然是二青会铁人三项比赛，小雨中的圣天湖道路有点湿滑，景区的自行车赛道很窄，有比较大的坡度，给选手们造成了比较大的难度，个别选手因此而摔车，很遗憾。这次二青会铁人三项组织分体校组和社会俱乐部组，经过三次赛前选拔，举办方都没有严格把关体校和社会俱乐部的资格审查，导致社会俱乐部组的参赛选手大部分都是体校的学生，而真正的业余选手根本无法与体校的专业选手竞争。

2019年10月2日

速豹疯狂铁人联赛第三站

　　每个中国人都有家国情怀，看到国庆70周年阅兵，深深地为自己是一名中国人而骄傲。作为铁人三项爱好者，山西铁人也要用自己独特的方式来为祖国庆生。10月2日，速豹疯狂铁人第三站——决战横岭在美丽的太原柴西湖如期举行。

　　这次比赛的最大看点就是大厨和爱拼能否二连冠，今年爱拼在疯狂铁人联赛风头很猛，第一站亚军，第二站冠军，第三站作为实力最强、最年轻的选手，似乎已经成了内定冠军得主。比赛开始爱拼果然不负众望，游泳一马当先第一个起水到达换项区，用时13分25秒，比第二名老警李忠民快1分钟。郝泽南、张鹏、张伟伟、刘其蒙、王佳、齐林海、陈伟、林雪梅离得都不远，游泳差距不大，骑车才是拉开差距的关键。

　　骑行距离12公里盘山公路，终点是太原西山旅游公路最高点横岭，爬升

一起打铁到八十

622 米，难度相当大。若命运不公，那就和它斗到底！老警李忠民就是这样一位顶天立地百折不挠的汉子。他第一次打铁是 2016 年东戴河，刚学会游泳的他看着浪涛汹涌的大海，直接弃赛。首战失利，当时觉得他可能不会再玩铁人三项了。没想到他从那时起就像王八吃秤砣铁了心一样，越练越强。今年代表山西省公安厅参加世界警察运动会，居然拿到了铁人警察世界季军。看着他日复一日、年复一年挥洒汗水，面对眼前横岭这座看不到头的高山，李忠民拿出了忻州人的拧劲，一开始就把爱拼超了。过了汾河二库口，盘山公路坡度加大，特别是快到山顶的连续"S"大拐弯，几乎是骑车爱好者的噩梦，能够不下车一口气骑上去的选手凤毛麟角。但是今天的山西铁人看着巍巍崛围山，呼吸着金秋大丰收的气息，心怀对伟大祖国的无比敬爱，每个人都像打了鸡血一样在战斗。小小横岭怎能阻断我们的铁人梦、中国梦！最终所有参赛选手全部骑上了西山之巅横岭。

在志愿者小姐姐们的热情鼓励下，选手们进入了最难的赛段——越野跑，如果说骑车是让你掉层皮，那么这段 6 公里的越野可是能让你抽根筋。先是一路下到清凉谷，湿滑的谷底充满了阴森和恐惧，终年不见阳光的山谷如同你内心深处最黑暗的一面，我们不能在这里驻足，只有超越自我，快速摆脱那些阴暗的、不理智的东西，才能够让自己的内心充满阳光和喜悦。所以当每个选手穿过这条阴森的山谷，重见天日时，生活马上变得更加美好。见到阳光并不意味着你能够成功，还有无数的高峰等待你去挑战、去征服。崛围山步道的路是非常原生态的，有石阶、有土路、有木枕、有破损的木桥……头顶可能是树枝、是突起的巨石，稍不留心不是摔屁股蹲就是磕脑袋。组委会要求选手们在此赛段全程必须戴头盔，确保安全。转过天坑后，选手们就走上了一路爬升的山脊，这条无敌美景的山路虽然虐，可是回头望望，看到刚才比赛的柴西湖和一路骑行的盘山公路，想想自己已经经过这么多艰难痛苦，终将看到胜利的曙光，没有人会在这里放弃。就算再难也要坚持到底。3 公里的爬升让每个人的心灵得到启迪，特别是看到从横岭山顶飞下的一架架亮丽的滑翔伞，谁都会哼唱出"我要飞得更高，飞得更高……"的歌曲，让我们的人生得到一次升华。

年近 50 岁的老警察李忠民没有退缩，表现出了中国警察高昂的斗志，战胜了他以前从没有战胜过的小鲜肉爱拼，2 小时 13 分拿到了他人生第一个铁

人三项冠军。爱拼紧随其后 2 小时 17 分得到亚军，而年近 55 岁的忻州老哥齐林海同样也表现出了惊人的斗志，2 小时 29 分拿到了季军。唯一女子参赛选手林雪梅也顺利完赛，而她 3 小时的完赛成绩在男子组也可以排名第八，如愿以偿地夺得了她人生的第一个铁人三项冠军。

　　台上一分钟、台下十年功，对于业余爱好者比赛只是对自己平时付出的一次检验。享受比赛才是更重要的，很多选手跑跑走走，趁着比赛欣赏一下龙城秋季的青山绿水、遥望太原壮丽城景，吹着小风、晒着秋日惬意的阳光，相当地美……不过王佳可就有点不像话了，倒数第一名走在山脊梁上胜似闲庭漫步。离终点剩下 800 米时，老远听见一群婆姨在山顶喊"老公加油！老公加油！"他硬是磨磨叽叽不肯亮出真功夫。

　　比赛在大家集体合唱《我和我的祖国》声中落下了帷幕，决战横岭、谁与争锋？ 2020 年我们不见不散！

　　赛道难度：★★★★★
　　组织能力：★★★
　　推荐指数：★★★★★

整体评价

　　这站决战横岭铁人三项来自山西各地的铁友以高唱《中国人》开赛，以合唱《我和我的祖国》落幕，充分体现了铁人三项的爱国主义精神，虽然我们来自各行各业，但是我们为共同的铁人三项爱好走在一起，我们每个人既是中国梦的索取者、更是中国梦的贡献者。金秋十月太原汾河和崛围山的景色如同油画一样色彩斑斓，比赛在这样的画卷中，既是求虐，更是一种铁人精神的至高无上的追求。

2019年10月20日

安徽广德226公里大铁

我曾经参加过三次Ironman226公里的大铁,最好成绩是2018年澳洲凯恩斯的12小时38分,第一次大铁是2014年马来西亚兰卡威13小时14分完成。一直感觉大铁离我们很遥远,因为每次参加大铁都要漂洋过海费尽周折。Ironman赛事2015年被万达收购了后,一直期待国内能够有226公里的大铁比赛,然而一场又一场、一年又一年的Ironman70.3比赛已经让人玩得无聊了,几年过去还盼不来一场国内的Ironman226公里比赛。盼星星盼月亮终于2019年"挑战"系列大铁来到了中国广德,作为山西老铁怎能错过这样一次难得的机会。

广德交通不是特别方便,为了节省时间少请假,三个铁人计划通过坐飞机加租车的方式前往,从南京开车到广德一路欣赏南方金秋美景,2个小时的车程还顺便游览了"天目湖大鱼头"的产地——天目湖。到达广德后报到非常简单,只需要提供身份证和参赛证书,比中铁协的报名简单多了。好客的广德人民还赠送了宣酒,参赛包和参赛服的设计也都非常满意。包内还有太极洞的门票,哥几个吃饱淮南牛肉,喝足宣酒,参赛前一天又去太极洞游览一番。参赛的无量溪河好像就发源于太极洞,太极洞分旱洞和水洞两个洞,象征一阴一阳。道生一、一生二、二生三、三生万物,太极洞生两洞,一旱一水,润泽四方。

广德的美食太诱人,早餐、晚餐都非常有特色,是我们北方不容易吃到的,赛前的欢迎晚宴虽然办成了流水席,但是牛扒、土豆烧牛肉、鸡块等硬菜比Ironman的强多了,记得Ironman吃得最多的就是土豆、面包、意面……比赛换项区的设计非常方便,T1、T2在一起,省了很多事。想起凯恩斯大铁和合肥70.3两个换项区相距几十公里,我就头痛,比赛前一天就快被累死了。一切都非常顺利，以至于赛前节省了大量时间都用于游山玩水、大吃大喝了，原本今年忙得就根本没有时间训练骑车，所以没有PB的想法，安全完赛就好。

10月20日早晨4点起床，吃了碗老杨给泡的方便面就出发了，5点到达赛场时已经人山人海，调整好装备后，6点开始职业组比赛。游泳水温19℃，几乎所有的铁人都身穿胶衣，黑压压的一片铁人在初升太阳的照耀下，每个人都反射出金属般的光芒，主持人和观众们"没有见过世面"的样子让铁人们很享受，挥手、尖叫、音乐……如果再来点啤酒，大家肯定会以为大早晨的公园里就开摇滚演唱会了。

我是最后一组出发，所有人都要从水下出发。踩水出发我还是第一次，先在河水中泡着等待发枪感觉像冰桶挑战赛一样刺激。当然这点刺激对于游3.8公里来说只是开胃小菜。一声汽笛吹响，几百个铁人像一群海豚一样在无量溪河中爆发，一轮红日悄悄爬上旁边的摩天轮，羞涩的、粉嫩的目光洒向被晨雾笼罩的河面，原本沉睡的河水此刻变成了充满"硝烟"的杀场，无数铁人黑色的手臂像无数只海燕一样搏击在河面上。我每一次用鳄鱼眼换气寻找方向时，都感觉自己如同在水中捕食猎物，因为游泳的人实在太多了，只有找准方向，快速鱼跃通过，才不会被自由泳的手劈头盖脸地抽，才不会被蛙泳的脚无情地踢个底朝天。太阳渐渐升高了，晨雾慢慢散去，我终于杀出了重围，找到了比较舒服的节奏感。19℃的水温游一圈还是比较清爽的，但第二圈1.9公里开始时就感觉身体有点冷得发麻，由于第一圈的恶战，对于线路也基本心中有数，所以第二圈为了节省体力，要尽量按照直线距离游进，最大限度减少无效的体能浪费。心里想得好，但实际情况总是不由自主，当你看到那些个铁人如同"发情的猛兽"一样不按直线游进，突然从你身下穿过，奔向岸边，还没等你笑出声，他突然又调整过来再次从你头前穿过时，你的心里不知道是该骂谁？是骂他游成这么个熊样还比你快？还是该骂自己游得实在太慢。3.8公里用时1小时20分游泳战斗结束，爬上岸时终于感受到了阳光的温度，奔向吧铁人，向前冲！

换项区的自行车包和自行车位置早就熟记于心，不过这次为了比赛舒服一点，我第一次在比赛中换了全身衣服，毕竟已是秋季，穿个湿衣服骑车太受罪。180公里骑行是大铁中我最恐怖的项目，平时没时间训练骑车，每次比

一起打铁到八十

赛骑车全靠意志硬扛。以往大铁骑行路线没有全程封闭的,这次广德大铁组织得非常好,全程封闭赛道,也让我对骑行安全放下了心。出换项区一开始全是平路,没多久就进入了风景区,风景虽好但爬升也随之而来,一路竹林和徽式小村庄,如同骑入了卧虎藏龙的片场,很多选手使用封闭轮,看着真羡慕。我来时也想带封闭轮,但听说线路很难,爬坡很大,就没敢用。现在看来,虽然爬升有点大,但并不是特别的陡,下坡急拐弯也不是特别多,风也不大,如果用封闭轮应该骑得更快一点。为了让更多的人了解大铁,我这次也是拼了老命,骑行时头上戴了个大疆运动相机,想把一路的美景和热情的志愿者、观众拍下来,然而等我比赛完才知道,相机的拍摄角度没有调整好,骑了7个小时拍的全是地面,当我一路美滋滋地和志愿者、观众互动,原以为拍摄到了最美最真实的画面。后期一看骂自己一万遍都不解气,白白浪费了7个小时时间,累得脖子快断居然没有一个能用的画面。骑行路线中有几个点特别美,刚进山的笄山竹海风景区,白色的徽派大山门如同打开了绿色的画卷,一条蜿蜒的公路上标记着三彩指示线,如同一条锦带环绕在青山竹海之中,运动员们骑行其中让这幅静态的画卷变成了动感的视频。山路修得非常平整,下坡的减速带组委会都拆除了,骑行的安全度大大提高。沿途小山村的村民们特别热情,骑行四圈一直都在翘首相迎运动员的到来。下山时路过芦湖竹海,看着隐藏在竹海中的农家小院,闻到缕缕烧菜的美味,口水止不住地下咽。真想坐在竹林下,泡杯绿茶,来盘小河鲜,小酌几口清酒,人生在世不过如此。不是我嘴馋,真的是饿得受不了,一路上补给只有香蕉和能量棒,对于我这种大胃王完全难以满足。骑到第三圈100公里时特别痛苦,因为骑过两圈后美景的刺激已经过去,身体的饥饿和疲惫感逐步加重,特别是腰累得快断了,无助的我遇到补给点已经是下车边吃边走的节奏。一脸沮丧的我不可能放弃比赛,毕竟关门时间还早,推车走走调整调整接着干。进市区的一个长坡两侧非常壮观,两边的观众居然有军乐队打鼓助威,从头至尾都没有停过,连续8个多小时的演奏,这体力消耗不比我们骑180公里轻松多少。180公里最终骑了7小时16分,痛苦死了,可以肯定如果没有热情的观众,这180公里的痛苦程度还会加倍。骑行路况总体不错,很多路线全线封闭,路特别宽,裁判员也不太管是否跟骑,骑行能力强一点的选手应该会比较享受这条骑行路线,相比我参加过的马来西亚兰卡威、中国台

湾垦丁、澳大利亚凯恩斯,这条骑行路线的安全度是最高的,路况也是最好的,沿途风景算中等水平,因为那三场比赛都在海边举办,视线更广阔、自然风光更旖旎。

骑行到换项区,下车时腿并不酸,想想去年凯恩斯大铁骑行完毕我下车都困难,那路太颠了,当时下车后的第一件事就是去卫生间检查一下关键部位还在不在。这次放车时发现90%的车都回来了,好心塞。15点12分开始跑步,天气稍有点热,头戴着大疆运动相机不能湿水,比较好的是出换项区前就有补给点,但固体补给依然只有能量棒和香蕉,连个面包、饼干、干果都没有,随便吃了点就上路了,跑上大桥追上了来自镇江的蓝猫老哥,他看我超了他还夸我跑得快,我说我才刚开始跑,你已经第二圈了……一圈10公里,他比我快一个多小时。跑到5公里时追上了协会杨建军,初次参加大铁的他骑车摔车,身上好几处伤口居然跑得还那么快,也比我快一圈,唉,我这骑车真是无语了。超了老杨没几步就被一个外国女选手超了,一看她的号码23号,女子职业组PRO呀,这下有兔子了,紧紧跟在她后面,将步频和她调整得完全一样,5分15秒左右的配速跟跑她很舒服。心想跟着她跑上两圈妥妥地提高不少跑步成绩。人算不如天算,刚到终点与第二圈的分界线她就冲向终点方向了,而我还有三圈。没有了PRO的破风,我明显感觉自己一个人跑不动,突然一个棕色皮肤的肌肉男超了我,穿着一件粉色的无锡铁人背心,定睛一看是无锡铁人陆明刚,他最后一圈了,比我快两圈的节奏,更可悲的是我跟他跑了几步,完全跟不上,最后一圈他依然保持5分配速,难怪拿年龄组冠军。记得前两年一起比赛70.3时,他也就比我快个几分钟。今非昔比,现在的他几乎可以与太阳肩并肩,牛上天的感觉。正努力按照6分内的配速追老陆时,突然对面赛道冲过来一个"猥琐"的男人,铮明瓦亮的大光头,配上一对小胡子和色眯眯的笑脸,不仔细看还以为是七龙珠里的龟仙人。他就是济南野马扛把子糨糊大神,国内知名的越野关门兔,一般越野跑看到他都不会给他好脸看,因为意味着你的比赛可能将被终止。第一次参加大铁的他显得很悠闲的样子,完全是在越野赛道上撩妹的节奏,大铁比赛依然拿着相机不停地拍拍拍。我俩相互拍了拍,他比我还慢,才第一圈,看他速度我估计应该下圈能追上他。果然跑到第三圈时追上了他,但第三圈我也跑不动了,实在是肚子饿得太厉害,没啥可吃的。和糨糊混喝了一瓶啤酒

感觉更饿了，没有肉真顶不住。拍完糨糊头顶的大疆运动相机终于没电了，头上连续戴了近12小时，脖子都快抽筋了。刚好遇到郑州铁人的补给点，小玲姐姐给了我一块馒头夹肉，太好吃了，我吃了一半拿着另一半等杨建军过来，他还剩下5公里冲线。我分他吃点，让他帮我把运动相机拿回去。没想到老杨的状态越来越好，联系了个河南安阳的帅哥，俩人眉来眼去跑得很欢，我给他肉夹馍都顾不上吃。取掉了相机重负，我跑得也轻松了点。天黑了，气温降得很快，不跑快点还真冷。肉夹馍真是个好东西，最后一圈5公里又跑到了7分内配速。凯恩斯大铁马拉松我跑了4小时15分，而广德大铁我感觉自行车不算太累，马拉松居然跑了5小时6分半。主要原因就是补给问题，凯恩斯跑步时的补给比较丰富，干果、水果、饼干、巧克力、能量胶……选择的余地很大，而广德除了能量棒和香蕉就没其他固体食品，能量不足、晚间气温较低，导致能量补充不上，跑不动了。攒够4个手环后，终于可以踏上终点冲刺的方向。天已经完全黑了，路灯也不是特别亮，冷风呼呼地吹在脸上，37公里后6分多的配速已经处于崩溃的临界点，突然在黑暗的街道两旁异常热闹起来，那真是"锣鼓翻天，彩旗飘扬"，整个广德城炸翻了天。没错，他们真的是在迎接我的到来。已经记不清在国内参加过多少场比赛了，随着赛事越来越多，白天马拉松赛道上都很难看到这么密集的观众，而广德这个小县城好像全城出动一样，大晚上聚集了这么多吃瓜群众。从早上6点一直比赛了近14个小时，不知道是大铁感动了广德，还是广德感动了大铁，在通往体育中心的路上，包括交警在内，每个人都面带崇拜的眼神为我们加油，我伸出右手和路边的观众一路击掌前行（对不起左侧的观众了，因为左手腕严重扭伤，拿东西都困难），引起观众一阵阵欢呼的热浪。

13小时58分完成了我最差的一次大铁，比最好成绩慢了1小时20分。经历了3.8公里游泳、180公里骑行、42.2公里跑步的磨难，成绩再差也是我上气不接下气、一步一步完成的。迎着风向前冲，我就是我自己的英雄，加速向前，忘记了一路的疲惫和痛苦，把最灿烂的笑容留给这些默默坚守在终点的人，是你们让铁人三项变成一场盛宴，是你们让广德大铁扬名天下，也是你们让铁人们感受到了自己的汗水没有白流，感受到了成为一个铁人的伟大！

百米冲刺的速度跨进了终点大门，所有的镁光灯都聚焦在我身上，红色速豹疯狂铁人三项服那是夜空中最亮的星，大吼一声将冲刺带举过头顶。眼角的湿润是打铁路上一路艰辛涌上心头的见证，在中国当一个铁人太不容易了，生命中第四次举起226公里大铁的完赛冲刺带，这份责任太沉重了，又有谁知道在中西部省份推广铁人三项运动的心酸。今天举起它，不是为自己，只是单纯地为深爱的铁人三项运动，希望让更多的人了解它，加入这个大家庭中，让我们每个人都能够实现儿时铁人的梦想！

夜空中最亮的星
是否在意
是太阳先升起
还是意外先来临

我宁愿所有痛苦都留在心里
也不愿忘记你的眼睛
给我再去相信的勇气
越过谎言去拥抱你

每当我找不到存在的意义
每当我迷失在黑夜里
哦……
夜空中最亮的星
请照亮我前行

赛道难度：★★★★
组织能力：★★★★
推荐指数：★★★★★

整体评价

首届安徽广德大铁举办得非常成功，赛事的报道组织、开幕式、欢迎

晚宴、路线选择、参赛礼品都非常完美。特别是赛事过程中啦啦队的加油、比赛结束体育场热烈的观众,都让这次比赛的气氛得到了充分的展示,也让参赛选手备受鼓舞和感动。唯一的缺点是赛道补给方面准备得不够丰富,以饮料水果为主,顶饿的、符合中国人胃口的能量补给太少,如果能在补给中增加点当地特色主食,会让参赛选手感觉到更好的赛事体验。

2019年12月1日

汕头中国铁人三项联赛总决赛

魅力南澳 激情铁人三项

2019年下第一场雪的日子,铁人们从天南地北聚集到了温暖如春的汕头南澳,中国铁人联赛总决赛第一次在海岛上开战。速豹疯狂铁人运动协会的十几名斗士为了最后一战,齐心协力血拼到底。

不得不说,又跟着中铁联赛增长了一次见识,以前从来没有听说过这个广东省的唯一海岛县。最主要的是太原有直达南澳的飞机,来回票价才800元,官方酒店海景房就在赛道边,能够一览无余地看到比赛主会场、海中的游泳赛段和自行车赛段,房间还相当豪华,房价220元一天,和三亚相比这个性价比太高了。

比赛日风和日丽,海水20℃,允许穿防寒胶衣。南澳的海水非常清澈,近海是浅绿色,一阵阵海浪像一堆堆滚动的翡翠玉镯敲碎在金色的沙滩上,远处一艘白色的游轮静静地停泊在那里,故意营造一种安逸的气氛。然而我们的心中早已不能平静,就等着一声号令万马奔腾般地冲进大海,战天斗地大干一场。

这次比赛协会的新人武晨是第一次参加比赛,第一次在公开水域游泳,所以我特别关照他一定要按规定测试游泳。比赛带上跟屁虫,对他特别强调

必须学会水中抱着游,有问题就抓住水线举手示意放弃,确保安全。可是比赛开始前10分钟突然撤掉了漂浮水线,中铁联赛还是第一次在游泳赛段不放水线的(如果游泳抽筋出问题没有水线可抓,对于初学者是致命的打击),再次提醒他一定要注意安全。

  看似平静的大海被一堆人冲进去后,也溅不起几朵浪花,反而是让近岸涌动的海水差点拍倒。那远处的浮标时隐时现感觉遥不可及,但实际在海景房上看,只是近岸的一个小红点。原来出发占优势的我,不到100米就被游泳的好手们超了过去,埋头苦追也感觉不到乘风破浪的快感,甚至有点喘不上气。放慢节奏,旁边有一位蛙泳选手一路和我并驾齐驱,我超不了他,他也超不了我,我自由泳不影响他,他一路蛙泳,时不时换气就要挠一下手、踢我一脚。加速甩不掉,快慢也差不多,心烦得要命。一圈750米下来都没甩掉。海水很清澈,能见度很高,所以铁人们选择游泳线路几乎一样,因此第二圈开始依然是外甥打灯笼——照旧。一路避让的结果就是很难游得特别直,还要白白消耗一些体力,游得相当不痛快。后来索性慢点跟在他后面游,蛙泳选手游得真是相当快,自己没有实力超只好自认倒霉,挨踹一路。上岸一看,1500米游出了1680米,用时35分7秒。

  上水后边跑边脱胶衣,居然看到了长治铁人韩红斌在我前面,现在的蛙泳选手真是一个比一个厉害。进换项区就看到力键在那里脱胶衣,我喜出望外啊,平时游泳他可是1500米游进30分的选手,好几次都是拉我脚脖子超我的主,换项区逮到还不死命和他死磕一翻。看他还没拿下5万的豪车,我加快步子,脱衣戴帽拿车就跑,居然比他先出了换项区。上车顾不上系紧鞋狂骑一路,以为拉开了距离赶紧锁紧鞋,一抬头力键嗖地就超了我。这次骑行赛道是我比赛以来见过布置最仔细的,一圈6.6公里全程都用广告布封闭起来,不但赛道全封闭很安全,而且还有效阻挡了侧风,让我的封闭轮在海风中并没有瑟瑟发抖,反而是越战越勇。全程就一个大拐弯,然后一路小上坡,到折返点下来就是一路下坡,最快速度可以放到47公里,一些高手甚至放到了时速60公里。骑行一共6圈,前三圈我和力键一直处于胶着状态,一会儿他超我,一会儿我超他,路上的摩托车检查尾随的不少,但是由于圈数多线路短,路也不是特别宽,也非常容易形成小集团,第四圈时我才拉开了和力键的距离,最终用时1小时10分骑完40公里。想想近一个月没有骑车,能

够比天天小三项黑练的力键先骑完，还是很满足的。

放下自行车跑步一直是我最不怕的，中午的天气很炎热，一路遇到补给站就不停地往身上浇水，可能骑车和力键拼得太猛，小腿居然有点小抽的感觉，一起出换项区时看见同组汕头的本地选手有点胖，居然跑得比我快，还有一个老外也是壮得牛一样，跑起坡来一点不减速。跑步和骑行差不多，沿着海岸线跑1.25公里然后折返回来，一共4圈。去是一路小上坡，回是一路小下坡，要不是戴着手表还真怕数乱圈。第一圈就看到军峰昂首挺胸冲刺，这速度半程第一没问题。旭光居然还在赛道上，跑半程一共2圈，他和力键这一路上没少灌我喝酒，我就是打酱油也得给他们点颜色看看。不然酒喝得少，步还跑得慢，回去肯定没活头了。为了追上旭光，真是把痛苦二字一路写在脸上，哼哧哼哧地把自己拉爆缸，完全没精力多看一眼那无敌的海景、激昂的观众。终于跑完第一圈时看见一个肉姐姐的影子在坡上晃动，我不顾一切冲了上去，狠狠一巴掌拍了上去，清脆的响声后便是旭光哇哇的笑声，"老常，我就知道要挨打……"我也笑得上气不接下气地赶紧跑，怕被追上报仇。旭光老兄这是今年第一场比赛，去年先是经历了摔车，又是跟腱断裂，做手术在家躺了三个月。当我们以为他将过早地终结运动生涯时，没想到他不忘初心，牢记"一起打铁到八十"的铁人使命，毅然又回到了心爱的铁人三项赛场。人生难免起起落落，但只要梦想在、心态好，有一帮志同道合的铁友，并肩作战再难的赛道也是一种快乐的享受。

虽然满脸的痛苦，但内心的喜悦只有自己知道，拍了旭光老哥的肥臀，我的下一个目标就是套力键的圈，再拍一下他的马屁。如果放在以前，这应该不算个小目标，拍他应该是轻而易举的事。但这个冬天力键天天黑练，想抓住他还真不容易，眼巴巴地看着离他的距离越来越近，超过了铁娃老哥、看着姜红和东丽大姐冲线，还是没追上他。想想自己也是够"变态"的，别人一路追妹子，我追个大老爷们这么执着。第四圈终于快看到他了，结果终点也到了。留得力键屁股在，不怕来年拍不上，这次饶了他，明年再拍。40公里100米的爬升跑了50分钟。11月跑量超过400公里，结果跑步速度还更慢了（说白了就是垃圾跑量堆数据呗）。

最终标铁用时2小时39分，只排小组第14名，收官之战有点垃圾。比赛完下午和力键、旭光、铁娃又骑行海岛去宋井旅游，由于比赛封路我们绕

行了一大圈，骑上了海岛山顶，把几个老汉累得差点回不了家。铁娃大哥还爆了胎，31 公里爬升近 600 米，连骑带游玩用了 3 小时 22 分。直骑得天昏地暗才回到酒店，真比上午的比赛都累。

最年轻的选手乐乐小组第 3 名，比赛前试水崴了脚，带伤完赛刷出 2 小时 12 分的好成绩，相当厉害，预祝他明年再接再厉勇攀高峰。

2019 年铁人三项比赛终于谢幕，老铁们，我们 2020 年不见不散！

传奇铁人　陨落南澳

一个年近七旬的老人，近 8 年来他仅参加中国铁人三项协会组织的比赛就有 60 场（中国铁人三项协会系统可查），还不算其他组织举办的游泳、马拉松等赛事。实际上从 20 世纪 80 年代开始，他就已经活跃在全国各地的铁人三项赛场上，特别是在 2012 年之前，他的成绩非常突出，曾经多次拿到中国铁人三项协会年度积分总冠军。他就是中国铁人三项届的传奇人物——严堂波。

我是 2013 年开始参加铁人三项比赛，从我参加中国铁人三项比赛开始，只要参加中铁联赛就能看到他的身影。虽然从没有过交流，但是每次比赛时看到他的身影都会非常敬佩和震撼。他游泳成绩非常好，经常晚出发，游泳比我提前上岸，1500 米游泳成绩原来能游进 30 分。骑车也非常快，40 公里骑行一般在 1 小时 10 分之内。今年江西德兴铁人三项，1500 米游泳他的成绩是 32 分，40 公里骑行成绩是 1 小时 14 分，10 公里跑步成绩是 1 小时 29 分，总成绩 3 小时 27 分。时间倒退 8 年，2012 年福州国际铁人三项赛，那年他 61 岁，1500 米游泳他的成绩是 35 分，40 公里骑行成绩是 1 小时 9 分，10 公里跑步成绩是 45 分，总成绩 2 小时 31 分排名年龄组第一。据他的好朋友赤脚大仙王金文介绍，严堂波为了提高铁人三项成绩，训练非常刻苦，不但坚持冬泳，就算夏天他也穿着十几公斤的沙袋裤负重训练。每天的训练量是：长跑 15 公里或者骑行 40 公里（隔日交替进行或者两项都减量叠加进行）外加 2 公里游泳（早上去沈阳北陵游泳，下午去省政府游泳馆游泳），这样算来，每天的训练时间就五六个小时。可以说能基本追平一般专业运动员的训练量了，而且严老是在没有教练和陪练的情况下，全凭自己的顽强意志自觉

进行！这样的训练量不是一日两日，而是20年了！

然而严老在一次伤痛后，身体大不如前，2016年开始跑步就出现了问题，每次到跑步赛段就可以看到他弯着几乎90度的腰艰难地坚持，汗水和痛苦镌刻在他黝黑的脸上，总让我久久不能平息。是什么力量让他如此坚持永不放弃？

或许这就是梦想的力量！

今天一个不幸的消息传来，12月1日（上周日）汕头举行的中国铁人三项联赛总决赛游泳赛段中，严老突发心脏骤停，经抢救无效于12月2日傍晚永远地离开了我们，离开了他所热爱的铁人三项赛场！

谁也不能想到一代铁人三项传奇人物居然在他最热爱的赛场上永远离开了我们。严老的突然离世也震惊了整个铁人三项届，像他这样经验丰富的老铁人、沈阳冬泳协会的队长怎么会在游泳赛段出问题呢？（严老走了，他的战车还静静地挂在换项区，南澳铁人三项他的号码是520，似乎在呐喊着他一生的热爱。车把上贴着的6根白色纸条，提醒着严老您还有六圈自行车没有开始骑……）严老和我们一样都是业余铁人三项爱好者，虽然他身着简朴的衣服、破旧的运动鞋，骑最基础的公路车，但每一次赛前都会仔细检查，适应比赛场地，确认换项区车辆停放的位置等，井井有条、一丝不乱。他认真对待每一次比赛，时刻充满了对铁人三项最淳朴、最真挚、最执着的热爱！

我们铁人三项比赛的全勤王，终于倒在了通往铁人三项天堂的路上，他像战士一样无所畏惧，如果命运可以重新选择，我想他依然不会放弃他最热爱的铁人三项比赛。

退一步海阔天空

铁人三项的比赛强度对于一般人而言并没有马拉松和越野跑那么疲惫，这项运动更注重技术，特别是游泳和骑行的技术，这也正是它独特的魅力之处。铁人三项可以说是最敬畏大自然、亲近大自然的运动。作为业余爱好者享受运动带来的快乐、感受大自然赋予我们的能量、和家人亲朋好友一起锻炼一起成长，是铁人们最幸福的事情。

速豹疯狂铁人运动协会的队员们有一个共同的心声就是"一起打铁到

八十（岁）"，所以任何时候大家都要量力而行，不要过分强调成绩，时刻关注身体的声音，合理安排好比赛和生活的关系、和谐参赛、科学锻炼，才能更加长久地享受生活、健康快乐。

赛道难度：★★
组织能力：★★★
推荐指数：★★★★★

整体评价

南澳岛铁人三项是中铁协第一次在小岛上办铁人三项比赛，地点选得非常有创意，南澳岛有着历史悠久的文化底蕴，有着风景壮丽的自然景观，有着经济实惠的特色海鲜，来这里比赛更是一种享受。这次南澳铁人三项比赛组织得非常到位，自行车赛道和跑步赛道的布置都非常用心，唯一欠缺的是游泳赛道没有了水线，救援设计可能存在漏洞。

2020年10月17日

连云港226公里大铁

早晨6点一轮红日刚刚从山海之间升起，永不停息的海浪在一层如纱的薄雾中苏醒。10月中旬的海一方公园平日只有零星鸟儿在飞翔、秋叶在静静地凋零。2020年10月17日的此刻却变得格外火爆，今年国内唯一一场226公里的赛事已经箭在弦上一触即发。

这次比赛有来自全国各地的400多名选手参赛，山西铁人也有8位选手参赛，其中7位是首次参加226公里大铁，特别是有两位居然是第一次参加铁人三项比赛就直接选择了大铁。站在浩瀚无边的苍凉大海面前，他们有些

不知所措,没想到第一次海里游泳就要游3.8公里。

嘟!一声长鸣的汽笛声,惊飞了一群海鸥,铁人们鱼贯而入,一批批跳入冰冷的大海,长长的队伍如同插入东海的如意金箍棒,迎风破浪,越变越长。铁人挥舞的臂膀又如同一群海燕,此起彼伏。让我想起了高尔基的《海燕》:"只有那高傲的海燕,勇敢地,自由自在地,在翻起白沫的大海上飞翔!"火红的日出、涌动的大海、背光的山峦、拼搏的铁人构成了一幅绝美的大片,就像回到了战火纷飞的年代,只有努力奋斗才能赢得胜利。我们抱着必胜的信心战天斗海,一定要赢得属于自己的尊严。心跳在加剧,划频在加快,咬紧前方不放松……刚游得投入,哎哟!左边蛙泳选手给我肩膀上重重的一脚,连忙向右躲,妈呀!右边冲上来的自由泳选手又给我一结结实实的大肘子。水平高的选手乘风破浪杀出重围而去,水平相近的选手真是一路厮杀,谁也不让谁。我左躲右闪之际,努力拉直身体向前滑行,减少水阻节省体能。前手抱水时不小心刚碰到了前方斜插过来一位选手的脑袋,突然前方高能,又"噌"站起一个人,一把抓向我的脑袋,"你干吗打我的头?!"我都蒙了,什么情况,参加了几十场铁人三项比赛还是第一次遇到这样的情况。差点儿连我泳帽泳镜都抓掉,这要没了泳镜就只能退赛。我赶紧说,"不好意思,我也不是故意的",钻入水中就跑,节奏全乱还呛了口水。19℃的水温穿上胶衣游泳还是比较舒服的,清晨的阳光也不刺眼,今年的连岛大铁水线布置得比去年强太多了,双线循环,避免了去年来回中间就隔一条水线的冲突。游完第一圈后选手们基本拉开了距离,第二圈1.9公里反而比第一圈游得更舒畅一点。我1小时24分游完。72岁的铁娃老哥比我慢20分钟也游了回来,最近他一直在太原汾河游泳,14℃水温一游就是1000米,所以今天19℃水温游3.8公里对他来说只是速度问题,距离不是问题。

如果说游泳是大铁的开胃小菜,那180公里骑行可就进入正餐了。我去年已经参加过连岛大铁,今年继续报的主要原因就是连岛骑行线路还算不错,虽然不是封闭线路,但总体爬升不大,没有特别危险的下坡急弯路段,适合我这种骨灰级的骑行菜鸟比赛。由于疫情影响,连岛大铁也是今年大部分选手参加的第一场比赛,也导致我的训练状态和心理都比较放松,特别是8月参加五台山越野训练营志愿者服务活动不小心崴脚后,训练就更少了许多。没有了PB的想法那就享受比赛的过程吧。连岛大铁的补给是越野比赛级的,好吃的比较多。没有 Ironman 比赛那种专业的不停车补给站水准，所以骑行计划就是骑到中午饿了就停车大吃，自己除了准备出发前破风水壶里的运动饮料，其他补给就靠官方补给。骑行线路是 6 公里引线加 6 圈每圈 28 公里的路线。刚开始骑有些顶风，本身游泳上来就比较冷，骑得有点冻手冻脚，前 2 公里在人行道骑，比较危险。进入循环赛道后，路面变宽，每个选手都如同打鸡血般飞驰起来。特别是一位警告选手不要跟骑的裁判，骑着一辆破公路车吹着口哨就超了我 5 万多的铁人三项车，一种被嘲弄的感觉油然而生。看看自己那双菜腿，牙一咬心一横，算你狠，超就超吧，实在是骑不动啊。老老实实地骑了一圈，发现骑行长龙越来越多，跟骑真的很省力，特别适合我这种装备控的骑行菜鸟。骑个大封闭轮跟在人家小姑娘骑的铝合金公路车后面破风，真舒服，完全没有累死 TT 的感觉。跟骑一段相当于休息，发现没有人管，胆子就越来越大了，那种感觉就像占了天大的便宜一样刺激。后面简直跟骑上瘾，只要有人超就努力跟一段，但大部分均速超 36 公里的完全跟不上，均速 33 公里左右的勉强跟上一段。前三圈没有停车补给，第四圈时已经中午 11 点，饿得心慌，在补给点停车吃了三碗鱼丸汤。太好吃了，骑出去 5 公里就有点后悔应该再吃几碗。第五圈回来继续停车开吃，这次直接坐地上，吃了三碗鱼丸汤，两碗面条。感觉有点吃咸了，最后一圈回来又吃了不少橘子嘴里才舒服了许多。我的饭量是铁人三项圈有名的，这次比赛组委会安排的宾馆不错，早上 5 点半就有早餐，我吃了三个肉包子、三颗鸡蛋、两碗粥，中午饭就算是骑行赛道上的六碗鱼丸汤和两碗面条，晚餐就跑步赛道解决吧。吃货的大铁人三项完全是按正常作息时间来分配的。72 岁铁娃老哥骑行阶段非常生猛，虽然游泳比我慢，但骑行他可是老江湖了，骑着公路车完全不输给铁人三项车，金黄色的铁人三项服如同龙袍加身一样让老爷子霸气侧漏，骑行中赛事总监问他计划多长时间完赛，他说第一次参加大铁，15 小时之内完赛吧，惊得赛事总监连忙拍了个抖音，真是铁人永不老。180 公里骑行距离非常准确，我用时 6 小时 40 分，铁娃老哥用时 6 小时 37 分比我快 3 分。谁说人到七十古来稀，大铁我们才刚刚开始。

经过 180 公里骑行的正餐，最后 42.2 公里的马拉松就是主食了，能不能完赛就看最后的跑步。这次骑行完感觉腿部不累，后半程的间歇式跟骑战术确实缓解了腿部疲劳。跑步路线比去年优化了不少，去年在过海大桥来回跑

一起打铁到八十

四趟，本身11月中旬海风就大，赛道还和自行车、行人在一起有较多影响。今年跑步是在连岛内部道路上绕圈再跑回在海一方公园，转的圈子小了，补给也更方便了。前6公里跑步速度还可以，基本上在6分内配速，由于脚有伤，这次马拉松的目标就是能安全跑完。但6公里后还是明显感觉到崴脚的地方痛。跑完第一圈11公里时太阳就已经开始落山，这时正好遇到才开始跑第一圈的铁娃老哥，落日的余晖映照在他坚毅的面孔上，岁月的沧桑点亮了最美的夕阳红，只身着铁人三项服的他哪像个72岁的古稀老人，金色的战衣、急促的步伐，依然是那个叱咤风云的铁人三项不老传说。赛道上的选手逐步多了起来，黑色战袍的胡春煦已经昂首挺胸冲向终点，打破10小时成为国内大铁选手最好的成绩。而对于大部分选手而言，这个时间才是真正苦难的开始。从清晨的第一缕阳光点亮游泳比赛的大海，到傍晚最后一束阳光收工一天出海的渔船，我们一直在战斗。慢慢地，金色的天空随着太阳沉入大海，海岸线上亮起了繁星点点的万家灯火，每绕一圈5公里，天色就如同我们的脚步一样变得越发凝重，小岛对面的海一方公园间或传来汽笛声，那是壮士们完成战斗的号角，也时刻鼓舞着我们向前，向前，永不放弃。

跑过3圈完成半马后，天已经完全黑了，有些路段并没有路灯，选手们只能凭着感觉和队员们相互鼓励加油，阿宝、谢小军、武彦佐等山西铁人都在赛道咬牙坚持，他们都是第一次参加大铁，但没有一个人有放弃的想法，就是爬也要爬完最后的42.2公里。有两位山西铁人是第一次参加铁人三项比赛就选择了连云港大铁，也都进入了跑步阶段，这勇气简直是在挑战自我极限。铁娃老哥马拉松前半程速度和我差不多，每次跑完一圈都能看到他咬牙坚持的背影，照这速度跑下去能进14小时，也就比我慢半小时左右。我也提醒他悠着点，别跑崩了，毕竟跑步不是他的强项。跑步阶段补给依然非常丰富，但我最爱的还是中间补给点的西瓜，特别地甜，每次路过都吃两块，既补充糖分又解渴，还不像喝功能饮料那样消化太快容易上厕所。半程时腿有点酸吃了补给点的两颗盐丸。最后一圈跑得太痛苦了，正好遇到了猛犸铁人嫣卫国，我们一路边跑边聊反而轻松了许多。可惜他还有一圈，我终于可以跑上跨海大桥，向着海一方公园进军了。以刚才相跟着跑的速度，6公里也就是半个多小时的事，然而这一路上非常冷清，没有观众，也没有可以结伴同行的选手，所以没跑了几百米配速就马上从开始的6分多掉到7分外了，绝

对不能走，就算慢也要颠回去，一旦放弃跑开始走，我估计一个小时也难走回去。一路上有三四个选手超过我，我奋力想追但强弩之末的体能根本无法提供动力输出。进入海一方公园，剩下500米不到又一位选手超我，我拼命地追，飙出百米冲刺的速度还是技不如人，差十几米被他领先冲线。

13小时4分和我6年前的第一次大铁成绩相近，比去年连岛大铁慢了40多分钟。主要是跑步慢了许多，去年跑步4小时20分，今年4小时50分，马拉松一项就慢了半个小时。不过带着脚伤安全完赛已经达到了我的预期目标。协会的目标是"一起打铁到八十"，坚持锻炼、安全完赛就是离目标又近了一步。铁娃老哥跑步前半程还是快了，本以为他会很快回来，结果最后6公里他走了一个多小时，最终以14小时58分完赛，也完成了他赛前的预测。这个成绩也让大家为之震撼，72岁老人15个小时内完成大铁，真是比大部分年轻人都厉害。

赛道难度：★★★
组织能力：★★★★★
推荐指数：★★★★★

整体评价

第二届连云港铁人三项给连续二次参赛的选手提供了很大的优惠，本来连岛大铁就是国内最经济实惠的大铁，报名费含两晚住宿和欢迎晚宴，老选手在此基础上还有优惠。今年连岛大铁比去年提前近一个月，比赛天气和水温都非常给力，特别是自行车赛道也比去年进行了更好的优化。由于比赛难度小，很多首次参加大铁的选手都能安全完赛，是个非常适合首次挑战226公里大铁选手参与的比赛。

2020年10月23日

黄河英雄挑战赛

10月23日，三夫体育联手山西云丘山景区共同打造了国内唯一一场集长距离骑行与百公里越野于一身的比赛——黄河英雄挑战赛，由壶口瀑布骑行到云丘山景区120公里加云丘山100公里越野跑组成。

赛 前

党琦是国内积极推广226公里超级铁人三项的领军人物，2014年我们一起参加了马来西亚兰卡威大铁，他的大铁成绩在国内也是数一数二的，这次三夫赛事委托他来号召铁人三项爱好者挑战测试黄河英雄赛道，我有幸被他邀请。虽然在这个比赛前一周我刚用时13小时完成了连云港226公里大铁，但是，接到兄弟的盛情相约，我毫不犹豫地答应了。壶口离太原交通不太方便，还好三夫赛事给力，安排了专车从临汾高铁接站，终于在比赛前一天晚上到达了壶口景区。参加这个比赛需要的装备和东西很多，除了比赛用的自行车、头盔、锁鞋，还要准备越野跑的所有装备。装好自行车，收拾完装备就已深夜，怀着紧张刺激的心情赶紧睡觉。本来很疲劳的身体，躺下后却辗转反侧，对明天的骑行路线一无所知，只知道是在县道上骑，一大帮铁人三项大神……

骑行篇

早晨5点半起床吃饭，6点半集合合影。壶口的风很大，10月的黄河水流很大，整个河谷都被磅礴的黄河水淹没，峡谷收口的壶口处，奔腾的浪花卷起数十米高的水雾，从天空中往下看，如同历史的长河在这里惊涛拍岸。

　　10月下旬的天气已经 –4℃。十几位铁人三项选手都穿上了保暖骑行服加厚外套。我穿着短裤短袖加皮肤风衣有点另类。咱冬泳的人就是比一般人耐冻一点。没想到三夫体育的张总也和我们一起挑战120公里骑行，作为上市公司的老总，三夫体育真是从上至下热爱体育。

　　7点骑行正式开始，北京的党琦、银川的丁炳宁和几个北京铁人组成了第一集团开骑，我天真地想跟在后面破风，没想到很快就是一路上坡路线，看着他们在谈笑风生之间就把我甩在了后面，感觉我的踏频也不慢呀，怎么就跟不上呢？三夫体育的摄像车一路跟拍，几个摄像师穿着军大衣蜷缩在皮卡车后面，那风吹得我的铁人三项车都瑟瑟发抖，可想他们有多冷，这种敬业精神值得点赞。这条骑行路段全程没有封路，也没有处理路面上的一些减速带，在急速下坡带拐弯时非常危险，几次险象环生让我胆子越来越小，遇到弯道就提前刹车，防止侧滑。前半程大部分是上坡路，均速大部分不到20公里，非常累。快到乡宁县时10公里长下坡均速达到了45公里左右，那真是吹得我的清鼻涕在脸上纵横交错。11点多到达乡宁县内，没想到路边居然还有交警指挥，还有加油的志愿者，三夫体育做事还真认真。在乡宁县的大广场设置了一个豪华的补给点，热乎乎的牛肉面相当实惠，一碗下肚浑身马上发热。时近中午，脱掉皮肤风衣继续干。这个时候我身后也就只剩下两三个人了，大神们早已不知去向。最让我佩服的是中国铁人三项协会的前秘书长王建国老师，年近60岁依然虎虎生威，骑行不到一半时超了我，此后再没追上过他，让我们这些年轻人何其汗颜。

　　吃饱喝足再上路，太阳已经艳阳高照，可是很快又骑进通向云丘山的黄河路，这条路顺着蜿蜒崎岖的山谷而行，景色很美，路况也干净。如果说前半程路线是交通主干道，那这条路才是景色怡人的观光路线。高山峡谷中我们风驰电掣般骑行穿越，好似抗日英雄在争分夺秒冲锋陷阵，我情不自禁地哼唱起了《保卫黄河》这首歌曲。路上几乎没有什么车，速度也越提越高，突然"嘭"一声，我连人带车飞了起来！妈呀，什么情况？原来没有发现减速带，直接把我颠飞了。还好我当时手握飞机把，不在休息把上，落地后没有摔倒，惊出一身冷汗。非正式赛道一定要小心啊，稍不留意就可能灰飞烟灭。

　　到达景区时已经用时6小时24分，骑得腰酸背痛，看到三夫的工作人员简直比见到亲人还亲。他们很快安排了房间休息。住在一个离明天起点5公

里的小山村里,这个山村传说是古代某个家族避难的一个古村落,依山傍水错落有致,村落的小路曲径通幽,四通八达,村落的房间干净整洁,外面看古朴典雅,内部却装修精致、舒适,真有点意大利巨人之旅路过的小村落的感觉。没想到云丘山还有这么优美的住宿条件,服务水平不亚于五星级酒店。下午参与了云丘山景区的宣传推广活动,早早休息,因为明天还有100公里越野这个硬骨头要啃。

云丘山百公里越野篇

百公里越野参加过很多场,但骑行百公里再加越野百公里还是第一次,一起骑行的大神们都选择了跑50公里或25公里,只有我一个人报了100公里越野,也就成了"全村"人的希望,党琦比赛前叮嘱一定要跑下来啊,就你一个人。我也深知责任重大,毕竟测试黄河英雄这个比赛项目如果没有人完成,对明年推出这个比赛项目可能产生不利影响。

越野跑比赛时间是10月24日早7点半,由于疫情影响,进入赛场控制得非常严格。早上5点起床吃了早餐后,6点半就到了赛场。风依然那么大,虽然气温在0℃左右,但是体感温度有–10℃的感受。通过了监测口,选手们都躲到游客中心大厅里避风,外面的出发广场空荡荡的没有一个人,毕竟早晨六七点是全天最冷的时候,比赛开始前保存热量和体力,100公里的山路在等待肆虐这群无畏的英雄。

云丘山越野的口碑不错,全国各地来了很多跑友,没想到今年参加的唯一一场越野赛遇到了很多老友。太原跑友非常多,很多新人已经暗暗发力摩拳擦掌准备大干一番。我临时参赛,今年都没有上山跑过步,对云丘山越野赛道也没有提前了解,感觉能跑完就不错了,随身带了大疆口袋运动相机,计划边跑边录制点视频,给赛事做做推广。

7点10分广场开始热身,大家顶着寒风陆续进入广场,跟着领操员跳起热身操,深秋的云丘山景区色彩斑斓,丰收的农产品随处可见,红色的辣椒、金黄的柿子、成串的玉米……被工作人员摊放在固定的区域,或方块或圆形,组成了一幅大丰收的壮丽景观。好久没有见过这样的景象,好像穿越回了儿童的时代,枪声一响我们会不会奔跑在希望的田野上?

简短而隆重的开幕仪式在嘉宾的鸣枪声中结束,选手们马上像开动马达的火车一样,游走在景区通向山顶的硬化路上,一路上坡马上驱走了等待比赛时的寒气,刚跑了1公里我仅穿的一件薄冲锋衣已经出汗,马上脱掉,穿着背心、短裤开干。崎岖的山路沿着一条小溪攀升,云雾缭绕如若跑入了仙境。很奇怪风这么大为何赛道上这么多云雾,仔细观察才发现,云雾是来自小溪中暗藏的喷雾机关,居然是人造景色。据说一路要爬上玉皇顶,其中要过一个近300米长的悬空玻璃桥。有点恐高的我一路担心敢不敢过,可身旁的选手们个个像打了鸡血一样猛冲。特别是太原越野大神张耀伟和张雷,两人一开始就超了我,还假装说跑不动,一溜烟影子就没了。一问别人才知道到CP1的前50名选手有单独的奖励,原来急急忙忙是去抢钱啊。我这见坡死的选手还是算了吧,想想后面的99公里,调整好心态,一路拍点视频享受云丘山景色好了。

非常陡的石阶一眼望不到头,来云丘山玩的游客还真需要一定的体力,这么好的景色不跋山涉水真是对不起这世外桃源。很快看到一座天桥飞架两山之间,山谷深不可测,很多跑友已经飞奔而过。来桥头换上鞋套一看,马上两腿发软心跳加速。玻璃天桥,站在上面感觉踩在空气上。我这曾经在北京十度玩过蹦极的人,年纪越大胆越小,居然有点恐高。手抓护栏慢慢走,看见身边的选手唰唰地往过跑,干着急就是腿不给力。这时党琦超了我,问我怎么溜达上了?我说恐高啊,他哈哈笑着说,别看脚下,看着前方直走。这办法还真管用,起码走得快了点。过了天桥很快就到了CP1,CP1这5.7公里爬长了800米的高度,应该是全程中最大的一个。暗喜,难度也就这样了吧,景区赛道能有多难?

没想到后面的路直接进入了羊肠山道,完全不是景区的铺装硬化路,到CP2已经饿了,补给站有大米粥、咸菜,吃了两碗继续跑。很快50公里组和100公里组分道扬镳,赛道上的人少了很多。后面的路更加荒野,树林茂密,很多地方只能弯腰穿过。总不跑山胆子真小,这种野路都不敢下脚。正好和太原在越野的帅哥靓妹三人相遇,大家一路说说笑笑也不寂寞。其中一位美女珍妮居然是第一次跑越野,还是百公里,顿感和我第一次跑港百还真有点像,无知者无畏,但她的能力明显比我当年厉害。带着相机正好有目标了,一路拍他们跑山也挺有意思。山景越野越美,秋风经常会时不时地吹落叶子,山路一直沿着山脊,大风将天空吹成了透亮的纱巾,蜿蜒的山路在无人机的

一起打铁到八十

视角下像楚河汉界一样清晰地划分开青纱帐与红叶谷,而越野人就像小蚂蚁辛勤地蠕动在那条若隐若现的线路上,但是人类永不服输的精神却在这越野跑的赛道上发挥得淋漓尽致。

如果没有路标,这种路况十个进来九个肯定出不了山,这就是越野跑的魅力所在,因为正常的旅游线路完全不可能在这种线路上。你自己走的话,没有路标和补给点保障,那可能就是一个悲剧。

到CP3已经跑完近23公里,前后的人就更少了。下一段路14公里多,爬升789米,全是特别野、难度很大的山路。反正已经是中午,多吃点东西开始下午的战斗。半路遇到了去年乌蒙山的陕西跑友清扬婉兮。去年乌蒙山她下坡跑得非常快,连续跑了七天七夜的女子完赛478公里乌蒙山越野跑选手,没想到在这里遇到她。她下坡很快,在CP3就追上了我,看来疫情期间我的越野跑能力严重下降。感觉自己已经处于整个参赛选手的后半部分,而越野的小将们也很生猛,一路完全不掉速,跟着他们跑感觉还挺轻松,毕竟山里还是有伴一起跑安全。小将珍妮一度跑不动,我就跟着她的速度跑,年轻就是资本,带一带她很快就恢复过来,反而比我更快。

深秋的大山里5点多天就黑了,CP6换装点,我没有准备换装的东西,越野的小伙伴们在换装,我吃点东西就进站内床上迷糊了15分钟,听她们换好叫我走,没想到灌满水再追就没影子了。我的视力夜间不好,两眼加起来0.5的裸视还没配过眼镜,本以为晚上路线是不是会简单一点,结果反而是更虐。到CP7时已经凌晨,山里的冷风呼呼地刮着,吃了两碗臊子面看到路边有个志愿者的面包车,我就上去迷糊了半小时。最近确实累,上周连云港大铁干完体能没恢复,比赛前一天又参加骑行120公里的比赛,现在半躺在这个走风漏气的面包车座位上,感觉特别舒服,很快就睡着了,还睡出了汗。"嘭"一声车门响了,又有选手想休息,我一看时间迷糊了半小时,可以了,出发吧。

车里开空调暖和,出来冷风一吹打了个寒战。真有点不想跑,但想起党琦的叮嘱,不行,退赛也太给特约的铁人三项选手丢脸了。正好本地选手赵文斌也跟上一起跑,我们再次冲进了那无尽的黑暗。幸亏大家都不追求速度,这里的路让我想起了三峡168的大下降土坡,很多地方只能屁降的方式往下溜,太陡峭了,完全没料到云丘山居然有这么野的路,真是大意了!没有带登山杖,眼神又不好,幸亏本地选手赵文斌对路况比较熟悉,我自己一个人

跑还真不容易。到最后 CP9 的大爬升，小赵直接把他的登山杖让给了我使用，他自己捡了根木棍用。天下跑友是一家，我也没想到完赛 330 公里意大利巨人之旅、478 公里乌蒙山超级越野的我，在山西本土的百公里越野赛居然会这么狼狈。大自然需要我们每个人去敬畏，没有哪个山头是随随便便可以轻松穿越的。遇到比赛提前做好功课不打无准备的仗是对自己、对家人的负责。

天渐渐亮了，一夜的摸爬滚打终于看到了完赛的希望，清晨的第一缕阳光出现时，我们仿佛又一次获得了重生。进入景区，三夫的工作人员热情地认出了我，看到我即将完赛她们也很激动，也为我担心了一夜。唯一的百公里骑行加百公里越野选手，肩负着大家的重托，我怎能轻言放弃。快到终点时，虽然山风很大，我却脱掉外套，整理一下装备，穿着短裤、背心冲进终点，24 小时 26 分跑完了 100 公里越野，虽然成绩很垃圾，但形象一定要光辉。

不忘初心、牢记使命，拼了半条命圆满完成了黄河英雄的赛道测试任务，在颁奖舞台上接过全场唯一一枚"黄河英雄"奖杯时，主持人采访我对这个赛事的感受。我说："这个赛事太难了，简直不是人干的！"主持人脸都变了。我话锋一转，又说："对于黄河英雄来说，那都不是事，朋友们，想成为黄河英雄吗？明年一起来挑战 120 公里骑行加 100 公里越野跑吧，让我们每一个人用激情和汗水来传递黄河精神的正能量！"

赛道难度：★★★★★
组织能力：★★★★
推荐指数：★★★

评价整体

120 公里骑行加一个 100 公里越野跑，这个比赛是三夫赛事首创。它比普通的越野跑和铁人三项虽然少了游泳环节，但是跑步距离的难度和长度加大了很多。对选手的意志力、体能分配、装备考验、参赛经验的要求都是一个全新的考验。从赛道景色来看，它展示的不仅仅是壶口瀑布的壮观、云丘山古村落的世外桃源以及太行山最原始、最五彩缤纷的深秋景色。这个

赛事比较适合有铁人三项和百公里越野基础的选手参加,对于初级爱好者不建议盲目参赛,毕竟赛事风险较高,属于多项运动的极限类挑战赛。

2020 年 11 月 8 日

舟山群岛铁人三项赛

舟山群岛很多人都不知道在哪里,但说起普陀山那可就如雷贯耳了。普陀山属于舟山群岛的一个海岛。连续几年的宁波东钱湖铁人三项终于改到了舟山比赛,一场真正的海岛铁人三项,在此地举办,这才是真正的洗礼。

原定早晨6点半出发,由于组织方面的一点小问题,比赛延后了20分钟。从海滩一起奔向大海的出发方式,因混乱的场面更显得大海气势磅礴,如同一群疯子冲进19℃水温的大海去拼命逃生,在浪潮面前踩踏和摔倒都被大海无情地掩盖,只有不停地抡起胳膊勇往直前才能战胜恐惧、战胜自己。

昨天酒喝得实在太多,直到冲进大海,被冰冷的海水刺激之后才清醒过来。出发反应迟钝了几秒,导致前后全是人,酒后乏力根本没有肉搏的欲望,随着大流,挨着各种蛙泳、自由泳的人蹚,游完第一圈也渐渐清醒。

第二圈人少了很多,游得顺畅心情也放松,把注意力集中在泳姿上,尽量让身体绷直,借助胶衣的浮力滑行,既省力速度还快。途中还超了几个人,特别是最后200米发力冲刺,百米配速接近2分钟。1.5公里游泳用时33分,比较满意,换项区自行车还很多,说明我游得不算慢。

骑车换项很顺利,骑出公园就是上坡,倍感吃力,爬升体现不出封闭轮的优势,更可怕的是山上风大,侧风在下坡时吹得封闭轮发抖。几处大下坡加急弯险象环生,基本都提前刹车减速通过。翻过山后10公里左右的平路封闭轮优势终于发挥出来,中间遇到胡燕大姐超车后紧跟飙车,飙出每小时40公里的速度,没爽几公里遇到上坡就被甩了,见坡死的短板很无奈。第二圈有了第一圈骑行的经验,胆子大了点,下坡压弯的感觉不错,看着舟山群岛

的无敌海景,心情越来越放松,感受到享受比赛的乐趣,沿途的志愿者小姐姐们大力喊着加油,我就真的加满了油,"咔咔咔"地骑,几乎用尽了200%的力量,最后骑行38公里用时1小时17分。300多米的爬升,我觉得骑得还挺快,回到换项区差点没气死,大部分自行车都回来了,我又是最慢的一个。

放下车子开始跑步,没想到跑步和骑车路线一样变态,一开始就是大坡,第一公里我居然用时6分多,心想这下完蛋了。突然听到背后有人叫我,芜湖的查建民老哥第二圈已经跑了出来,我才开始跑,赶紧跟上查哥的配速4分半跑了2公里,心情大好,很久没有跑进5分的配速,一定要咬定查哥不放松。小心思还没想热就遇到大坡,眼看着查哥稳稳的配速渐行渐远,我只能继续一个人的奔跑。4公里穿过一个隧道,大吼一声回音贯耳,振奋人心。5公里一圈跑两圈,再次上大坡时反而比刚出发快了,保持5分多配速跑上山坡,下坡还可以一路超人。再次通过隧道时想想就剩2公里了,提速冲刺,突然感觉左大腿有抽筋迹象,看来昨天喝大酒确实影响体能。10公里爬升不到200米,用时50分,没跑进50分确实不应该。

51.5公里用时2小时46分完赛。全场冠军用时1小时56分(游泳22分,骑行55分,跑步35分),差距真的是一个在天上,一个在地上。革命尚未成功,同志还需努力,骑车得好好练练。舟山铁人三项待遇不错,运动员可以免费游普陀山景区,比赛完就饿着肚子游览了普陀山,爬山9公里,借着比赛的名义回味一下久违的普陀山,舟山铁人三项不虚此行。

赛道难度:★★★
组织能力:★★★★★
推荐指数:★★★★

整体评价

舟山51.5公里铁人三项赛地处舟山群岛,毗邻普陀山。非常适合旅游加比赛,骑行赛道和跑步赛道都有一定坡度,但整体路况非常干净整洁,能够在比赛中领略舟山海景,作为国内为数不多的海岛铁人三项比赛,非常适合初级铁友参加,唯一缺点就是交通稍有不便。

一起打铁到八十

2020 年 11 月 15 日

东台条子泥湿地铁人三项公开赛

坐了 17 个小时火车，等了 3 个小时接站，又坐了 2 个小时汽车终于来到了东台条子泥，一个从来没听说过的地方。听说这次比赛路平圈少，很想 PB，结果却相当添彩……

东台条子泥公园离东台城区有 15 公里的距离，参赛前就已经骑车折腾了两次。那边的海水就和泥滩一样，可能正是这个原因，这个景区的名字称之为东台条子泥公园。

由于海水很浅，比赛要等到涨潮时才能开始，10 点 36 分开始出发，一声令下，扑通扑通……这不是大家跳进大海的声音，而是出发时被泥条子滑倒的声音。看着很多人仰面朝天倒下，我暗自庆幸穿了脚套，还不至于滑，跑在泥滩上还不怕扎脚。心想这下好好游个好成绩，结果游半天怎么看见别人都昂头挺胸唰唰地超我，现在大家的蛙泳水平都这么牛？还有人拽着水线也超我，很快我就成了本组末尾了。转过第二个浮标，看见后一组出发的临汾王起英老哥超了我，我急忙追他，心想有他破浪这下能游得轻松点。没想到泥水的能见度是零，被他突然变换的蛙泳结结实实踹在我脸上，急忙踩水调整眼镜，发现眼镜被踢没了。妈呀，这还怎么游？这么脏的水闭着眼睛游自由泳，两次仰头看前方，糊得根本看不清，还蜇得眼睛痛，站起来发现水才到胸部。难怪他们拽绳子那么快，原来是在水里游跑结合。我也开始拉着绳子跑，深了踩不住地就狗刨……好不容易第一圈上岸也要不到游泳镜，硬着头皮下海继续拽绳子加狗刨，最深处的 300 米踩不到地一路狗刨游得非常辛苦，其他地方只要脚能够着海底泥就拉绳子走，在这泥汤里折腾得半死，1500 米用了 43 分钟才上岸。

换项区自行车基本都骑走了，我成了最后一名。比赛成绩基本不抱希望，骑上车一个人在空荡的赛道上晃悠。骑行是 39 公里一大圈，没有套圈的可能，

落在最后的基本没有可追的对手。骑了一会儿发现铁娃老哥追上我了,我们跟着骑我才有了动力,主动承担破风手的任务,一路带着铁娃和苏州一位女铁人狂奔。也算是实现一点小价值,前30公里大家跟得挺紧,后10公里逆风,我也从游泳的惊慌失措中醒悟过来,时速一直保持在32公里左右,他俩居然没一直跟上我。39公里骑了1小时12分。

最后10公里跑步天气也热了起来,我见到水站就往头上浇水,总感觉眼前飞着一个虫子,怎么赶都还有。汗水流到眼睛里火辣辣地痛,后来才发现是眼睛被蹚破了,这个飞来飞去的虫子可能是眼睛的内伤(赛后回太原去检查后说这个虫子将是永久性的存在,又称飞蚊症)。很多老朋友在我跑第一圈时都已经跑完第二圈开始向终点冲刺,我咬紧牙关,龇牙咧嘴地跑在赛道上,不服输,不任命,但是老天爷就是给了你一副八字腿、一颗老奶奶的心脏,泼得再狠就是不出速度。舟山大爬坡10公里我50分钟跑完,这次大平路,我居然用了48分才跑完。

总用时2小时48分比舟山还慢了2分钟。唉,赛前拿本组冠军的马如好还笑话我说,你扎破了脚成绩就快了,没承想我都快游瞎眼了,成绩依然这么烂。难道这就是命?不,我命由我不由天,我就要坚持这样烂下去,只要能一直玩铁人三项就很开心。

赛道难度:★★
组织能力:★★★
推荐指数:★

整体评价

首届东台条子泥铁人三项比赛开赛前变更了一次比赛时间,很多选手选择了退赛,我抱着支持中铁协赛事的初衷还是坚持参加了。但是这个赛事的场地选择还是不太理想,比赛场地离报到地非常远,选手去一次来回骑行就超过30公里。比赛的游泳水域非常差,不但水质混浊,而且泥地打滑,很多选手都摔倒或被泥沙划破了脚。如果用公开水域游泳的标准来衡量这片游泳赛道,应该是很难符合举办赛事条件的。

越野跑/马拉松篇

每个人都曾经拥有属于自己的梦想,或许是偶然的一个人或一件事点燃了它。但是,如果你不能坚定信念、竭尽全力、持之以恒地去追逐、去实现它,你的梦想将永远是水中月镜中花……点燃我巨人之梦的居然是一个不幸的事件……

巨人倒下的是肉体，升华的是灵魂

2013年9月11日，不知道为何，情绪一直非常低落，中午爬楼梯16层，打沙袋1200下，由于有脚伤，力度很不满意。晚上下班本来要骑车可怎么也不想动，干脆再爬楼梯，在跑步机上最大坡度光脚跑走了4公里，用时32分，做健腹轮60个，拉伸后感觉腿应该能跑步了。锻炼完看到一条不幸的消息，曾一起参加金山岭长城马拉松的杨源兄弟永远地停留在了奔跑的路上。他前几天参加330公里的意大利巨人之旅越野赛，跑步累计爬升2.4万米，关门时间为150个小时。比赛所在地瓦莱达奥斯塔大区是自然、滑雪、跋涉和登山爱好者的户外天堂。勃朗峰（4807米）、玫瑰峰（4637米）、切尔维诺峰（4478米）和大帕拉迪索山（4061米）这四座意大利最高的山峰，就横亘在巨人之旅赛道边。巨人之旅赛事全程不设任何强制性休息，比赛过程中由参赛选手自己决定何时停下来休息，他就是在这次追求自己奔跑最高境界的道路上永远地留在了跑道上……佩服他的勇气！同时也时刻提醒我们，生命不可复制，为了跑得更高更远、为了家人的幸福，运动一定要将安全永远放在第一位。杨源兄，一路走好！希望有生之年我有能力替你完成意大利巨人之旅！

2013 年 12 月 1 日

上海国际马拉松

　　早上 6 点半就来到了机场，东方刚发亮我已经飞跃云霞鸟瞰地球了，难得的好天气，一路上地球都赤裸裸地在向我炫耀，太原到郑州都是干旱的黄土高原和山脊，平原地带大片的方格子告诉我这里就是农业大省河南，除了天地就是城镇，密集得透不过气。峰回路转到合肥附近了，地球也变得越来越亮丽了，横七竖八的河流在太阳的反光下如同一条条时光隧道运送着地球血液，连绵的山脉像地球的肌肉一样隐含在白纱中，天界上方云层形成了一道白色盾牌保护着地球，真是个神奇的星球。一片水域跳入眼中，完美的弧度围绕在半圆形的山峦之间，非常壮观，如果游泳横渡，像我这样的神马铁人也难以完成，感觉至少有上百公里的宽度。飞过这个大湖我惊呆了，一座高山！高山没啥，关键是这个高山的顶部有一个天坑，估计有一公里宽的一个深洞，像地球的气门一样吐着袅袅白云，不知道这是哪里，太美了！周边都是湖光山色，长江和一些河流在这里分分合合，山峦不高但非常绿，非常俏，难道是黄山？这时飞机拐弯飞往上海，无锡附近一片好大的水域，一望无际与云层混淆，难道是大海？许多小岛点缀其中，估计这就是千岛湖吧？鱼米之乡，江南小镇，城中有水，山中有河，许多河流笔直得像高速公路，真美！不多时飞机开始降落，从天界落入滚滚红尘，眼前跳出一片森林——钢铁森林，上海金融中心、八万人体育场等标志建筑被黄浦江划分两侧，上马的跑步路线在天空看不过如此，好短！上海建设得太震撼了，高楼大厦林立，黄浦江环绕其中，飞过陆家嘴，看见长江入海口，长江水像一片平坦的黄沙地，很多船舶静静地停在沙地上……飞机在上海转了半圈终于在大海的方向降落了。

　　第二天 4 点起床和老姜吃点面包牛奶，5 点 10 分出发跑 2 公里坐地铁到

一起打铁到八十

外滩。排队上厕所，6点40分存包，6点50分往人堆里挤，老姜挤到了前面，我挤到了无锡美女铁人楚楚的身边。7点开枪，人流在狭窄的街道上蠕动，楚楚计划跑进4小时，我可以带带她，老姜计划3小时。上海今天重度污染，几万跑者是要用自己的呼吸系统来净化上海的PM2.5吗？完全没有退缩的样子，上万跑友前胸贴后背挤在一起等待开跑，一些热身运动都是妄想，完全是初秋大家一起抱团取暖的感觉。陈毅广场是外滩不大的一个小广场，选手们已经填满了这段与东方明珠、陆家嘴隔江相望的地方，当太阳升起的时候，当阳光刺穿那雾霾的时候，比赛的枪声终于响了，黑压压的人流迅速像倾倒的墨汁一样，流过了起点，翻江倒海地流向前方空旷的街道。我跟着人群穿过起点慢跑了起来，人太多了，跑得绕来绕去，节奏和呼吸都不顺畅，开始1公里才6分多配速，拐弯太多，不到5公里就跑丢楚楚了，只好自己随意跑。上海马拉松路线相对比较单调，没有北京马拉松出发在天安门广场，途经长安街的气派，更像是让我们欣赏老浦西弄堂的感觉。6公里时想起出发没吃能量胶，赶紧吃一个，10公里时遇到太原老崔，跟了一会儿，15公里又吃一个能量胶就一直跟着1309号码的老大爷，别看年纪大，人家配速把握得非常匀速。一直跟了10公里到25公里时终于跟不上了。又吃一个能量胶继续跑，32公里时配速从一直保持的5分内掉到6分，不过穿着压缩裤基本没有抽筋的感觉。突然听到一群整齐的步伐，原来是3小时45分配速的兔子（领跑员）领了一大群人跑，我居然还在345前面，一阵窃喜，跟上兔子一起跑。配速又恢复到5分多，一群人跑确实好，大家互相加油鼓励，不像是比赛。41公里时兔子说大家集体冲刺吧，很多人喊着杀兔子了（破兔子3小时45分的成绩），嗷一声就冲了出去，我也跟着他们一起冲，不过杀兔子可是靠实力的，并不是谁都能杀得了的。很快我又被兔子追了上来，最后100米我打开队旗像老鹰一样飞入终点！3小时45分又一个自己的马拉松新纪录，比上月的北马快了8分钟！山东德州老姜3小时4分，牛人！无锡美女楚楚3小时59分，相当厉害……一瘸一拐地回酒店吧，痛并快乐着！

这次上海马拉松比赛男女前十名没有中国人，又是清一色的黑人！跑友说黑人天生就是拿冠军的，我并不认同！天生是一方面，没有后天的努力，没有良好的训练体系，不会培养出冠军，要是中国孩子从小也重视起体育训练，上马就不会是黑人的天下。现在的家长和学校很少关心孩子体能问题，没有家长和老师会在睡觉前问孩子今天体能锻炼够没有，只会问作业写完没有？课文背会没有……辛辛苦苦近20年埋头苦读，毕业后才发现就业艰难，身体素质低下，学校知识与社会实践严重脱节。国内教育方式不改，民族素质只能每况愈下。

国内跑者一心想拿冠军的太少了，大家大部分归为：旅游跑者，借马拉松比赛旅游；文艺跑者，借跑马晒朋友圈；还有吃货跑者，走哪里吃哪里的美食……这次上马比赛前吃得好多，前一天中午老同学宋力军请我们吃炖羊蝎子、炖鱼。晚上和芜湖铁人吃小海鲜，吃完我和老姜都是62公斤，第二天跑完马拉松一称59公斤，瘦了6斤。还是老宋给力，比赛完又请老姜、楚楚和我去吃烧烤，大口啤酒大口烤肉补充蛋白质和碳水化合物，能够借跑上马的名义大家相聚，这也是爱上马拉松比赛的一项福利吧。

赛道难度：★
组织能力：★★★★
推荐指数：★★★★

整体评价

上海作为中国第二大直辖市，经济发展创造了很多中国奇迹，但是上马的路线选择在浦西，虽然起点能够看到陆家嘴，但大部分路线并没有很好地展示出新上海的地标性建筑。和北马的独特线路相比，沿途的风景和文化气息还是差了点。不过上马的志愿者服务、展会和奖牌设计还是很有特色的。

 一起打铁到八十

2014年1月1日

太原迎元旦光猪健身跑

寒冷冬日，在户外露胳膊露腿去跑步是怎样的一种体验？冰天雪地，去除层层厚重包裹、秀出轻松真我，让疲惫紧张一年的身心在寒风中彻底清醒，抛却过去一年所有的烦恼、不快和包袱，用全新的姿态回归大自然，迎接新年的第一束阳光！光猪跑起源于欧美，2010年后逐渐在国内风靡，因参与者须脱去外衣只穿内衣裤奔跑而得名，其目的是提倡人们亲近自然、健康生活。

太原作为北方相对落后的城市，本来一年当中除了太原马拉松就没有什么户外活动赛事，到了数九寒天的冬季，人们更是不想出门锻炼身体。为了带动更多的人喜欢上冰雪运动，敢于挑战严寒，展示健身快乐的新时代山西人的精神风貌，我提议了一个大胆的想法。俄罗斯人敢于在冬天跳进冰窟窿游泳，欧美户外运动爱好者敢于用光猪跑迎接圣诞节的到来，我们太原人虽然爱吃醋，但也不是吃素的，在元旦最冷的季节，我们也可以走出户外，用强健的体魄、阳光的心态来欢迎新的一年的到来。

新的一年就要用新的精神风貌去迎接新的挑战。就在光猪跑万事俱备时，我却在2013年的最后一天感冒了。昨晚10点就睡了，一觉睡到自然醒，一看8点多了，火速洗漱往五一广场跑，已经来晚了，好多跑友都已经开始了光猪热身。新闻记者也来了不少，作为光猪跑发起人，媒体采访我，我也没有准备，就胡扯了一堆啥子全民健身、传递正能量、展示神经风貌……啥？记者又问，啊错了，是精神风貌。9点池素珍大姐开始带领大家热身，看见老同志们都脱了，我也顾不上感冒，流着鼻涕脱掉衣服（只剩下一个性感充满正能量的超人裤衩）。气氛马上达到高潮，大家手拿宣传旗帜绕着小广场跑了几圈，配合记者拍自己"光猪"形象。俊生、小军、任老师、池素珍大姐、改花姐、小覃、小卫、乔老师、刘哥一个个精神抖擞，一连几天雾霾的

越野跑马拉松篇

天气真是照顾我们这帮神经光猪,没有风只有阳光,没有污染只有蓝天。路人一个个都聚集过来缩手缩脚地投来惊叹的目光,他们也被光猪正能量传染了……是的,传染了,因为我看见几个路人边看边打喷嚏,难道是我传递正能量的同时捎带把感冒也传播出去了,哈哈!绕广场转了两圈,马强、杨国荣、冷箭和山西大学热情的志愿者们帮助大家拿衣服的拿衣服,照相的照相!向迎泽公园进军,大家兴奋得有点控制不住速度,媒体朋友们哪能跟得上这群跑马高手,虽然我一直让大家慢慢慢,但没几分钟就冲进了公园,公园小半圈2分钟跑完。随后大家开始PK体能,第一项健腹轮我边做示范,边做了26个,结果没人能够刷新纪录,轻松夺冠,完成了给冷箭赢得健腹轮冠军的承诺。第二项拉力器,本来是准备和国荣PK的,结果小卫才拉两三个,其他人也不行,我没拉过,上去一试拉了13个,冷箭也只拉了不到10个。这时来了位老同志,一口气拉了20个,牛人!拉力器冠军非他莫属。最后一项俯卧撑,应该是竞争最激烈的项目,小卫二指俯卧撑高手,一口气做了33个,又来一个也是33个。池素珍大姐做了43个,冷箭一下做了70个。我来压轴吧,一气做了40个,还能做,突然有只手放我腰上,这一笑马上泄气了!最后冷箭夺得俯卧撑冠军。欢乐的新年光猪跑就这样落下了帷幕,所有的参加者和志愿者都得到了奖品,冷箭的餐厅还给大家准备了肉夹馍和南瓜小米粥,大家一路聊天在肉夹馍店边吃边交流,难得的聚会,难忘的庆祝新年的方式,希望新年光猪跑能够带给大家一年的好运!也希望2013年大家的任何烦恼都能像我的感冒一样被光猪跑抛出九霄云外!

赛道难度:★

组织能力:★★★

推荐指数:★★★★

整体评价

太原市首届光猪健身跑,从组织到活动也就短短一周时间,却填补了太原市冬季运动的一项空白,也充分说明,只要我们能够为梦想脚踏实地去干,没有什么可以阻挡我们对美好未来的向往。做户外运动这种推广全

民健身的公益活动，在很多人眼里，完全属于高风险没收益的活动。但我们都是有情怀的运动爱好者，我们所做的一切并不是为了私利，而是真心想用自己的行动和热情来带动更多的人喜欢上户外运动，重视起人与自然低碳环保和谐相处。

2014年1月16日

香港百公里国际越野赛

一个普普通通的小职员，也曾想轰轰烈烈地干一番大事业，然而岁月无情，拼命折腾依然碌碌无为，不是每个人都能够成为英雄，不是每个人都能够点亮自己的人生路。2013年4月我开始练习跑步，在还没有跑过一次城市马拉松的情况下，听说香港有一个非常疯狂的百公里越野比赛，就冒冒失失地抢到了一个名额，报完名查资料才知道，香港百公里越野可不是常人能够完成的。于是开始了我的疯狂磨炼，为参加香港100，我先后参加了宁夏的黄河金岸马拉松、北京马拉松和上海马拉松，成绩从第一次的3小时59分逐步提高到了3小时44分。2014年1月16日，我终于踏上了香港这块久违的宝地，一场从未经历过的疯狂赛事就这样拉开了序幕……

港百艰难变神话之出发

在内地从来没有喝牛奶拉过肚子，但到香港晚上喝了一大桶鲜牛奶，一晚上我竟然拉了两次肚子，香港的牛奶很醇，味道很好，难道天然醇正的牛奶我们反而不适应？住在跑吧集体预订的酒店，大晚上23点楼道里还嘈杂个没完，休息不好，好不容易安静了，我和天才又此起彼伏地咳嗽，上次年会酒后夜爬东山我俩都感冒了，咳嗽一直没有好，凌晨2点多才睡着，凌晨5点就起床背着比赛装备离开，行李寄存酒店。CP5和终点可以存两个包，这就需要考验你的越野作战经验，能力强和弱这时就体现了出来。因为和天才住一起，自以为已经吸取到天才越野的精华，所以我把买的一天都没用过的登山杖放在了CP5……7点坐跑吧的大巴来到比赛场，不愧是国际著名的越野比赛，外国人真多，都用英语交流。当然珊瑚我不会放过，合影后知道她是24小时的兔子，看来比赛超过她还是有希望的！扛木头跑马兄也来了，这次扛20斤木头要完成100公里，神人！赛会开幕式专门悼念了在巨人之旅不幸遇难的杨源，同时也是提醒每个参赛者港百不是儿戏，安全完赛比什么都重要！出发赛会邀请区由国际越野名人占领，其余是自己按预计完成时间分16小时、20小时、24小时完赛来划分，天才他们准备16小时完赛，我也拉上花花跟在了他们后面，一场史无前例最大规模的香港百公里越野跑盛会在大家集体倒计时下开始……

港百神话SP

1600多人同时出发，比赛道路很窄，所以高手基本上都拼命往前冲提前抢位置，天才和他的冲金团队一出发就没影了，花花也很快跑没了，公路赛道跑了不到1公里就转入山路，路最多两人并排，要超人必须说Sorry，非常耗费体力，还好是百公里比赛，我也不急，谁想超我就让谁！跑到水库上时突然看见了昂哥，他北京TNF比赛13小时完成，跑了100多个马拉松，他告诉我前面一定要慢，我就跟着他跑。水库风景真美，蓝天白云又美上加美，不知是山包围着水还是水包围着山，第一次在这风景如画的香港比赛跑步真是一种享受，心里不断佩服自己选择跑港百真是太有远见了！一路上和昂哥在各种美景前留影，1小时19分我和昂哥到达了SP站，感觉非常放松，香蕉、橙子、巧克力、三明治随便吃，可乐、运动饮料随便喝，这样的大赛太合我这吃货跑者的需求了，吃吧！吃了一堆水果给临时准备的饮料瓶里加满运动饮料继续出发！

过了CP1以为这就是越野

SP长11公里虽然路窄，但也有很好跑的公路，SP到CP1有10公里，爬

一起打铁到八十

一个340米的山,心里想这么低的山包还不是如履平地?想想太原崛围山也曾经一天爬过8次……随着越野队伍的拉伸,到爬山时人群已经不密集了,我一路紧跟着昂哥,他一路速度控制得很好,我看他不急不躁地小步慢跑,想着是不是能够一路跟他到CP5呢?山没爬一会儿就根本没有路了,全是凹凸不平的乱石块路,有跑友在CP1就拉伤大腿了。我小心地跟着昂哥,可是看他慢悠悠的步子我竟然一会儿就跟丢了,好几次落脚侧滑,幸亏穿着3天前刚买的越野鞋保护性能很强,不然肯定CP1就交待了。SP到CP1完成了水库到海边的交替,太美了!海水一望无际,在山上可以看到大海由浅到深、由绿到蓝的层次感,这里没有任何农业和工业污染,从完全原生态的海滩跑步穿过时我真想脱掉衣服跳进海里畅游……在内地我去过很多海滩游玩过,但像这种貌似完全没有开发商业活动的海滩还真没有玩过,太诱惑游泳爱好者了! 10公里爬山加海滩跑用时1小时29分,这时的我已经大汗淋漓,但心里很开心,虽然累点,但边跑边欣赏风景,美哉!

海滩、丛林、美臀

CP1出来就是一路的沙滩、丛林、丘陵,都说香港浅水湾高档富人区海水好,看了这里的海才知道大海的原始美,这7公里丘陵、丛林、沙滩跑是最富负氧离子的跑道,不知道高手有没有时间欣赏风景,反正大部分跑友到了这里都要刻意放慢脚步感受一下海风的抚摸,在荒无人烟的沙滩上刻下自己最轻松的步伐……就在我留恋这沙滩美景时一阵旋风飞过,差点亮瞎我的眼睛,一个欧妹跑了过去,穿着跑步裤,那线条绝对是标准的沙丘美臀,貌似她是直接穿上去的……上火,太上火,这海风和负氧也太不下火了,加快脚步跟上这青春的步伐!刚准备追上山丘,昂哥不知何时从后面蹿出来了,给他一照相再追,昂哥和欧妹已经一起消失在了丛林中,7公里到CP2用时1小时25分,到补给站先喝一杯可乐消消火,狠狠干了一碗蛋炒饭。跑了这么多次马,第一次发现原来屁股上面印个X这么显身材,早知道我也应该买身跑步衣,穿上绝对配。昂哥补给站没见,难道……

爱要够揩油

CP2 的补给站在海边,队员们都戴着动物的帽子,真的很有爱,在这个补给站我没有看见昂哥,难道他不吃东西直接上路?我吃了点蛋炒饭拿香蕉,加满瓶子里运动饮料就去追昂哥,穿越丛林,路是一条仅能一个人跑的 20 厘米宽路,穿越海边废弃的民居,看到残垣断壁上的烟火痕迹,难道是被人废弃的世外桃源?丛林里有悠闲的牛儿吃草,与从它身边匆匆跑过的参赛者形成鲜明对比。百公里赛道大部分是香港著名徒步线路麦理浩径,因此也会遇到本地的徒步爱好者,他们会礼貌地主动让路给选手们,没有办法大部分路只能一个人通过。CP2 到 CP3 没有太多爬升,但路况很复杂,以草地、土路、小径为主,一路会经常从不同角度欣赏水库和大海,SP 到 CP5 基本都是围绕西贡北潭涌公园外围的山脉跑,当你驻足回望时会感慨一会儿刚才还在脚下的山脉已经斗转星移到海的对岸……到 CP3 距离 8 公里,用时 1 小时 39 分,基本没有平路。CP3 看见那个欧妹子的背影,真想不吃东西继续追,刚抬腿就听到一群人在喊"爱要够揩油,够够够",晕!这是想都不让想?太让我无地自容了。定睛一看,是一帮盲人在喊,太厉害了吧,连盲人都看出来我这点小出息了?再细致一听,人家是香港话"219 加油,go,go,go",吓我一跳,收起我那颗躁动的心,马上吃东西向 CP4 进军!

雄鹰展翅　金猴相迎

CP4 是基本转一圈回到离起点不算太远的地方,这一个圆弧把北潭涌湖光山色尽收眼底,起伏的沿海山道经常是陡然急降,跑在这种水泥路上控制不好速度就可能失重滑倒。本来还想追上昂哥,这时我放弃了这么幼稚的想法,人家北京的 TNF 比赛 13 小时完成,厦门 24 小时跑 174 公里的水平,我想跟上真是天方夜谭。出发前武哥说前半程要慢,昂哥也一路告诫我,那我就采取我最喜欢的放松跑吧,上坡上台阶基本都走,平路下台阶就慢速跑,一路上上坡谁都超我,平路下坡我又一路超回来,但基本不费啥体力。正在享受自己跑步的节奏,突然头顶传来一声长啸,这难道是桃花岛的黄蓉妹妹

知道我来了？仰头一看一只神雕展翅翱翔……好不威风！我大声高呼，雕兄我在这里……只见神雕在我头顶盘旋几圈，貌似要说啥，慢慢向前飞，我立马加快脚步飞奔在蒿草山坡上，神雕在指引我走捷径？雕兄那可不行，今天我是专门来折磨自己的，不能为节省体力绕近路！这时雕兄发出一声长啸嗖地飞走了。哎！雕兄，不怕你笑话我，自从杨过和小龙女私奔了，我已经孤独求胜很多年了，但一直是越败越战，从铁人三项到马拉松到越野，样样都是打酱油……不觉中跑到一段盘山公路，路边蹲着个金色毛皮的东西，以为是狗就放慢速度，别被狗咬了！不过前面遇到很多大宠物狗，话说路边蹲着的不是狗而是一只肥猴，香港这猴也随便在街上溜达？看见这么多跑友，人家立起来迎面而来，激动得大家以为金猴是欢迎大家，没想到人家很有礼貌地把女生给的香蕉拿走了……香港的生态环境真好，人和动物真友善。从盘山公路跑了一会儿就拐到大下坡的山林里，发现一个小别墅在路边，仔细一看是卫生间，非常干净，也没有看见打扫卫生的人，再回到跑道时感觉神清气爽，肚子舒服很多，但刚才一路超过的跑友又把我反超得没影子了。努力追吧！一路放松跑，到达CP4已经跑完45公里了，很轻松，基本没有发力，这9公里用时1小时26分。值得一提的是进入补给站时有很多志愿者照相，我都提前配合留影，出CP4时一个女志愿者手拿两个气棒，看见我跑过来边跳边双击气棒，热情洋溢地高呼"爱要够，酱油，go，go，go"，这一幕是每个补给站必须有的环节，志愿者不但在给参赛运动员补充丰富的能量食品，更是为我们提供了食品无法代替的精神能量补给。香港志愿者太棒了，她不是简单地随口见人喊声"加油"，而是喊出你的参赛号码告诉你，这一刻她只为你加油！谢谢你们，香港志愿者！

热吻受惊

从CP4出来对所有参赛者来说才是真正的考验，虽然只有7公里，但要翻一座近400米的鸡公山，最痛苦的是山路崎岖不平，最可怕的是很多路段存在松散乱石，一旦落脚点选错地方，轻则摔倒蹭伤，重则扭伤动骨。这种路况是我平时跑步没有锻炼过的，所以跑得非常小心，全神贯注紧盯路面起伏，下坡采用天才说的借力打力办法，加大每步距离，减少盲目落脚风险。第一次接触累计爬升的概念，完全让你从前面游山玩水式的越野跑回到正宗的高强度爬升上来，这个路段大家从轻松回到了严肃，从嬉皮笑脸回到了高度紧张，这时也展示出了登山杖的优势，而我们没有带登山杖的跑下来大腿膝盖就会很痛苦。熬过烂路后有一段树林很密，很多台阶，爬上爬下没完没了，好不容易看到一段非常长的下坡台阶时，不远处路边站着一对外国情侣正在激吻，我正在诧异该不该跑过去打扰他们的雅兴，这时他们听到了我沉重的脚步声，马上分开大声喊，"爱要够，酱油！爱要够，酱油！"我差点腿发抖摔倒，这是什么节奏？这志愿者也太让我受刺激了，这肾上腺激素分泌也有点太不规律呀。我晕晕地跑了过去心里想，我要跑！跑到天黑拉个美女一起跑……这段我用时1小时45分，总里程已经达到52公里，总用时已经达到9小时。在CP5遇到了太原花花，他一直跑在前面，没想到CP5时他胃疼得厉害，没吃东西准备和几个跑友一起退赛。去年他就已经参加一半退赛，今年又不想跑了，我说花花天还没有黑你就退赛太可惜，给他弄了些热汤和面包让他吃，鼓励他一定能够完成赛事，花花马拉松跑得不错，如果港百第二次来再退赛，会对他造成很大的心理负面阴影！花花在我鼓励下慢慢缓了过来，我跑前跑后忙着照顾他，竟然忘记领出自己的寄存装备。忙完找了半天领出装备，拿上登山杖、充电器、头灯、手电等晚上必用装备。在补给站吃碗方便面时北京贾哥来了，简单收拾补给一下他就匆匆出发了，我换完装备找花花，准备和他一起走，好照顾他，没想到他和小伙伴们已经走了，在这个补给站我竟然浪费时间1小时20分，看来想20小时内完赛得抓紧了，前面玩得太多、跑得太放松直接影响了我后半程的比赛，我的小银人还在吗？

追　梦

香港100公里越野赛16小时内完赛是金人奖，20小时内完赛是银人奖，24小时内完赛是铜人奖，超24小时完赛就只有奖牌了。天才和Bug是直接冲金人奖去了，我第一次参加比赛给自己定的目标是安全完赛，看到他们个个都制订了严格的完赛计划，我也想在20小时内完赛，但是到CP5时已经用时9小时2分，补给用了1小时20分，总用时已经10小时22分，要想20小时

内完成,我必须在 9 个半小时内完成后面的比赛,有梦就去追,冲啊!我要追回逝去的时间!

> 把所有的梦用热情点燃
> 青春岁月熊熊烈火燃烧在风中
> 把你的名字刻在星星上
> 每个黑夜抬头仰望温暖我胸膛
> 我要选择我的路我不会害怕风和雨
> 只要有你的鼓励不会犹豫
> 追追追我追过狂风追过我自己
> 不会退缩没有后悔有梦就去追
> 追追追我追过时间追过天与地
> 有梦的明天那就是我的未来!

刚出 CP5 不久天就黑了,我戴上头灯一手拿手电一手拿登山杖一路狂奔,因为以前从没用过登山杖,所以把它放在了 CP5,现在拿起来用,发现爬山还真省力,早知道前面 50 公里用上还真能省不少力气。CP5 到 CP6 总距离 13 公里,要翻过海拔 580 米高的马鞍山再登上海拔 577 米的大老山,大部分参赛选手跑到这里已经总耗时 10 小时左右,不停地运动导致身体累计疲劳度不断增加,从白天跑到夜间大脑容易处于缺氧状况,加之爬升难度的增加导致这段路程是退赛率较高的路段。但我此刻已经处于满血状态,一路狂奔,渐渐地,前后已经没有一个人,几公里也不见一点光灯,常怀疑自己是不是跑错路线了,每到一个路口都小心地观察路标,还好赛会总是在关键的地方摆设了反光条,让我能够大胆地往前冲。不停地上山下山,脚步凌乱但注意力非常集中,生怕滑倒、绊倒,幸好我穿的越野鞋很给力,几次踩空都没有崴脚,偶尔从山脉间看到香港的夜景,真美!高楼林立蜿蜒曲直连成了壮观的灯海,真想跑进星光璀璨的都市之中,但是刚刚接近,赛道就会转向另一座山头,继续令人崩溃的爬升。很快我的水也喝光了,补给也吃光了,还没有看到补给站,干渴、饥饿让曾经亢奋的斗志荡然无存。山上树木很密,视线不清,黑暗中我像一头困兽始终无法看到光明,焦虑中突然我听到了一曲悠长的小号声，那低沉的音乐像催人泪下的号角，让我难以控制自己已经风干多年的泪水，至今也想不清楚当时是看到CP6激动的，还是在感恩志愿者在黑暗中用音乐来为我们指明方向……这段13公里的山路加CP5休息时间总用时3小时50分，已经跑过65公里，要想在20小时内完成剩下的35公里必须在7小时内完成，我要疯狂！

险遭迷路

CP6补给站我没有多待，一个10岁左右的香港小帅哥问我需要什么？我说三明治，他马上跑步给我拿了过来，我边吃边加水，吃完三明治拿上四根香蕉就冲出了补给站。从CP6出来我一路超人，直到变成我一个人的征程，这一段路非常寂寞，从大老山到笔架山是看香港夜景最美的一段，但我已经无心欣赏，只能在黑暗中估算着时间，一会儿跑过了一个过街天桥，进入一个公园，一路都是慢爬升。夜很静，静到能够听到我的心跳，听到我一步沉过一步的脚步声，仰望天空，一轮明月伴随着我的步伐慢慢移动，在静静地鼓励我前进。为何没有人，为何只有我一个人在奔跑？问天问地问自己，突然一道白光从我身边蹿过，看背影是个美女，貌似只拿个小手电，她没有跑，因为没有一点脚步声，好像是在走又像是在飘，我加快步伐依然追不上她，她那双白色的纤纤长腿和越野鞋在夜里显得如此诡异。眼看她就要在我眼前消失了，我赶紧大声问，你是参加比赛的吗？到下个站点还有多久？只听见她叽里哇啦了半天，还好她是人，还好她还是个会讲香港话的中国人，还好我真的无法听懂她说的什么，我追着追着又追没了。越野要追人确实比较难，因为大家休息和加速的时间不一样，或许你正处在体能的低俗遇到了人家运动的高峰，在长达20多个小时的比赛中水平即使接近也可能在某些站点被远超或领先，我心里暗暗这样安慰自己，没办法要是在CP7就认输我还是个男人吗？我还有脸回去面对疯狂铁人群的兄弟姐妹们吗？最后的山路很漆黑，有的路标竟然被人乱扔，特别是途中有一个箭头竟然指向了完全没有路的野山坡，我很困惑，这会是前面的选手干的吗？遇到这种情况真不敢贸然前进，也不敢动指示牌，怕我刚动路过的人以为我在搞破坏，我暗暗祈祷这千万别是我们中国人干的……我们中国强大了，强大到总有用心险恶的人想找机会

给我们泼脏水,北京马拉松有些跑友尿红墙让跑马爱好者背上了不爱护环境的骂名,这次香港百公里越野补给留下的垃圾都随身带着,等找到垃圾桶再扔掉,生怕破坏了我们内地人的形象,一路跑来,赛道真的很干净,每个参赛者都像回到家一样爱护着香港的一草一木,但林子大了什么鸟都会有,遇到这种情况我们只能无语,克服困难做最好的自己吧,大不了多跑几百米!一般500米左右就会有新的指标。煎熬着、奔跑着,终于看到了夜光棒组成的一条通道,这是小志愿者们的杰作,黑暗中一丝亮光都是给夜行者最大的鼓励和帮助,虽然每个CP站点都灯火辉煌,但是由于山连山、树连树,在那九曲十八弯、起伏不断的山路上,真的很难发现补给站点,只有到一两百米的地方才能确定,这或许也是港百的魅力所在,总是在你跑到绝望时遭遇惊喜!到达笔架山CP7时,8公里山路用时1小时50分,离20小时的小银人时间还剩下5小时多,信心倍增,还剩下最后27公里,心里盘算5个小时我应该能完成吧?

一个沙哑的声音

到了CP7站点我依然采取快进快出原则,吃一个三明治,灌水拿四根香蕉用时不到4分钟就继续出发了。CP7到CP8路不是很难,没有太多台阶,达到这个阶段看到沙土和盘山公路是最开心的,因为天黑这种路安全性高不容易伤脚,对膝关节伤害少。平时遇到这种路况肯定要全力冲,然而现在毕竟已经过去了15个小时,体力虽然没有耗费光,但也难以跑出平时的配速,只要能够坚持跑着不停止下来就已经非常满足了。又是一路与寂寞赛跑,常常产生幻觉,感觉自己是个猿人,深夜里在密林中穿梭,在山坡上飞驰,甚至我可以歇斯底里地对着大山猛吼,随意地大声高歌自己知名不知名的摇滚,想尽一切办法来振作自己已经透支的精神,然而在没有边际的夜里,我的这点小能量根本激发不出一点共鸣,只能偶尔得到几声野狗的合音,能够听到狗叫已经很满足了。当心跳正在与脚步竞赛时,听到背后一个沧桑的声音,"你跑得好快!"惊得我一身鸡皮疙瘩,"你跑吧,我不会超你",我扭头看看也看不清楚,因为他也没有开头灯,管他是人是鬼?总比一个人跑有意思,我们有一句没一句聊着,他说他CP1就受伤了,大腿拉伤准备退赛,但是他没有想到能够坚持到这里。香港 100 前面的赛道确定够虐的，有沙滩路、树根路、碎石路、小溪路……各种我们从来没有跑过的路都经历了，还好赛事路线没有把前面的路安排在夜里。很佩服这位跑友的毅力，但我始终看不到他的正面，我们距离始终保持在 5 米左右，他那沙哑的声音让我感觉他像幽灵……这也无形中加快了我的步伐，好不容易看见亮光了，激动地跑了过去，一看，竟然不是补给点，是一个野营吃烧烤的地方。香港人真热爱生活，这么晚了还在享受户外运动的乐趣，有人的地方总比大山里强，这时能够听到几声"加油"就是对自己最大的肯定，继续奔跑一小段，背后沙哑的声音没有了，我也达到了 CP8，这 10 公里用了 1 小时 55 分，离 20 小时的小银人还剩下 3 个半小时，3 个半小时跑完 17 公里还是很有希望吧？如果在平时应该没有什么问题，但现在我真不敢肯定，只有拼了！

癞蛤蟆还想吃天鹅肉

CP8 稍做补给就冲了出来，哇！一条挺直的平路，太开心了，如果都是这种路况 20 小时非常有戏，加速跑！没跑几步又变成了爬山，而且这山怎么越爬越直呢？我用力一只手拄着登山杖，一只手拿手电照着前方，好高！我的个奶奶，看不到头，爬着爬着风大了起来，雾也弥漫着，好冷！我在 CP5 时增加装备，下身就一件压缩裤，上身是压缩衣加骑行衣再外加皮肤衣，风大得我将皮肤衣的帽子也戴上了，还是感觉到冷，特别是腿部肌肉有些僵硬，本来准备了 10 颗盐丸，出发时给天才和贾哥几颗，剩下 5 颗盐丸也早吃完了，千万不能抽筋。红军不怕远征难，万水千山只等闲。五岭逶迤腾细浪，乌蒙磅礴走泥丸。风大到走一步都困难，感觉现在自己就像二万五千里长征的红军，爬山太消耗体力了，又冷又饿只能咬牙坚持，速度一降下来后面的选手渐渐多了起来，并不断地超过我，CP6 到 CP8 我超人无数，出来混总是要还的，现在就是我被超的时候了。突然有东西强烈地刺激了我的眼球，只见一双光光的美腿小步快频地超过了我，我晕！"不冷呀？"我惊叫了一声。传回来一个银铃般的回答，好听到我竟然没有注意她说了什么，不行，一定要紧跟上她，她就是我的榜样我的神。在这荒野之中，能够和美女一起跑步在群山峻岭之中，那是多么浪漫的一件事情！我无厘头地和她搭着话，只要她

和我说话就不可能甩掉我,我就有希望度过这又冷又饿又困的漫漫长夜,雾气很大,要是现在路边有一个温暖的小木屋,烧着红红炭火的壁炉,铺着地毯,摆上整桌冒着热气的牛肉饺子,对!就是来比赛前高哥让吃的一大锅带着热汤的牛肉饺子……那是多么的幸福!净想美事了,脚一打滑,差点摔倒。抬头一看,香港美女快消失了,醒醒吧,癞蛤蟆还想吃天鹅肉?我打起最后的精神,用力拄着登山杖艰难地跟在小美女身后,香港美女没有跑过马拉松,但是她曾经练过这条路线,厉害!一个没有跑过马拉松的小姑娘都比我快!好不容易爬到山顶,向远处一看我差点跌了个跟头,还让不让人活了,对面一座高山上蜿蜒爬升着一条头灯组成的长龙,这是下了山还要再爬对面的高山?苍天呀,大山呀,我的七大姑八大姨们谁来救救我呀。只见香港美女遇到下坡台阶加快了脚步,一步两台阶地前进,我也不敢多矫情,抓紧下吧。可是刚才上台阶还好,现在下台阶脚和小腿都痛,只敢侧身一步一个台阶下,小美女那双小白腿一会儿就消失在茫茫雾气中了,我就像个七八十岁的老人一样慢慢地挪动着僵硬的双腿下山,一步一步,眼看着时光在流逝,我却无法挽留。现在只剩下一个想法,那就是闭住臭嘴,慢慢地熬时间吧,我就不信我完成不了比赛,我坚信就是爬行也要翻过这座高山!

2小时37分才跑完7公里到达CP9,太慢了,大大低于我的预期。已经总用时19小时15分,我像一个泄了气的皮球一样跌坐在志愿者给的椅子上,从CP5出来到现在我一直在奔跑,没有坐过一下,但此刻的我失去了勇气,因为路上听香港小美女说最后一站路更难,还有10公里,即使是平路10公里我45分钟也跑不完呀,20小时的小银人就这样无情地抛弃了我!

重整河山待后生

我静静地坐在椅子上吃着小志愿者端过来的热方便面,真好吃呀,感觉从来没有吃过这么好吃的方便面。CP9有四个10岁左右的小义工在不停地忙碌,三个男孩一个女孩,小女孩热情地迎接每一个参赛者,夜风吹乱了她的小辫,吹红了她白净的小脸,但她一直在忙碌地接待跑者休息,亲切地问跑友想吃什么、想喝什么。几个小男孩竟然只穿着短裤,半夜3点的气温冻得他们双手抱着热茶取暖,但他们没有一个人退缩,敏捷地帮助跑友端茶灌水,看着他们辛勤地劳动,我渐渐淡漠了失去小银人的沮丧。他们这样在黑天半夜服务是为了什么?他们能得到金人、银人吗?他们什么也得不到,得到的只是成长的磨炼和跑友的赞许,他们期待的是社会的认可,是自身价值的体现,代表的是香港的未来!和他们这种无私的奉献相比,我这种为自己的一点虚荣心达不到就垂头丧气的表现,太小家子气了。在这里遇到了和花花一起出发的跑友,得知花花还好,还在努力完赛,我的心也放了下来。反正20小时已经无法完成了,就多休息了一会儿,多吃了点食物,看着休息站有条不紊地接待着一批批神情疲惫的跑友们,一会儿又送走一批批意志坚定大步向前的跑友,真为能够参加如此艰苦,却又让每个跑者在最艰难时得到家里般温暖的伟大赛事而骄傲,香港100让我们这些饱受岁月摧残的跑者感受到了最纯真的友爱!是的,香港100让我们认识到世间还有很多美好的东西值得我们去追求、去探索、去尝试,比如刚才的香港小美女!对了,小美女呢?早跑得没有影了,不要再等待,鼓足勇气向前冲呀!

一批跑友同时向大帽山进军了,高高的山头没有边际,跑友们有的戴头灯,有的拿手电……雾气渐渐浓重,道路都是小沟壑,没有特别明显的标志,反正就一直顺着满山的野路往上爬,让我感觉大家是在攻占一个至高的山头,一块块巨石像一个个俘虏被我们踩在了脚下,一片片黑幕被跑友们的灯光撕裂,因为刚才休息的时间比较长,我跑得很嗨,一马当先给大家领路,正跑得爽呢,怎么感觉光线不足,原来头灯没有电了,手电电量也有所下降。带着后备电池但换起来太麻烦,正好一个跑友戴着一个大大的矿灯在头上,太有才了,那光线像探照灯一样横冲直撞。我跟在后面奋力冲锋,前面冲得太厉害,慢慢地,我开始掉速了,到达山顶时已经气喘吁吁。海拔957的大帽山此刻就和选手们的体能一样风云变幻,抬头仰望,月亮好像在云中穿梭,月亮走我奔跑,乌云遮月我小跑,不知是我追月亮还是月亮追我,每次月亮穿出云层时就像一只大眼睛关注着我,让我产生无限动力。而月亮消失时我的体力就接近崩溃的边缘,正当我吃力地前进时,抬头看见一个让我激动的数字,218号!我大声叫出这个号码,刚超过我的一个瘦小的身影停下问我:"是在叫我吗?""是呀,哈哈我是219号,我们连号!"真是太巧了,出发也没有看见过,到终点时发现了与自己连号的陌生跑友,我俩一起跑着,速度接近。原来218是来自新加坡的跑友,他也是一个铁人三项爱好者,已经完

成过两次大铁比赛了,真佩服他。马拉松成绩没有进 4 小时,比我差一点,但是百公里他已经参加过几次了,我们一路边聊边跑,这种有人陪伴的感觉真棒,不觉中就到下坡盘山公路了,下去 4 公里就是终点。很多跑友这时冲锋超过了我们,218 也按捺不住激动的心情跃跃欲试,我说你有实力就冲吧,他真是实力强大,撒丫子就跑了。我腿一直有点快抽筋的感觉,不敢发力,不过小跑了一阵,我想人生能有几回搏,虽然小铜人已经稳拿在手,但是为了一路关注我的大眼月亮姐姐我也要最后地疯狂一把,冲啊!

当我奋不顾身冲刺看到香港百公里终点的大门时,我真的很怀疑,这就是终点吗? 22 小时 3 分,从 18 日早上 8 点出发,到此刻已经是 19 日早晨 6 点 03 分了,我和大家一起不停地奔跑,一起经历了百公里的兴奋、痛苦、疲劳、互助、友爱……站在终点的大门口,听到赛会宣读我的名字,在闪电灯的照耀下让我内心无比自豪,我高高举起我的双手,向天长叹,我完成了!我真的完成了我的百公里梦想,从此我可以笑看一切世间坎坷路,我可以自豪地向每个朋友证明我不是一个一无是处的弱者,我可以像香港的小义工们一样在别人遭遇困难时伸出援助之手,我可以拥抱更美丽的明天,我可以……我真的可以!

百公里我心英雄榜

经过了最后冲刺的兴奋,体能已经荡然无存,清晨的风搜刮着我最后的热量,我哆哆嗦嗦地去领包,穿上所有的衣服依然冻得要命,领上小铜人和赛会为完成者提供的抓绒衣,看到了急忙过来找我的天才,他和 Bug 都在 16 小时内完成拿到了小金人,这并不是我最佩服的,佩服的是他们昨天晚上 12 点前就完成比赛了,一直没有回去休息,而是在终点苦苦等待我们,我们在运动,他们却硬是在终点冻了近 7 个小时!太强大了,我刚跑下来就已经冻得要死,他们却默默忍受挨冻 8 个小时,天才确实很棒,跑完百公里基本没有什么不良反应,Bug 拼得太凶了,体能已经接近极限,比赛后都无法正常上下楼梯了!

曾经跑过 100 多个马拉松的昂哥 19 个小时完成了比赛,北京的 TNF 百公里他是 13 小时完成比赛的,可见香港确实不容易。

北京贾哥已经跑过90个马拉松，他也是第一次参加香港100，24小时17分完赛，差一步拿上铜奖。

苏队、志英姐及我一起来的山西著名跑马夫妻，26个小时同时完成比赛，真的非常佩服他们的意志力。夫妻俩第一次参加港百同时完成比赛，这可能是本次比赛独一无二的！

花花，第二次参加港百，第一次比赛没有完成，这次CP5时胃痛得想退赛，在我的鼓励下他坚持了下来，却吐了一路。中途睡觉休息的情况下，27小时完成了比赛，好样的！

中国铁驴，他扛着20斤的大木头参加港百，跑到63公里退赛了，虽然没有完成比赛，但依然是我们心目中的英雄，敢问天下，谁有勇气扛着大木头来参加百公里越野比赛？

珊瑚，24小时的兔子，带着5个生手挑战百公里，最后27小时集体完成比赛，非常佩服这个高调的美女。能够放弃自己只为照顾别人完成比赛的人，这个世界上能有几人？

参加香港100公里，报名费花费864元、机票2500元、住宿1116元、香港交通吃饭500元，五天三晚总共消费人民币4980元。20日中午踏上归途，17点回到太原就马不停蹄地跑到单位加班，到22点才吃上当天的第一顿饭。香港100就是一场梦，告别它一切从零开始，第二天坚持每天正常的跑步锻炼，工作之余还要筹备2月6日自己组织的太原首届迎春纳福马拉松赛，最重要的是加强综合体能，4月去台湾经历我人生的第一场大铁比赛。路漫漫其修远兮，吾将上下而求索，经过香港100公里的征程我有信心去迎接生命中的每一场考验！

赛道难度：★★★
组织能力：★★★★★
推荐指数：★★★★★

整体评价

香港100是国内最早的百公里越野，也是非常成熟的赛事，参赛者的

国际化程度非常高。风景也非常美丽，每年1月举办，季节也很好，补给丰富，可参考的赛道攻略非常多，特别适合首个百公里越野跑者参与。

2014年2月6日

太原迎春纳福马拉松

龙城迎春纳福雪地马拉松让梦一起飞

银装素裹的大地，自由驰骋的骏马，是我们每个人儿时最向往的童话世界。丹麦童话白雪公主和七个小矮人的故事影响着我们每一代人。现实生活中，我们每个人都在雾霾的城市中为生活而奔波，儿时梦想越来越遥远……

2月6日大年初七，我们山西疯狂铁人俱乐部和省内几大体育协会组成的疯狂铁人赛事联盟计划共同打造龙城首届迎春纳福冬季马拉松，让来自全国各地的222名跑友能够在龙城欢聚一堂春节大拜年。然而从2月4日开始，2014年的太原首场大雪就铺天盖地地来了，虽然2月5日上午工作人员清理了十几公里的赛道，但是下午雪花又不请自来。怎么办？有朋友建议停止比赛，有朋友建议改成半程马拉松，有朋友建议推迟比赛。安全问题、补给问题、赛道问题、志愿者问题……每一个细节都可能成为赛事无法成功举办的关键。焦虑、紧张、失眠伴随着我，但是我知道这个时刻已经没有任何退路，俱乐部的同人和梅姐、赵忠贤、高新泉、杨晓燕、乔晓东、贾喜柱等一大批志愿者就是我坚强的后盾。知难而上，我们要用满腔热情去打败一切困难，去融化冰天雪地的赛道。志愿者们说，就算只有一个人来参加比赛，我们也会从头到尾展示出我们龙城人热情的服务和博大的胸怀。

2月5日一夜无眠，杨俊从晋城开车赶回来组织比赛，几天都没有睡个好觉，24点还在准备开幕式讲话稿，刚躺下就打起呼噜，我的天呀，这惊天地泣鬼神的呼噜我长这么大从来没有见过，基本一晚上我都处于被惊醒状态。5

点半闹钟响起来叫醒杨俊吃点早饭就开始和铁娃老哥往楼下搬东西，五张桌子、十把椅子、大音响、奖杯、奖牌、标识板，最头痛的是保温桶，因为宋总怕景区卫生间的自来水质量不行，四大桶水都是用自家的纯净水大早上烧开灌的，从10楼运到车上，保温桶把手都坏了，盖子也不紧，开水把衣服、手套全弄湿了，腰都快折腾断了……等东西运到赛场时已经7点20分了，8点比赛急死人了，志愿者6点40分就全部到位了，大家主动扫雪的扫雪、分工的分工，一会儿工夫比赛准备已经基本到位，经过宋总简单的讲话和我告知大家比赛规则后，马上就要开赛了，看汾河两岸白雪皑皑，两百名跑友英雄气概，誓与严寒一比高，不畏雪地马拉松！我那疲惫的小身板在运动员激情的感染下也兴奋起来，8点10分在大家激情高昂的倒计时声中比赛开始了……

  42.195公里需要跑两大圈，下了一晚上雪，路面积雪大概有2厘米厚，反正跑不了第一就先疯狂一下吧！前面赛会准备事情太多，开跑了才遗憾自己没有做三件事情：第一件是没有在比赛前15分吃能量胶；第二件是没顾上开跑步软件和手表计时；第三件是没有脱掉外套。管不了那么多了，一兴奋居然前百米跑了个第一，紧接着就感觉到左腿有些微痛。心里很紧张，不会无法完赛吧？这两天太忙了，身体一直处于疲劳状态，这么早就腿痛可不是好兆头。放慢速度慢慢调整，跑过南内环桥时，地面明显打滑，这段路地面是仿石头路面，很难发力，身体需要时刻保持平衡。身旁的跑友一个个超过我，我大声向他们喊"加油"，嘱咐他们注意安全。看到沿路已经有工作人员在打扫积雪了，真的非常感谢她们，我每跑过一个保洁人员，就大声对她们说"辛苦了，谢谢了"。她们为我喊加油，还有一些来公园拍雪景的路人也主动为选手们让路喊加油，龙城人那种默默的、含蓄的温暖正在向每个选手内心传输巨大的能量，洁白的赛道被选手们踩出一条蜿蜒的长龙，世上本没有路，走的人多了就有了路。世上本没有马拉松，跑的人多了就有了马拉松比赛！我呼吸着难得的、充满激情雪味的新鲜空气，坚定信心跑在通往胜利的马拉松赛道上，让全身的肌肉放松去感受2014年最美好的一天，去感染我们旁边的每一个人一起前进、前进……

  跑过长风大桥快到祥云桥时，乔老师那矫健的身影就出现在了我的眼前，这个补给点东西还没有到，我告诉乔老师，一定要在标识牌没有到前做好运动员引导工作，确保运动员不要跑错路线。祥云桥的梅姐也给我打电话问补

 一起打铁到八十

给点的东西怎么还没有到,我说应该马上就到了,记圈环和登记表已经到了,大家一定要先记录好成绩,发好记圈环。长风桥赛道可以看到汾河宽阔的冰面,白色的冰面和龙城雪景组合成了童话般的冰雪世界,跑在这样的赛道上我无比自豪,全程赛道没有任何车辆,只有一路好风景,展示着新太原的绚丽雪景,让外地的跑友能够在雪中尽情驰骋!离折返点还有1公里左右时215号已经飞奔而来,这个山东小伙跑得好快呀,佩服!差不到500米周斌进歪着头跑了过来,他这种跑姿还真让我感到意外,太原跑马速度第一人怎么是歪脑袋跑?还跑这么快?又过了500米不到王成芳也过来了,这家伙大个子跑起来还挺晃,一步顶我两步,面部表情相对严肃,看来是要硬干了!他们后面竟然是两个年纪挺大的选手,一个头发花白谢顶的老汉,猫腰弓背跑得真快!还有一个步子特别小擦着地面的跑友,真想不出来他怎么跑这么快的。后面小军和池素珍大姐也从从容容地跑了过去,疯了,看见58岁的池素珍大姐都超我那么远,我简直自卑到极点了!边给他们喊加油边让他们注意安全。不知不觉中我跑到了祥云桥,志愿者热情迎接登号码、发计环圈,看着他们紧张有序地工作,我提在半空的心终于落了下来,只要计时、计圈工作安排到位,比赛就不会出现问题。大步流星往回跑吧,经过前10公里的调整,左腿不适已经逐渐消失了,身体跑热了,在这寒冷的气候中竟然出汗了。回返时跑过长风景观桥时,乔老师告诉我前面有24个人。不急,安全完赛是关键。稍微提速就又遇到路滑赛道了,根本不敢发力,放松跑吧,本来这就是我的最爱,慢跑着边想组织中还有什么漏洞,比赛完还要做什么事情,边和迎面来的跑友打招呼喊加油。这次太原市长跑协会的跑友们组织得不错,都穿着协会的背心,很好辨认,选手们个个精神抖擞,不管速度快慢精神气都十足!

一会儿就看到任老师跑过来了,任老师怎么跑到我后面了?原来任老师前两天还感冒发烧,今天是带病坚持跑马,太坚强了,60岁的汉子真是我们年轻人学习的榜样。后面是他的干女儿小许和春光满面的小痒痒,两人一样的配速一样的节奏并驾齐驱,难道是在赛道上速配成情侣跑了?小痒痒那兴奋劲像是比娶到新媳妇还有激情呀!他们后面是武老师,他一个人寂寞地跑着,可以看出他没有发力,正在一个人静静地享受雪地马拉松的乐趣。随后志英姐和苏队长也过来了,人家这才是真正的情侣,老婆在前老公在后,没有交流没有媚眼,有的只是默契的心灵沟通。一会儿陈晶夫妇也过来了,这

两小夫妻是老公在前老婆在后，小刘也不怕把老婆跑丢了，小陈晶在后面一个人挤眉弄眼地自娱自乐，难道是嫌弃她老公跑得慢？终于又到达起点时，起点布置得井然有序，志愿者主动问寒问暖，搭手引导运动员安全跑出折返点，并给每一位选手热情地加油。高哥和杨嫂安排得真细致，杨怡和王强在认真为每一个参赛选手留下最灿烂的笑容，真的让我们这些长年征战在外地跑道上的业余选手很感动，我们今天成了真正的主角，成了征服雪地马拉松的英雄！

　　两个折返点都没有问题了，我也就彻底放心了，奔跑吧！让我的小宇宙在白雪中燃烧、在寒风中爆炸！这一发力可了不得了，只见风停雪化人精神，小鸟在向我欢唱，大地在为我颤抖，沿途的风景此刻已经被速度化成风影，我要超！超！超！再次跑到长风桥时看见一个蓝色的背影，怎么这么眼熟？一看原来是杜神医，他可是厦马333的高人呀，原来他有点抽筋减速了，我问："前面是谁？"他说："是龙哥。"我说："我们一起超他吧！"他说："不好超呀！""没事，看我的。"我噌噌噌甩下他就跑了，别看只有200米还真不好超，追到祥云桥折返点才超了龙哥。想想只剩下10公里了，此时不发力难道等回家睡觉发力吗？加速！加速！一路超人，一会儿看见杜锐会长了，他怎么也掉速度了？一问原来他也是小腿抽筋了，杜会长马拉松310的水平，今天抽筋真可惜。再向前超了焦作铁人石宝江，真是不可思议，应该是他们昨天晚上才到，一路倒车太累了。前面一个身影也很熟悉，追过去一看是小卫，这家伙怎么也慢下来了？我说一起跑吧，他跑了几步还是抽筋，我就继续向上冲了，过了南内环桥我彻底疯狂了，全力冲刺，只剩下3公里不讲究那么多了，爱超谁就超谁吧。一会儿看见了焦作铁人范伟，我的天呀，这两个铁人可是冷箭一直盯着的对手，铁人三项赛场上我从来没有战胜过的高手，今天都被我超过了，自信心膨胀呀，超过他后还怕被他反超，已经顾不上什么雪不雪、滑不滑了，一路百米冲刺向终点。离终点还有200米时真累呀，这时志愿者的加油声已经传入我的坐骨神经里，我张龙舞爪冲进了终点线！3小时45分50秒，排名年龄组第四名，这个成绩我相当满意，只见镁光灯啪啪啪在闪，志愿者上前扶我领奖牌和吃的，还有位漂亮的姐姐要脱下自己的大衣给我穿，我一时不知所措，这是回到家了吧？终点就是我们的家，我们马拉松人不管跑多远、跑多快都要回到这个家，有家就有温暖就有爱！

> 因为我们是一家人
>
> 相亲相爱的一家人
>
> 有缘才能相聚，有心才会珍惜
>
> 何必让满天乌云遮住眼睛
>
> 因为我们是一家人
>
> 相亲相爱的一家人
>
> 有福就该同享，有难必然同当
>
> 用相知相守换地久天长

经过42.195公里全程雪地马拉松的艰苦和激烈角逐，最终有77名男选手、14名女选手和四对情侣共99名选手克服雪地路滑、-6℃的寒冷气温、赛道窄等困难，完成了这项国内最艰苦的雪地马拉松比赛，其中，完赛年龄最大的选手是来自山西阳泉69岁的武启老爷子，山西太原28岁的男铁人周斌进和58岁的女铁人池素珍分别取得了赛会总冠军，成为省城体育爱好者的骄傲！来自山西疯狂铁人俱乐部和山西太原女子冬泳队的近50名志愿者冒着风雪从早晨6点半坚守到15点半，确保每一位参赛选手在比赛中能够感受到家的温暖、新年的快乐。谢谢来参加龙城迎春纳福马拉松的第一位跑友，是你们用热情抗拒了严寒，共同打造了国内首届雪地马拉松。感谢每一位志愿者，是你们用爱心温暖了每一位跑友，打造了我们龙城马拉松的完美形象，传递了我们龙城人热爱运动、勇于奉献的正能量！

终点就是我们的家

每个人都需要家，对于跑步者不管是百公里还是跑马拉松，我们的目标都是终点，终点就是我们的家。215号一个孤独的跑者，一个不曾面对面交流的山东小伙，他带着梦想来龙城，立志要拿冠军，我相信他完全有这个实力。确实从比赛开始他就一路遥遥领先，比赛会总冠军周斌进快1公里，他冲得太快了，两次擦肩而过时我都提醒他注意安全，慢点！但他真的是拼了，当我跑到18公里时看到他步伐已经有点乱了，在我跑到26公里遇到他时他左手捂着肚子痛苦地开始步行，又跑过 1 公里后才看到小周。当小周超过 215 号后，他放弃了，他孤独地走了，他可能不知道终点的志愿者一直在翘首以待，在欢迎他回家……非常遗憾他没有回家，我想对他说，回家吧，胜败乃兵家常事，不管遇到什么挫折，我们都要回家，都要让亲人知道我们为了家人不会放弃……

A188、B4、A81 是非常奇特的组合，小许是任老哥的干姑娘，杨国荣是任老哥的小徒弟，平时小许跑马任老哥都会为她保驾护航不离前后，这次徒弟取代了师傅拐着师傅的闺女猛跑，急得师傅后面紧追不放……最后任老哥超了姑娘，姑娘甩了徒弟，徒弟享受了 37 公里情侣跑的激情在最后时刻放弃了？徒弟该叫我们什么呢？

A89 红魔平时低调含蓄、不善言辞，到了赛道上就变成了当仁不让的红魔，霸气十足，上次铁人三项比赛我就纳闷这个狂人是谁，现在我想说张运平队长好样的！越是变态的赛道越能够激发出强者的动力。210 号王岳伟一路喊着口号前进，7 公里时超了我就再没有追上。赤脚大仙开赛一个小时才找到赛场，穿短裤也要跑个半程。不为别的，就是要向大家展示最美的风采！跑步让跑友们活得简单、友好、亲近……

赛道难度：★★★

组织能力：★★★

推荐指数：★★★★

整体评价

太原首届迎春纳福马拉松就遇到了极端天气，而这千里冰封万里雪飘的天气也给大家留下了完全不一样的赛事体验，雪地里跑马拉松是多么疯狂的一件事，在国内绝无仅有。极端天气给赛道补给和志愿者带来了巨大的挑战，这次雪地马拉松能够成功举办离不开太原市这些热情的志愿者无私的奉献。

 一起打铁到八十

2014年3月26日

太原10小时越野耐力王挑战赛

不断地努力必定会感动上苍，不断地追求一定会遇到好运，不断地付出一定会得到回报，不断地运动一定会创造疯狂……

疯狂铁人第二站比赛时天降瑞雪，但两百名勇士不畏严寒战天斗地，百人完成雪地马拉松，创造龙城运动奇迹！彻底感动了上苍，今天疯狂铁人第三站比赛10小时越野耐力王挑战赛，果然风和日丽，晴空万里，空气质量一流！

5点起床随便吃点东西就匆匆出门，接了5个跑友上东山，长跑协会的朋友们也很给力，安排专车接跑友到起点，不管本地还是外地，天下跑友一家亲，到了龙城就到家了！

6点到赛场，开始紧张忙碌的会场布置，俱乐部的工作人员越来越专业了，我只能卖卖苦力，但小插曲依然不断，还好我们都是速度神，跑前跑后克服各种困难，8点钟我先组织大家出发比赛了，虽然比较仓促，场地依然凌乱，服务人员没有到位，但10个小时我相信大家有能力安排好。我们这些业余跑友都是谦虚礼让热情似火的老好人，大家都很理解配合。我临时充当主持，简单说几句没有经过大脑的开场白，比赛就开始了，估计太原电视台以为我是从哪里临时抓来的农民工兄弟，哈哈！

比赛准备永远是焦头烂额，该换的鞋来不及换，该吃的东西来不及吃，也没有热身，就是干活，就是忙碌，就是大喊大叫，就是晕头转向，反正跑吧……

今天高手很多，西安的中长跑大学生高手小席、太原的温小军、北京的运动天才刘国宁、太马女神池素珍、疯老头任志勇……一个个都是我不能抗衡的对手，那就安心跑自己吧，电视台联系的摩托车队真拉风，让赛事档次

大大提升。我一开始跑到前几位，因为杨土豪、俊生、小卫、杜老师、朱哥、冷箭等大批都早早准备要秒我，我不跑快点还不被他们的眼光杀死？刚开始跑在第四位，心里挺美，好赖咱们也经过港百的历练，不能轻易就投降！第一圈9公里下来排在第六位左右，这时体验组已经开始比赛了，我跑9公里就热得不行，干脆脱光上衣光猪跑吧，这一光猪跑可了不得了，大妹子小媳妇都急眼了，这也太爽了吧？阳泉的美女跑友白雪说："我也要光猪……"哇，求之不得呀！白雪说有点冷，一会儿吧，果然感到被山风吹得冷哇哇的，有点后悔脱得太光了，可是男子汉大丈夫一言既出驷马难追，这一下脱光也只能打肿脸充胖子，咬牙坚持到底！

体验组很多小朋友和家长一起跑，大部分没有任何运动基础，小孩子撒欢地在前跑，家长穷追不舍，马上赛道变得拥挤不堪，不像是越野跑赛场，倒像是家长们和小朋友在玩老鹰捉小鸡的游戏，不过小朋友们个个都意志坚强，个别小朋友跑完4.5公里还意犹未尽，继续撒丫子跑，这下家长们可傻眼了，跟是跟不上，说是说不动，哈哈，欢乐的小插曲。

一路跑着关心着每个路过的跑友，因为我们不仅仅是在比赛，更重要的是在相互传递健康向上的正能量。跑着跑着脚痛得不行，18公里时就准备换运动鞋，结果到起点时忘记了，硬着头皮再跑9公里回来，两个脚底都已经起了大水疱，痛得我真跑不动，熬到27公里时才把这个训练鞋换成比赛鞋，忙碌的代价，准备不充分的代价……

换了鞋脚痛得已经不行了，只能拼命了，谁让穿错鞋，谁让没准备凡士林，脚痛只能怨自己活该！

27公里后我处在第十位左右，小席、小军、天才在我前面我认了，但池素珍大姐、乔东、任老师、胡亮、白雪、张队也在我前面，池素珍大姐冬季马拉松比我快1分，剩下的都不如我，拼吧，结果没拼出速度又差点让土豪和冷箭超了。还好中午天气不冷，我光猪跑马上适应了，慢慢超过白雪，但任老师一直紧紧追着我，让我精神崩溃！跑到60多公里时小卫也超我了，脚痛得难以发力，只能拼意志力！

原来打算跑63公里，目前看还有2个小时左右时间，看来有望跑进我自己最高目标72公里。路上遇到龙哥在捡赛道上选手们扔的空瓶子，真感动！这才是真正的绿色健康环保比赛。我也学习他，一路捡垃圾，弯腰时腿软得

想坐地上，可怜的捡垃圾跑者……

熬到9小时56分时我终于跑够了72公里，感谢志愿者热情的服务，感谢运动员们对我的关心，特别是在跑到65公里左右时，身上补给弹尽粮绝，身体能力面临全面崩溃时，正好遇到长跑协会的补给车，我喝了一杯饮料，马上振作精神，完成了72公里里程，取得男子第八名。

赛后太原电视台记者采访我，我说我们参加这个赛事，一是要向全国人民宣扬我们龙城疯狂铁人吃苦耐劳的精神。二是要借助龙城炫动节目来推广全民健身运动，传递正能量。三是要告诉8小时工作者们，只要我们走出户外，运动无极限！

10小时越野耐力王挑战赛第一名是19岁的大一学生小席。席东平是来自西安的一位在校大学生，首届龙城迎春纳福雪地马拉松他就专程来太原参加过，上次由于参赛经验不足，原来一路领先志在夺冠的他，因为抽筋而遗憾退赛了。这次他再战10小时越野耐力王挑战赛就是要"复仇"，爱拼才会赢，台上一分钟台下十年功，小席上次遗憾离场，大家都对他十分惋惜，这次他终于东山再起赢得属于自己的尊严。

最长跑者75岁孙老爷子。人到七十古来稀，在常人眼中70岁的老人一般出门都需要扶着走，而一位75岁的老汉还能在8个小时跑山45公里，这不是天方夜谭，而是实实在在发生在我们身边的事。孙更生老爷子是太原市一位最普通不过的退休老人，其貌不扬的他最大的爱好就是跑步。已经在全国各地完成50多个全程马拉松。今年2月6日大年初七普通老人都在家享受合家欢时，他在龙城首届迎春纳福雪地马拉松中和来自全国200名勇士不畏严寒战天斗地，在汾河公园完成国内首个雪地马拉松比赛，创造龙城运动奇迹！3月16日，他又参加山西疯狂铁人俱乐部举办的10小时华北耐力王越野挑战赛，在近8个小时时间里他马不停蹄地翻越了10次东山森林公园，创造了又一项龙城老汉的奇迹！

最酷跑友农民工独眼海盗高哥，最小跑友小宋，最美志愿者晓萌、梅姐……我想飞得更高，飞得更高……在赛道上看到电视台记者时我这样高呼，10小时我们都战胜了自己、飞越了新的高度，相信疯狂铁人系列赛能够让每个参与者心中永远燃起疯狂的龙城铁人精神！

越野跑马拉松篇

赛道难度：★
组织能力：★★★
推荐指数：★★★

整体评价

疯狂铁人系列赛是山西本土的铁人赛事，办赛宗旨是低碳出行、绿色环保，让更多的业余爱好者加入户外运动中来。报名门槛低，志愿者服务热情，非常适合入门级的运动爱好者参与。本次东山10小时越野耐力王挑战赛，是国内最早的越野跑耐力挑战赛，连续10小时的奔跑对参赛选手的体能是一次巨大的考验，这项比赛比马拉松多了一份野性，比百公里越野跑又多了一些赛道的安全，对于已经跑过马拉松想挑战百公里越野的朋友，是一项非常好的适应性比赛。

2014年5月24日

北京TNF100公里国际越野赛

凤凰岭，我来了

5月24日，来自不同领域近300名人类聚集在北京凤凰岭，他们将挑战亚洲最虐的百公里越野赛，累计爬升近7000米，这是普通人望尘莫及的高度，而他们将用双脚来挑战这样的距离和高度，他们要向世人证明，山路自行车、电动车、摩托车、汽车、火车、飞机……人类文明创造出来的交通工具无法完成的路线，我行！

24日22点，北京的周六晚上万家灯火、灯红酒绿的夜生活才刚刚开始，有的在陪情人看电影，有的在喝酒侃大山吃涮羊肉，有的在酒吧KTV尽情摇

摆，有的躺在桑拿房里享受按摩，更多的人则是和家人一起围坐在电视机旁，喝着茶水、嗑着瓜子、看着各类选秀节目……而此刻的我在哪里？我也不知道，大山里面周围漆黑一片，下了一天的毛毛雨，阴冷的山沟里没有一点月光，一人高的灌木和丛林、山雾交织在一起，在我即将断电的头灯弱光反射下扑朔迷离、阴森恐怖，我已经在大山里奔跑了近13个小时，疲惫的双眼一直在高度紧张地搜寻路线，体内的热量已经被62公里的长距离奔跑消耗殆尽。我朝天一声大吼，有人吗？没有回音，甚至连大山的回音都没有。我盼望能够看到远处树枝上能够挂出一面"招魂幡"，不要让我留在这里变成孤魂野鬼，我要回家……

凤凰岭飞出野凤凰

1月18日，我参加过香港100公里越野，现在想起来还心有余悸，特别是最后阶段的大帽山和针山，那阴冷的山风、那一眼望不到头的台阶，让我最后每走一个台阶都痛苦万分，最后20公里近600米的爬升让我崩溃到欲哭无泪。当22个小时完赛后感慨百公里越野真不是人玩的，以后一年最多玩一次。没想到杭州100、大连100、沂山100、石野100，国内上半年百公里越野赛事如星星之火，四面开花，而我也在天才、楚楚、小军的百公里诱惑下无法自拔，于是NTF这个号称亚洲最虐的百公里越野赛事来了。我在左腿不适、没有任何拉练准备的情况下，贸然报名参赛了，冲动是魔鬼，但如果魔鬼遇到魔鬼又会怎样？

24日凌晨我失眠了，不是因为比赛的兴奋，而是因为窗外的大雨，参加和组织过几次比赛，遇到极端天气也不是第一次了。今年2月6日我组织的龙城冬季迎春纳福马拉松，前夜大雪纷飞，第二天大家只能完成千载难逢的雪地马拉松。而这次是百公里越野，大山里会不会遇到泥石流？会不会因为湿滑的山路跌入悬崖？会不会因为大雨而取消比赛？一晚上的胡思乱想，天刚亮就不得不起来了，雨也小了，但心里一直是七上八下没有着落。不管天气如何，反正在天才的大力帮助和小军的细心安排下，24日早8点我和无锡楚楚、北京天才、石家庄范队、太原小军和晓东顺利地站在了TNF的出发点。既然来了就不能退缩，看到他们个个精神抖擞、信心满满，我也在和他们的各种拍照中找到那个曾经激情澎湃的自我，让疲倦和困惑见鬼去吧，我要奔跑，我要狂野！

  越野比赛并不会像马拉松比赛一样出发点赶集一样拥挤，比赛号令开始也不会像马拉松一样拼命向前冲，100公里体能分配是关键，前面连续6.5公里的入山公路上坡路大家都是放松跑，相当于热身运动。小军站在第一排一马当先就杀出去了，跟不上。刚跑了1公里上大坡，天才也从后面超了上来，我赶紧追，天才说别跟我，我只好放走他。难道真的要让我一个人跑100公里吗？虽然下的只是小雨，但这时我的心已经拔凉拔凉的……"老常侬快跑！"一个细嫩柔和的江南甜点般的声音传入我的耳中，哇，这凤凰岭楚楚一来才真正可以称之为凤凰岭！这个江南美女看似外表温柔细腻，却是名副其实的江南野凤凰，刚刚完成了杭州100公里越野，又马不停蹄地跑完了大连50公里越野，今天她又站在了北京TNF100公里赛道上，铁人三项女子冠军、百公里大神、马拉松、徒步名人的光环把小小凤凰岭照耀得光芒四射。别看她长得楚楚动人，但她那铁汉般的意志让我尊称她为楚楚，今天楚楚穿着暗花彩虹压缩裤很显身材，跑在山路上步子不大却很有神韵，像一阵清风从我身边扫过。她那修长的双腿配合双臂的摆动，跑姿非常谐调，如果说我跑起步来像一头左右摇摆觅食的饿狼，那她就是机敏灵动的小梅花鹿。这时候天上掉下来个楚楚妹妹我怎能放弃？紧紧地跟在她屁股后面，连厕所都不敢上一下，生怕跑丢了。楚楚速度真快，我跟着挺费力，到了爬山路我的优势才有所发挥，平时爬楼梯练习的功底在这个时候发挥了作用，慢慢地我跑在了楚楚的前面。在雨中凤凰岭像人间仙境一样云雾缭绕，我们穿梭在山林里像雾像雨又像风，楚楚的身影若隐若现缥缈在我的身旁，有人陪伴在你身边真是一件幸福的事，随后1200米的爬升，只容一人通过布满荆棘的赛道，让我和楚楚的距离渐渐拉开。"50公里的让让"，一路上听过这样的催促声让我莫名地着急上火，跑50公里越野的比我们晚近半小时出发，现在不断超过我，我心里很不服。主动让位后马上跟上他们一路狂奔，非要在他们跑不动时再反超越回来。50公里高手真不少，还是刷过去好多人，不知道中尉过去了没有。上次金山湖铁人三项跑步我超他时，让他快跑，这次他比赛前天天苦练10公里跑步，明摆着是要当超人呀，想想他那大块头，我就脚底冒汗。赶紧跑吧，被他逮住还不被他笑死。

迷途知返

  CP2、CP3这段赛道累计爬升1200米,是这次赛事难度最大的一段,跑过这段路才知道什么叫羊肠小道,90%的赛道只能一人通行,且都是由碎石、土坡和两侧划人的树挂组成,早晨的雨雾很大,能见度不高,既看不清远处的风景,也看不清前方还有多远是尽头,蒙头跑吧,手机播报跑过10公里,才完成了1/10的路程,着急。跑着跑着手机播报跑过20公里了,心里小轻松一下,1/5跑完了,希望又近了一步。50公里和100公里的路线不一样,所以前25公里时存在50公里组别比赛的折返路线与100公里线路有重复。不幸的事情就在这里发生了,习惯于看树上的红色指示带跑,过了CP5下坡一路狂奔,跑着跑着怎么感觉前后都没有人?有点虚,难道是我跑得太快了,把人全甩没了?放慢速度还没有人过来,可是路上还有红布条指示,在这寂静无人的赛道上越跑越觉得哪里不对劲。这时迎面来了一个运动员,我看他号码也是跑100公里的,问他怎么回来了?他说跑错路线了,刚才遇到一个跑50公里的说这条路是返回的路线,附近也没有志愿者可咨询,我俩拿出补给点说明,也看不出来,只好原路返回,跑了1公里多拐到这条路的小路上,才看到后面的选手是直接沿防火道跑向山下路,我们拐的那个口可能是晚上返程的线路。虽然多跑了2公里,给我们的教训是岔路一定要多看路标箭头,如果只看红布条没有方向,而路面上画的箭头才能指明前进的方向。遇到路口多看,宁可跑慢点也不能跑错路线。TNF100有三个关门时间点,跑错路线超过关门时间将被取消继续比赛资格。经过了迷路的惊险,让我身心疲惫地来到了狂飙乐园补给点。这里天才前一天带我们来看过,也是本次赛事最大的一个站点,来到这里就相当于完成1/3的赛程,一路上非常期待能够达到这里,不但是这里的志愿者充满活力,还有一点是我的手杖寄存在这里。到达这里的第一件事情就是告诉志愿者山上的路标标得有问题,会引起大家跑错线路。志愿者非常负责地记录并通知了相关人员去增加了路标指标(事实证明幸好我提示他们了,不然后面……)。一路的奔波到达这里时已经快14点了,前面5个补给点一路吃喝过来,到这里竟然没有一点饥饿感,看到天才和小军已经过去了,他们没有拿手杖,我有点犹豫拿不拿。最后还是决定拿上了，因为 70 公里后才能拿上。狂飙乐园实际是一个赛车乐园，路边有卡丁车、越野摩托车赛道，当我跑过时几个越野摩托车手正在那跌宕起伏的大土坡上飞驰，飞越在半空的摩托车手帅呆了。

听着摩托车轰鸣的马达声，一路哼唱着《奔跑》的旋律，让我再次满血前行！

魔鬼赛道有真情

TNF 赛道本来就虐，再加一夜的雨，沙土路还好，不算太滑，不规则的下坡石板路就太危险了！本来石板就滑，加上雨水和大坡度，一路摔人无数。我向来对自己的平衡能力很自信，看到跑友摔倒路过时都安慰他们慢点，注意安全。自己却没有刻意降速，暗自庆幸我的越野鞋防滑性能好，集中注意力能踩到有土的地方就不踩石头，路窄坡陡，连续的跳跃式前进耗费了大量的腿部力量，多亏我的腿部力量好……正想得美、跳得欢，吧唧，右脚打滑摔个屁股蹲……还好右手一撑地站起来，继续跑没出几百米左脚打滑又摔个屁股蹲，这下手没撑住，把我那蓝色运动裤裆摔一屁股泥，也没带备用裤裆，不穷讲究了站起来感觉没事就继续跑，下山是植物园，刚穿过一小段防火道又一头扎进下山坡上的小树林，感觉我们就是急行军的游击队，这赛道设计得就是不走公路专门跑山野路，哪里难走就让你往哪里跑……天色已近黄昏，大家都急赶在天黑前到达 CP13 换项区，刚进树林没跑几步就听见嗷嗷叫的声声。前面有个老外爬在地上，一个穿便装不像运动员的小伙子狠揪着他的腿不放，这是打劫？我赶紧冲过去，原来 1213 号老外下坡滑倒脚严重抽筋，正好路过一个小伙帮他掰脚掰不动，我也上去掰，他的脚背和脚脖已经抽成 180 度了，太严重了，根本连站都站不起来。这时我前面超过的选手陆续都反超了我，不能扔下他不管呀！虽然是比赛，但这荒山野岭的天都快黑了，如果扔下他不管那不是给国人脸上抹黑吗？赶紧和那个小伙子扶他爬上公路，一路问运动员组委会的电话，都不知道，还好后来一个北京本地的跑友知道组委会电话，我打给组委会，说了半天也说不清楚在哪里。不知道为何 1213 号随身的戈壁之眼也看不到定位信息吗？终于又等到一个北京本地选手，电话说清楚了，好像救援队离这里很近，安顿好老外我赶紧跑，这一折腾至少

二三十号人超过了我,但是我也不后悔,如果是我受伤,我看到自己一个人被冷落在大山里无人问津,那感受会怎样?比赛取得再好的名次又能怎样?输掉了人性才是最可怕的!

经过这次援助让我跑得更加谨慎和小心,原来一路没怎么用的手杖也用了起来,保证不受伤才是第一位的,为冲一点速度受了伤无法完赛就得不偿失了。特别是有了前面跑错路的经历,对每一处指示都非常小心,还好过了狂飙乐园到换装点没有重复路线,路线比较容易分辨。跑进香山公园时已经黄昏,游客依然很多,好多人好奇地看着我,不知道这是什么比赛,还问我这是什么学校的比赛?看来我还是相当年轻的呀。北京人见过的比赛多了,大部分人对这个赛事一无所知,只有一两个小朋友为我加油,比赛的荣誉感受到小小的挫折。

没拉神灯　天降神军

跑到CP13换装点时,已经天黑了,刚到广场就听到有人对我喊:"加油,玩锐鼓的!"原来是1213号那个受伤的选手已经在救援队的帮助下安全来到换装点了,看他状态不错,我也放下了那颗悬着的心。赶紧取包更换装备,上次港百换装点我用了1个多小时,这次我相当紧凑,边吃志愿者给拿过来的米粥,边收拾东西,水袋都果断放下,因为补给点很多,一瓶水到一个补给点正好。拿上手电,换了双袜子,涂上凡士林就出发了,用时22分还算快。但出来找不到路,出口没有弄荧光指示,又跑回来问清楚,志愿者马上加上了荧光指示,效率很高。出来就开手电,发现不亮,换电池依然不亮,这是让我拿个没电的手电跑近50公里?马上又跑回去放下手电,戴上头灯重新开始前进。这次比赛准备不足,没有好好检查装备是最大的失误,跑了没有多长时间头灯的灯光已经昏暗了,这样下去可是要出大问题,在深山里大黑夜没有灯光根本无法跑。一摸备用电池只有一个,我的天呀,这漫漫长夜才刚刚开始,这不是逼我退赛吗?这时后面来了一束强光,我只好放慢速度采取被动跟人策略,关掉自己的头灯,跟在别人的后面。只要有人超我就再跟上超人的,这种借光跑的策略挺丢人,人家不走我也不走,人家跑我也跑。一路跟着两个老外,语言也不通,我像鬼魅一样如影随形,老外估计烦坏我了,没有办法，这个时候安全比脸面更重要。还好这段路大部分是盘山公路，而我此时的体能准备相当充分，他们的前进速度对于我很轻松。轻松得有点像煎熬，我期盼着下一个CP点的到来，期盼的不是补给、不是饮料，是电池！

23点我这个跟屁虫终于一路尾随着两个大个子老外来到了CP14茶棚，一路来的有七八个人，他们都原地休息补给，而我的心又拔凉拔凉了，这个补给点没有电池，我简单吃了根香蕉，补了点饮料问有人出发吗？四周一片寂静，又问一边还是无人回答。难道这是让我强制休息等天亮吗？摸了一下口袋还有最后一个电池，又问了一下下个补给点的距离，大概6公里多，志愿者还说好走，能跑起来。果断换上最后一个电池跑吧，直跑下去怎么是死路，原来跑错方向了，是直接下山坡我直行了，这路标真是让人无语。返回来再次和志愿者核对了一下路线，一个人钻进了公路旁边的深山老林中。夜里雾气特别大，树枝还特别浓密，能见度大概只有两三米，根本看不清山路的整体方向，也看不清这条只能一人穿行的羊肠小道旁边有没有沟壑，到处一片漆黑，唯独只有我头上的一点点光芒。刚开始还借坡跑，但没多久就根本不敢跑了，看不清周围的环境，路标也不密集，偶尔看到挂在树枝上的反光条，像招魂幡一样在树枝上飘摇，这场景让我想起了港片《倩女幽魂》，会不会遇到黑山老妖？一部部鬼片中的场景在我眼前晃来晃去，疲劳加上雾气反光的昏暗，让我有点眩晕的感觉。我大声吼叫没有回音、没有互动，这世界好像已经死亡了，只有我头顶上已经渐渐昏暗的一点光线。一路跑出的汗水已经凝结成盐粒，身体和心脏一样冰冷，我已经能够预见最后的光芒将离我而去。在这大山里，在这伸手不见五指的大山里，在这从来没有来过曲折不平的大山里……苍天呀、大地呀，难道我这堂堂七尺男儿今日要困死在这小山沟里？风萧萧兮TNF寒，壮士一去兮不复还？

头灯的光线越来越微弱，我也越来越焦躁不安，我恐惧光完全熄灭的那一刻的来到，这一刻已经可以预感到了，头灯光线的能见度已不足1米，而此刻我大约是身处在山沟底部，四周全是密集的灌木丛和树林，黑漆漆的根本看不清方向，就算现在打求助电话也说不清自己的位置。已经做好最坏的打算，头灯没电了就用手机照明。心里默默嘱咐自己冷静、再冷静，不要慌张，这里是北京，不会有狼、不会有蛇、不会有妖魔鬼怪……

正在跌跌撞撞地踽跚，突然听到身后传来嗖嗖的声音，狼来了？吓出一

身鸡皮疙瘩，马上紧握登山杖，转身定睛观望，没有任何东西，可能是风吹树叶声？吓得我都不敢往后看，因为没有了运动，身上越来越冷。绝望，从开始参加比赛以来从未有过的绝望和懊恼，如果不是参加比赛，现在我肯定是在香甜的睡梦中，何必受这罪。煎熬之中突然一个影子从我身边蹿了过去，这速度就像刚开跑一样，我连忙大喊"等等我"。追上去一看居然是温小军，真是天无绝人之路。原来他在上个站点睡了1个多小时，现在才开始发力。他的头灯贼亮，这下有伴了，深夜3点我们开始了逃命模式，跑出这一片阴森诡异的森林，黎明就在前方。

夜闯迷宫

过了老望京，我们没有休息，但伸手不见五指的山野里，总是找不到路标，TNF的路标布置得实在是太少了，大部分精力都耗费在找路、猜路和疑惑之中。果然在一段堤坝一样的路段我们又走错了，错到后台打电话告诉我们线路不对，至少错了近1公里。夜里根本就看不见路，也看不到对方提醒的标识。更何况我们在深夜里完全分不清东南西北，只能拿着电话东走一下、西走一下，让后台看方向对不对，对方很耐心地、可能也是睡眼蒙胧地操着一口优越的京腔遥控着两个来自山西的土老帽测绘着地图上根本没有的野路，折腾了快1个小时才找到了一个根本没有路标，且非常不明显的小路。真是谢天谢地，老西儿有救了。

一步一步的煎熬，终于熬到5点多，天蒙蒙亮了，两个蒙头苦干一夜的无头苍蝇看着眼前的高山，只能开启游玩状态，就像平时拉练一样，看见美景就照相，有人超我们就超吧，累散架子一样摇晃在松林之中，相互取笑逗乐。

温小军是典型的山西汉子，号称太原越野届的温校长。上翘的两眉配上刀刻的络腮脸，总给人一种桀骜不驯、霸气侧漏的感觉，只要他在群里，基本上什么不专业的越野跑问题都会被他怼个遍体鳞伤，这可能和他医生督查的工作性质也有关系。不过兄弟们处得惯了，他在我面前就露馅了，嘻嘻哈哈一路没个正经的时候。他的跑步速度我是领教过，曾经一起跑崛围山，他速度比我快多了，东山10小时越野耐力王挑战赛他夺得亚军，我只是第八名。

今年的北京TNF他是来复仇的，因为去年的北京TNF他在70公里处被强制关门，他本来想成为太原市第一批完成百公里的大神，结果被我和花花在今年的香港100领先完成，所以再战北京TNF他势在必得。

杀人不过头点地

过了瞭望台时，一路超过我们的选手已经不下10名了，我知道温校长此刻心里早就憋了一口气，而天亮后我也渐渐恢复了斗志，当下和他说，后面十几公里我们一鼓作气干完算了，谁也不能再超我们。他茫然地看着我说，老常兄弟跟你干！就这样我们就跟打上鸡血一样，收起皮肤衣，折起登山杖，小衣襟短打扮，迈开大步顺着下坡山路开启山地飞行模式。这一跑可了不得了，只见耳旁生风、脚底冒烟、后背出汗、前方吼人，真如同单枪匹马勇挑千军万马一般，只要前方看到的选手全部秒杀，跑得那叫一个酣畅淋漓，如醉如痴，这才是真正享受越野的疯狂。我在前面开道，小军在后面扫尾，双人组合以5分多的配速跳跃在羊肠山道上，被超的选手无不尖叫，这两神经病啊，早干啥去了，跑了一晚上还这么大劲头，有种怎么不去抢冠军啊。

手拉好兄弟

1小时干掉10公里越野山路，山路一拐又是一条笔直山村下坡路，路的尽头彩旗招展锣鼓喧天，小军胜利就在眼前，我们冲哇！兴奋的我就想一头扑向终点。"老常别急，兄弟手拉手携手冲线！"好主意，这一路我俩并肩作战至少反超了20多个选手，最后的时刻必须兄弟一同回到终点。我们手拉着手，喘着粗气向终点发起猛攻，最后200米还超了几个徒步的选手，携手冲线兴奋得高高举起双手，就好像我们是冠军一样。虽然我俩排名仅仅80名，用时25小时9分，但是在我们心中就是自己的冠军，我俩都为再次挑战百公里越野成功而无比兴奋，因为现在国内完成百公里越野的人也就几百人，而在山西省更是超不过十几人，我们不仅仅是在为自己战斗，更是在为三晋大地增光添彩。

一起打铁到八十

赛道难度：★★★

组织能力：★★★

推荐指数：★★★

整体评价

　　北京TNF100公里越野赛是国内最早的百公里比赛之一，比赛线路在北京郊区的凤凰山、香山一带，自然风光中等，国内参与人数较多，比赛气氛较好。缺点是路标布置较少，路线熟悉的很容易切路，不熟悉的容易迷路。

2014年11月30日

香港168公里越野赛

　　11月30日凌晨3点，下着毛毛雨伸手不见五指的大山里，微弱的头灯在眼前形成一片眩晕的苍茫，摸索在一米高的野草中，脚下时而是泥泞，时而是打滑的巨石，时而旁边就是悬崖峭壁……我茫然不知所措，老天快给我个路标吧！我该何去何从？这不是一场噩梦，这就是香港168……

　　为何要报名香港168公里越野？光听这个数字就没人能够理解，38个小时跑步168公里山路，这是人干的事吗？即便是白马王子和百公里大神们报名的也寥寥无几。天才不同意我报名，但我还是固执地报名了。名义上我想挑战一下目前最短关门时间的168公里越野赛，为著名的环勃朗峰UTMB比赛争取4个参赛积分，看看自己到底能不能跑完这么长距离的比赛。内心里更多的是不服气，从去年参加比赛到现在，奥运标准铁人三项、马拉松、长距离铁人三项、百公里越野、Ironman大铁，越玩越大，甚至还完成了一次百公里加标铁连轴转比赛，虽然成绩平平，但貌似不玩"高大上"的比赛就难以满足自己狂野的内心。所以我和天才说："报！失败了更好，我需要一次失败的打击。"

本想好好准备一下这场有生以来难度最大的比赛，然而今年的赛事太多了，11次马拉松，3场铁人三项，3个百公里，今年的重头戏是兰卡威大铁，北京TNF、张掖中国100都是无备战完成的，香港168更是没时间准备，裸奔吧……

早上5点起来和武哥坐地铁到集合点倒组委会大巴到起点，一切顺利。武哥、吕哥、宁波的潘哥和我在起点照相，欢笑的背后等待我们的是怎样的命运？

武哥貌似低调文雅，内心却刚烈似火，这次是第二次参加香港168，年近60岁，花白的头发任谁也看不出他是已经完成70多个马拉松、十几次百公里越野赛的大神。去年香港168半程时退赛，今年他继续报名比赛，这种不服输的精神值得敬佩！

吕哥是银行高管，沉稳谦和充满智慧，虽然之前只参加过半程马拉松，但这次他能够站到香港168的起点就是一个奇迹！

9点出发，全程比赛人数276人，全程168公里，累计爬升6710米，16个站点，分四大区域组成。

八仙过海，各显神通

第一段八仙岭过海各显神通。从起点到CP4第一阶段换装点，全程44.5公里，累计爬升1880米，属于本次比赛第二难度阶段。清晨时有时无的细雨让八仙岭宛若仙境，崎岖的山路很快把参赛选手洒落在漫漫山路上，光荣与梦想镌刻在每一位参赛选手脸上，没有人留恋山顶壮丽的海景，也没有人留下片刻的闲语。虽然山上海风拂卷，但爬升的台阶上依然留下了选手们成串的汗水，没有一个人此刻会想到放弃，都在按照自己计划的配速前进。一开始我跑在前五名，然后就逐步被超越，在276名参赛选手中我的水平应该处于中下游，我不急于证明自己什么，前半程留点力气准备为百公里后的68公里储备点能量。香港东方明珠天然海港，原来总找不到这种感觉，狭窄的街道、拥挤的路况、琳琅满目的各种商铺，让人总有一种喘不过气的感觉。然

而当你跑在香港郊区的大山上时，你才会发现这座城市的魅力，山在海中，海浸山里，高山上飘扬的芦苇荡点缀着崎岖的山峦，让香港这座国际大都市充满了野性，遥望维多利亚港那些林立的摩天大楼，渺小得像香港历史长河中现代文明的小标签。苍凉的大海、葱绿的山群、湿润的大风和飞扬在阳光下的云雨才是香港真正的灵魂。我喜欢越野胜过马拉松，不是因为越野比马拉松更肆虐，而是因为越野比马拉松更能体会到大自然原始的魅力。踩过无人修饰的羊肠山道，奔跑在野花盛开的山坡，穿梭繁枝叶茂的丛林，摸索黑暗湿滑的峡谷，前途不像马拉松一样平铺直叙，而像人生一样充满变数，不知道前方还有多大的艰难险阻在等待，我们只能顶着风雨昂首向前……

越野跑是一种竞技运动，对我而言更多的是一种人与自然的对话，踩过的一山一石一草一木让我的心跳重复着同一个频率，唐宋元明清……不知有多少人重复着同样的步伐，今天的我可能变成千百年后的你，而这山、这石、这草、这木依然会倾听到我们穿越时空的心跳。一路沉浸在越野跑的享受中，遇到美景就拍摄一段，舒服的配速、愉快的心情，让我忘记了这是一场残酷的比赛，更像是一个游山玩水的过客。穿过八仙岭的果老峰、湘子峰……八仙岭每个山峰都以八仙命名。突然有个人叫我名字，把我从忘我的境界拉回现实。原来是武哥已经从后面超过了我，向我挥挥手一路小跑消失在山坡的尽头，不玩了，赶紧追！香港168完赛率很低，前面不快点，后面就可能有关门的风险。从起点鹤薮营地跑到CP1新娘潭，12公里累计爬升880米用时2小时4分，CP1补给点只有矿泉水，加满水壶一刻也没有休息继续跑。CP1新娘潭到CP2荔枝窝风景依然秀丽，都是小山丘和海边路，这段10公里路线爬升只有170米，用时1小时31分47秒。下降较多能够跑起来点速度，跑得浑身是汗时终于看到了CP2，这站补给点也没有吃的，加满水没有停留继续跑。CP2荔枝窝到CP3鹿颈这段距离11公里，累计爬升260米，路况不错，基本能够跑起来，我用了1小时11分32秒。CP3有香蕉、运动饮料和巧克力，抓了点吃。突然看见武哥在后面的小店吃方便面，还给我也要了一碗，感动呀！吃个加蛋的方便面感觉舒服多了。老武哥已经先跑了，我吃完也赶紧追，吃过方便面后跑起来有点顶，总有一股气没打嗝出来的感觉。CP3鹿颈到CP4鹤薮营地12.5公里，累计爬升570米，这一段难度比较大，毕竟已经连续跑过33公里，累计爬升了1310米，耗时4小时47分。虽然气温有所下降，但是依然浑身是汗，14点后总是人爱犯困的时候，状态有点低迷。这段路用时2小时38分59秒，是前四段路程中用时最多的一段。

不跑死就不会死

到达 CP4 的第一件事情就是给吕哥打了个电话，得知他到达 CP3 后安全下撤，悬着的心终于放下了。吕哥还没有跑过马拉松，这次用朋友的号试跑，真担心他出问题。大多数人以为越野跑与马拉松差不多，都是跑步运动，实际上相差很多，2014 年国内完成百公里越野跑的人数不足 2000 人，比不上马拉松的零头，足以说明越野跑的难度。越野跑不但需要装备、体力和经验，更需要的是灵活的头脑和超乎常人的意志力。越野跑真不能蛮干，在体能不足和环境不熟悉的情况下，蛮干可能会付出生命的代价。

我比武哥先到达 CP4 鹤薮营地，刚刚收拾完东西，武哥就来了。我帮他拿方便面和饮料，武哥还要吃自带的加热米饭，我就先出发了。香港 168 每个补给点都有关门时间，CP4 的关门时间是 19 点半，我到达 CP4 鹤薮营地时已经 16 点 26 分了，离关门时间只余 3 个小时。香港 17 点就天黑了，所以得尽量赶时间在天黑前多跑一跑。CP4 鹤薮营地到 CP8 荃锦坳扶轮公园第二个大换装点共 44.5 公里，累计爬升 2460 米，是本次比赛难度最大的阶段，顺利通过这段路程就意味着胜利在望。

出 CP4 时我就戴上了头灯，因为视力不好，光线一弱我就看不清路标。跑到这个阶段，选手们距离越拉越大，路上的同行者越来越少。进入山里天黑得更快，比我预想的天黑来得还要早，而这段路线的路标却没有白天多了，所以每经过一个路口都需要小心观察，很费神。CP4 到 CP5 和合石 10 公里爬升 540 米，我用了 2 小时 44 分。到达 CP5 时已经 19 点 10 分，离 22 点的关门时间不足 3 小时，富余时间的优势在减少。

匆匆补给水分赶紧出发，因为 CP6、CP7 今年香港 100 公里越野时曾经跑过。相当虐，要翻过大刀刃山、针山和大帽山，那次是香港百公里最后阶段，上下台阶跑得我看见台阶就想哭，今天的情况又怎么样呢？到达 CP6 林锦公路这段路 11.5 公里爬升 780 米，这段路我用了 2 小时 57 分 53 秒。这时已经累计用时 13 小时 8 分，22 点 08 分了，本站的关门时间是 24 点半。到这

一起打铁到八十

里关门的富余时间只剩下 2 小时多一点了,压力越来越大。

然而这才是噩梦的开始,过了 CP6 沿途的路标就越来越少,经常是走出一两公里才能看见一个路标,还有的路标明显被人破坏了,扔在没有指向的山坡上,还好许多山路并没有太多岔路口,所以边跑边寻找一路的蛛丝马迹。哪怕是看见前面选手扔下的一个能量胶袋子也是一种莫大的幸福,因为知道自己走在正确的道路上。赛道上经常是一个人跑几公里也没有一丝亮光,阴天的大山里水雾很大,头灯照过去的能见度不足 2 米,渐渐地,光线变成了眼前白茫茫的一片。赶紧换新电池,头灯照亮时间短,我带了十几节电池,依然感觉不够用。找路标呀找路标,这就是一路来最主要的任务,常常昂首向天长叹,上天呀快赐予我一个正确的中标吧!就这样摸黑在大山里不断地上下求索,整个人都不好了,急躁的心情已经让本该感到寒冷的秋夜变得气喘吁吁。

到达 CP7 铅矿坳 11 公里爬升 750 米,我用时 2 个半小时,当时的状态还不错。虽然已经是第二天凌晨 1 点了,一路上基本都是我在超别人,但离关门的富余时间已经压缩在 2 小时了,优势越来越弱小了。CP7 铅矿坳到 CP8 荃锦坳扶轮公园应该是本次比赛最后一个难关,过了这一关就简单多了。这时我体力还比较充沛,准备冲一冲速度,然而后面的路线却让我傻眼了。刚开始还感觉不错,路标很多,有的路标还带着闪烁的荧光,但随着路线越来越难,路标消失了。这段路线全是在一人高的草丛里进行,中间有好长一段就在山沟下面的小溪中攀缘。湿滑的石头路、看不清方向的草丛路,没有方向感,让前后跑错路、迷路又返回的十几个人都会集在了一起,队伍大了,依然是走错路返回来再走错路的节奏。最后一段怎么也找不到路标,一群人扔在半山腰不知所措。找了近一个小时根本没有路标,听着各种语言版本的诅咒和谩骂也没有一点办法。这时后面来了一个带导航的选手才带领我们翻过山,又走了好久的盘山路才看见了传说中的 CP8 荃锦坳扶轮公园。12 公里爬升 360 米居然用了 4 小时 46 分,直接把前面跑出来的优势全部吃掉了。到达 CP8 时已经累计用时 20 小时 25 分,累计跑了 89 公里,已是第二天早晨 5 点 25 分了。CP8 的关门时间是早上 6 点,只剩下 35 分的富余时间。

一场比赛足以改弯人生轨迹

到达CP8最难的赛段结束了，虽然后面79公里赛道的难度较小了，但是这种一路找路标的状况根本没有改变。一起下来的十几个人全部退赛，后面来的选手也选择了放弃。选手们坐在一起有的说一个香港168简直改变了人生轨迹，本来计划完成这个比赛马上报UTMB或日本环富士山165，还有和我一样梦想挑战意大利巨人之旅330公里的，计划着拖家带口环球比赛去享受比赛的快乐。然而现在他们都在谩骂，再也不参加什么破越野比赛了，本来已经设计好立志成为户外大师的目标也放弃了，甚至有的老兄要立家训，以后子孙世代不得参加越野跑……其中有玩过大铁的，有马拉松成绩3小时内的，还有香港100拿小银人的……我默默无语地坐在旁边听着他们的各种宣誓，内心也在剧烈地斗争。武哥打来电话还迷路在半路上，问我CP8在哪里，他已经不知道跑到哪里了，打着出租车找CP8。我帮他问志愿者也问不清，毕竟我们不会粤语，沟通还是有困难的。

赛会主管电话一直都没有人接听，补给点的志愿者也根本不清楚路线情况。看到这样的组织结果，我冷静地分析了继续坚持跑下去的后果。

第一种情况，后面还有8站需要跑，我的关门时间优势只剩余半小时，只有后面所有赛段的路标都标记得非常清楚，我才有可能完成比赛，但是如果有一个赛段路标不清我只能被关门。

第二种情况，继续跑下去，我后面已经没有选手继续跑了，我将成为本次比赛最后一个坚持跑的选手，后面遇到任何情况我都不可能遇到后面选手的帮助。按这个赛事目前的组织管理能力，迷路只能自己打出租车回来，赛事电话无人接听。比赛选手也没有配置GPS定位，所以一旦要是出现伤痛、迷路的情况，后果将不堪设想。

看到前面赛段布标情况，我已经对后面的路标不抱有任何希望了，也随大溜选择了退赛，补给点也没有车送选手回终点。我蜷缩着身体，披着太空毯睡了一觉。快7点老武哥回来我俩打车花了130港币才回到终点。回到终点居然找不到我的包，和志愿者多次交涉。等到11点在我的不断坚持下，她们才从别人的包里找到了我的包。还好那个人没有提前退赛。在我前面过去

的国内越野大神,从土耳其跑来中国的牛人白斌坚持到 CP10 也不得不退赛,因为实在是找不到路标。我庆幸没有继续跑,和我的判断一样,后面路标确实被人为破坏了。值得高兴的是潘哥最后坚持跑了下来,真佩服他的坚强意志和丰富的越野经验,紧紧咬住熟悉路况的本地选手完赛,成为 53 个完赛的幸运者之一。

总　结

香港 168 越野跑成为我参赛以来的首个中途主动弃赛的比赛,人生不可能没有失败。每次失败都是用泪水换到的宝贵经验,放弃真的需要勇气,蛮干只能是对自己和家人不负责任,毕竟这只是一场比赛,不是一场生命之战。这次比赛最大的收获就是对待高难度的赛事不能打无准备的仗,一定要在赛前做足功课,对于赛事的选择要提前下功夫,不能冲动盲目。要挑选口碑好、组织好的比赛参加,人生的路还很长,留得青山在,不怕没柴烧,且行且珍惜才能走得更远,玩得更爽!

赛道难度:★★★★
组织能力:★
推荐指数:★★

整体评价

香港 168 公里越野是中国最早百英里越野赛,参与人数较少,部分赛道和香港百公里赛道重合,但主办方组织能力比香港百公里差不少。主要是路标布置太少,志愿者不专业,导致许多选手跑错路和迷路。

2015年1月24日

冬朝五台山

神奇五台山总是魂牵梦绕在我心中，当看过穿山甲2013年元旦的朝台日志后，这把熊熊烈火更加点燃了我冬朝五台山的欲望。1月20日在杨姐家的家宴上和穿山甲、戈壁滩再次提出了冬朝的想法。酒肉确实是个好东西，野兔肉、白酒、红酒统统报销后，一次说走就走的冬朝计划就这样诞生了。只有两天的准备时间，天气预报说周末五台山有小雪，对于我这样长年不穿外套、没有冲锋衣等户外装备的菜鸟来说，还没有出发就已经感受到了前所未有的压力……

东台日出洗礼

22点坐上去五台山的火车，迷迷糊糊睡到凌晨2点就到了，下了火车直接被拉客的拉进小旅馆继续睡了2小时。说是睡，实质上是在听戈壁滩老兄那交响乐般的呼噜，和这种猛兽同行真是一种另类的修行。

凌晨4点半北京的火车来了，与我们下火车时的冷冷清清相比，北京来的旅客真不少，两辆大巴很快满员，准点向鸿门岩出发。5点多到达鸿门岩时抬头满天星，低头伸手不见五指。呼呼的北风吹得我们困意全无，跑进求助站放下行李戴上头灯，三男两女5点55分开始向东台出发，佳明手表预测日出时间是7点38分，从鸿门岩到东台顶也就3公里的路程，东台顶海拔2800米，用时45分钟爬上山，由于天黑没有切路，全程沿盘山公路上山，越高风越大，上山时感觉不太冷没有穿上全套防寒装备，到山顶才感觉风吹得透心凉。6点40分到山顶时大喜，原来预告的阴天有小雪居然让我们看到了东方鱼肚白，很多坐车上来的摄影爱好者已经长枪短炮地架起了摄影器材准备拍日出。

我们也不甘示弱,一个个掏出手机做好准备,没一会儿手冻僵了,还是别嘚瑟了,装起手机围着龙王庙小跑热热身,最后干脆躲进龙王庙里等日出吧。曾经在威海看过日出,一轮巨大的红白跳出海平面,太阳的影子点燃整个海面,非常壮观。在东台看日出的感觉和在海边看日出完全是两个概念,海边观日出的视线范围较小,视野中只有大海和白云。而东台观日出,是一览众山小的感觉。地平山下是水墨画似的层峦叠嶂,在没有阳光照射时就如同一个没有一丝生机的荒漠星球,隐藏在黑暗之中。佳明手表确实厉害,太阳7点半左右开始露出小脸和手表预测时间一样,蓝天和白云中的一把火炬点燃了半边的天空,笼罩在山峦上的黑暗被一点点唤醒,黑压压的山脉渐渐变成了深蓝、浅蓝和深绿色。天边那道夹缝在黑夜和黑暗大地中的火焰如同一只巨人的眼睛慢慢张开,太阳是他炙热的瞳孔,就在他彻底睁开大眼的那一刻,整个世界都变得清晰了,蓝天、白云、苍山、大地,新的一天就开启了。飞鹰冲上天空,骏马驰骋草原,我们欢快地跳跃在东台顶看这壮丽的美景!虽然这只是我们的星球已经重复亿万次的小插曲,虽然这只是我们平凡生命每一天都必须经历的时刻,但只有我们爬上东台看到一个完美的日出过程,才会懂得自然的伟大、生命的宝贵!

天彻底亮了,站在东台可以清楚地看到北台、中台和西台,空气质量一流,整个五台山就像一幅透明的水彩画卷,完全没有一点神秘性可言。对于我这个去年完成三次百公里越野跑比赛的越野爱好者,跑这几个山头应该没啥问题。经过日出的洗礼,五个人都充满了能量,特别是我向着山下狂奔而去,也不管什么公路、山路,顺着鸿门岩方向切路而下,26分钟就下到了鸿门岩。不是我跑得快,而是实在是太冷了,跑快点还舒服点。到了鸿门岩的救助站,半夜被我们惊醒的大哥已经起床,很纯朴的本地人,让出大床给我们坐,穿山甲和杨姐拿出大饼、方便面就着大火炉给我们做了一顿热乎乎的方便面大餐,身上的寒气马上被扔到九霄云外了。

风雪无阻挺进北台

在鸿门岩补给时遇到一对小情侣,女生看似很普通,居然已经朝台十几次了。从我这个从来没有徒步朝台的菜鸟来看,她怎么看也不可能比我强。

吃饱喝足后五个人上路，才是真正的徒步开始。背上近20公斤的背包，穿上全套防风防寒装备，走在鸿门岩后山通往华北屋脊的野路上。去年我经常负重11公斤进行跑山训练，此时自信心爆满，徒步一两座山应该是小意思了。感受着令人陶醉的冷风，让长期憋闷在市区的双眼贪婪地搜寻着满山遍野的美景，高歌着《红日》，愉快的心情让步子变得越来越轻盈，很快就超过了早出发一会儿的小情侣。穿山甲老兄背着50多斤的大背包走得也是飞快，那大包放个成人也没问题。大小杨两个美女同样也是徒步菜鸟，平时也不怎么参加比赛，包也很沉，但居然一点不落后，女人真的不能随便小瞧。唯一感觉有点吃力的就是特种兵出身的戈壁滩老兄，他可是和穿山甲徒步过五台山的老鸟了，居然脚力没练出来，看来没日没夜的文案工作确实毁身体。

走到法云寺时几只小狗像遇到亲人一样扑了上来，戈壁滩老兄靠在石头上，抚摸着小狗宛如回到自己家一样。原来这里是前年元旦他们夜宿过的地方。本来不需要休息，但是遇到曾经帮助过自己的恩人怎能不拜访一下。法云寺坐落在北台的半山腰，不大的院落就住着两位僧人，老的就是国华师父，前年元旦穿山甲、戈壁滩、眼镜蛇一行三人就是在风雪夜无法前行才困在这里，国华师父收留了他们，让他们睡自己的土炕。如果没有法云寺，他们那一夜还真不知道要遭受何等罪。看到传说中的国华师父，心里充满了敬佩，再看看他们居住的环境，真的难以理解。长年生活在这个不通水电与世隔绝的地方，这需要多大的勇气才能对抗住寂寞？他到底长了一颗什么样的心？国华师父年龄不小，但却拥有童真般的笑容，平淡随和没有一点儿山下和尚的傲气和冷面，这可能就是修行吧？简陋的三居室，进门就是供堂，右偏房是厨房，左偏房是卧室。卧室里冬储的大白菜就是他和小和尚一冬天的菜肴，有几个大白菜居然开花了。国华师父开心地告诉我们前几天他还把开花结出来的白菜叶子吃掉了。生活用水是雪水融化的一大塑料桶水，一桶水就要过一冬天，就这样他还要热情地给我们烧水喝。两只小狗一公一母，公的叫福来，母的叫来福，国华师父亲切地给我们介绍他的家庭成员。临走前和国华师父合影，国华师父说下次来给把照片带来，穿山甲不知趣的还问师父有QQ没有，连电都没有还有什么QQ？那一刻真的心碎了一地……

离开法云寺有点小伤感，人生的结局真的各有不同，看到国华师父这样从小就待在这么艰苦的寺庙里，不食人间烟火的苦行僧，我还是第一次近距

离接触，他彻底颠覆了我原来对五台山出家人的看法，让我对五台山再次充满了无尽崇拜，心中多了一份安宁少了一次浮躁，迈着更加坚定的步伐向着更高的地方走去。

再次上路突然飘起了雪花，刚才还如画在眼前的五个台瞬间就消失了。风越来越大，雪沙满天飞舞，我们已经分不清是风吹起来的积雪，还是新下的雪花，为了缓解穿山甲的负重，我俩交换了一下背包。他那背包真沉，遇到强大的侧风都不敢昂首挺胸前行，生怕被风吹跑。背着这么重的行李前进真心不容易，想想早上能吃上热腾腾的方便面，不是他背着锅碗真享受不上这样的美食。硬着头皮没有休息，虽然双肩被勒得生痛，但也决不休息一下，生怕被他追上换过去。一路走到了华北屋脊的大牌坊前，才休息下。北台是华北地区的最高峰，海拔3061米，记得有一年自己开车上北台，沿着山一面S形的沙石路，让四驱车都一路熄火。当时看着身后的大陡坡，生怕熄火再启动不着车会溜到山底。这次我们为了节约时间，很多路段都是切路上山，有些时候人的能力确实是汽车无法达到的。原来那个宏伟的、屹立在满山野花中的华北屋脊的牌坊已经变成一片狼藉，据说是被大风吹倒了。我扶起几只跌倒的小石狮子，看着它们仰天长吼的样子，忍不住也向着大山狂吼两声，但那点声音在呼啸的暴风雪面前太微不足道了，人在大自然面前有什么资格任性？

等穿山甲他们上来，换回背包继续前行，越走越快，不是我想单奔，也不是嫌弃他们太慢，而是为了提高团队的整体运行速度。我计划采取折返跑的策略，跑到前面放下背包回来再替戈壁滩背包上来。这段路基本是沿公路前行，没有岔路也没有人烟。接上戈壁滩回来时发现大家在逗一只大尾巴黑狗，我好奇地上去观看，这哪是黑狗，分明是一只狐狸！狐狸正乖巧地讨好每个人。大冬天的狐狸估计饿坏了，给它点高热量的东西吧。掏出小杨给的巧克力喂它，狐狸居然吃得很香，还以为这黑乎乎硬邦邦的东西它不敢吃，看来五台山的狐狸确实见多识广。

告别狐狸时它依依不舍地送了我们一程又一程，五台山的狐狸非常通人性，但绝对不能和狐狸精画等号。顶着大风雪冲上北台时，那对小情侣已经在客堂休息了近两小时，看到他们我那原来有点不屑的眼神瞬间转化为敬佩。放下行李赶紧和周哥返回去接上戈壁滩和小杨，胜利到达华北屋脊北台，大家非常兴奋。每个人都变成了满头冰霜的白胡子老头，围坐在火炉边烤着湿乎乎的衣服，吃起了自加热盖浇饭。这段路程我总共跑了14公里，用时4小时55分。那对小情侣悄悄地走了，一年朝台10多次的年轻老驴，看着他们越来越有一种奇怪的感觉，是什么力量在牵引他们风雪无阻一次又一次来朝台呢？大风雪中两个人就这样轻描淡写地走了，不知还能不能再次相遇……

踏雪无痕　夜袭中台

　　刚吃完大餐收拾垃圾，北台的大和尚来了，满脸的不屑把我们产生的各种塑料垃圾都填进了火炉里说："现在吃的东西花样越来越多，五台山上垃圾太多……"听他说话，我们几个真想找个地缝钻进去。刚才还笑话那对小情侣进门就坐着休息，也不加炭火，也不吃什么热食。原来人家就是采取最环保的方式来徒步朝台，不让自身成为五台山新的污染源。虽然大和尚的话不中听，但确让我们明白了许多。

　　此时已经是14点，赶紧向中台出发。站在北台向中台望去能见度不足5米，周哥说他也不太清楚如何切路，只知道大致方向。我的心这时凉了半截，这种环境下前进一定要小心小心再小心。看到一条石柱的路标，我们估计是通向中台的方向，但实际的盘山路却是绕着石柱转来转去绕大圈，看见很近的距离要沿公路走却是石柱直线距离的四五倍。大风雪的天黑得早，我想沿石柱直接切路走，周哥考虑安全问题不同意。只好沿大道绕，北台一路缓下坡还比较轻松，看这样子到中台应该用不了多久。走了一会儿就到了一个寺庙，一群狗狂吠，难道这么快就到了？上去一问是澡浴池寺，这里也能住人，但如果在这里休息，这种恶劣天气下，前不着村后不着店，如果明天风大要想回家真是进退两难。在大家犹豫的情况下，我果断做出决定，抓紧时间上中台。

　　一行人出来没多久就看到石柱上山了，周哥在前面带路走得很快，直接切路上他是绝对不同意的。继续沿着大路走，却发现越走雪越深，越走路越窄，越走旁边的悬崖越深还没有保护。雪地本来就滑，一人宽的路旁边就是深不可测的悬崖，恐高的小杨吓得走一会儿就跪在雪地上不敢前行，还好此时风小了很多。如果是山口的大风，还不被吹进悬崖？走着走着天黑了，打

开头灯依然找不到方向。雪太厚了,有的地方足能达到大腿,路早就被雪淹没得找不到了。没有石柱的引导,我们也不清楚这条路一直走下去是哪里?这段危险的路线走出来后就是一片空旷的野地,原来那条崎岖的小路到这里找不到了。沿着路线延续的方向走发现一个指示牌子上面写着"澡浴池寺—西台",有点晕,难道这是直接走向去西台的路了?继续前行到一个好像是路口的地方,看见一个路牌写着"中台—西台",开始犹豫到底是去西台还是中台。再继续前行突然发现一块石头上写着五台山公安局的电话,上面标号3330点。拿出手机,还有信号,我就打了0350-6543110这个求助电话,一位女士接听电话听说我们要上中台,马上说下雪中台很危险,你们赶紧下山。崩溃,现在下山是让我们从悬崖上跳下去吗?台怀镇离这里有多远?路在哪里?我又问她3330这个点离哪里最近。她查了一下说好像离中台近,但具体多远不清楚。问她路怎么走就不用想了,因为这茫茫雪山里,根本看不到什么参照物,视线只有五六米真没办法问。坚定信心向山上爬,中台肯定是在高处,这路走了一会儿居然成了断头路,就这样边走边找蛛丝马迹,走了很久很久看见一大块石头上藏语写的佛经,看来是走对了。再往上走看到黑夜里站着很多高大的人影,站得很整齐却没有一点灯光。脑袋嗡嗡的都大了,摸索过去一看原来是一大群罗汉佛像。终于有希望了,再走听到了狗叫声,突然看到一盏摇曳的灯火飘来飘去。我赶紧追,却追不上,时有时无,跟着跟着看到了高墙,绕着墙跑了半天没见门,正纳闷这是怎么回事。只见一个黑暗的墙角透出灯光,有人叫我,原来门在一个厚重的门帘后面。进去手电一照是个柴房,空无一人,我的妈呀!这里要睡柴房了?刚才的人去哪里了?突然身后刺啦一声,我差点吓尿了……

    身后传来一个深沉的声音,"进来!"进门是一堵墙怎么进?回头一看,原来门帘旁边还有一个门帘。进去后是昏暗的、长长的走廊,一个身披黄色袈裟、戴着尖角帽的人站在中央,说:"你们五个人都来了?"我晕!他怎么知道我们是五个人?不知道是累了还是紧张,我恍惚了……"是五个人都来了。""你们住这里吧。"他推开一扇门,刺眼的灯光、温暖的炕头,整个人马上从寒冷的地狱回到了人间,这下我才看清楚对面是个斯文的僧人。一问才知道,原来是那对情侣告诉他估计后面还有五个人,然后他就一直等候我们的来到。内心燃烧起对小情侣的无限敬仰。

赶紧把小伙伴们引进来，大家这一路吊在嗓子眼的心终于平抚了。一个人50元包含晚早两餐饭，非常实惠。路上我们还在想，如果中台不能挂单我们是不是得畏缩在寺庙的角落挨一夜冻。从北台到中台我走了13公里用时4小时2分。今天这一路总行程35.14公里，用时11小时50分，累计爬升1515米。

穿越雪山　强攻风林寺

如果我们今天还活着，就没有理由抱怨昨天。如果我们还能前进，就不要给自己找退缩的理由。如果我们不同心协力克服困难，每个人都会遭遇无尽的痛苦。

经过了一天的折腾，一晚上还要被穿山甲和戈壁滩此起彼伏的呼噜折腾得死去活来，4点僧侣们就吹响了做功课的号角，6点起来吃起斋饭。就这样起来依然感觉这个世界真美好，想想昨天在暴风雪中迷路，今天还能见到太阳，吃到热乎乎的稀饭、馒头，就是再苦再累也感觉这个世界很美好。

早上8点站在中台台顶，庆幸又是一个晴朗的好天气，就是风很大。气温很低，虽然不下雪了，但是狂风将地上的雪花重新卷起来。远近的山峦都像大白馒头一样拥有光滑的外表，有点像沙丘的感觉。雪沙就像细沙一样被风吹起，掩盖了坑洼不平的山体，山顶上一条雪线将山体划分得阴阳分明，望着我们要一直下穿的长长的石柱——不禁倒吸一口冷气——一望无际地排列在一路下滑的山坡上。一阵阵冷风旋起的雪沙让山坡像战场一样硝烟弥漫，看来上山难下山更难，今天上午又是一场硬仗。

大家穿戴好装备，顺着山坡下到石柱指引的野道上，昨天如果一直沿石柱走，会很快到达中台，因为感觉石柱的路太野走公路才迷失了方向。石柱是2013年才修建的，就是为了防止人们迷路而修的。今天一定不能让它在我们的视线中消失，直奔风林寺方向前进。

下山路还是比上山路要轻松得多，五个人大步跨越在山坡上，一波波雪沙像千军万马一样从腿下嗖嗖穿过，五个人手提登山杖，蒙头掩面只露出犀利的目光，后背百宝行囊，一字排侧身疾行。这不是梁羽生《七剑下天山》的画面，也不是江湖武侠准备在五台山拔刀论剑，但那气势足以让这旷野雪山充满了万丈豪气，人人都是踏雪无痕、腾云驾雾。不是我们功夫好，只是风太大，刚刚留下雪印就被狂风吹得了无踪迹，昨日一路压轴的戈壁滩今天也像打了鸡血一样须眉不让巾帼。

一行五人八仙过海各显神通，如猛虎下山一般杀得风雪节节败退一路流窜向山下，我更是一马当先乘风破浪杀红了眼睛，浑身大汗淋漓根本感觉不到一丝寒冷。正冲得高兴，突然急刹车，我的妈呀，前面居然是断崖，看着最后两个倒掉的石柱，就再也没有标识了。小心翼翼拄着登山杖在断崖边溜达了一段，也找不到石柱的路标。这时四位大侠也追了过来，大家都觉得错了，太危险，应该回撤。我很不甘心，石柱倒掉了，难道方向也错了吗？看山下白茫茫一片真没有什么路可走。再向前走走，根据在东山越野跑的经验，站在原地永远都不会找到路，路不是凭感觉就能有的。我沿着山脊慢慢挪移到断崖边的一块巨石上，向下望去，白雪皑皑的山谷里好像有什么建筑，定睛一看，那不是一个几乎被白雪淹没的寺庙吗？可能是风林寺。叫小伙伴们在原地等我，我沿着断崖Z字形下去探路。坡非常陡但还不至于无处下脚，在山顶上看根本不可能下去，但是走近之后会发现并没有想象中的可怕。

下了几百米后终于到达了地势较为平缓的地方，隐约看到半山腰树林中有一条羊肠小道可以通向山底。真是天无绝人之路，叫下来小伙伴们继续前行。穿梭在树林间，有种林海雪原的感觉，真的太过瘾了。如果说昨天的风雪上中台是遭罪，那今天的强攻风林寺就是惊险和刺激的享受。最后大家都不愿意走平缓路段了，专门找陡坡下切寻求速滑的快感。

到达风林寺居然不知道该怎么回台怀镇，周哥这样的老驴也遇到了新问题，还好这里有4G信号，可以找度娘来解决问题。地图一搜原来沿着公路一直下去，6公里就到殊像寺。这下有救了，撒丫子跑。虽然没有完成五台连穿的计划，但是在风雪之中五个人能够完成三台，并全部安全下撤。剩余两台的遗憾就下次朝台留点念想吧。上午一共跑了15公里，用时4小时33分，累计爬升299米，下降1580米。

回到台怀镇风轻云淡，原来因下雪封路的高速也通车了，冷冷清清的台怀镇没有什么游客，我们也安安心心地坐上了回程的大巴，平淡得和普通旅客没有任何区别。这就是生活，只有你走过的路才会懂，最懂你的人还是自己，不就是两天穿越了三个大山头吗？和那对可能还在穿越剩余两个台的小

情侣相比，我们五个真的没有什么值得炫耀的。生活就像那东台的日出，你来不来它就在那里，不增不减、不离不弃；就像那北台的暴风雪，可以埋没千军万马，也可以晴空万里，小鸟依人；就像那一夜的中台，夜里诡异难寻，白天金光灿烂！

赛道难度：★★★★★

推荐指数：★★

整体评价

冬季的五台山天寒地冻，风险非常大，不适合没有户外经验的跑者参与。即使是越野跑高手也要做好装备、线路和补给的充分准备。最好和线路熟悉的老驴同行，因为一旦遇到极端天气，走错路线将是致命的危险，千万不要寄希望于外部救援，因为茫茫大山，等救援队找到早就凉凉了。

2015 年 3 月 29 日

汇添富南京山地越野马拉松

周六中午赶到南京和猛犸俱乐部的兄弟姐妹们欢聚一堂，严美女亲自驾车迎接，让几个大老爷们受宠若惊，报到地点是免费的星级酒店带有游泳池，虽然小点但我和猛哥还是一展身手，可惜山东大汉王浩没来指导一下。晚上南京的朋友热情招待让大家吃得很嗨，猛哥激动得整晚上看吃饭拍的小视频，一遍又一遍地播放他——诗朗诵《春晓》和猛犸队歌《远方》。我睡醒几次他还在那里自恋个没完，哎，明天他是准备去赛场梦游吗？

早上 5 点起来，5 点半酒店吃自助，相当丰富，这是跑马以来早餐吃得最多最好的一次，肚子里有货对比赛也充满了信心。吃货的思想就这么简单，

一起打铁到八十

不能浪费了粮食。

坐上赛事大巴,一小时的路程正好补觉。比赛起点就是蟠龙水库边,大家存包、热身后8点40分时准时比赛开始,1500人的大军中我和猛哥站在第一排,心情好激动!枪声一响我撒腿狂奔,一马当先,身后是一条沸腾奔跑的人流,那种感觉棒棒哒!我身披疯狂铁人黄色铁人三项服,小腿套黄色压缩腿套,整个赛事绝对是独一无二最二的。铁人三项服出现在越野跑比赛场上,不能说不是一个奇迹,只能说是对自己提出了更高的要求,如果跑不好就是给铁人抹黑。当赛道两侧所有的镜头都对准我时,我那标志性的八字腿震撼全场,紧追在我后面的东丽等国内越野大咖都看傻了,这是什么情况?这要是冠军让"八爷"拿走了,中国现代体育科学得重新考虑选才问题了。刚转进山路我的领跑光辉就终结了,一大批选手超我而去。刚到25公里和42公里分界线时,猛哥拍拍我的肩膀潇洒不带走一片云彩。此刻的我小腿酸痛,看着猛哥优雅的跑姿,心中无限敬佩,他居然穿着已经10年的平底运动鞋,一身背心短裤,两手空空简朴得像去操场热身。而我这个完成3次百公里越野的野人居然连他的后背都摸不着,真是心焦呀。更不可思议的是昨天晚上他激动得几乎一夜没睡觉,精力旺盛得可怕。瞬间猛哥那细长的四肢就已经飘出了我的视线,心想磨刀不误砍柴工,38公里后再和你一决雌雄。

前半程上坡很多,由于近期跑量较大,腿部力量恢复不足,上坡基本靠走,下坡基本狂飞超人。跑到10公里时小腿才慢慢恢复状态。这次猛犸俱乐部派出11人队伍参加南京山地马拉松,纪川和猛哥都是猛虎榜上的高手,特别是纪川无锡跑出了3小时10分内的成绩,进步相当了得。赛前几个兄弟说争取5小时完赛,我当时就说5小时内的成绩应该是相当好的成绩,毕竟是1400米的爬升不是一般城市马拉松可以相提并论的。今天跑在赛道上感觉确实如此,上坡保持10分钟每公里的配速都很困难。而且也不能像平路马拉松那样跟着兔子省力跑,山地马拉松纯粹是一个人的战斗,拼的不但是跑步能力,更多的是个人意志品质。

跑过21公里时用时已近3小时,心里不免慌张,这是准备掉出6小时的水平了?前半程基本没有什么景色可看,简单的沙石土路为主,路边大部分是竹林和山谷,视线范围很窄。前后的选手也不多,来回就是十几个人相互超来超去。6公里左右一个补给点我基本是进去灌水拿香蕉就出来,几次超人

都是补给站省出来的时间。跑到30公里时才转到山顶，看到山谷中被金黄的油菜花包围的水库和村庄，让憋屈一路的心情舒畅起来。我一路拿着手机边听歌边跑，中午的烈日让汗水在身上泛起了一层层盐粒。最煎熬的时刻我放声高歌（我改编后的）：

>你是不是像我在太阳下奔跑
>挥洒汗水激情高昂地拼命
>你是不是像我面对无数挫折
>也不放弃自己想要的生活
>你是不是像我整天忙着追求
>追求一种无人理解的疯狂
>你是不是像我独自跑向远方
>一次一次跌倒中爬起继续前进
>因为我 不在乎
>别人怎么说
>我从来没有忘记我
>对自己的承诺
>对爱的执着
>我知道
>我的未来不是梦
>我认真地过每一分钟
>我的未来不是梦
>我的心跟着希望在动……

　　一路上再也没有看到猛犸的兄弟姐妹，但我坚信大家会跑过同一条路，不管路途多么坎坷，我们会在终点会合，没有人会放弃，因为我们在期待集体的荣耀！38公里了依然没有看到猛哥的影子，我真担心他是不是受伤或者中途去洗手间了？一路上没有见到他心里真的有些小担心！

　　好像从32公里以后25公里和42公里路线重复了，我开始了最后的冲刺大戏。想起了去年北京TNF100公里越野赛我最后10公里的狂奔从排名120

一起打铁到八十

多名成功逆转到80名,今天我要再爆发一次!最后即使上坡也小跑上冲,下坡更是手舞足蹈飞奔而下,跑到最后3公里时我的前后一个人也没有,仿佛整体世界已经被我的激情燃烧成真空,我只能听到自己那颗奔腾的心跳。看到终点时我兴高采烈地冲了过去,心想这个比赛还不错,没有一点伤痛安全完事,连续三个背靠背马拉松为2015年的开年之战画上了圆满的句号。4小时46分的成绩,总排名37名,比我赛前预测的排名还要好,一场完美的比赛。

冲过终点线时严美女已经帮我做好了照相的准备,站在终点猛哥让我大吃一惊,吃惊的不是他快我10分钟的成绩,而是他满身的泥土和鲜血,这是从战场上拼命下来的吗?原来猛哥17公里下大坡时就摔跤了,胳膊、腿都擦伤,但是他没有放弃,甚至没有处理伤口,硬是咬牙跑完了全程,成绩是惊人的4小时35分。冲过终点时猛哥为自己的拼搏和南京素不相识的跑友球哥的一路照顾感动得鼻涕、老泪在扭曲的脸上纵横交错,委屈得像个孩子,这就是马拉松,这就是越野赛的魅力,这就是传说中的永不言弃的精神。看到猛哥的光辉形象,终点所有的人为他感动,为猛哥竖起大拇指!

最终猛犸俱乐部的11名队员全部完赛,坐在赛会休息区的自助餐饮区,赛前自称有残疾的小吴和小盖笑得比花都美,每个人都是英雄,都是自己心目中的大神!

赛道难度:★★
组织能力:★★★★★
推荐指数:★★★★★

整体评价

汇添富南京山地越野马拉松正好是南方春暖花开的季节,跑道两旁都是竹林和鲜花。这次比赛猛犸俱乐部拿到的是管吃管住的赞助商名额,比赛服务和组织都超一流地贴心。这个比赛距离为马拉松长度,非常适合准备体验长距离越野比赛的爱好者参加。

2015年4月18日

大连100公里越野赛

铁人三项爱好者将比赛距离226公里的Ironman赛事视为铁人三项的终极挑战。跑步爱好者则将比赛距离100公里的越野跑步比赛视为跑步的终极挑战。如果两个都爱好，大铁撞车百公里越野你会怎么选择？这个纠结的问题偏偏让我遇到了！4月12日比赛的台湾垦丁大铁和4月18日的大连百公里越野只差6天时间，这样的背靠背比赛怎么玩？

不是冤家不聚头，说到这个比赛我不得不提一个人，她就是楚楚！从今年3月开始，无锡马拉松、台湾垦丁大铁、大连100公里越野，三个比赛我和她在赛场不期而遇，在她那绵绵不绝的战斗力前我会不会被她秒杀？

工欲善其事必先利其器，3月连续三场马拉松比赛发现我新换的手表出了问题需返厂换新表，没有了佩戴习惯的GPS手表，就相当于没有了距离、配速和时间概念，没有它的日子里我能不能顺利完赛？

大铁和百公里越野哪个更好玩？完赛到底靠的是技术能力还是毅力？

三大悬念让大铁和百公里越野的大碰撞来解谜吧！

出 发

12日在台湾垦丁12小时45分完赛后吐得一塌糊涂，身体处于虚弱状态。16日回来放下自行车就打包越野装备坐火车倒飞机进军大连100，很多朋友关切地问我为何要这么拼命？我只想回答，我的字典中不允许出现"放弃"。先报的大连100，后来鬼使神差地又报名了台湾垦丁大铁，不是为了在麻木的生活中寻找刺激，也不是想在世人面前浮夸炫耀，更不是活得不耐烦了……我就是要挑战一下两大超级赛事背靠背能不能完成！看看自己的小身板里蕴

藏着多大的能量!

夜里24点,我麻木酸胀的双腿在远处黑暗的海潮声中瑟瑟发抖,枯竭的体能如同微弱的头灯一样随时熄灭,望着脚下几乎垂直的大山陡坡,已经爬过了30多个山头,不知何时才能走出最后7座近800米爬升的11公里赛道……

就在20小时前的18日早上6点大连付家庄海滩,那一刻我正在和小军、楚楚重演去年TNF比赛前的狂欢。出发前小军挤在第一排,和闫龙飞、东丽、子尘、港百吴女士、于雷等大神争头牌,他让我想起来同样骚包的猛哥。比赛前一天晚上他们几乎有着共同的嗜好,玩手机到很晚,早上4点钟就要起床也无法让他们割舍一小会儿与手机的缠绵。

天气预告比赛日有小雨加大风,但沙滩上近千名越野跑选手已经把这里变成了欢腾的海洋。在晨风中乘风破浪的大群海鸥也变得黯然失色,盘旋在海风中为五颜六色服装的越野人嚎叫喝彩!这里没有人害怕寒潮,个个小衣短襟打扮,精神抖擞意气风发。发令声一响,彩色的人潮像海啸一样冲出海滩、冲向赛道。我并没有站在炫耀的第一排,但一出发我就开足马力见缝插针,500米后就进入前五位置。小军站第一排优势明显,这家伙今天拼命要和大神争个你死我活,居然女子50公里冠军跑了9公里才超了他。第一段路线从付家庄公园沿滨海路经星海广场跑上西山览胜再下来,基本上处于别人上坡超我,下坡我超人一大片的节奏。中间运动天才和老杜超了我,天才超我时惊讶地说:"你疯了? 4分多的配速跑马拉松呀?"我心想你不是更快吗?有何大惊小怪的,小军越野前10公里跑进1小时,绝对是跑马的速度。几个关键点胡姐都及时出现,并给我抓拍了照片。胡姐去年大连100的女子冠军,今年由于腿伤没有参赛,却承担了大量的志愿者工作。已经两天没有合眼的她又继续坚守服务了整场赛事,她的精神力量成了我前进的动力,向大连100最可爱的人致敬的最好方式就是迈开双腿尽早完赛!

飞跃燕窝岭

从西山览胜下来时看到了楚楚,她状态真好。有一个光头男(此人就是后来的越野大腕糨糊)一路相伴楚楚,为她拍照摄像。楚楚欢腾得像小鹿一样骄傲,谁让人家是楚楚呢?国内唯一一个和我一样神经的女人,用大连100给台湾大铁排酸。看到她我就有无形的压力,前两站我秒她很辛苦,今天决不能掉链子。随后看到志英夫妇鸳鸯戏跑,青春亮丽的葱绿色运动情侣衣,彰显着一种令人敬佩的霸气,大连100夫妻参赛也就只有这对"疯子"。令人吃惊的是老武哥居然满头大汗在他们后面紧追不舍,老武哥今年取得了UTMB的入场券,连续三年参加大连100,去年更是取得了银海星,他丰富的越野经验不应该跑得这样满头大汗呀?看来今年的赛道比去年确实增加了难度。

　　大连100和香港100虽然都是以艳丽的海景著称的越野赛事,但是却各有千秋。香港100大部分赛道是以经典的麦泽浩径为主的香港郊野,很多地方人迹罕见。而大连100却是贯穿了大连城区最主要的风景旅游区,从一座山跑向另一座山要经过繁华的闹市和游客众多的星海广场、付家庄公园、女警基地、北大桥、老虎滩公园和棒槌岛……这些地方我都去过,但从来没有想过将它们编织起来就成了一张越野的大网,40多座海边山峦就这样构成了总距离105公里、累计爬升5800米的魔鬼越野赛道,完全颠覆了我对小资大连的印象……

　　每次跑到山头视野都特别开阔,大连的山头没有太高大的树木遮挡视线,美丽的海景和城市风光赤裸裸地展示在我们眼前,就这么自信,就这般任性,用傲人的身材和爽朗的微笑来拥抱我们的每一次冲动。每次到山顶都想停下来用手机拍照,但每次又不舍得浪费分秒的时间,就怕刚刚飞奔超越的选手在瞬间逆袭。欲速则不达,这种心急火燎的心态并不利于比赛。跑过CP2时我已经感觉到大腿的酸痛,台湾垦丁大铁180公里自行车和最后42.2公里的马拉松透支了我太多体能,刚跑了20多公里就已经感觉到了体内的空虚感。到达CP3时终于看见了小军的身影,他前面跑得太快抽筋了。我虽然没有抽筋,但是酸胀的大腿在我心头蒙上了一层忧虑。正当晌午,由于对天气的误判,穿着长袖长裤压缩衣、外套短裤、蓝色压缩腿套、蓝色速干短袖、蓝色全指手套、户外短裤的我已经浑身是汗,预告的大风和小雨去哪里了?前三次进补给站我灌水吃几块水果就跑,终于在CP3出来时超过了小军。到CP4是42公里,但跑到41公里时时间已经超过了6小时。炎热的太阳下我和天津的一位姓赵的跑友说,要是跑马拉松我们都被关门了。6小时没有跑完42公里,他是全马3小时的水平,看来我前面拼得确实有点狠了,在CP4吃了

黄杏罐头和一小桶方便面就急忙奔向了 CP5。

CP4 到 CP5 有很长一段路都是海边的小山峦，还有一段美丽的沙滩。初春的大连太美了，处处都是盛开的鲜花在风中向我们招手致敬，蓝天、白云、碧海、沙滩，虽然刚从艳丽的海滨城市台湾垦丁回来，但依然被大连的海景所迷恋，垦丁的海水虽然比大连干净，但它缺少大连焦石海滩的血性。海边陡峭的悬崖、狂野的乱石都是我们必经的赛道，就在那段 12 点前需要蹚水而过的燕窝岭危险路段，我到达时已经 14 点 50 分，巨大的焦石像迷宫一样摆布在沙滩上。我们小心地游走在石隙中，稍不留神就可能崴脚或摔跤。刚经过一段巨石，CCTV-9 的极致玩家节目组的朋友正在那里抓拍跑友紧张的画面，看到我过来让我从巨石上跳跃过去拍一段，这时我腿已经非常酸痛了。前面一个跑友已经拒绝了他的要求，我不能让极致玩家小看，欣然接受。站在巨石上时感觉大腿有突然松劲的感觉，咬牙跳过去对着极致玩家回眸一笑，这段宝贵的视频最后在大连 100 的官方视频中收录，回头看看总有一种心醉的感觉。

看似这段路线只有 12.5 公里，沿着海边的小山不停地上上下下，体能消耗得非常大。海风渐渐大了起来，已经被汗水湿透的衣服在海风的欺负下变成了皇帝的新衣，身体发冷是一个非常危险的信号。我努力让自己保持冷静，吃上能量胶喝完最后一点水，熬到燕窝岭公园时才发现这里只是一个打卡点，补给需要坚持到北大桥。其实比赛路线说明很清楚，但是我这段时间一直在备战台湾大铁，根本没有时间研究大连 100 的路线，加之也没有戴 GPS 运动手表，没有配速还不要紧，没有距离和爬升数据才是最致命的。"好的装备是可以救命的！"这是天才常挂在嘴边的一句话，以前我不当回事，现在才发现确实是这样。如果能够随时掌握公里和爬升的数据，我就可以合理分配补给，不至于在关键时刻掉链子。后悔没有任何作用，打起精神坚持到底，到达北大桥时已经是 15 点多了。

猛扑怪坡茶馆

到达 CP5 时小军还没有超过我，心里产生了一点骄傲，但更多的是饥饿。北大桥是连接两座大山的桥梁，补给点就在风口上，坐在这里补给真冷。我不自觉地就把准备夜行的衣服都穿在身上，吃了两桶方便面、两碗大米粥、一瓶黄桃罐头。补给点的工作人员的服务态度好到我有种上帝的感觉，要吃什么、要拿什么只需要动动嘴……大连100的服务质量绝对是我参加过的国内越野比赛最好的。背上沉重的夜行装备，心里虽然有底，但也感觉带的东西有点多了，一冬天没有穿过的夹克也背了一件，补给的东西带了一大堆。后来证明带的东西确实太多余了，后面50公里基本没有用。出了补给站向老虎滩出发，半路去洗手间时小军超了我。这段路补给加上洗手间用时40分钟，相当浪费。穿过老虎滩广场向前再次进山时想起胡姐比赛前提醒的，争取天黑前跑完怪坡茶馆，因为那段路很危险，夜里跑非常耽误时间。再次进入分秒必争的节奏，上坡可能会有个别人超我，但下坡绝对不允许我前面有人。天色渐渐昏暗，但我内心却燃起了熊熊烈火，在CP5只拿了一根登山杖是明智的，因为大连的山并不特别适合用双杖，危险的地方需要手脚并用，拿两根登山杖反而不方便。而一般路以台阶和盘山公路为主，也用不着登山杖。听着收音机看着夕阳美景，"跟着感觉走，紧抓住梦的手。脚步越来越轻越来越快活，尽情挥洒自己的笑容，爱情会在任何地方留我……"哼唱着老歌疾步而行，听到电台熟悉的歌曲我会肆无忌惮地放声高歌。别人此刻正在享受晚餐的愉悦，而我却在山野里享受疯狂跑调的个人演唱会，急促的呼吸变成了"我很丑我很温柔"，大腿的胀痛变成了"我是一只小小鸟"，挥舞的登山杖变成了"大河向东流，天上的星星参北斗……"

如果在城市的街头我此刻肯定是无地自容，但是在寂寞的旷野我就是高大的巨人。这或许就是越野的精神，这或许就是我们想要的精神宣泄。生活不相信眼泪、不相信道理，只相信你去不断地追求，坚持就一定能够到达彼岸！

怪坡茶馆的山路只可以用一个字来形容："虐"！山梁上布满了刀片般的巨石，我们不停地游走在巨石和碎石之间，稍有不慎就可能掉入深谷。毛发可以耸立，手脚绝不能发抖，特别危险的路段赛会还准备好了攀岩绳索，还好绳索都非常结实地绑在了大树上，可以让我们借助外力来征服这段肆虐的赛道。从这座山峰下来天色已经黑了，心里的紧张瞬间就变成了强大的疲劳，参加过4次百公里级别以上的越野比赛，从来没有一次这么早体能就出现崩溃迹象。从3月以来的连续三个马拉松和一个大铁积累的疲劳好像要在这个点全面爆发，走路都有了摇晃的感觉。我是不是不行了？望望前面的山峰，看

看远处苍茫的大海,我再次对自己的身体状况进行了客观的评估,剩下 30 多公里的路程,现在已经是 20 点了,离关门时间还有 12 小时,就是走也要完赛。

池素珍大姐加油冲向银海星

熬到 CP8 时终于再次看到了池素珍大姐,池素珍大姐已经是近 60 岁的人了,太原女子跑步的霸主。我和她同场马拉松比赛过几次,没有一次能够战胜她。每次比赛她都不会空手而归,有人说池素珍大姐天生就是拿奖的材料,而我并不这样认为。池素珍大姐成功的背后是常人无法坚持的训练量,我去跑汾河公园能够碰到她矫健的身影,我跑 20 公里她就要跑 30 公里。我去崛围山步道越野跑,我跑两圈她就要跑三圈,这样疯狂的女人不出成绩是不可能的。前面 80 公里她也曾经上坡时跟上过我,但是下坡我很快就把池素珍大姐甩远了,现在进入至少十几公里的盘山公路,而我体能已经完成无法支撑跑步的配速,即使小步慢跑也追不上步行的选手。这种糟糕的状况可能要伴随我后面的全部路段。而池素珍大姐跑过来时状态很好,优雅的跑姿像蜻蜓点水一样轻盈,忍不住为她点赞。看看时间已经跑过 16 个小时了,剩余 20 多公里按她的状态拼得银海星问题不大,赶紧和池素珍大姐说:"加油,银海星在向你招手。"

目送走池素珍大姐,我沿着棒槌岛连绵不绝的木板步道向北大桥进军。走到一段棒槌岛的盘山公路,拐弯看见路灯杆上贴着一个向上的箭头,这是让爬上旁边垂直的土坡上山吗?因为一路路标都标记得非常清楚,看到垂直土坡上的树根,让我想起了前面的攀岩绳索,毫不犹豫地爬上了两米多高的垂直土坡,心想这路线也太不科学了,我上肢力量强能爬上来,换别人真上不来。后面也上来一个选手,我们上来一看根本没有路。再往下看,后面的选手跑过来说不可能是这路,往前走不久看到了远处盘山公路的反光带……大批人直行而去,我傻眼了,自己真是大脑断路了。上山容易下山难,下这垂直的土坡耗尽了我最后的力量!大连真是个练习跑步的好地方,几乎所有的滨海路都铺设了木质步道,在清晨迎着朝阳和海风跑在清脆的木道上,那种心旷神怡的感觉打造出了一大批国内运动达人,于雷、胡燕、周强……也打造出了国内一流的百公里越野赛——大连 100。而此刻我已经深深地厌倦了这条让无数人通向成功的木道，黄色路灯下的木道延伸向黑暗深处，何时才是个头？用登山杖就可能插进木板的缝隙，不用登山杖腿酸得走不动，走公路又太硬，最想做的只有一件事情，那就是躺在木地板上睡一觉，但那不是我的风格，我从来都是绝不在非补给点休息一下，更不会在比赛途中躺下睡觉。

这段路线应该是整个比赛中最简单的路线，从米老鼠到北大桥应该是百公里比赛中最简单最容易出速度的路线，而经过爬土坡的折磨，我已经是跑得还没有走得快，晃晃悠悠的，像个醉汉一样机械地走在夜幕下，面无表情地看着一批又一批的选手超我而去，我只能默默地祝福他们尽快回到终点减轻一点痛苦。眼看马上过桥就到北大桥补给点了，心中仿佛看到了重生的希望，突然志愿者又指挥上旁边的一座山，当时整个人有点想瘫倒的意思，还要上山？好吧，上吧！平时郊游看见路边的小山就想爬，今天看见山就想吐。这座山没有打卡点，绕了一大圈下来又回到了北大桥上，听说有选手没有翻这座小山直接沿公路回到了最后一个补给点，我只想说我不想少跑一米路，来大连 100 我为的不是排名和成绩，只为挑战自我耐力极限。

到达补给点时，只有两三个选手，半夜 1 点多志愿者依然坚守岗位、热情服务每个人。旁边一个年轻的跑友胃痛得厉害，吃不下东西，热水都喝不了，只能喝咖啡，但他没有选择退赛，依然要继续走完剩下的路程。看看时间已经连续运动了 17 小时 20 分了，志愿者说最后一段路要翻过 7 座小山，一般人需要 3 个多小时才能完成。

魔鬼赛道亲密距离

想想还剩余 11 公里左右的路程，我喝了两碗白粥想一鼓作气拿下最后一段，不过 20 小时的银奖已经不敢奢望，因为现在的身体状态已经不适合继续逞强斗狠，后面全是山路，稍有闪失在最后一段受伤就得不偿失了。再虐的比赛我都以安全完赛为基本原则，比赛只是鼓励自己坚持锻炼的兴奋剂，纯属娱乐而非专业运动员要靠成绩吃饭。想想去年北京 TNF 最后 10 公里我拉着小军全力冲刺的豪情和现在自己像个醉汉的摇晃行走，别说人比人气死人，就是自己和自己比在不同的环境条件下也会大相径庭。

走进这段大连 100 传说中最后的魔鬼赛道，在黑夜丛林中不停地穿梭，夜里跑步唯一的好处就是反光带能够让你很容易找到线路，但找到又能怎么样？看着挂在山壁上的反光带你能飞上去吗？最后一段我水瓶中灌的是白糖和盐混合的热水，这次全程没有吃盐丸，能量胶前面吃了7个左右，现在是什么也不想吃，什么也不想喝。胃口已经不接受任何东西，估计它也是想睡觉了。

一路上前后都没有人，走得很寂寞很无奈，一路听着收音机，但这时也不想听了，只想安静地走完最后一段路程，好像外界的一切补给、音乐刺激都已经与我无关。失去了冲锋的动力却不能放松安全的警惕，每到下坡都会判断好落脚点再采取行动，就这样一路没有摔倒和磕碰过一次。走了很久很久看到了海边的路灯，就像沙漠中快渴死的人看到了绿洲一样惊喜，这大概是快到终点了吧？这时身后过来一个红衣男子，速度比我也就快一点点，看他戴着GPS手表，赶紧问跑了多少公里了？是不是快到了？他说手表显示已经99公里了，估计只剩下2公里了，说完他自己也兴奋起来，噔噔地跑了。还剩2公里，离20小时还有20分钟，银奖在望呀！我也突然兴奋起来，跟着他狂跑了起来。

我就是黑暗中的精灵，跳跃在一片又一片丛林中，高山、低谷都给我靠边站，我要冲上夜空去摘取属于我的那颗银海星！我不停地跑呀跑，在下坡时超了很多痛苦的夜行选手，他们看到我这样跑，流露出羡慕嫉妒的火光。激情狂奔了一阵，时间已经超过20个小时了，可我还在山里转圈，刚才看见的海边路灯已经消失得无影无踪⋯⋯又被忽悠了，银海星原来只是天上画的大饼。

过了20小时我又像泄气的皮球一样蔫了，继续走吧，谁让咱赛前没有好好准备，没有戴上GPS手表，如果有手表最起码知道跑了多少，爬升了多少，还剩余多少爬升。"请让让！"身后传来娇嫩的声音，一个粉色亮光美女超了我，伸手不见五指的大山里我根本看不到她的脸，只能通过她身上的反光带看出她身材不错，无聊地和她搭讪。她是北京人居然不认识天才，北京的跑团太多，出来比赛真不如我们山西跑团，我们出来都能够统一行动。要是平时在大街上偶遇，美女肯定不敢和我这样随性地聊天，但是在荒山野岭，我们就是不用介绍的志同道合者，同样的100公里给我们打造了同样的磨难和历练，所以越野人和越野人的信任比陌生人之间的信任度大百倍。不知不觉中，前后几个人组成了一支越野小分队，跑在前面的主动提示赛道风险，而跑在后面的也感受到了浓浓的温暖。

真的是 7 座山，不停地从山谷到山顶，不跑越野我或许永远不知道大连市区居然还有这么多山，这么肆虐的山路。就在我已经崩溃无数次，前面的选手开玩笑地无数次问候组办者十几代先人，甚至连打卡的志愿者也骂了多次，谁让他们说不准距离呢？这种情况我在去年张掖 100 已经遭遇过了，100 公里比赛那次我跑了近 110 公里。听他们的牢骚我反而开心了、平静了，就算前面还有 10 公里我也要坚持到底，用微笑来回报整个赛事。因为大连 100 组织得真心不错，想想去年的中国香港 168，我跑过 90 公里后再也找不到路标，满山遍野地瞎转，最后不得不退赛。这次大连 100 在山顶、在最荒凉的山谷都有志愿者在指路、在打卡，400 多名志愿者为整个赛事的安全顺畅运转付出的是近 30 小时的不间断服务，真心为他们的努力付出再点一次赞。

梦回 Ironman

不知跑了多久，终于跑上了公路，路标指标离付家庄终点 2 公里，前面自由组合的小伙伴们都兴奋地飞奔而去，我试着跑了跑，感觉还没走的快。继续一路溜达，路过我们住宿的大连民航疗养院时真想回去睡一觉，不过想想从台阶下去就是付家庄终点，再困也不能在这里打退堂鼓呀。下了木栈道，跑上沙滩看到终点的灯火，一路的疲惫居然突然消失了。这时听到喇叭中高喊："现在冲刺的是来自山西太原的 0316 号常江，他上周刚完成中国台湾垦丁 Ironman，今天他又完成了大连 100，You are an ironman！"听到这个声音，我仿佛又回到了 Ironman 的赛场，太感动了，赛事举办方居然对我的疯狂行为了如指掌，该是热泪盈眶了！眼泪呢？哪里还有眼泪，满脸都是干枯汗水形成的盐粒，最后 11 公里白装了满满一瓶水，一口都没有喝，身体已经严重缺水，谁的眼泪在飞？没有。那一刻我只看到天空中一颗流星划破长空，我的银海星堕落了，但马上新一轮朝阳将重新点燃我新的征程！21 小时 32 分终于完成比赛。

已经夜里 3 点半，胡燕和党旗坚守在赛场上欢迎每一位勇士的归来，真的没有想到他们居然整夜整夜不休息。特别是胡姐，神一样的女人，前一天

 一起打铁到八十

晚上一夜的整理分配选手比赛装备，白天陪我们看赛道、组织赛事、跑18公里布置路标。比赛当天3点就来到赛场组织志愿者，比赛开始骑车带领选手上赛道，中间好几次补给站都看到她憔悴的身影，现在又在终点守候每一个选手、为我们拉起冲刺带留下最美好的瞬间。而党琦从特邀主持到终点主持，一丝不苟地给每一个选手最热情的拥抱，这两位国内铁人三项顶尖的领军人物，让我们看到了中国铁人的强大魅力！

大连100没跑够怎么办？

胡姐看我回来，拉我去吃东西、领奖杯……真不忍心她为我跑前跑后，可是我也拉不住她。赶紧吃了两碗白粥，说我替她拉会儿线吧，她也不同意。我只好回到宾馆，房间门开着、灯亮着，小军半躺在床上玩手机，这个精神病跑完100公里回来不睡觉居然还玩一晚上手机。他不到18小时就完成了比赛，自从CP5超过我后他越跑越有劲，特别是最后11公里翻7座山，他才用了2小时，而我用了3小时50分，这就是实力的差距。小军冬训跑山没白练，比去年大连100进步了近5小时，绝对是牲口级别的大神。

我可陪不起他，我洗了澡睡了。他还在玩手机，一晚上不关灯，直到玩睡着。早上8点就醒来了，我说小军快参加颁奖典礼，要抽奖。这家伙像打鸡血一样跳了起来。到达赛场，比赛已经结束。池素珍大姐20多小时完赛，老武哥22小时完赛，王大姐夫妇携手24小时完赛，Ironman大神楚楚和老K用25小时完赛，慧丰、敬文、朱哥也都在24小时左右完赛，韩思铭居然16小时内完赛取得金海星，太原跑友真是藏龙卧虎！天才和太原七星队的三位大神退赛，看来本次赛道的难度确实不小。

颁奖典礼非常热闹，好像选手们还没有开始比赛一样热闹。闫龙飞、东丽两个50公里卫冕冠军被我们抢下台来拥抱照相，虽然大家都没有抽得奖项，但依然为获奖者感到高兴。中午的宴会餐吃得很开心，我们一桌喝了一箱啤酒，根本没有一点疲劳的概念。晚上去海水游泳馆游泳700米排酸，感觉100公里跑完的状态比台湾Ironman比赛完要好得多。

第二天早上6点起来打道回府，大连飞石家庄再坐高铁回太原，为啥不直飞太原呢？省钱呗。没有赞助一个月外出比赛两三次，工薪阶层出门是能

越野跑马拉松篇

省一毛不花两毛。石家庄下飞机 11 点 10 分，发现机场大巴下一趟是 12 点，而我们是 12 点 20 分的火车。正定高铁站离机场 4 公里多，黑出租要我们一个人 10 元钱。我们的钱哪里是那么好赚的？六男一女扛上十几公斤的行李迈开酸痛的双腿就往火车站跑，直接把黑车司机吓尿了，这帮山西老西真抠门到家了。4.2 公里对于跑百公里的人简直是毛毛雨，然而在跑完百公里第二天负重狂奔赶火车还是有相当难度的，41 分 25 秒终于跑到火车站。山西越野人个个都是好样的！大家边挪着酸痛的双腿、猫着腰、流着汗、忍着满是水疱的脚痛、咬着牙说：这样负重排酸真过瘾！

　　回到太原直接到单位上班，早饭、午饭都没有吃，饿着肚子处理着休假一周的一大堆工作，心里美滋滋的，乐开了花！不是因为我精神不正常，想想这一周休假时间背靠背安全完赛了台湾垦丁 226 公里 Ironman 超级铁人三项和大连 100 公里越野跑两项不同运动领域的顶级赛事，一种自我佩服感油然而生！

赛道难度：★★★

组织能力：★★★★

推荐指数：★★★★★

整体评价

　　大连 100 是国内最早的越野赛，也是雷越野最经典的赛事之一。每年 4 月奔跑在大连海风的春天，无敌海景让许多越野爱好者每年必去。大连 100 赛道有很大一部分都在市区，因此台阶和硬化路面比较多，越野的原始赛道较少，少了一些野性，多了一点城市的味道。比较适合初级越野跑者和刷百公里 PB 的选手参加。

一起打铁到八十

2015年7月25日

第零届大五台越野赛

自信心是需要不断磨炼和加强的，不能因为一次的胜利而沾沾自喜停止不前。初二经过铁人三项洗礼后的龙龙终于找到了自信心，学习也充满了动力。中考终于如愿以偿以定向生（比录取线低5分）的资格考入了他心仪的太原外国语学校（省重点）。他的入学成绩较低，我希望他能够发扬铁人精神，再接再厉给自己的高中生涯开创一个新的局面。初三毕业的暑假没有给他报什么补习班，而是带他加强日常铁人三项训练。2015年7月4日带他参加了宁夏石嘴山的国际铁人三项比赛体验组的比赛，他再次拿到了冠军。满足现状就等于止步不前，只有不断挑战新的高度才能不断成长。因此，我又酝酿了一项更高难度的挑战。

五台山是华北地区最高的山，号称华北屋脊。徒步东、北、中、西、南五个台被称为大朝台。几个月前我也曾挑战过，但那次由于突遇大雪也只遗憾地徒步了东、北、中三个台。2015年7月25日是五台山第零届国际越野挑战赛的日子，我想带着龙龙在给选手们加油的同时也挑战自我，让龙龙在高中生涯开始前来一次更加艰难的洗礼。

当天我带着龙龙和三个朋友坐火车凌晨1点到达了五台山火车站，坐大巴3点到达了鸿门岩。凌晨3点的东台寒风凛冽，迎着山风爬上了东台，东台是看日出的好地方，爬上山顶才3点半，风吹得人都站不住，一起来的白老哥只穿着短裤短袖，冻得瑟瑟发抖。我把备用的唯一的卫衣和长裤让给了他，龙龙也冻得直哆嗦，但是我没有给龙龙加衣，就是让他懂得在自己力所能及的情况下，一定要养成助人为乐的习惯。毕竟现在的孩子都是独生子，学会关爱他人非常重要。

海拔2000多米的山风太大，我们没敢多停留，直接下山向北台进军。通向北台的路上，5点钟日出的朝阳把山坡上的牛马照成了剪影，一匹老马带着小马悠闲地在山坡上吃草，而此刻的我也带着龙龙欣赏着日出的灿烂，呼吸着清爽的空气，人和自然的和谐相处让我们感受到了最原始的亲情力量。我就像匹老马一样带着初生牛犊不怕虎的龙龙勇闯天涯再次挑战人生纪录。龙龙从来没有走过这么多路，但暑假期间几乎每周能和我训练铁人三项四次左右，小脸已经晒得黑乎乎的，和我们一起来爬山的武老和白老是太原市长跑协会的跑步大神，武老更是和我一起战斗过大连100公里越野和香港168公里越野的牛人，所以我和龙龙是不可能跟上他们的速度的。毕竟龙龙还是个未成年的孩子，我也不清楚他的耐力如何。所以我以他的速度为主，跑跑走走，一路上喂喂狐狸，拍照大草原上悠闲自得的牛羊、帅气挺拔的骏马、水墨丹青的山峦，奔跑在晨光下微微发汗、心旷神怡。

华北屋脊北台是五台山海拔最高的山，3060米龙龙上来并没有特别累，这让我给安心。可能是我从来不惯着他，他和我出来比赛、旅游从来不叫苦，也从来不提任何要求，而且我并不是个心细的人，所以他还养成了操心和帮助我检点东西的好习惯。

趁着天还不热，我们在北台简单吃了点东西就向中台出发。北台离中台不远，越野跑的路线是山坡中间一条开满野花的羊肠小道。虽然比盘山公路难走，但是直线距离要近不少，同时景色也特别美。一路上也有一群来自北京跑越野的山友在我们前后，看着龙小伙坚强的身影，大家都流露出了羡慕的眼神。从北台一路下来已近中午，太阳一下就烤熟了我们的脊梁，到达西台时正好赶上了斋饭，挂单的规矩是拿多少都得吃干净。尼姑姐姐给龙龙盛了一大碗烩菜和两个大馒头。没想到平时吃饭挑肥拣瘦的他吃得干干净净，着实让我惊讶。孩子确实要多带出来历练才能突破他们的自我设限。从西台到南台是最远最难的一段路程，大五台比赛的路线和我们相反，一路给选手加油，一路前行，安排这个时间来朝台就是想让龙龙见识一下国内越野高手比赛的风采。这段路很多是盘山沙土路，车辆经过尘土飞扬，已经12个小时过去了，一般人早就吃不消了，甚至我也有点累了。到达狮子窝时，我问龙龙你还能跑吗？不行在这里休息，明天再跑吧。没想到他意志坚定地说没问题，儿子有信心我当然不能掉链子，跑出南山门继续向南台进军，爬到半山腰时就看到西台方向一大片乌云正向南台席卷而来，伴随着电闪雷鸣。淋上

一起打铁到八十

暴雨可就麻烦了。我们拼命爬向南台和乌云赛跑，当小雨淋上我们时，终于跑上了南台。刚进寺庙倾盆大雨就浇了起来。晚上睡在南台的客堂里，被子又黑又油，龙龙盖着呼呼就睡着了，看着他熟睡的样子，很心痛。但我相信他已经不再是那个温室里的小花朵了，经过这场历练他一定能够成长为参天大树。

清晨5点我们站在南台顶，灰色的苍穹笼罩着崇山峻岭，一缕阳光像把利剑劈开天际，瞬间天边好像张开一只慧眼，万道霞光把那灰色的山峦一点一点渲染成鲜活的、多彩的世界。这就是大朝台洗礼，这就是生命的真谛。

还是这个暑假，我还带龙龙破格参加了哈尔滨和泰州全国铁人锦标赛20～29岁组男子半程铁人三项赛，他都拿到了前六名的奖金和名次。他的体能和意志力大幅度提高。在高一开学的分享讲演中，他这样说："今年夏天，我和父亲徒步大朝台。连续走了51公里，依次走过了东、北、中、西、南台，用时16小时35分38秒，完成了我人生的第一次大朝台。"一天徒步朝五台，大部分成年人都无法做到，龙龙做到了，同学们从此亲切地称他为铁人。铁人的称号激发出了他惊人的潜力，高中入学成绩落后的他，到高二分班时学习成绩已经名列全校前50名，成功入围了最优秀的班级——尖刀班。

孩子在成长的过程中学习固然重要，但充满自信心比多学一两个小时、多做几份考题更重要。只有激发出他的主观能动性，培养他的自信心和坚强的意志才能让他自觉自愿地快乐学习。

推荐指数：★★★★★

整体评价

五台山一年四季都有来自五湖四海的徒步爱好者来朝拜。由于徒步线路很成熟且有点难度，非常适合越野跑爱好者阶段性训练测试。中级越野跑选手可以选择一天之内五台连穿，入门级越野跑爱好者可以选择两天穿越的行程。五台山最高海拔3060米，天气变化很大，夏季相对好爬，春、秋、冬季朝台一定要准备好防风防雨雪保暖装备。

2015年11月28日

第一届三峡168公里超级越野赛

因为2014年杨源兄弟意外折戟意大利巨人之旅的悲伤，点燃了我也想挑战完成330公里巨人之旅的想法。从100公里开始，我一直在努力去完成更长、更难的越野比赛。去年香港168因为迷路而退赛的我相当气馁，就和当时一起退赛的选手一样，真是再也不想玩越野了。但悲伤总是会被时间冲淡，特别是充满正能量的人，永不言弃就好像人生格言一样印刻在我们的灵魂深处，给个火星星就可能爆发。首届三峡168公里越野赛，国内第一个百英里越野赛来了，太原越野圈的小伙伴们都跃跃欲试，武海忠、温小军、张波、老杜、贺慧丰、王志英、苏起文等15个越野大神都报名参加。太原越野人成为首届三峡168最大的参赛团体，我当然不会错过这场盛宴。

三峡宜昌我去过两次，因为那里有我两个表哥，虽然我们一直相隔千里，但是有机会就一定要聚一聚，大哥和三哥都是我大舅家的孩子，母亲他们老一辈相亲相爱、兄弟姐妹无私奉献的传统，我们从小耳濡目染。所以这次在宜昌比赛我肯定是要借着比赛去看望一下舅妈和大哥、三哥。而比赛的路线有一部分就经过大哥的工作单位，常江战长江三峡，我一定要赛出最好的自己。

这次比赛安排很特别，起点需要坐船到上游的三峡人家风景区出发。12月三峡的天气已经非常阴冷了，坐在长江的游船上，迎着扑面而来的寒风。我屹立船头乘风破浪精神抖擞，一场恶战即将开始，表面的平静难掩内心翻滚的波涛，为备战这场比赛，我赛前经常负重11公斤去跑山训练，还增加了爬楼梯训练，9月和10月的跑量都达到了230公里左右，再战百英里越野，拼老命也要拿下！

11月27日早9点半，在三峡人家激情四射的歌舞表演后，一声枪响我们出发了。跟上小军起点必须是C位，出发必须是4分配速起步。这几天三峡每天晚上都会下小雨，沿着景区的路是一条沿着长江的长廊。三峡的长江碧绿得像块翡翠，而深秋的两岸是五彩斑斓、高耸入云的峡谷，就像婀娜的少女盛装站在河边。大山就是她挺拔的身姿，金色的山林就是她民族的服饰，而半山的云雾就是她蒙面的纱巾。起跑太快了，前5公里25分钟就跑完了，小军更是以马拉松的配速瞬间就没了影子。从起点石牌镇到CP1南沱10公里，原本要爬三把刀，爬升700米左右，但是由于下雨，路线改成了沿江边平路跑，50分钟就跑完了。一路都没看见小军，反而是超过了北京跑五环的大神柳毅，他好像是带着小怪兽一起跑。又下起了毛毛雨，这段路大部分是青石板路，越跑越心虚，湿滑非常容易摔，后来才知道，小军在这里跑得太快滑倒摔了尾巴骨遗憾退赛了。

　　CP1南沱到CP2头顶石才是真正越野的开始，刚开始是沿着村庄的田埂上山，慢慢地，一座高耸入云的山谷敞亮在眼前，宛如两扇大门一样深邃威严，让我想起了那句"天门中断楚江开，碧水东流至此回"。虽然这里不是天门山，但是我们的越野路线就是要爬上这堵天门，路就是盘旋天门两侧仅有一人宽的石阶。爬得越高越能感觉到长江三峡鬼斧神工的峻险，但根本不敢多看几眼景色，石阶太湿滑，稍不留神就会坠入万丈深渊。爬累了也不能休息，因为路实在太窄，停下来就会堵住后面的选手，侧身过就可能掉进山谷。如果不是参加比赛，鬼才会爬上这么危险的路线，当然也不会看到如此壮丽的三峡风光。这段路线下来我们已经完全感受到了三峡越野不同于北方越野的特点，太泥滑了。雨虽然不大但山路原始，很快越野鞋和裤子都已经被泥巴包围。我也顾不上难受，第一次跑这样的泥巴路，偶然还能吃到路边的橘子，感觉非常兴奋。这段路线10公里爬升998米，用时近3个多小时才跑完。三峡168的线路测量不准，路书到这里是20公里，实际已经是23公里多了。

　　从头顶石出来就已经下午了，下个站点是CP3九龙湾，距离只有5.5公里，爬升200米，主要是下坡478米，所以没有休息吃点东西就抓紧跑，本以为50分钟搞定，但实际跑了近1个半小时，下坡路滑比平路都难跑。没停继续向CP4花鸡坡出发，天黑前多跑点路给黑夜省点时间。这段路线9公里爬升330米下降835米，这段路还好，实际距离可能比路书短一点，用了一个半小时跑完了。现在已经顾不上欣赏风景了，反正三峡这边的山树木太多。北方这个季节山里已经是光秃秃了，但三峡的植被还是非常茂密，就是站在山头也看不到风景，因为都被树木挡住了，而线路拐来拐去感觉很多地方是能切路的。本来沿着盘山公路就能直下去，布标非要钻到山林里多绕点路再回归到盘山公路上，难道纯粹是为了凑够168公里和爬升？

虽然才15点半，但是阴雨的天气很冷，向CP5庙沟水库出发，真正的考验开始了，这段路线8.5公里，爬升522米下降339米，上山还好，大部分是硬石路，但下降时天已经全黑了，穿过一个水洞后山居然全是土坡，前面的选手已经把泥踩得稀巴烂，后面的选手拿着登山杖依然滑得站不住，屁降也没法控制，因为泥里还有石子，从来没有在这种泥巴路里跑过，太累了。下坡的速度越来越慢，而且实际距离超过了8.5公里，我的手表记录跑了16公里才到，用时3个半小时才跑到。已经是19点了，下一个大站是CP6三峡竹海，是个大站。所以我选择了继续战斗，稍吃了点东西，山里很快就黑了，打开头灯就再次出征。

庙沟水库到CP6三峡竹海11公里，爬升下降都是750米左右，这是要翻过一整座山的节奏。夜色已深，我们出来几个人谁也看不清是谁，大家好像有点悲壮，迎着风冒着细雨再次钻进黑乎乎的大山之中。这段路太危险太难了，上山还好，反正就是撑着登山杖往上爬就好了。但下山时彻底崩溃了，山路太陡，全是稀泥和石头，连个下脚的地方都没有，全神贯注还要不时滑倒，有些人是真不怕摔，人家拿着双杖噌噌噌地就下去了，在这里停下真是前不着村后不着店，根本不可能有人救援你，甚至都不会有人发现你。就这样咬着牙连滚带爬地用了3个多小时才跑到，最难的路段1公里就用了29分钟，简直不可思议。

三峡竹海是一个大站，里面的补给非常好，有米饭、鸡汤、肉。这个站点的关门时间是22点半，我到这里是22点，吃了好几碗饭和汤，真是饿坏了，吃饱了就赶紧出发了。从这里到CP7兰芝谷7.5公里，爬升1034米，就是不停地上山，下降不多，还算好，毕竟上山不是特别危险，就是累罢了。时间紧迫得拼命爬呀，这座山太高了，越向上爬风越大，又是3个半小时的鏖战。手表记录才爬到10公里，现在我已经完全不相信官方距离了，每个站点赠送2公里很正常。到达兰芝谷已经是28日凌晨1点了，这个点的关门时间是凌晨2点，这路况根本不敢休息啊，跑吧！

兰芝谷到CP8磨刀溪水库10公里，爬升284米下降932米，雨还没有停，我的热量已经消耗得差不多了，想跑快点暖和暖和，可是下坡又是泥巴石头路。头灯昏暗的光线看哪里都好像是张牙舞爪的鬼影子，一起出来的选手也越来越少了。这段路北京的龚义勇紧跟着我，老武哥和张波这段路超了我，他们的下坡能力太强了。我用的一根短登山杖，下山重点非常难掌握，其中有3公里简单就是一步步侧身挪着下山，屁股都摔痛了。下山1公里都用半小时，大部分人都超了我。我听了一路龚义勇讲他当兵时的故事，听得我昏昏欲睡，就是见不到头。太累了，但绝不能放弃，最后跑得前后都没什么人，在这鸟不拉屎的地方出个差错是真会要人命，颤颤巍巍下了3个小时才到达了磨刀溪水库。到这里我已经连续跑了71公里，总用时18小时30分。这个站点是早上5点关门，我到达的时间是凌晨4点。

磨刀溪水库到CP9秭归体育场8.9公里都是下山的盘山公路，正好遇到五环大神柳毅要出发，我就跟上他一起出发了。原来前面他带小怪兽耽误了时间，现在要开启追赶时间节奏。跟上柳大神我马上打起了十二分精神，跟着他飞奔起来，原来已经麻木的双腿如同打上兴奋剂一样腾空而起，努力保持着五环大神的节奏，其中有6公里居然都跑进了7分的配速。渐渐地终于看到了城市，好像从原始社会回到了现代社会，看到了久违的城市灯火。天已经渐渐亮了，我才到达了CP9秭归体育场，这里是最大的换装点，可以睡觉、洗澡。进门时柳毅已经去睡觉了，铁人三项大神朱风云凌晨2点就到这里了，比我快4小时居然退赛了。他也劝我退赛，我怎么可能退赛？这才跑了80公里，我一定要坚持到底。看到离关门时间只有1小时，我不敢停留吃了点东西就出发了。

下一站CP10长江截流纪念园14.7公里，爬升210米下降313米，难度不大。我出站是和重庆两江的三个老铁一起出来的，一天一夜没合眼，困得我总跑歪，秭归的大马路上都没有人，而我像喝醉了一样晃来晃去地跑着，虽然是跑着，可是看着两江铁人在前面一步步地走也很快把我扔下了。好困啊，现在全凭意志力在支撑着我一步一步地跑着，虽然跑得比走都慢。一会儿又有几个选手追上了我，小鲤鱼一起跑，三峡的路标还是有点少，所以几个人相跟在一起跑找路标方便点，能说说话还轻松一点。天慢慢大亮了，我们跑上了去西陵长江大桥的沿江公路，看着三峡大坝越跑越有劲，3个半小时到达了长江截流纪念园，已经是28日上午9点半了，而关门时间是10点，门口打个卡,连补给站都没有进就直接向CP11双狮岭出发了。

到双狮岭距离10公里,爬升428米下降127米,看起来不是很难,跑不一会儿就过西陵长江大桥。记得2014年时我带龙龙来宜昌玩,就住在对岸三峡大坝总公司大哥的宿舍,早上我带龙龙晨练还跑过这座桥。桥下有一个冬泳基地,我和龙龙还下到长江小游了一段。从这座桥上看长江三峡大坝非常宏伟壮观,想到跑完就能见到大哥和三哥,我兴奋得不觉又加快了步伐,刚才的困意也没了。太阳也出来了,一夜的阴湿终于可以晒干了,不过速度已经明显慢了,进了江对岸的村子找路标费了很大精力,而柳毅和小鲤鱼他们一起加快了速度,我又成了孤家寡人了。跑了2个半小时到达双狮岭,时间是28日12点,关门时间是12点半。晕,正好赶上午饭,农舍里火炉上炖着香喷喷的大烩菜,我狠狠地吃了两碗。真的太困了,真想睡会儿,有点不想跑了,但我还是依然走出了大门。

下一站是CP12吴家包,距离13.8公里,爬升969米下降951米,这是全程爬升和下降难度最大的一个段。我是越跑越困,一会儿乐雪也和我前后跑在了一起,这个瘦弱的女子应该是赛道上最后的女子,她的男朋友在前面先走了。我怜香惜玉地看着她,姑娘家的受这罪干啥?想当她的护花使者,陪她走完最后的5段路程,可是自己的体力也已经是强弩之末,实在是有心无力啊。聊着聊着她就先走了,爬上山头,漫山遍野的都是栗子树,被太阳晒得好困呀。我第一次站下来休息了一会儿,也顺便掏出手机看看我买的股票怎么样了?这一看吓了我一跳,红红的全部涨停呀,赚了不少钱啊,在这儿活受罪,真是有钱也不懂得享受呀(实际情况11月28日是周日,那天根本就没有交易,可能是证券所模拟交易测试,搞得股票都涨停),一下心态就崩了。这时候糨糊从我身边经过,他应该是最后一名,我晕乎乎的不想跑,他超了我过去。唉,一路做着有钱的梦,想着比赛后就买张机票去三亚晒晒太阳、吃吃海鲜,真是快乐死我了。下了这座山又过了一条河我觉得应该快到了吧,走着走着怎么又要开始爬山了。天又开始黑了,还下起了小雨。路边有个伐木工,我问他离吴家包还有多远,他吃惊地说:"你要现在去吴家包?那可是要翻过这座山呀,可远了,马上就天黑了,你要走一晚上才可能过去。"不是吧?我心里嘀咕着,这都爬了一座山了应该没那么远了。我继续前进,很快天就黑了,我就奇怪这一白天就跑了两个站点天就又要黑了?而

一起打铁到八十

且下个站点关门时间是16点半,现在已经是16点了,我还要翻一座山?不可能。小伙说可危险了,我没听就开始爬了。三峡的天真是说黑就黑,爬了一会儿就全黑了,而且是黑得伸手不见五指。雨还越下越大,路标布的间隔很远,根本看不清楚。我爬呀爬,转了个山腰又转一个,感觉又回到了原地。继续爬,坡度越来越大,山路湿滑,我看见一棵碗口粗的树,想抓它借力爬上去,一抓根部,结果整棵树就倒了。真的是倒了,差点把我闪进沟里,树还差点砸着我。天呀,这是要命呀!这时大哥的电话来了,问我在哪里,跑回去了没有,要带我吃饭。我现在想死的心都有了,鬼才知道这是什么地方。忍着泪水,压着声音,强装镇定,回答说:"大哥我没事,你不用等我了,我马上就回去了,还有朋友在等我喝酒,你就不用管我了,明天一早我就回家了。"大哥再三叮嘱了我几句才挂电话。我怎么能让大哥担心,可我现在真的是又冷又饿又危险,挂了电话我再也忍不住泪水了,哇哇地哭了起来。看着周围山不是山、树不是树、草不是草、石不是石,越走越迷茫,感觉自己好像走进了鬼撞墙的死循环,怎么也找不到出路。干脆打电话给于雷,确认一下我在哪里,是不是在路线上。结果电话接通后他说GPS根本不显示我,问我在哪里。我怎么知道自己在哪里,那边一片漆黑,啥也看不见。他问我冷不冷,能不能挺住。我说冷但还行,偶尔能看到路标,就是好像一直在原地打转,他说你天亮能走出来或者志愿者能找到你就不错了。我彻底傻了,要坚持一夜?难道我真的要挂在这里?突然我想起了糨糊,可是没有他的电话,就给小军打电话。他因为尾巴骨受伤早就退赛了,正钻被窝里享受呢。听到我迷路后赶紧帮我联系了糨糊。一会儿糨糊打来电话,我问他刚才走的路是不是我遇到的这样,因为他也是刚到吴家包。他说是这样的,你就沿着路标走应该上到山顶后再路过个茶园就下山了。这下我才放心了,泥乎乎地爬吧,爬上山下山更危险,反正我也是被关门了。糨糊和乐雪在我前面下去也都退赛了,我也就慢慢往下挪吧。终于不知道下了多久真看到了茶园,这下放心了。一会儿下到山脚下志愿者姜斌他们已经在用头灯给我照亮方向了,看到他们我也松了口气,长叹一口气,能活着下来真好啊。18点44分才到达吴家包,这段路我用了6小时44分,简单不可思议,晕晕乎乎地就好像鬼门关里转了一圈。

势在必得的首届三峡168没想到以这样的结局收场,真是无脸面对江东

越野跑马拉松篇

父老。去年香港168被关门，今年三峡168差点丢了小命。意大利巨人之旅330公里太遥不可及了，玩越野简直就是玩命，是不是已经违背了运动的初衷——健身？想不通。我也不回，直接买了去三亚的机票，急需在阳光的暴晒下复活被三峡阴雨折磨的心灵，快速满血复活还要应对五天后周六的深圳马拉松和周日的广州马拉松。

赛道难度：★★★★★
组织能力：★★★★
推荐指数：★★★

整体评价

三峡168越野赛作为国内首个百英里越野赛，赛道难度无疑是最难的，因为线路并不是成熟的徒步路线，很多线路都是终年无人问津的山野路。而比赛时节又在深秋，三峡天气变幻莫测，山路泥滑危险，稍有不慎就可能一失足成千古恨。所以这个赛道只适合越野老炮参与，技术性比较高。组织方面路标布置和赛道距离、爬升高度都有待提高，毕竟赛道距离长，给组织带来了很大的挑战。但赛道补给非常有特色，除了当地志愿者的热情服务和特色餐饮，沿路还可以吃到随手可摘的三峡橘子和香橙。

2015年12月5日

深圳国际马拉松

上周参赛的首届三峡168公里越野赛，差点没跑死，又一次折戟百英里越野，让我对自己的能力产生深深的困惑，百英里越野都跑不下来，330公里的意大利巨人之旅那不更是天方夜谭。不管怎么样生活还是要继续，自己报

名的比赛硬着头皮还是要参加，好听一点的理由：奥运精神重在参与。

三峡差点跑挂了，从来没有过身体热量被掏空的感觉。比赛完我就带着破碎的心情、拖着受伤的双腿，逃离阴雨连绵的三峡，去寻找面朝大海、春暖花开的动力，重整旗鼓再出发。五天三亚海滩的体能恢复，炎炎烈日烤干潮湿的心，咸咸波浪杀掉发霉的伤，爽爽海风抹去失败的泪，拍拍身上的灰尘、振作疲惫的精神，铁人再启程，深圳马拉松我来了！

到深圳自然要和医师跑者大和兄弟喝酒，椰子鸡火锅、几瓶老酒、几个跑圈的好兄弟，也终于想明白了四海奔波去比赛的意义。

给我一双耳朵，聆听世界的声音

给我一双眼睛，看遍大千的美景

给我一双健腿，征服未知的旅程

给我一点时间，创造生命的奇迹

给我一个好兄弟，只为

一杯酒、一辈子、一生情

12月的深圳正是跑马好时节，气温已经凉爽太多了，南方的跑步爱好者确实很多，深圳马拉松的参赛人数远比兰州马拉松、太原马拉松的参赛人数多，更关键的是，女性跑者的占比要比北方的比赛高很多，参赛者的年龄也很低，就如同深圳这个年轻的城市一样，到处都充满了活力。很多美女都打扮得如花似玉，让我怀疑她们不是来跑马而是来开化装舞会的。

没想到无锡铁人楚楚也来参赛，她是4小时半的兔子，按我平时的跑马速度，应该是无法与她的赛道相遇了，感觉有点小遗憾。大和兄弟是医师跑者，全程边跑边关注路上跑友的身体状况，看来我只好一个人孤独地瞎跑了。

早上8点深圳马拉松准时在深南大道市民中心开赛，路线是沿着深南大道一路跑到深圳湾公园，然后折返沿深南大道跑到深圳大剧院，再返回到市民中心。这是一条代表中国经济增长速度的跑道，途经深圳市政府、深圳证券交易所、世界之窗、华强北等著名的深圳地标性建筑，这条路见证了中国经济崛起的奇迹，在全程戒严中跑过这条路，用我们的汗水为中国经济增长奉献微薄之力，甚至可能会对下周的深圳交易所开盘产生积极的影响（确实高开了 0.18%）。

站在起点的那一刻，就好像自己站在了中国经济的浪尖上，心里响起了那首《春天的故事》，为中国经济的巨大发展和变革而骄傲。完全忘记了上周三峡 168 惨痛的经历，枪声一响一个全新的铁人又满血复活冲上了新的征程。

一开始就不知不觉跟上了越野跑界的大神大海，她可是要跑进 3 小时的水平，而我不知道从哪里聚集起来的能量，居然跟她跑了 5 公里，用时 22 分，这个速度是平日打死我也跑不出来的。兴奋来得快，去得也快，5 公里过后三峡越野跑的伤痛就开始一点一点暴露出来，我的速度也随之一泻千里，眼看 3 小时 30 分、3 小时 45 分、3 小时 50 分的马拉松配速员一个个超我而去，我反而放松了。留点力量，明天还要跑广州马拉松，不然旧伤未好又添新伤就完蛋了。

一路放松跑，一路走马观花深圳的街景，深圳是一个被大海、山丘和公园包围的城市，能够在这城快节奏的城市中静下心来，以跑马的速度来游览一次中国经济的新动力，也是一种对财富的致敬。当然，在深圳速度的刺激下，还是有很多跑友难以控制住自己激动的心态，后半程很多跑友跑奔了，看到救护车和医师跑者一路的救援和忙碌，最后得知真的有一位跑友在这场马拉松中永远地离开了我们。

马拉松虽然相对于越野跑距离短很多，但是由于这项运动更注重速度和频率的单一跑步运动，短时间内对心脏的考验更大，特别是半程马拉松距离短一半，参赛者往往更容易急于求成，而跑半程马拉松的很多都是刚入门的新手，好胜心更强，产生风险的概率就更高。其实成熟的跑马者都知道，马拉松比赛不是和别人比赛，而是在和自己比赛，和你平时的运动积累比赛，没有人可以一步登天，也没有人可以不训练就能轻松地跑完一场马拉松。

38 公里又到痛苦的撞墙期，配速已经掉到 9 分，而剩下 4 公里感觉遥遥无期，没吃早饭的饥饿、三峡的伤痛将我推向了最糟糕的边缘，一步步地挣扎前行，原来兴奋的表情已经变得狰狞和绝望。就在此刻，一个甜蜜的声音传到我耳边。"老常加油！"我回头一看，是 4 小时 30 分的兔子无锡楚楚超了过去，不知从哪里爆发出了最后的疯狂，追上她，狠狠地拍了她，也喊了声"楚楚加油！"为她加油的效果简直就是在点燃自己的小宇宙，那一刻我彻底放弃了最后的尊严，跟在楚楚后面按照她的配速跑完了最后的 4 公里，用时 4

一起打铁到八十

小时 29 分 59 秒，排名 2488 名。如果没有楚楚的出现，我估计至少得 5 小时才能跑完，而且经历将更加痛苦。

跑完深马无暇和老友们聚会，拿上行李就坐高铁奔向广州，因为明天还有一场硬仗——广州马拉松。

赛道难度：★
组织能力：★★★
推荐指数：★★★★★

整体评价

深圳马拉松的赛道应该是中国经济增长最快的赛道，赛道经过的深圳南山区是中国智造的领头羊，深交所、华为、腾讯、比亚迪、华强北等知名企业排布在赛道附近，让我们感受到了中国资本的力量。对于喜欢投资的跑者，跑深圳马拉松顺便去参观一下国内一流的先进制造业，将是一次难得的机会。

2015 年 12 月 6 日

广州国际马拉松

曾经路过几次广州都是匆匆而过，印象就是人多又乱。这次跑完深马小雨中来到广州，感觉大广州有种小清新的感觉。这次广州市对广马的支持力度很大，比赛当天地铁免费，让秋雨中的广州多了一分温暖。

这次广州马拉松真的是弥补了我对广州的认知，广马路线居然是沿珠江两岸跑，起终点到在广州标志"小蛮腰"海心沙附近，以前经过最多的地方是广州机场和火车站，原来广州的核心区域居然这么美。

7点半比赛开始小雨就慢慢停了，空气质量非常好，天空和街道都像被刚刚洗过一样透亮，而太阳也柔和了许多。说实话，昨天跑了深马，今天跑广马真有点吃力。比赛前和猛犸队的队友们拍了合影就匆忙开始了比赛，前5公里还很认真地跑，跑了27分，比昨天的深马慢了5分钟，可见身体状态确实很一般。跑到6公里时遇到了太原跑友疯老头任志勇和程向东，兴奋得跟着两位老哥跑了近十几公里，半马时用时1小时55分，还算不错。再往后就跟不上他们的速度了，腿胀痛得总有抽筋的迹象，而我穿着昨天深马的参赛服，也让很多跑友肃然起敬，很多人超我都会夸一句："深马广马背靠背，厉害！"

宝宝心里那个苦呀，你们哪里知道我上周末三峡168的经历有多痛苦。广马的景色漂亮不说，沿途的志愿者和啦啦队也特别多，且热情，很多官方的啦啦队可能都是大学生，小姐姐们穿着专业的啦啦服大声地给我们加油助威，反正我也跑不动了，就一路和志愿者们互动起来，看见志愿者就过去和他们击掌，感谢他们的热情服务。广马补给也有很多特色，水果、各种小吃我是看见就吃，一些私补点的志愿者也热情地把他们给队友准备的食物让给我们吃。这种跑马的感受特别棒，虽然广马是我目前跑得最慢的一个马拉松，但是却是一路最享受的一次比赛，一路拍视频，发了20多条朋友圈，近似全程直播了沿路的景色和啦啦队。这种感觉让我错觉不是来跑马拉松的，而是来旅游和志愿者互动的。30公里时我已经体能耗尽，第一次跑马中开启了溜达模式，第一次认真观察了马拉松过程中选手们的样子。广州马拉松人数比深圳马拉松更多，打扮得更潮，许多跑友化装成电影中的人物，蝙蝠侠、超人、孙悟空、唐僧、机器猫……特别地可爱。就这样我一路游玩一路走跑结合，最终以5小时2分跑回了海心沙。完成比赛就是胜利，人生的目标很多，每一次完成目标都值得骄傲，因为任何目标都不可能不劳而获，这次能够在三峡168受伤后完成深马、广马背靠背。虽然成绩一场比一场差，但我真的努力了。

站在珠江的中心，环绕周边高楼林立的建筑，灿烂的阳光和潮湿的空气好像在给我做SPA一样慵懒，真想躺在草坪上睡一觉。但是，革命尚未成功，同志还需努力啊，赶紧赶路坐飞机，因为周一还要按时上班啊。

一起打铁到八十

赛道难度：★
组织能力：★★★★★
推荐指数：★★★★★

整体评价

广州马拉松的赛道应该是北上广三大马拉松中最漂亮的，志愿者啦啦队也是最热情和最多的。不管你跑得快还是跑得慢，一路上都不会寂寞，志愿者都会给你最热烈的加油和补给服务。我对广州的印象居然通过一次马拉松彻底改变了，这充分说明广州马拉松办得非常成功。

2016年3月12日

问道杭州100公里越野赛

世界这么大，我带你去看看

仙为何物？仙境、仙家、仙女……

寻仙的道路永无止境……

今天早上4点半迎着清晨的第一缕光线继续我的绿野仙踪之旅。昨天15公里越野跑感觉双腿有些疲倦，速度稍快就一身汗水，脱掉短袖光膀子抢起来。跑过竹林时天已大亮，没有了昨天的水汽，路好跑了人却累了。上龙脊线那条石头路感觉有些吃力。沿着山势绕过山谷很快就爬上杭百路线，一路也没有遇到仙人……可能是我不够虔诚吧？

话说小仙在深山老林待了几百年，师父总不让她出山，外面的世界太恐怖，尤其是现在的帅哥，个个都是腹肌男、花心……不然怎么会有小仙……

小仙天真地问师父,男人不都是英雄吗?他们都是拯救世界的超人,就算是小动物也不会伤害!世界这么大,帅哥这么多,我就是想去看看……师父看着天真小仙,摇摇头说,好吧,你去看吧,但不许和男人亲密接触!浮尘一甩,小仙飞出了山谷……

  我跑过一座座山,抓紧时间冲向神圣的灵隐……汗液像泉水一样从额头滴下,腹肌随着呼吸的节奏勾勒出王者的风采。张开臂膀挥动双拳,用最张扬的姿态迎接最灿烂的朝霞!清晨的鸟儿也被这激情的脚步感染得欢唱,天上的云儿也放慢了脚步撒落丝丝微风抹去我任性的汗珠……突然前方刮过一阵迷眼的旋风,定睛一看,台阶上有一个小东西。哇,小刺猬,以前只在书本中见过的小动物,只见它静静地趴在地上,满身的露水在晨光下晶莹剔透,金色的盔甲闪闪发光,这是童话里的小刺猬吗?好可爱,我一碰它就缩成一团,一动不动。跑了几次这条路线,今天居然遇到这个宝贝,看它可怜的样子,是饿了还是得病了?不理它走开又怕它是在求助……好矛盾!原本跑到灵隐寺的计划也改变了,直接带它回房间,想起来还有一堆水果,喂它吃吧。用衣服包起它直接原路狂奔,心里想着它看到美食的萌萌吃相,太幸福了。跑回酒店时光着膀子都不好意思进门,为了它脸皮要厚步子要快!13.78公里用时2小时8分,和昨天15.2公里用时完全一样。 小刺猬一路颠簸来到一个陌生的地方,世界这么大,一定很好玩。"这个帅哥会把我带到哪里呀?我好想和他一起看大海,好想陪他去吃西餐,好想坐上飞机周游世界……哇到了,睁开晕晕的双眼看看未知的世界,这是哪里?怎么直接来到酒店开房间了?"爬起来看见一面镜子,小仙彻底崩溃了,师父!你不让帅哥碰我也不能把我变成刺猬吧!

  看着帅哥拿来的水果小仙哪里还有胃口,龟缩在卫生间的洗漱台下伤心欲绝……我不想看外面的世界了,我想回家!小仙想大喊出来,但是却没有一点声音,因为它现在只是一只刺猬!

小仙的世界没有你

  小仙离开了大山,第一次接触人类文明。光滑的地板让它小爪子没有了脚踏实地的感觉,畏缩在卫生间的旮旯里竖立起浑身的刺,惊恐地看着这个

世界。嗡嗡嗡的排风扇声音吓得它直哆嗦，我们习以为常的关门声也让它惊吓，哗啦啦的沐浴声在卫生间形成的共鸣声让它浑身颤抖……看到带它来这个世界的男神一丝不挂在洗澡。哇！那就是腹肌吧？小仙羞得拼命抓地板想钻进地里，无奈这地板怎么这么硬？根本刨不动！

　　5点出去跑步艳遇小仙，7点半回来冲澡吃饭，马上要去上课，我把水果、鸡蛋、西红柿给小可爱切好，希望它能喜欢吃，又怕它一个人憋闷，特意打开卫生间的排风扇和灯光。课间跑回来看它，只要我开门、冲水，一个很普通的响动都会让小仙颤抖。它生活在大山深处，那里只有鸟语花香、风雨声，来到这里各种声响可能都是它不能承受的噪声。我只好蹑手蹑脚悄悄地开关门，尽可能保持房间的安静……一白天它什么也不吃，真的很担心它的健康。或许它也和猫猫狗狗一样需要经常出来遛弯儿吗？好不容易等到下午带它去花园遛弯儿，希望它能开心地吃点晚餐。在卫生间待了一天，终于来到了户外，被男神放在草地上。这草地怎么长得都一样高，草坪上还有除草机之类的味道，周围的花花草草好奇怪，都长一个样子。有很多美女姐姐过来看我，看着她们穿着花花绿绿的漂亮衣服，看看自己灰溜溜的皮毛，小仙自卑得一步都不想走，蜷缩在草地上一动不动。外面的世界好嘈杂、好忙乱，世界这么大为何我总想找到缝隙钻进去？

　　天渐渐黑了，小仙对身边的水果不屑一顾。别人遛狗是一路跟着跑，而我遛的小刺猬一晚上一动不动，真是让我着急，这样下去这个可爱的生命不会断送在我手上吧？

　　一夜无眠，能听到小仙在卫生间抓地的声音，迷糊到3点多实在不忍心让它一个人难过。本来想让它看看外面精彩的世界，然而这个世界不属于它。不再等待，我要让小仙回家。说走就走，穿上衣服，打上手电包起小仙跑向大山。4点杭州的茶山你去过吗？走过一片片茶山墓地，心里瑟瑟发抖，想想小仙晚上出来觅食，胆子应该比我大多了，为何在我那里大白天也缩成一团？本来就崎岖的山路还下着雨，水雾中的山路弥漫着各种稀奇古怪的想法，总感觉树林里有无数眼睛在盯着我，看得我毛骨悚然，他们是谁？是大山的精灵，还是黑山老妖？不过此刻我还真想看看有什么奇异的鬼怪，起码能证明我们真的有来生、有前世、有妖魔、有神仙……可惜一路我只看到一只为了躲避雷雨和我强光手电的癞蛤蟆……

跑到昨天布满陈年树叶的爬坡石头路时恰逢雷雨大作，突然林子里传出绕梁三日的歌声。《聊斋志异》中帅哥夜行山林，这种场景一般都是艳遇妖精的时候，这时别说路边出现一个披头散发、嘤嘤哭泣的长袍女子，就是随便出现一个人影我都会吓傻。醒醒吧，别自己吓唬自己了，那应该是山雷炸醒的鸟儿在歌唱……山雷一声高过一声，难道是黑山老仙在发怒吗？我抱着装小仙的袋子艰难地行走在风雨飘摇的大山里，生怕小仙淋雨感冒。跑到九曲岭山顶回望烟雨中的层峦叠嶂，这里才是小仙的家，把小仙放回捡到它的地方需要解释吗？我是作秀还是真爱？其实做人不要解释，是智者的选择。人生在世，我们常常会有想解释点什么的想法。然而，却发现任何解释都是那样的苍白无力，甚至还会越抹越黑。山不解释自己的高度，并不影响它耸立云端；海不解释自己的深度，并不影响它容纳百川；地不解释自己的厚度，但没有谁能取代它作为承载万物的地位；我不需要解释自己的爱心，就凭这夜半歌声跑过无尽的山头……

我还没有停下脚步时就已经感觉到小仙在袋子里欢腾，这可不像它昨天一天默默无闻动也不动的表现呀？小心打开袋子把它倒出来，一个刺猬球滚在草地上，心想不知道要等它多久才能看到它动一动，给它打起伞让它在草地上安静地躺一会儿吧，希望天亮之后它能找到自己的家。小仙躺在草地上貌似很享受，看它把埋在刺猬球中的脑袋抬了起来睁开了大大的眼睛，好漂亮。随后像伸懒腰一样伸伸蜷在肚子里毛茸茸的小爪子，我还是第一次这么清楚地看到它正面的形象。它向我晃了晃爪子，眨了眨眼睛，难道是在向我告别吗？很快它翻身站了起来，一扭一扭钻进了草丛，消失在山野之中……我恍惚地杵在原地，昨天遇到它时它一动不动等着我将它带走，一天都没有活动几下，我一直以为它腿脚有问题，现在看到它矫健的身影消失在远方。这里才是它的家，一天的奇遇让它明白天大地大家最大，金窝银窝不如自家草窝，回家的感觉最好！林中传过来一声欢快的鸟鸣声，我仿佛看到灵隐老母抱着回家的小仙亲也亲不够，沉重的心情如释重负……

看着小仙华丽转身离开了我，我心中空空、腹中空空，却不想回去。放纵脚步跑向大山深处，用心去感受小仙的家，想想明白到底发生了什么？跑过小仙常去的美人峰、跑过龙门山、跑向云雾中的北高峰，下山跑到灵隐寺时还没有开门。上次同样路线跑到灵隐寺是傍晚时分，寺庙已经关门不让进，

我爬上飞来峰拜过灵隐。今天是来得太早山门都不让进,我只好在灵隐寺的大门外默默许愿小仙在灵隐山头静心修炼成正果。朝拜完毕一路向东跑向西湖去偶遇断桥边的白娘子。雨中的西湖秀美灵动,油绿的植被将西湖装扮成白富美的女神,碧波荡漾的湖水把耸立在云雾中的北高峰、雷峰塔、杨公堤绘成了一幅浪漫的山水画,而我就是那守望断桥的"情狼"。嗖地一个白影从我眼前飘过,白娘子真的来了?赶紧追上去,只见在林中的岩石上站着一个白装素裹的……小猫咪,真是造化弄人,跑山艳遇到刺猬小仙刚折腾半夜送走。等我的白娘子没有等到,等来只白猫?我堂堂铁人岂是拈花惹草、撩猫逗狗之辈,挥手甩下一夜淋雨的清鼻涕跑向黄龙体育场。一早上跑山24公里、爬升703米,饿着肚子累残废了,用时4小时3分,赶紧找公交回去上课。坐在回去的公交车上,累得眼皮打架,对面座上的壮汉看着比我还累,一路昂头酣睡的样子一动不动。一会儿上来的美女居然紧紧地靠在他肩头睡着了,把我看傻了。杭州真是个有爱的城市,公交车陌生男女也能相互偎依睡觉。一会儿美女醒了羞涩地换到了旁边一个座位,而那个猪头壮汉居然全程保持一个动作也没醒,真是坐怀不乱。难道他就没有感觉到曾经有一个如花似玉的大姑娘借他的肩膀小憩过吗?小仙是不是和这大姑娘一样?也是累了临时在我这里小憩一下?一天的课程忙忙碌碌,晚上依然想着小仙久久不能入睡。床上辗转反侧,索性练练平板撑,这是我第一次学做平板撑,感觉胳膊肘很累很痛,换单臂轮换平板撑动作,居然连续撑了21分钟,难道是小仙赐予了我神力吗?

力挺仙姑圆梦杭百

上有天堂下有苏杭,一直对杭州情有独钟,这几年几乎每年春天都来,却从来没有参加过杭州本地的比赛,这次到杭州出差,机会终于来了。

百公里越野跑步的最高级别,很多跑友完成一次足矣。自从两次168公里越野赛挑战失败,我对越野已经有点心灰意冷,从玩越野跑第一天就想替杨源报仇的意大利巨人之旅也似乎已经离我越来越远了,我已经开始怀疑自己是否有能力去挑战这样残酷的比赛。这次我在杭州出差正好有人求助猛犸跑团完成杭百,为了猛犸跑团中国十佳跑团的荣誉我义不容辞仓促上阵。杭州雨雪刚过大降温，没带越野鞋、手杖、比赛服装、能量胶、盐丸。幸运的是我带了水袋包和大和兄弟送的胸灯，就这样穿着普通运动鞋和平时锻炼的短袖短裤打酱油来了。杭百的路线有一段和我在杭州培训时跑的路线重合，也算是半个主场优势了。杭州100累计爬升5500米，路况以台阶和山野路为主。

3月12日7点杭百在杭州第十五中学正式准时开跑，几百人的队伍非常壮观。杭州这个中国一线旅游城市，清晨人也不是很多，这群穿着花花绿绿的越野跑选手，让周末的杭州产生了平时没有的活力，毕竟现在不是杭州的旅游旺季。前10公里都是沿着西湖风景区最外围的公路跑，大家速度都很快，前10公里我用时不到1小时，最快1公里跑出了4分41秒的速度。

过了CP1开始跑上了西湖风景区内的山路，大部分是防火道，依然比较好跑，基本配速在10分内。到达CP2时已经是10点25分了，跑了3小时25分了，有点饿，吃了点大米粥加咸菜继续出发。

从这开始进入了杭州西湖区的龙脊路线，老焦山是我跑过的路线。这一路山连山，不停地上下，山土路让我的普通运动鞋很难吃消，不是打滑就是被石头磕痛脚尖或刺痛脚底板。进入大爬升后越跑越累，到达过了CP3已经跑了31公里，用时5小时45分。中午的杭州非常热，我反正是临时参赛以完赛为目的，最近培训也特别忙，没有休息好，就开始了溜达节奏。正好遇到被同伴抛弃的西安美女何仙姑，想想我刚被小仙抛弃，同是越野沦落人，相逢何必曾相识。她去年因胳膊骨折打着石膏跑杭百，最后因为天气原因集体在CP4终止比赛。她今年是来复仇杭百，计划28小时走完。看到她那表情坚毅、红扑扑的小脸挂满了汗珠，还有几道被树枝涂黑的印迹，深深地打动了我，仿佛看到了刚刚离我而去的小仙，让我来帮她圆梦吧。

从CP3出来我们就一起跑，我这次用新GPS手表导入了越野路线轨迹，大大减少了跑错的风险。到达CP4已经14点48分了，42公里用时7小时48分。杭州100确实难度不小。从CP4出来就开始了我捡到小仙的路线，我一路东看看西望望，真想再遇到它。何仙姑一直好奇我在找什么？想想也是，小仙已经回到大山母亲的怀抱了，现在大下午的它不可能出现在这么危险的越野赛道上。还是认真带着新捡的何仙姑走路吧，别让何仙姑的复仇之路再次夭折。

到达CP5是北高峰附近，已经跑了一半50公里了，用时9小时52分。

一起打铁到八十

因为是陪何仙姑跑，所以我还是比较轻松的，毕竟这段路我跑过很多次，不怎么累。从这里下去再次进入市区，很快就又回到了杭州第十五中学，绕了大半个杭州西湖区又回来了。CP6已经是60公里，19点35分已跑了12小时35分。天已经黑了，而我们要再次深入西湖景区中心地带的天马山。由于我们的速度不是很快，已经有七八个小伙伴跟着我俩一起出发，天黑大家也好照顾。夜里山路湿滑，我也没有带登山杖，何仙姑把她的登山杖给我一根，这样我也好拨打一下草丛树叶，起到打草惊蛇的目的，爬坡也轻松点。杭州的补给比较简单，就是大米粥和方便面，吃多了也没胃口，不吃还真消耗不起。我也没有准备任何私补和能量胶。幸好没有追求成绩，就陪着何仙姑一路数星星吧。到达CP7时已经是70公里21点37分，何仙姑明显有点累了。吃点东西，我也不急，以她的速度慢慢溜，有些路线不清楚的地方，我先去探路，确定路线正确了再召唤大家过来。好几个首百的选手已经开始抱怨了，他们以为百公里越野就是比马拉松距离长而已，但当他们第一次连夜跑山路时，才发现原来百公里越野如此虐人。这还是在杭州，如果让他们跑三峡、张掖那种原始森林，还不吓死。想到去年三峡168，我也不寒而栗、心有余悸。

70公里后的这段山路我没有来过，好像已经快跑到钱塘江边的大山上了。虽然杭百大部分路段都是台阶，但是也有很大一部分山土路。经过一冬天的积累，山路上沉淀了厚厚的落叶，走在上面发出沙沙的声音。风高月黑夜，西湖龙井区的茶山一片挨着一片，很多人将墓地安放在茶山中。白天看到一座座白石灰建成的圆拱形墓地没什么，晚上穿越茶山看到墓地容易产生错觉，因为墓地经常有插着的金纸做的招魂幡。头灯一打反光，总以为是路标的反光条，等你毫不犹豫地跑了过去，看到的是一座阴森的坟墓，那种感觉……到达CP8已经是13日0点15分，已经完成79公里了，胜利在望。何仙姑看到还剩下21公里就完赛了，在头灯的照耀下露出了傻呵呵的笑容。

没有到终点永远不能高兴太早，特别是越野跑的不确定性太高，一群人兴高采烈地向CP9出发。没一会儿大家就不言不语了，因为跑得激动不小心跑错了路，原来应在半山腰拐弯，冲到山脚才发现没有路标，下台阶容易，上台阶累啊，特别是已经跑了80公里了，多跑一步都不愿意。好不容易快下到山底看到西湖雷峰塔的光影，没想到不走市区又转上了山，一个来自浙江的陈老哥实在忍受不住折磨，直接打车回终点了。宁波的小伙也感觉累得不想跑，原地休息了。我当然想快点跑回去休息，可是何仙姑不能丢啊。跑到CP9终于又绕了几个山头，到达了西湖。这时候已经是13日3点，90公里了。半夜来到西湖边，白蛇姐姐会不会在断桥期待我的到来？想着想着我加快了步伐，只剩下10公里了，穿过苏堤就没多远了。心里想着白蛇就忘记了身后的何仙姑，这一仙一妖谁更厉害呢？回头一看何仙姑没了踪影。

既然承诺要力挺何仙姑圆梦杭百就要说到做到，返回去找何仙姑。奇怪刚才还有脚步声，怎么转眼间就消失得无影无踪？难不成她真是仙姑，还是被白蛇娘娘收走了？回跑了几百米只听见一声"别动"，吓得我以为大半夜遇到劫色的女鬼，只听何仙姑说："我解手呢，你在前面等我。"唉，只听说过人有三急，没想到仙女也这么俗气。

13日4点16分，历时21小时19分我和何仙姑终于携手冲线，帮她圆梦杭百。更让我吃惊的是，何仙姑居然是女子第六，首百完赛就站上了领奖台。

一个成功的女人背后一定有一个落魄的男人，看到她出彩的样子，我悄悄收拾上行李打道回府。公交加飞机，13日10点半，杭州100比赛还没有结束我已经回到了龙城太原。这次完赛要对大和兄弟赞助的胸灯大大地点个赞，带上防水胸灯立刻变身钢铁侠，跑了一夜电量还十足，山林里一点不晃自己的眼睛，非常实用方便！

赛道难度：★★★
组织能力：★★★★
推荐指数：★★★★

整体评价

杭州100和大连100一样都是城市越野，但杭州100的5600米的爬升难度比大连100大。同时杭州作为国内一线旅游城市，越野路线也是比较成熟的徒步路线。春季的西湖风景区鲜花盛开、竹林青翠、山泉叮咚，越野路线穿越好多文化古迹，很容易跑着跑着沉沦于神话故事中。本地人参与比较多，比赛气氛比较好。欠缺的地方就是这条赛道上有两个赛事举办方，所以线路上经常会有两家的旧路标，有时不注意看，容易跑错路线。

 一起打铁到八十

2016年5月20日

青岛崂山50公里越野赛

纵横山海　无敌崂百

青岛是一个美丽的海滨城市,我几乎每年都会去青岛吃海鲜喝啤酒。这里的人们好客而又豪爽,特别是喝起酒来就和那八大关的无敌海景一样,个个都是海量。青岛有一个越野圈的大神——莫言(并不是得诺贝尔文学奖的那个),在他的朋友圈里常年都是穿着一件蓝色破背心和短裤奔跑在青岛的海滨路上的照片,参加三峡168认识了他,听他说要办崂山100,我一听就心生向往。崂山虽然也去过两次,但每次都是走马观花地到景区看看,在这个神秘的临海大山里跑个100公里,那种感觉一定很棒!

正好比赛前一周我出差路过青岛,听莫言说在布路标,恰逢周末我下了飞机就主动参与到志愿者团队中。本来今天太原跑友马强开启太原到北京的求婚之跑旅,小军叫我一起陪跑一段。但由于身在青岛,只能和莫言的一群山夫跑进海上"仙山"崂山祝福马强520公里求婚旅程一路顺风了。早上5点40分坐着志愿者肥猫的车到达仰口游览区门口,这么早景区基本没有人,莫言还是穿着他百年不换的破蓝背心和短裤,背着一背包布标的工具,黑亮的皮肤在日出霞光的照耀下格外刺眼,同行的志愿者居然还有俩妹子,据说都是老驴——小妖热情奔放,一路嘻嘻哈哈,据说张洁也报名了下周崂百,戴着眼镜略显斯文的她总是默默地拿着她的小相机帮大家记录布标的精彩瞬间。虽然我和大家都是第一次见面,但是共同的爱好很快就融入了一体。由于我们都不知道路线,只能跟着莫言走,他拎着油漆喷枪,一路在重要的岔路口和拐弯处喷标记,我带着大家在树枝上绑路标。莫言可是三峡168的亚军,我们拿的东西少也追不上他的步伐。崂山这个景区我没来过,比常规的

崂山景区更朝北，半山腰上有个大大的"寿"字，朝阳正好照在上面，而我们站在字下显得非常渺小。在这崂山，人类的生命显得如此的短暂，我们现在站在这里背靠寿山远眺大海，意气风发，为崂山历史上首次100公里越野激扬文字、指点江山，可能几十年、几百年过去，这个大"寿"字依然每天欣赏着海边日出，每天被来往的游客膜拜拍照，而还不知道那时我们在这个世界能否留下一点点记忆。今天能够为崂山100筹备，能够为这崂百流下自己的汗水，值了！

早年来崂山旅游坐缆车上山，看缆车下的巨型鹅卵石一个个楼房那么大，感叹大自然真是鬼斧神工，造出来如此巨大的石头。而今天的线路是要从这大石块上穿越上去，这个难度可想而知。我没有带越野跑鞋，穿的铁人三项运动鞋，走这种纯越野路还真伤脚。不是这次比赛，非景区部分是不让上的，所以很多以前探的野路都已经被杂草、树枝覆盖了。我们几个不但要布标，还要清理妨碍跑步的树枝，特别危险的地方莫言还带了绳子来做绳索保护。有几处大石头连几个志愿者都上不去，特别危险，而这段路线比赛时还是夜间路线。所以为了保证安全，我们不仅搬石头、规划相对安全的线路做标记，还绑拉绳确保能够承受几百人次的拉拽。这段14公里的路线我们基本上每公里用时半小时多，甚至有1公里用时48分钟才搞定。用了7个多小时才到了中途补给点滑溜口。

快13点了，大家都饿了，莫言安排竹竿队的人员在这里准备了补给会合。正吃得香，回头一个个瘦高熟悉的身影让我大吃一惊。这不是赵鹏哥吗？青岛的大兄哥呀，本来打算今天布完标去找他喝酒，没想到他居然也是志愿者。世界说大起来真大，说小起来还真小，这就叫缘分。我真没有想到他和莫言是好朋友，还是竹竿越野队的扛把子。原来每次相聚都是喝酒打麻将，没想到在越野赛道上相遇了。他对崂山的地形很熟悉，为了加快布标速度，莫言让我们兄弟俩单独布了一段从滑溜口到仰天池的线路。我俩一年没见，正好边聊边布，赵鹏哥的体力真不错，我俩一路小跑很快就布完了这段路线，回头又追上了大部队。

这一天布标22.85公里，爬升1411米，用时11小时7分。

通过这次布标，我也决定跑个50公里，毕竟赵鹏哥当志愿者要在终点等我，不想让他太着急。通过赛道布标来看，路上可能会有蛇，夜间路线非常

虐，早点跑完不要让亲朋好友为我担心。

无敌崂百　爱恨情仇

首届崂百比赛时间是5月21日。5月20日来青岛报到，上周一起布标的小妖热情地招待了我，5月20日本来就是个特别的日子，而今天在青岛也是特殊的日子。当然不是我俩特殊，上周我们布标时，太原马强开启了520公里太原跑北京的求婚之旅，他历经7天今天终于达到北京，准备给他的未婚妻一个特别的惊喜。我俩在一起吃饭时，马强的未婚妻已经被闺密"骗"到了准备求婚的商场，而此刻马强早就打扮成了大头熊的样子载歌载舞与完全不知情的女友互动。我们边吃饭边看直播，当声音响起，天井撒花，马强突然摘下大熊脑袋向小金刚求婚时，我看到小妖也流出激动的泪花。"快答应吧，要是有人为我跑520公里求婚，我一定答应"，原来每个看似坚强的女汉子，在真爱面前都是不堪一击的软妹子。马强干得漂亮！

报到完，下午有小妖的朋友一起去战桥、八大关、第一海水浴场游览，大海游泳是必需的，虽然5月的海水还很冷，本地人都没有游，但我来一次可不容易，必须游。当我一个人冲进大海时，15℃左右的海水相当刺激，海浪一阵阵打在身上，没有坚强的意志肯定会退缩回岸边，一个鱼跃砸入大海（因为跳水实在太业余，跳得很难看）。青岛的海水居然这么透亮干净，几乎每年夏天都来青岛游泳，却从来没有看到过如此干净的海水，应该是一冬天没有多少人游泳，海水自我清洁的结果吧。人类对大自然的影响远远超出了我们的想象。

晚上住在离起点不远的大河东的民宿，这一天又喝酒又游览又游泳，见到小军都没劲说话，倒头睡了。这家伙边吃着小妖送来的樱桃，边聊微信到半夜。明天他跑100公里，我跑50公里，这个夜猫子明天的路线够他整一壶的。

5月21日早晨7点200多名100公里选手和400多名50公里选手同时出发，越野圈的大神都来捧场了，黑哥、乐雪、糨糊等，太原的也被我忽悠团报了30多人，首届比赛这规模相当可以。山东真是体育大省，越野跑爱好者比山西多很多。

前5公里全是路跑，25分钟就跑完了。左拐上山就是原始丛林一样的爬升，人多也跑不开，没爬一会儿就肚子难受。前一天和小妖朋友胡吃海喝得有点不适应。好不容易找到了个大石头方便了一下，才继续轻松上路。由于崂山是石头山，山顶往往都是巨石顶，没有什么高大的树木遮挡，今天的天气又非常好，所以只要到山顶就能看到大海。三面环海，经常是爬山时背后观海，翻过山下山又是正面迎海，而且很多山峰上都镌刻着名家题词。崂山真是一条经典的旅游线路，非常适合我这种跑越野就会看风景的选手。庆幸上周布标已经欣赏过不少景色，不然今天看见这壮美的风光肯定跑不动。

很多补给点的志愿者都是小妖越野队和竹竿队的志愿者，所以我只要报队名就能享受VIP待遇，完全有种主场作战的感觉。10～20公里这段经过龙潭瀑、望海山、太清宫、崂山头、三亩顶，一路沿着崂山海边主景区跑，爬升不大，跑得非常舒服，基本保持在10分左右的配速，趁早上天气不算太热，多跑跑。3个半小时后，从23公里开始才进入了50公里真正的难点，连续10公里的爬升。爬过崂山最高点，一路下坡非常好跑。特别是滑溜口到九水游览区，一路大下坡，狂奔而下，高耸入云的松柏变成了我的手杖，松软弹性的草地变成了我的鞋垫。我就是呼啸而过的风，我就是下山觅食的猛虎，见神杀神，见鬼杀鬼，超了一大片小心翼翼生怕摔倒的选手，只要在我视线范围内的，全部被我超越。

九水景区的峡谷风光非常小资，前面看到的是高山、大海般的壮汉，而到这里看到的就是小桥流水人家的小家碧玉，山谷缠绵、溪流成潭、石阶漫漫、树影婆娑，有点云台山的味道。崂山真是一步一景、一山一风格，让人跑得如痴如醉好不痛快。正如山东的酒文化一样，要不就不喝，要喝就喝到位。酒过三巡我也终于跑出了九水风景区，剩下的盘山公路一路下坡，两边都是小村庄，一气干到底就是终点。干吧，赵鹏哥还在终点等我回家喝酒，再不快点啤酒都不冰了。

最后4公里6分配速直冲终点，50公里跑回来的不到30人，赵鹏哥也是从志愿者岗位撤下来刚到不久。早晨7点出发，17点37分跑回来，用时10小时37分，爬升3076米，总距离51.5公里。50公里比赛就是舒服，一点也不耽误事，比赛完该喝酒喝酒，该走亲访友走亲访友。想想小军他们还得干到第二天早上，我就有点小开心。哈哈，我布的最难赛道留给你们虐吧，八

爷我喝酒去了。

事实证明，崂百后半程确实非常难，小军和不少跑友半夜都退赛了。崂山50公里很轻松，但100公里绝对能让你掉层皮。当然也有非常牛的山东本地选手，冠军送水哥拎着一大桶矿泉水13个多小时就跑完了崂百，这速度比很多跑50公里的选手都先完赛，不得不佩服山东大汉的实力。谁说山东人只会喝酒吹牛，正经比起来没人跑得过。

这几天有人收获了一生的爱情，也有人又积攒下了新的"仇恨"，如小军又增加了一场需要报仇的100公里，也有人收获了不一样的友谊，就像我通过布标和比赛认识了一大波小妖队和竹竿队的跑友。崂山100真是个非同一般的比赛。

赛道难度：★★★★
组织能力：★★★★
推荐指数：★★★★★

整体评价

崂山100作为崂山的首场越野赛，短时间内组织得如此井井有条，离不开青岛徒步爱好者们的大力支持，也离不开市政府的支持。首届比赛之所以成功更离不开崂山这个无形资产的魅力，能够在崂山的主要景区办比赛，让选手既参加了比赛，又欣赏到无敌的崂山风景，实现了跑者、举办方、赞助商和当地政府形象的四赢，无疑是近年来国内越野跑最成功的案例之一。同是城市越野，崂百和大连100比较来看，崂百的难度更大，线路更具挑战性，景色也更加迷人壮观。所以这个比赛50公里比较适合入门级的选手参加，100公里比较适合准备挑战168公里的选手参加。

越野跑马拉松篇

2016年9月16日

太原国际马拉松

太原是一个严肃的城市，生活在这里的人们每天都循规蹈矩，从官方到民间都时时刻刻地散发着老西的稳重和低调。太马好像是太原人唯一一个开放迎客的全民健身运动，已经搞了五六届，一直是不温不火，既没有上马北马的花样跑者，也没有兰马每公里一个美女的惊艳和刺激，更没有无锡、广马那种夹道欢迎的观众击掌互动。作为家门口的马拉松这是我第二次参加，没有铁人三项冲突参加太马真心想跑个好成绩！

上周奔袭2100公里完成了威海标铁和长距离铁人三项（周六标铁、周日超铁）。周一回来已经21点累成狗了，这种连续战斗我并不放心上。毕竟去年干完威海双倍铁人三项后一周就参加北马，照样跑出324的好纪录。所以感觉这次太马也应该没有问题，不过忽略了一点，太马之前我只有三天的调整时间。威海回来第二天就游了一次汾河，跑了5公里，排酸少，中秋节去清徐参观五哥的庄园，中午和二哥、七哥海喝一顿酒，酒……

早上吃了两颗鸡蛋、一袋牛奶就出发了，和温小军、白雪、小菊、北京的贾榜先老哥站在第一排，感觉就像回到了高中体育比赛跑道了，年轻的心让我们激情回荡！跑步就是一种单纯的回归，单位里严肃的韩主任、燕总、海玲……大家站在赛道上都是哥们弟兄。马拉松暴露人性的真性情，在这里没有人会替你走一步，同事们朋友们之间只有最真诚的鼓励和赞美，男人女人都是汉子，喜欢就一把搂住合影留念，暂时回归人类的本质，忘记那些繁复俗礼。

8点开枪小军背着刀旗撒丫子就跑。他就喜欢和外国女选手一起飞跃高山，果不其然，800米后他就谢了，晃悠着脑袋败下阵来。他是4小时的官方兔子非要和特约选手硬干，真是太原硬货！

一起打铁到八十

我第一公里跑出3分57秒的配速，平时打死我都跑不出来，马上降下来速度，能跑进5分配速就非常满意了。起跑半瓶功能饮料，10公里一个能量胶，初步计划跑个3小时30分就OK了。10公里是用时48分，爱拼和乐乐很早就超了我，后来白雪也无情地超了我。3小时30分的官兔花花和王建为超我时死活跟不上。状态越来越差，跑到半程用时1小时48分，看着冲刺半程终点的选手我只能咬牙向前，半程马拉松小菜。我就是硬骨头六连的，不虐不开心！

一路遇水站就拿瓶水从头浇灌，穿铁人三项服就是这点好，湿身不怕，铁人三项鞋灌满水跑几步就甩干了，一路挥洒水珠的感觉一般人根本享受不了这种快感。我就是一团火，风风火火闯九州；我就是一阵风，像风一样自由；我就是一匹马，驰骋疆场杀敌无数；我就是一个铁人，两腿酸痛嗷嗷坚持……跑到25公里时一个3小时45分的官兔出现在我眼前，太原夜跑团的王浩，我要吃掉这只兔子！本来已经掉到6分配速，看见他我不知从哪里抽来了洪荒之力，紧紧地跟着他，他的旗帜刷在我脸上，不要了！他的气球不时地碰在我头上，爽！我目视前方，紧紧盯住他。今天这只兔子我吃定了！不是我变态，太马一路没看见一只美女兔子，我这也是饥不择食！

跟着兔子就是舒服，一路5分15秒的配速努努力勉强跟上，30公里过去了，真的很累很累，兔子说："你别勉强……"这意思是"廉颇老矣，尚能饭否？"我说："你就按你的配速跑吧，别管我！"大喘着粗气，口水都喷在他背上了，他此刻肯定想这是哪来的野汉子，我这小小兔今天就不陪你玩了！也是，本来一路跟着他的十几个跑友都不见了，只有我对他情有独钟紧紧跟着寸步不离。很快就40公里了，我看到了吃兔子的希望，心想终点前……暗暗吞下一口口水，突然他提速了。我也想提，却感觉小腿有点异样，眼看着小鲜兔一步步消失在我眼前。我咆哮着、怒吼着、歇斯底里地拖着沉重的残腿一步步迈向终点。赛道两边的欢呼声我无心关注，很多人在叫我的名字，我却气急败坏地冲向终点，挑战330失败了，站在终点望着3小时45分10秒的时间，我没有惊喜，没有刺激，完成了。安全完赛的感觉掏空了我整个身体，确实透支了，从来没有这么累过。

比赛越多感情却越脆弱，上周威海长距离冲刺终点时我流泪了，因为开枪前铁协的一位官员说要取消我比赛成绩，我还是义无反顾地站在了赛道上，

我也不知道自己为何要像个战士一样去参加比赛,去折磨自己,时光荏苒,我能否激情永驻?

明天北马,坐在火车上思绪万千,一次又一次挑战自己的人生极限,战胜自我依然在路上……

赛道难度:★★
组织能力:★★★★
推荐指数:★★★★

整体评价

太原国际马拉松基础海拔750米左右,相对于北马、上马这类低海拔马拉松,太原马拉松是比较难出成绩的。太原马拉松赛道相对简单,大部分为城市快速路,沿途可看的风景并不多。太原马拉松的商业化运作越来越好,随着赞助商的加入,参赛物品也逐步向北上广这类大型马拉松看齐。

2016年9月17日

北京国际马拉松

昨天跑完太马就马不停蹄坐高铁杀向北京,太马345完赛,北马目标完赛拿奖牌就可以了!

7点天安门广场就人山人海,第三次参加北马,安检一年比一年严格,今年一切液体不许带进场,搞得我没开赛就灌进一些功能饮料!偌大的天安门广场已经放不下北马了,中国式排队存包、上厕所、检录……我轻松站在3万人第一排的代价是硬憋着不上厕所!

没想到旁边是大连100一起起跑的小丫,她计划用3小时30分跑完马拉

松，我红着眼看着她，真想咬死她，同是站头排差距咋就这么大？北马开幕式没有过多的废话，惯例高唱国歌全场高潮起跑，跑过天安门城楼望着毛爷爷我激动地向他敬礼。

刚跑一会儿就遇到了猛哥，他一扭一扭跑的样子让我都快憋不住了，坚持着帮他拍了照。我终于霸占了组委会的第一个流动卫生间——一个大巴，坐在车上看着跑友蜂拥而过，好爽！解手后跑得就是愉快，5分多的配速遇到了山东跑友王浩，他想破4小时，去吧，这速度也太慢了点！一个人正不想跑的时候，遇到了相同配速的青岛美女东东和济南老兵小李。我们一路聊得很开心，互相鼓励相约携手冲刺。一路上有水同喝有路同跑，一会儿就跑到了30公里，35公里小李想跑进4小时20分扔下我们先跑一步，我和东东慢悠悠一路享受北马的拥堵。40公里东东跑不动了，我一路鼓励她坚持再坚持，决不能停下。冲过终点小李给我们照相，很开心，跑得还比较轻松，毕竟4小时33分的成绩没啥好高调的。北马越办越给力，跑友越跑素质越高，我去年跑出了3小时25分的好成绩，今年4小时33分，越跑速度越慢。不过和去年深马和广马连续两天跑相比，这次太马和北马表现可以打100分，昨天太马跑完那么痛苦，今天北马跑完轻松愉快，退一步海阔天空，慢一点享受生活！

赛道难度：★
组织能力：★★★★
推荐指数：★★★★

整体评价

第三次参加北京马拉松，北马现在中签率很低，不是谁想跑就能跑的。所以就算服务有点不到位，大家也都习惯了。只有跑过北马才能体会到中国的人口密度，报到时和起跑时的人流和困难时期排队抢购粮食差不多。北马独特的线路是任何国内马拉松所不能比的，"我爱北京天安门，天安门上太阳升，伟大领袖毛主席，指引我们向前进……"这首歌教育了我们一代又一代人，跑北马应该是每个跑友心中的梦。

越野跑马拉松篇

2017年6月15日

喀纳斯330公里越野挑战赛

美丽的人生总不想留下任何遗憾，虽说君子报仇十年不晚，但谁愿意用十年时间去纠结一个遗憾！让我久久不能平复的这个遗憾就是168公里越野。两次226公里的超级铁人三项、近十次100公里的越野跑我都是100%的完赛率。唯独168公里越野跑成为我心中一道迈不过去的坎，2014年香港168公里越野赛因为路标少、迷路在88公里退赛。2015年三峡168公里越野赛因为第二个夜晚下雨失温在128公里被关门。2016年三峡168公里越野跑了88公里被小军劝退。三次挑战168公里三次失败让我甚至开始怀疑人生，曾士志完成意大利巨人之旅330的梦想，经过这三次168公里越野跑挑战失败的打击，我的"巨人"梦想已成奢望……

开启330公里梦想

168公里一天不完赛我就不是一个真正的铁人！如果上天能够给我一个再来一次的机会，我会对168越野说三个字：干掉你。如果非要在这份仇恨上加上一个期限，我希望是——马上！

万万没想到我正在计划一年后的复仇之战时，国内首个330公里越野跑——喀纳斯330公里越野跑诞生了。干掉330公里直接跨越168公里的疯狂想法刺激得我第一时间就决定报名参加。然而要想参加330公里比赛必须3人组队才能参加，还好在好友糨糊的推荐下，成功组队了北京越野新星盖元培（大家戏称他为盖世太饱）和重庆越野蒋门神，他俩都完赛了去年的三峡168，具备挑战330公里的实力。从报名成功到比赛也就3个月时间，然而这段时间单位工作特别忙，训练时间没有保证，最不幸的是5月20日崂山50

公里越野赛拉伤了右小腿,只能慢慢恢复训练。没有跑量支持完赛 330 公里是不是又是一个和 168 公里一样的仇恨?

上了魔鬼赛事的贼船

6月15日20点,太原已经是黑夜而新疆喀纳斯依然是艳阳高照。强烈的阳光非常刺眼,而39队330公里挑战者已经站在了喀纳斯服务中心起跑点,跟着东丽做热身运动,不知道是天气太热、阳光太刺眼还是因为赛事通知原本19个补给点缩减成12个,且有两个只是打卡点没有补给。这意味着330公里平均每个补给点之间距离是33公里,大部分补给点只提供水和最简单的食物。因此出发点上每个队员都必须带好强制装备:充电宝、水袋包、睡袋、帐篷、急求包、头灯、冲锋衣裤、保暖衣裤、救生毯、毛线帽、充足的食物……(这些都是时刻必须带的装备。)比赛中有四个转运点,330公里只有四次机会可以调整装备。更可怕的是全程没有路标,需要自己靠轨迹导航,而我的 GPS 手表只导入了前 10 个站点的轨迹。鬼才知道这比赛怎么玩,所有的人都有一种上当的感觉,从未有过的比赛压力让大家目光沉重,缺少了以往赛前的作秀,更像是去接受生与死的考验。随后的五天五夜我们将经历什么样的磨难?哪个团队能够坚持到底呢?

大黑湖今夜不寂寞

20点起跑,身背重负的选手冲出起点直接拐错了方向,很快前队变后队奔向山坡。这不仅仅是一场耐力和体力的比赛,更是一场智力的较量,谁能不迷路谁能最合理地分配体力谁才可能赢得这场比赛。糨糊孙喆说,"跑过前75公里还能保持刚开跑的状态,才有可能完赛",我的两位队友认真地分析了每站应该分配的时间和休息的时间,而我赛前一天刚收拾好行李,根本没有时间分析赛道。一开始就是土坡上山路,太阳晒得出油,因为怕晒伤我们三个都长袖长裤,热得要命,盖世太饱很快就大汗淋漓,蒋门神也蔫蔫地跟在大部队最后面。我们甚至落在糨糊后面好远,看着其他团队背着徒步大包飞奔而过,我们的实力真的是弱爆了,很快成倒数前三的队伍。我背的东西最少，先追上糨糊再追上楚楚。糨糊、楚楚和包达人是禾木乡代表队，他们提前一周来适应赛道，天天除了体验赛道美景就是大吃二喝，眼馋得我们不要不要的。他们还有赛道私补，所以我打着小算盘，跟在糨糊大神后面混吃混喝混路线，这样能省下自己找路的时间。然而人生不如意十有八九，禾木乡队让我跟得很心塞，楚大女神的大长腿健步如飞，跟了她2公里我就不敢跟了。在路边等队友等得被蚊子包抄，逼我原地打转……很快队友和糨糊慢慢悠悠地晃过来了，楚楚一路冲锋打头阵，糨糊稳坐中军不急不火在赛道拍照胜似闲庭信步，而包达人因为拉肚子一个人远远地落在最后……这种状况完全打乱了我跟跑的计划。经过第一个补给点大黑湖时，补给点彻底破灭了我们的幻想，只有矿泉水和梨。这个时候天已经彻底黑了，真正的挑战才刚刚开始。夜黑路标少，很快我们就有点迷失方向，大黑湖黑漆漆的，安静地躺在山谷的角落里。而我们此刻的心情恰恰相反，眼看着前面队伍的头灯消失在大山的尽头，盖世太饱拿手持GPS也不熟练，总是跑错路线，渐渐地我们跑进了一条河谷，几乎无路可走，一条小河成心与我们作对，一会儿左边一会儿右边挡住我们的前程。刚开始大家还怕湿鞋，小心地套上防水套过河。到后来根本来不及折腾鞋，直接蹚着河水过，深夜不停地过河。这个夜里寂寞千年的河谷被一群越野人搞得彻夜不眠……

绝晒逢生

喀纳斯的夜很短，每天23点才天黑，早上4点天就蒙蒙亮了，近5个小时在山谷中穿越河流，盖元培的脚已经泡肿了，他依然在坚定地寻找路线。刚上班那个时候他是个210斤的胖墩，为了减肥他刻苦训练，从一开始只能跑400米到去年完成三峡168公里越野，鬼才知道他付出了多少辛苦。现在身材娇小的他更是自信心爆棚，一路坚定地带着我们走各种错路，终于天快亮了。我还是忍不住和盖世太饱说，我们已经很饿了，天亮了还是按路标走吧……最后一个路标不明确的地方，他又带领我们冲下河谷。看着翻腾的浪花，我心想不可能过这样急流的河水吧？正在我犹豫不决的时候，山坡上传来一低沉的声音喊我们，回头望去，黑乎乎一团。原来是一个黑马骑士，这大半夜的他是上天派给我们指路的吗？真是谢天谢地，要不这下走错可是错

得十万八千里了。

  天越走越亮,景越走越美,我们越走越饿。不知不觉又和义乌跑吧越野队相遇了,全江明状态不错。他们队的小伙子龙平特别兴奋,跑了一晚上见到我们就像见到亲人一样,唠叨个没完,背着硕大的双肩背包健步如飞,还专门和我飙速度,追上我们就没消停过一分钟,从跟跑到领跑,终于把我们带进了禾木乡,可惜多绕了2公里。坐在禾木乡的补给点,这里应该是补给最全的一个点,也是志愿者服务最好的一个点。

  比赛第一夜对每个队伍都是一次巨大的考验,毕竟都是业余组队,队员们彼此也都不了解。很多队伍在这个点都产生了争执,还好我们三个没有产生什么矛盾。禾木乡到下个站点贾登峪30公里左右,注定这将是一段艰苦的赛段,出了禾木乡就沿着河谷开始爬山,喀纳斯河水翻腾的浪花就像碧玉一样透明翠绿。在山顶望去,河水正好在这里迂回成一个半圆形,把对面的山峦装扮得像一座巨型的盆景。走了6个小时还没有到,我们带的水都喝完了,而河水只能远观根本喝不上。最可怕的是想找个树荫避避暑都没有,山坡上都是低矮的草丛,想找个地缝钻进去也没有。我们三个像苦行僧一样无奈地煎熬着,盖世太饱已经成了"盖世太渴",出现了严重的中暑状态,不想走也没有办法。

  就在我们接近绝望时,突然想起了急救包里的藿香正气水和葡萄糖水,赶紧分了喝了点,就这样又坚持了一段终于看到半山腰有一个客栈,简直是救命!休息了半小时继续上路,下了山坡好不容易走到河边,过了河又开始翻另一座高山,这一天爬山爬得想吐。为何这里的每座山都是又陡又高,永远没有尽头。从早爬到晚,爬得牛群都回家睡觉了我们还在不停地爬呀爬,又一次把6瓶水完全喝干了,还爬不到山顶。如果沿盘山公路爬我们肯定死定了,幸好来了一个志愿者告诉我们要一路切上去,就这样我们还是走了很久。爬到山顶看见贾登峪还要继续下山,虽然下山也很累,但却看到了生的希望。这CP2到CP3我们走了32公里,暴晒了10小时16分。打卡后的第一件事就是一人先灌一肚子水,然后找酒店洗澡吃饭睡觉,真的不能忍受了。只有休息好才能有体力继续战斗……冲个澡躺在被窝里秒睡,我还能起来继续战斗吗?

天无绝人之路

我睡一张床,两个胖子挤一张床,什么呼噜声、马路汽车声都完全听不见。22 点睡觉,闹钟定到凌晨 1 点半 30 起床。开个房间就睡 3 小时,从比赛当天 6 月 15 日早上 8 点起来到 6 月 16 日 22 点 30 多个小时没有合眼,现在睡得那叫一个香!铃声一响,马上起床,谁都没有留恋一分钟热被窝。吃点东西继续出发!

走出酒店走向黑压压的大山,这次由我来导航,CP3 之后没有路标,我自愿承担起了 3～10 打卡点的导航任务,因为我的 GPS 手表是我坚强的技术后盾。迎着凉爽的山风,我们矫健的步伐说明大家恢复得都很到位,糨糊说"跑过 75 公里后比赛才刚开始,双腿要像没开跑一样",我们此刻自豪地说确实做到了。和昨天下午暴晒得快死的时候相比,现在的我们真的是满血复活。到 CP4 不就是 40 公里吗?三个人异口同声喊:"干!"

睡了一觉,我们的名次又提前了几位,因为又有队伍退赛了,蒋门神说我们有可能进入前 20 名,哈哈,第一次越野跑名次这么好。我冷静地告诉他,不要和别人比,关键是我们要坚持到底,完成比赛!

讲真的,前几段路我没有研究好手表导航,睡了一觉突然就像开天眼一样轻车熟路。路线正确跑起来也轻松,甚至一些小拐弯我都能准确地预测直接切掉。这在伸手不见五指的大山里不跑错方向,不多绕路线,无形中节省了大量的体力,比第一天晚上跑得轻松多了。正在为自己的导航水平叫好时,突然一次小切路让我们盲目地爬上了一座植被茂密的大山,累死累活爬上去发现正确轨迹在对面大山上,两山中间隔着一条流水声挺大的河。这下队友不干了,这能过去吗?听河水声音很大,这山坡这么陡,怎么下?是呀,黑天半夜下又深又陡的山谷,下面还是不知深浅的河水,按这线路走纯粹是在玩命!

退回去重走,那可是要至少多走 4 公里路,耗时耗力不说,说不定走过去还是一样要冒风险过河。与其抱怨不如实干!我说,你们等等,我去探路。我借助头灯高亮度照亮,一点点从陡峭悬崖慢慢挪下去。刚开始山坡真滑,需要控制速度,一失足就可能直接滑落滚下山。下降 200 米后坡度明显放缓,

危险程度大大降低。等来到河边一看,河水不深,和我们昨天晚上过的河水差不多。我长出一口气,真是天无绝人之路!

过了河又爬上另一座山,上了这座山,山顶是大草原,天也快亮了,草原却变得越来越大,一望无际。一路上我们没有看到任何选手,应该是落他们很远了。山里的气温只有10℃,山风还很大,吹得我们瑟瑟发抖。早上7点天亮时我们已经走了20公里,两个小胖子又困得不行了,只好打地铺睡会儿。虽然现在挺冷,他们坚持不住也没办法。我没敢睡,坐一边看他们睡为他们挡挡风。山坡上的牛、马也睡醒了,悠闲地在草原上觅食,看得我肚子咕咕直叫,吃了几颗大枣就算早餐了。等他们苏醒过来后,精神状态好了很多。这段路线爬升不大,我们又可以奔跑起来,让身体出出汗,排除一下刚才睡觉体内的湿气。

快跑到山顶时,发现后面追上来不少人,糨糊也在其中。他们昨天22点就出发了,怎么跑到我们后面了?原来他们也是让那条河堵住了去路,半天找不到过河的地方,真是起个大早赶个大晚。

快到中午时我们终于爬上了最高峰,远眺山下的大草原就是我们要去的地方,但这个山头非常陡峭,而且都是碎石头路,一群群的牛羊正在上山,还有牧民的大车也扬着漫天的灰尘和牛羊群争抢着山路。实在忍受不了在烈日下闻着牛羊粪钻在灰尘中跑在盘山公路的浮土中的感觉,我们只好切路沿山谷而下,虽然脚底受点罪,但至少不会窒息。

下了山跑进草原,跑了3公里才看到CP4的小帐篷,烈日下它显得如此的苍白无力。这里只提供水和晒干的馕,看得我们只想哭,没想到跑了40多公里16个小时,爬升1900米后连个阴凉地休息都没有,更别奢侈吃个热水泡方便面。大家正在愁眉苦脸时,"我想静静静"队的私补的三个大美女看见我们的可怜样,主动把她们泡好的方便面、甘甜的西瓜、浓香的酸奶、蜜汁的鲜桃让给我们吃。

奔跑吧,胖子

CP4出来的下一个打卡点是33公里、爬升1732米的呼吉尔特。CP4没有阴凉地可以休息,我们补给完就上路,计划路上找个树荫休息。刚出来我到路边解个大手的工夫，他们已经走得只剩下两个小点点了，我一路奔跑一路喊他们方向错了。无奈！狂追了1公里他们才听到我的喊声，挥手指示他们按照我的方向前进。在大草原上画了个大大的弧度后我们三个终于又回来了正确的轨迹上。我明白他们走困了，人困到极限是容易出现幻觉。

找到一条溪边的小树，蚊子多得没法睡，我们套上长裤、围上头巾、戴上眼镜和手套，才美美地睡着了。睡得正美，突然感觉有人偷拍我。我这也是够机灵的，有人偷拍都能感觉到，原来是糨糊孙喆追上我们了。睁眼一看旁边，每棵小树下都躺倒了不少选手。这帮越野疯子也真是狼狈得够够的，什么网红、大神躺到这里都像一堆烂泥。糨糊又被队友远远地抛在了最后，禾木乡代表队不好混呀，只好跟着我们一起走。这段路线设计得真是奇怪，围绕着大草原走个大C字，一路的牧羊狗吼叫得盖元培差点尿裤子，从小被狗咬过的他真是见狗如鼠。我们就快被转晕时才找到了正确上山方向。转了3个小时又困得不行了，山脚下有个牧民家，我们买了点酸奶，我说我们就在屋檐下休息一下吧，床是肯定不能睡的。就这样我们在屋檐下又睡了1个小时，舒服地躲过了下午最高温的时刻，双赢！

给牧民兄弟40元钱、留下他们没有尝过的压缩饼干后，我们又上路了。无尽的山路再次让我们感到绝望，这次的山路一边都是铁丝网，不存在切路的可能。而一阵阵雷声也由远而近，天气凉快我们加快了速度。远处的夕阳把天空装扮成荣耀的光辉，一边乌云密布、一边霞光异彩、一边电闪雷鸣、一边斗转星移，云层低得就好像爬上山头触手可及，真的是太美了。特别是盖世太饱，此刻兴奋得像小孩子一样忘记了脚痛跑得飞快。"轰"的一声炸雷过后，雨滴下来了，虽然旁边有村庄但没有避雨的地方，也没有饭店和旅馆。离打卡点还有5公里路，路是盘山公路。

已经23点了，盖世太饱此刻彻底爆发了，我也不知道他哪来的勇气，他说，"我给大家去打前站、找酒店去"。说完一溜烟就跑了，目测配速每公里也就5分钟。我和蒋门神吃力地慢跑了2公里，盖世太饱的电话就来了，住宿找下了，晚餐订好了，赶紧过来，离打卡点400米。我的神，这不可能吧，这速度5公里背着大包他最多半小时搞定，还订好住宿和饭菜。现在是深夜呀，我以为他在开玩笑。我和蒋门神又走了2公里，空旷的山野连个毛都没有，他不会是被狐狸精抓山洞里去了吧？我们又走了十几分钟进了村庄也没有看到一个亮灯的房间，更别说酒店。又走了十几分钟看见亮灯处有人叫我们，一看是打卡点，晕！人家问你们怎么两个人？我赶紧说另外一个解手去了，马上到。心想这个盖骗子搞什么鬼，赶紧打电话叫他来打卡，一会儿他还真跑过来一起打了卡。

原来我们刚才已经走过了他说的地方，那个黑漆漆的夜里他让我们找国旗。我的天哪，我们可不是他那2.0的眼睛。也真服了他还真找到一个牧民家的大通铺，还有热腾腾的米饭和一盘不知名的热菜、一盘拌黄瓜。三个人狼吞虎咽地吃完，打开睡袋就睡，那一夜我梦见盖世太饱吃上牛粪摇身一变，变成了盖世英雄！CP4到CP5我们消耗了11小时9分，累计跑步距离已经149.2公里了，还不到比赛的一半，最痛苦和艰难的时刻就快到了！

恶战，还是饿战？

在呼吉尔特的大通铺，非常奢侈地睡了3个多小时，4点半醒来收拾利索出发就已经5点16分了。水袋里装满了民居的自来水（有可能是山泉水），因为今天又是一场恶战，话说从比赛开始哪天不是恶战？

从CP5的呼吉尔特到CP6的铁热克提乡距离24.2公里，爬升743米，难度本不算大。刚出发大家恢复得不错，跑得比较兴奋，爬上来才发现，地形从这里变化了，山变成了高大的石头山，原来少见的树木也茂密起来。山顶一侧是一望无际的草原、白云，另一侧则是层峦叠嶂的高山峻岭，而我们要去的方向正是遍布大山的方向。虽然此刻心理阴影很大，但山高人为峰的霸气依然让我止不住仰天长啸，一吐连续困倦几日的郁闷。既来之则安之，算是给自己增加点难度吧，我们没有退回，穿梭在山林间。还好是早上出发，视线好危险程度就大大降低了。爬过两座山还要再过一条大河才走对轨迹。跑错路的心理压力贼大，队友们跟上你受罪那种自责是不需要任何语言来描述的。没办法，我们三个现在是绑在一根绳子上的蚂蚱，只有生死与共才能完成比赛。翻山还好说，过河真是一件危险的事。这条河水流很急，两个胖子脚都起了水疱，挑破了，不想进水，找了好几处地方都过不去，没有办法还是硬着头皮涉水过，每天早上一出发就湿鞋已经成家常便饭了。

步入正轨后全是盘山公路，我的状态非常好，常常一个人跑在前面带路。

其中有一段小切路，我们居然走散了，我爬上山在一个岔道口等他们，而他俩不知从哪里切路反而走到了我前面。就这样我等他们，他们等我，白耗了40分钟时间，等我感觉有问题打开手机联系时，才发现手机一直是飞行模式。好不容易我们会合在一起时，又发现跑过了最关键的一个分岔口，还是偏离了轨迹。真是头大的一早上，索性抛开导航沿公路路标走起来。一般的越野都有路标，只要沿路标走就不会错，而这次330公里全靠自导航，很多拿手持机导航的朋友胳膊都拿得抽筋。自导航走错了路的只有哑巴吃黄连有苦说不出。跑到村口三个人又心虚，不在轨迹上怎么办？又专门上山转了一圈才下来，在打卡点前方爬了2公里山路才又回去。原来很多队伍也都走错沿公路走了过来，我们画蛇添足也是为了平衡一下走错路的小纠结。这段路线加上我们晚上休息时间用时10小时17分。打卡点每个队提供了10个小肉包子。两个小胖子进村口就饿晕了，在小卖铺买了两碗方便面高兴得不得了。打卡点还提供25元一份的新疆拉条子，不管多少钱也得要一盘，终于吃上了正经饭。

跑了200公里差点跑出中国

休息了1小时，两个小胖子已经累残了，特别是盖世太饱吃也吃不动，睡也睡不好，他们脚底已经水疱套水疱了。每次看他们挤水疱我就心惊肉跳，真的惨不忍睹。更可贵的是两人一声抱怨都没有。

出了小镇右拐又开始上山了，下个站点40.4公里，爬升1075米。我又给大家打气，不就是个马拉松吗？干起来！173公里过去了依然没有跑出禾木乡，禾木乡把喀纳斯景区包了起来，这个乡应该是国内最大的乡之一。正当响午，天热得要死，天生性格傲骄的盖元培痛苦地迈着沉重的步伐，我能够感觉到他每走一步脚钻心地痛。为了减轻他的痛苦我替他背上背包却依然走得不轻松，要是一般人肯定已经选择退赛了。而他自始至终都没有一句想退赛的念头，真是一条月半好汉！走了6公里走到了喀纳斯景区的北门，走得我也快崩溃了，背着两个人的包近20公斤，全部是上坡路，每走一步都对脚底产生巨大的冲击力。盖元培包里的东西比我的重多了，真理解不了他背那么多东西都能用得上吗？喀纳斯景区太大了，我们从景区游客服务中心出

一起打铁到八十

发,走了三天三夜还在景区附近打转转。这个时候一个爽朗的声音叫得我肉麻,"老常,我们又见面了!"一听就是楚楚女神的声音——这个带着姨妈上路的禾木乡代表队大神,以前每次比赛不管是马拉松、越野还是大铁,只要跑步阶段我都能轻松超过她。这次楚楚真是一战封神,从一开始每次遇到她,她都是活蹦乱跳的,那状态就像是来游山玩水捎带跑个330公里越野一样,现在她和包红两个人走得非常轻松,据说糯糊还在他俩前面。我们现在不可能跟上她的节奏,三个人找了个阴凉的地方怀着对楚大神景仰之情迷糊了一会儿。

景区的盘山公路爬个没完没了,贵州的擎天一柱和我们相跟跑了一段。他的队友都已经退赛了,他一路和别人临时组队继续前进。最后他不但跑完了250公里体验全程,还自己又加跑了80公里凑够了330公里。看他瘦得和杆一样,却背着一个巨大的登山包,真不明白他是哪里来的神力和耐力。这段路线一开始我和他跑得太快,消耗的体力过多。到达山顶,山北边是中哈边境大峡谷,如同世外桃源一样,翠绿的山谷、弯曲的河流和一座高耸入云的雪山,这样的景色其实一路看过了很多。如果第一次来这里的人一定会感到惊艳,而我们已经有点审美疲劳无暇欣赏。终于熬到下坡了,两个小胖子也缓了过来,远远地把我抛在后面。这几天我的状态总是这样:白天非常强,每天出发都像没跑过一样兴奋,一到晚上天黑就蔫了。不喜欢跑夜路是一方面,另一个重要原因是不懂得平均分配体力,状态好就总想多跑路,到最后体力就有点跟不上了。不过还好没有掉链子,只是慢点而已。到达白哈巴又是深夜了,我们这几天行程就像踩着点一样,每次到深夜该睡觉时就到了打卡点。白哈巴的志愿者很负责,早早就到村口引导我们,生怕我们走错路走到哈萨克斯坦国去。

白哈巴应该是一个特别美丽的村庄,可惜我们深夜来访,一路的铁丝网那边的异国风情我们两眼一抹黑。惊喜的是到达打卡点居然有方便面可以吃、有热水可以喝。吃了方便面,对面有个客栈,一个床位50元还能洗澡,三位大侠二话不说,钻进黑漆漆的小院赶紧洗洗睡了。到这里已经跑了213公里了,这段路线40公里我们用时11小时3分。最艰难的时刻马上就到来了,留给我们的时间已经不多,能否完赛就看明天!

人不能两次走进同一条河流，却能一次走进两条河

白哈巴的夜很安静，安静得我都没有听到呼噜声、鸟叫声……就像我们来到这里一样，没有璀璨的灯光。

6月19日早上4点，我们再次整装出发了，我们是倒数第二支队伍离开这个村子。和很多起点一样，我们再次走进了草丛和溪流之中，这已经是我们第四个晚上出发了，白哈巴连补给换装加睡觉一共待了不到4个半小时。半夜出发走出村庄时，一群闪光的眼睛在盯着我们，这几天晚上穿山越岭我们已经习惯了，那是羊群的眼睛在头灯的照耀下的反光。它们好奇地看着我们，其实我们很羡慕喀纳斯的牛马羊群们，它们自由自在地在草原上觅食，困了就躺在树荫下打盹儿，饿了随口就是肥美的水草，个个长得油光发亮。而我们每天睡得比牛少，起得比羊早，跑得比马多，我们作为高级生物却干着连牛羊都不愿意干的事，为什么呢？因为我们在为理想向大自然宣战！

爬上山回望白哈巴，哇！真的是太美了！草原大峡谷中的一个小村落，袖珍而寂寞。如果不是赛事谁会来光顾这个边境的小村落？如果不是我们坚定地走下来，谁会想到我们会在这里度过一个无梦之夜？现在近半选手退赛的退赛，改成两人体验组，我们只要完赛就肯定在前15名了，但此刻蒋门神早已没有了当初知道我们能进前20名的欢乐。

中国境内青山绿水，对面的哈萨克斯坦的大山白雪皑皑，日出的霞光映衬得雪山流光溢彩。走在这样的景色里再困再累也会激动得云消雾散，山谷里是满山遍野的金色花朵，那是五台山都少有的金莲花。在这里还有开着白色花朵野生的大葱。我拔了根大葱吃，甜里带着辛辣非常提神。浓密的草丛会不会有蛇？我们每天都跑在丛林之中，也没有看见一条蛇。是我们运气好，还是这里就没有危险的动物？

好不容易爬上山顶开始下岗坡，突然一个晴天霹雳，随即大雨来临。跑了好几天还真没有遇到大雨，总是打几声雷下点小雨就结束了，看来今天不会这么好运了。我带的一次性雨衣根本挡不住这种大雨，幸亏蒋门神带着防水冲锋衣，把他的厚雨衣让给了我，再晚一会儿还真会被冻失温。

跑到底我们傻眼了。山谷下面是乱石滩河流，路线要我们沿着乱石滩河

谷顺流而下。雨越下越大，河水越来越急，我们来不及思索，雨再大河水可能会涨得更快。我们沿着河谷小心地踩着刀片般的乱石前行。困在这里的三个台湾人组队看我们过，也硬着头皮跟上我们一起走。跑了四天的脚终于在这乱石滩里磨出了钻心痛的水疱，可是想想盖世太饱和蒋门神他俩那已经血泡累累的双脚，我还有什么可唏嘘的，跟着他们蹒跚地走在满心怀疑的河谷里。心中祈祷着千万别发洪水，别来个泥石流……

盖世太饱说走出这条河谷就有公路跑向打卡点，然而我们走到路线拐弯处后集体哑火了！这是什么路？这根本就没有路！交叉口居然是两个山谷的河流交汇的地方，两条河在这里汇集成奔腾的大河，而导航指示的方向居然是让我们左拐进入那条如洪水暴发一样的山谷。我们几个站在两江交汇处足足发呆了5分钟，真的是要继续逆流而上吗？真的是不要命地干了吗？我们还有其他选择的余地吗？在这大山里面，导航是我们唯一的出路，因为手机没有信号无法联系外界。河谷两侧都是树木茂密的高山，没有任何人工可走的线路，不能再耽误了。如果雨继续下下去，我们可能真的会被困在这里。

蹚着深到大腿的水，用登山杖紧紧地扎稳水下的泥沙，防止被流水冲走，小心翼翼地从顺流而下的河转向另一条逆流而上的河。这条河很宽，河谷的山壁下偶尔还会有流沙滑落，河谷的乱石都是从山上滚落下来的不规则石头。组委会选择路线时肯定没有考虑到大雨中的河谷如此危险，如果在旱季，这里肯定是个小桥流水人家的浪漫徒步路线，而此刻，我们看到的是上游滚滚而下的黄泥汤、河边怪石横立的大滑坡。虽然已经走得筋疲力尽，但我们根本不敢停下脚步。走了3公里左右，本来被水疱麻木的脚又被石头硌得生疼。终于看到了转机，开始爬山坡离开河谷，爬山坡虽然更累，但是只要不走在危机四伏的河谷，我们就谢天谢地了。爬上一座高山时，雨也停了，太阳又半遮半掩地出来了——它也不好意思专门戏弄我们。

山顶上孤零零的CP8"那岔路"打卡点除了水和人手，一个干面包也没有，我想走到这里的每个选手可能都欲哭无泪。这段21公里的路我们用了近10个小时（含白哈巴休息的4个小时）爬升1338米，看这数据好像没什么难度，却是我们比赛以来走的最危险、最艰苦的一段路线。

下个打卡点CP9那仁牧场距离这里15.8公里，爬升只有487米，我们决定不休息，直接奔向CP9。因为那里是转运点，有我们最后一次的自补给装备。趁雨刚停、天不太热我们沿着盘山公路下山。原本以为一路下坡的盘山公路能跑起来，结果大批牛羊走在公路上，把草地上的稀泥也带上了公路，连续拐弯陡降的公路非常泥滑，连汽车下山都需要一路刹车慢慢通行，甚至比人走得都慢。我们疼痛的两脚需要努力地调整平衡才能不滑倒。一路夹杂在牛羊中间前进。三个晒得黑不溜秋的野人像牲畜一样盲目地走在泥泞的公路上。直走得烈日暴晒淋雨的衣服晒干又出汗再湿透才看见了那仁牧场。就这15.8公里我们用了4个半小时，比赛越往后，每走一步都是自身极限的一次突破，毕竟到现在已经走了250公里了，没有一点"二百五"的精神真是难以坚持。

CP9设在草原边，没有一点可以遮阳的地方，席地而坐把转运箱里所有吃的都拿上，因为后面的路程可能真没有什么吃的。其实我们准备的补给也就是葡萄干、压缩饼干、能量棒之类的，没什么可口的好吃的。还好在这里又遇到了"我想静静静"队，静静静美女们又赏赐了桃、酸奶，雪中送炭啊！这个补给点我们是最后一组到达，吃了桶方便面和一根黄瓜，补给点就要撤了。我们不敢休息，在这里休息要影响补给点的志愿者返程。还有一个重要因素，志愿者说我们快被关门了，时间已经不允许我们再休息。真如晴天霹雳，我们哪还有心情休息？到了生死时速的时刻了，人生能有几回搏？拼！拼！拼！

植物大战僵尸

昨晚雷雨大作，我睡得焦躁不安，梦中一直还活在无尽的越野当中，为关门时间的临近而疯狂，为选择合理的路线而大声呼叫队员。这样的梦境我从没有来过，参加过多次越野，喀纳斯的残酷可能会在我的脑海深处留下永久不能磨灭的烙印！

CP9出来大家都很疲惫，一上午的暴雨和抗洪救灾一样的爬升，体能已经严重透支，精神上还要高度紧张去追回逝去的时间。关门的时钟如同一把利剑随时可能如同刺眼的阳光，刺穿我们最后的防线。暴晒之中我们又一次蹚河而过。赛事摄影师非常辛苦地在这段跟拍我们，三个人强打精神跑起来展示"华瑞疯狂铁人队"不可战胜的气质。然而等摄影师一撤，我们马上就

变成了泄气的皮球。CP10 三道湾距离 18.2 公里爬升 1010 米，这个打卡点据说是无人打卡点，也没有补给，打完卡就走。为了节约时间，蒋门神提出一个大胆的思路，他目前体能不错，先走一步探路，我和"盖世太饿"慢点，大家在打卡点会合。我俩目前走路都能睡着的状态，也只有如此了。蒋门神真是一个很有潜力的小胖子，很快就消失在无尽的草原深处，我和盖元培没走几步就困得遇到一个大石头一头栽倒睡了过去。虽然太阳高照，但山里野风很大，我们早已经习惯了在狂风中深度睡眠。人在极度困倦时，还管什么感冒、中风，睡觉才是王道。这一觉睡得特别香，香得我都忘记在比赛，忘记躺在山野之间。突然听到一声狂吼，我惊醒了，莫非遇到了景阳冈的老虎？

醒来定睛一看，我去，哪有什么老虎？眼前是一头晒得黑乎乎的猪？不对，是盖世太饱。他睡醒一看已经过去 1 个多小时了，赶紧喊我起来。我俩赶紧收拾利索撒丫子就跑，没跑几步遇到了混合组的"秦之队"，蒙哥和豹纹姐一脸蒙地说他们跑到这里找不到路，要跟我们一起走。我心头一紧，他们找不到路，蒋门神会不会迷路？越想越怕，也就越跑越快。这段路线确实非常难找，如果没有 GPS 手表导航，根本无法在草丛中发现那条几乎不是路的路。其中还有几次过河。我们 5 个人的小分队在我的带动下飞奔起来，磨刀不误砍柴工，野地里睡上 1 个小时体能恢复得很棒。蒙哥和豹纹姐实力也不俗，在跑了 250 多公里之后还能这样奔跑，绝对是实力悍将。随着深入森林，草越来越高，路越来越野，而最可怕的生物开始疯狂地攻击我们，虽然我早就做好了防护准备，但在它们嗜血如命般的攻击下我们仓皇拼命逃窜……

喀纳斯湖平静得像一面镜子，突然看到湖中心一阵波澜，好像有一条黑影掠过水面又沉入水中，一切又回归平静……平时看到这么美的湖我肯定会禁不住诱惑在湖边尽情游玩，而此刻我不敢停留一步，多停一刻我就可能多失去一滴血，因为我们遇到的是比喀纳斯水怪更恐怖的生物——大蚊子。喀纳斯湖边的蚊子凶猛程度远远超出了我的想象，此刻我一手拿着登山杖和防蚊喷剂不停地往头上身上喷，一手拼命拍打各种蚊子。头发里、脖子、手背、大腿、后背全是密密麻麻的蚊子，一巴掌拍下去就是一堆蚊子的尸体，没几秒钟新的蚊子又爬满……而我拍打不到的地方，蚊子隔着压缩服尽情地享受着我沸腾的血液！此刻我只能拼命地跑、拼命地拍打如风一样蜂拥而来的蚊子，盖世太饱紧随我后面，不停地说："常哥，快拍你的脖子上那一大堆蚊子……"甚至都不敢张大口呼吸，因为这样可能吃进去蚊子。因为蚊子会钻进耳朵、眼里、鼻孔……此刻的我已经跑得丧失理智接近窒息，也不知道什么时候把"秦之队"的三个选手也甩得找不到了。我拼命地跑在一个被蚊子包围的黑色空间里，蚊子就像我身边的风一样如影随形，直到吸干我的最后一滴血。终于在一片有风的地方，我停下来快速换上冲锋裤，戴上毛线帽、套上皮肤风衣才抵御住蚊子疯狂的进攻。热得透不过来气总比被咬死强。这一路至少消灭了上千只蚊子，但是和喀纳斯的蚊子军团相比连九牛一毛都达不到。

  冷静下来才有空看了一下导航，离CP10只剩下1公里多了，我的担心也越来越严重，如此怪异的路线蒋门神能找到吗？"秦之队"三个人都找不到路线，蒋门神凭一个手机能跑对线路吗？穿梭在一大片花海之中，看到远处有几处宁静的小木屋，如此唯美的画面在我心中只剩下莫名的恐惧，美得我头皮发麻，浑身紧张。天渐渐黑下来，小木屋没有一点灯火，阴森得有点像鬼屋。我一直在琢磨，这里难道就是无人打卡点吗？可导航显示还有1公里才到。看着荒废的小木屋，我心想鬼屋的主人是不是被蚊子喝干了血，变成了木乃伊？

  正跑得毛骨悚然，突然看见一个小木屋院子里有个影子晃动了一下。我去，难道刚经历过蚊子大战，现在马上要进行僵尸大战吗？我暗暗地抓紧了唯一的武器登山杖，猫腰轻跑想悄悄地快速通过这片阴森恐怖的鬼屋。没想到盖世太饱突然在我身后嗷地叫了一声："老常，快看小木屋里！"真的差点被他吓傻，扭头狠狠瞪他一眼，心想就你眼神好，我这双眼裸视加起来0.5的还悄悄的，你这2.0的眼睛看见僵尸就牛得不要命了？还没等我发作，突然小木屋里冲出一个黑影，我心想这下完了，刚逃出血蚊阵又要被僵尸吸干血！

  记得上学时玩生化危机的游戏，半夜关在小黑屋里，听着黑暗中僵尸一步步逼近你的声音，而你不知道它会突然出现在哪个角落向你发起攻击，那种令人心跳加速的惊悚场景非常恐怖。特别是当你正全神贯注地盯着屏幕时，突然你的室友从床上翻身坐起掐住你的脖子……这游戏我玩了几关就再也不玩了，因为我讨厌僵尸血腥、丑陋的嘴脸，讨厌把人类美好的生活变成鬼哭狼嚎打打杀杀的惨烈画面！女朋友解释时，她都会说："得了、得了，不就是胆小不敢玩吗？"

我是个胆小的人吗？扪心自问上学时的我确实是个循规蹈矩的小男生，而现在的我已经不是那个青涩的少年。自从爱上了越野，多少次我在深夜穿山越岭从没有怕过任何妖魔鬼怪，而此刻被血蚊阵咬得只剩下半滴血的我，真的经受不起新一轮打击。我赶紧收住脚步拿起登山杖护在胸前定睛观看，黑影晃悠过来让我喜出望外，哎哟，真是天上掉下来个小胖子！那一刻我的眼圈都湿润了，这蚊子早不来晚不来，这关键时刻飞我眼睛里！

是的，蒋门神消失了几个小时之后奇迹般出现在我们眼前，他居然没有迷路、居然没被蚊子咬死、居然没有变成僵尸。这个倒霉的山里手机没有信号，我们彼此都失去了联系，如果CP10我们不能成功会合，后果不敢想象。蒋门神早我们1个多小时到达了CP10又返回来钻进小木屋躲蚊子等我们，我此刻只想对他说，干得漂亮！没有什么比大家在一起更棒的了！

很快在他的领带下我们达到了CP10。这就是CP10，所谓的打卡点就是一棵树！更可悲的是我们打卡时发现打卡器已经没电了，三个人和打卡点合影一张照片留做证明就匆匆上路了。

这一段18.2公里的路线我们用了5个多小时才跑完，到现在已经累计跑了268公里，现在已经是21点30分了，在浓密的山林里我们如果休息可能会被蚊子吸干最后的血，下个打卡点CP11离这里15.7公里，爬升1010米。看似距离不远，但对我们来说却是最困难的时刻！因为CP10之后我手表就没有导航轨迹了。盖元培的手机也坏了，我和蒋门神的手机只有轨迹没有下载地图，白天靠手机都会迷路，何况深夜？

世上本没有路

我将手表的导航模式调整为目测模式，所谓目测模式就是手表只能指向打卡点的直线方向，而没有任何轨迹可遵循。三个人沿着CP10延伸出来的小路出发了，说是小路其实就是前人踩过的草地印记。喀纳斯天彻底黑一般是22点后，可在这湖边的大森林里，没有光线只有黑暗，打开头灯找那条所谓的小路很快就找不到了。密林之中每一步我们都在商榷，照这个速度下去我们只会有两个结果，好的结果是我们一路找路到达CP11时已经被关门了，不好的结果是我们找路找得没到CP11时已经累死了。

华瑞疯狂铁人群和山西越野群里的小伙伴们每天都在关注喀纳斯"华瑞疯狂铁人队"的战况，这已经是第五个晚上了。我们不能停留在这里，必须以最快的速度离开这个浓密森林的鬼地方，只有到达CP11才能安全。所以在确定我们现在的位置就是打卡点所在的山后，我果断地决定按照手表指示的大体方向走。

明确了目标，盖元培主动带路发挥他2.0眼睛的优势，我跟在他背后把握整体方向。有一条不知是人走过还是兽走过的痕迹穿梭在草丛中时有时无，可沿着这条路走了好久，路线好像总是与我们的目标处于忽远忽近的平行位置。这样走下去肯定会再次误入歧途，所以我主动担任带路任务。世上本就没有路，深夜探路有何惧？看着无尽的爬山，蒋门神也打了退堂鼓，怀疑我们能不能到达目的地，对于这种老实的孩子我只能不停地安慰他："没事，放心！跟着哥肯定有你吃喝！"

喀纳斯湖边的山真的非常高，我们走了近两小时才走出湖边的森林。走在满天星河的山上，风儿再次抚平了我被蚊虫吸血后烦躁的心情。深呼吸排出一肚子的窝火，展开双臂给大自然一个拥抱，脚步也变得轻盈起来，我跑在最前面去为兄弟们寻找那个深藏不露的打卡点。我希望站上山顶俯瞰前方是一片璀璨的村庄，我希望有一个温暖的小屋让我们能够沐浴更衣重新起航。爬上山顶希望的破灭已成定局，望着黑漆漆的未知空间，导航显示目标距离还有1公里左右。我将头灯调整成最亮模式，仔细寻找任何可能找到的蛛丝马迹。突然有两条小路隐约延伸到黑暗深处，这可是我们改变方向垂直爬山而上3公里后第一次看到人类文明的痕迹。在深夜里这条看似被汽车或马车碾压的线路带给了我巨大的信心！"快！跟上，打卡点就在前方。"我大声呼喊还在草甸深处发呆的小伙伴们，率先沿着这条小路跑了起来，还剩800米、500米、200米……导航显示距离越来越近，为什么前方依然是漆黑一片？

突然一道头灯照向了我们，我兴奋地大喊，"找到了找到了，快跟上"！夜里雾气很大，普通的灯光根本穿透不了雾气，唯有高亮度的头灯才可能给远方带来指示。我们三个狼狈不堪地走进了打卡点。这个打卡点好像是个森林保护站，孤零零的小院子里面是两排房子。牧民的房子是不允许我们进去休息的，不过潮湿的院子里躺了很多选手，他们畏缩在纸箱片上，一个个像难民一样在打盹。补给点还好有方便面，我吃了一桶方便面，又和志愿者说

明 CP10 打卡点没电了，我们照了相片。志愿者说 CP12 关门时间是早上 5 点，而现在已经是 24 点了。CP12 是观鱼台，路书上显示离这里 10.4 公里，爬升只有 540 米，大部分是下坡。我们吃完方便面，计划连夜出发，4 个小时跑完 10 公里感觉应该有把握。这个时候全江明的义乌代表队也出现了，三峡 168 大神老全精神有点恍惚，他的两个队员和志愿者说要退赛。我赶紧劝说他们，"还有 10 公里就到最后一个打卡点了，退什么赛，再坚持一下就是胜利"。

三个人站在空旷的、漆黑的草原上不知道往哪里走，找了半个多小时都没有找到出路。过了小河就是一大片沼泽地，刚走几步我就退了出来。组委会不可能让我们从沼泽地里爬过去吧？这个时候义乌队、"我想静静静"队、江河湖队等好几支队伍都过来了。他们也都不知道怎么走，大家原地打转了半天后蒋门神憋不住了，硬着头皮再次冲进了沼泽地。盖元培也毫不犹豫地跟了进去。喀纳斯这里的沼泽地很多，很多地方的水很深。我比赛前一天试路就曾经走进一大片沼泽，那是白天都好几次陷进泥潭之中，而现在是夜中，根本看不清这片沼泽有多大，通向何方。但两个小胖子都冲进去了，我也不能怕死呀。没走几步就掉入泥潭，根本不敢停下来，水深到大腿，如果一旦停下来就可能整个人陷进去。我拼命地爬呀爬，踩在如梅花桩一样的草甸上，走几步就掉水里，爬上来再踩。两个小胖子的命确实够硬，就这样走了快 1 公里，终于爬出了沼泽。后面跟的队伍也和我们一样狼狈地爬了出来。出了沼泽就是一路草原，我们又跑了起来。我已经失去了导航功能，只能是在前面小跑，蒋门神在后面用手机看路指挥。这个小胖子真是个缺心眼的家伙，严格按照路线走。我感觉就在草原上反复地转圈跑一样，跑得我都有点精神恍惚了。不行得睡一会儿，哪怕是 10 分钟也好，再走下去非出问题不可。

三个人坐在草地上，披上大雨衣我就睡着了。隐约感觉到很多人从我身边走过，陌生的、熟悉的都像一道光一样由远而近最后消失在黑暗之中。人这一辈子不也是这样吗？在浩瀚宇宙中我们甚至不能点亮一道光，谁知道我存在过？能够有两个兄弟在我最困最累的时候紧紧围靠在你身边，给你热量为你挡风避雨此生无憾。真的是只睡了 10 分钟，现在每过一分钟都意味着我们被关门的概率放大了许多。起来再次出发终于恢复了精神。我说"蒋门神你来带路"，我们一口气冲上 CP12 观景台。

蒋门神的小宇宙终于爆发了，他拿着手机拼命地奔跑，我原来紧紧跟在他后面，后来相差十几米，最后50多米。"盖世太饿"跟在我后面50米，跑了半天蒋门神说，"不行，离目标还有5公里，我们快被关门了"。听这话我的心都碎了，不是只有10公里了吗？我们已经跑了9公里多了，怎么还有5公里？看时间离5点还有40分钟，我大喊一声"拼命了，大家冲起来"。蒋门神没命地跑，我呼喊着盖元培一路追他，心里也在不停盘算：不对呀，观景台应该在山顶，他带我们跑的路大方向是朝谷底。我大声喊蒋门神"跑的方向不对"，但他离我太远根本听不见。好不容易追上他，对了一下方向果然不对，这时山脊梁上有非常亮的光，我看和手表上指示的大方向一致，就说跟我走不能再走现成的小路了。我们蹚着充满露水的草丛向山上爬了上去，爬到半山腰看山顶的亮光更加明亮了。我仔细地看那亮光，心想这是谁的头灯这么亮？慢慢地亮光彻底映入了我的眼帘。哪是什么头灯，分明是一轮弯弯的月牙挂在山顶。太亮了，从来没有看到过如此明亮的月牙儿。在月光的照耀下，我终于发现了"月光宝盒"！

草丛中惊现了路标，跑了四天四夜终于看到了路标，估计这路标是喀纳斯168公里越野比赛留下的，有路标说明我们离CP12不远了。路标跑着跑着又没有了，沿途遇到跑友也找不到观鱼台在哪里。我就沿着小路一直向山顶走，不信走到山顶找不到CP12。这座山和我们昨晚爬的山一样陡峭，一样没有路，不过海拔越高植物越低。此刻我又产生了幻觉，看着黑乎乎的岩石，我感觉是雕像，看着一堆小树，我感觉像是蹲着人。天渐渐亮了，已经6点了，就算是被关门我也要爬到山顶看看CP12到底是什么样子。接近山顶时终于看到了一个人工的亭子，"我的天哪，观鱼台快到了！"我大喊着蒋门神。越向上路越陡，但只要看到希望就不会继续失望。

我和蒋门神冲出重围率先到达了山顶，山顶只有一个志愿者。"盖世太饿"还没有上来，我俩急切地盼着他赶紧上来打卡。因为志愿者给了我们一个兴奋的消息，CP12取消了关门时间，我们可以继续比赛！终于看着小胖子艰难地爬了上来，只见他上观景台最后的铁梯时双腿一软就倒了下去。蒋门神和我吓坏了，这是晕倒了？赶紧跑下去扶他，这路书上的10公里路线，我们硬跑了17公里爬升920米，比路书上写的多跑了近7公里、400米的爬升。而且越到最后越是拼命地奔跑，"盖世太饿"已经拼到了体能的极限。扶起"盖世太饿"，他睁开疲惫到极点的眼睛，张了张嘴，"快！快去打卡"，说完两眼

一闭,晕死过去。

这是什么精神?只要还有一丝力气都不忘去打卡。我赶紧小声和他说了一句话,他马上奇迹般地跳了起来,说"快、快、快,别休息了马上出发"。

三个人上了观景台,看着志愿者吃着热乎乎的方便面,我流着口水问了一句,"给我们也泡一包吧"。志愿者说只有他们自己的,这里没有补给。好吧,问清楚志愿者终点的方向,一再确认后我们决定出发了。临走之前观鱼台还没有开门,我爬上旁边的台阶照了一张喀纳斯的风景。喀纳斯 330 公里越野赛,这是我们第一次看到喀纳斯的全景,没想到我刚刚一睹你的芳容就马上分别。

手表在这里已经没有电了,我们要去的方向是我们刚才一路爬上山的另一个方向一路下山。而我刚才和"盖世太饿"悄悄说的那句话是"我们现在排名第四"。我一路沿山坡下撤,没有走生硬的盘山公路,看到完赛的希望体能马上恢复了。而盖元培经过一夜的奔跑,双脚痛得只能小步慢走坚持。我很快下到山底后在下面指挥他们下山的路线,太阳渐渐出来了,过沼泽湿透的衣裤也慢慢干了。喀纳斯的太阳一出来温度就上升得特别快,等我们三个蹒跚地跑上最后一段公路时,太阳已经开启了烧烤模式。一会儿三个志愿者跑来迎接我们,美女们的笑容比阳光更灿烂。

冲过终点之前,我简单地收拾了一下行头,虽然没有什么观众,但我不想让自己冲线的镜头留下的都是疲惫和落魄,我想用最好的表情来完成我生命中的又一次壮举。我们三个手拉手向着太阳冲向了终点,没有雷鸣般的掌声、没有美女和鲜花,甚至没有一个观众,只有和我们一样煎熬得双眼通红的志愿者。"盖世太饿",不!是盖世英雄调皮地恭喜我,"老常,你现在是山西省第一个完成 330 公里越野挑战赛的大神,可以雪耻三次挑战 168 公里的失败了!"阳光下我有点眩晕,我们真的完成比赛了?华瑞疯狂铁人队完赛 330 公里越野赛了,这不是梦吧?我狠狠咬了一下嘴唇,确认完赛的真实性。

看看两个小胖子都黑瘦了一大圈,他俩真是耐饿,每个补给点基本都不怎么吃东西,跑完也不吃不喝,我每个补给点吃的几乎是他们的两倍。这时裁判过来说,你们目前暂时是第六,由于你们没有全部按轨迹走,所以还要罚时 2 小时。听了这话两个小胖子非常平静,但作为队长我怎么能够让他们不明不白地从目前手机实时跟踪系统上显示是第四个完赛的队伍,在终点没有任何一个其他队伍的情况下下调两个名次呢?所以我又和裁判再次确认,但现场没有任何数据可支撑,理由是有两支队伍CP9以后就没有卫星定位了,但从打卡时间来看,他们在我们前面。至于罚时2小时的依据是我们没有全部按照轨迹走,我们解释赛前官方导录数据给我们的轨迹只到CP10,没路标、没有轨迹只能靠大方向来判断。解释当然是起不到什么效果,但有一点可以确定,那就是在我们后面还没有到达终点的队伍,只要在我们到达后2小时之内到达终点的,都将超过我们的名次。

算了,跑完喀纳斯330公里三个人能够安全回来就已经是个奇迹了,名次、奖金对于我们所经受的苦难又算得了什么?330公里的修行就是让我们在经历五天五夜的磨难后,知道我是谁?我该做什么?生活并不会在这五天五夜变好或变坏,但我们可以充满信心地去遇到更好的自己。就像喀纳斯330公里一样,虽然我们中间走了很多弯路、迷失了很多次方向,但我们自始至终都没有放弃目标,我们永远相信迈向前方的每一步都将离我们的梦想更近一步!

赛道难度:★★★★★
组织能力:★★★
推荐指数:★★

整体评价

喀纳斯330公里越野跑是国内第一个330公里越野,它最大的优点就是报名费便宜。三人组合,每人报名费才800元,相当于一个百公里越野的报名费。新疆是我第一次去,赛道又围绕禾木乡和喀纳斯风景区进行,民族风情让我们大开眼界。

赛事的缺点也非常突出,毕竟是首届比赛,赛道风险估计不足,回想起来很多赛道都是在玩命,半夜过沼泽、湖边能吃人的蚊群、山洪暴发的河谷……遇到恶劣天气完赛概率会很低,所以首届完赛率不高。参加这个比赛只适合越野老驴和特别能吃苦能忍耐的选手,反而一些越野跑速度很快的选手容易半途而废,因为基本没有官方补给,速度太快很容易在前半程耗光体能和受伤,造成后半程无法坚持。

一起打铁到八十

2017年7月8日

太原龙城60公里越野赛

17岁是什么？是备战高考的焦躁？是追随电竞的无眠？是情窦初开的懵懂？还是娇生惯养的逆反？当然这不是它们的全部，17岁也可以挑战不一样的自己。

7月8日龙城正在经历入夏以来最酷热的一天，中午12点的天龙山，几朵白云静静地飘在湛蓝的天空一动不动，像是在观看一场惊心动魄的赛事。寂寞的山路偶尔开过几辆霸道的越野车，卷起的黄土和热浪扑面而来，让他接近窒息，汗水像雨滴一样滚落在黄土地上瞬间蒸发得没了踪影，流进眼睛的汗水刺痛得无法睁眼直视。刚刚放暑假的龙龙怎么也不会想到宽阔明亮的教室外面会是这样的残酷，看着身前身后那一张张成人痛苦扭曲的脸，他们身着橘红色的T恤在强烈的阳光下格外燥热，特别是胸前那两个大字深深地刺激着他，"求虐"，就是这两个字。17岁的他不理解为何要和这帮大叔大姨一样来"求虐"？

17岁的龙龙是太原市外国语学校高二级学生，从初二开始利用暑假时间参加过6次中国铁人三项联赛，除了拿过两次体验组冠军外，他还破格参加了四次20～29岁成人组半程铁人三项赛，最好成绩是全国第四名，且每场比赛都拿到了获奖名次。今年的暑假要补课，没有时间参加他最喜欢的中国铁人三项联赛。他的师兄乐铁报名了龙城越野挑战赛60公里组的比赛，他也跟着报名了，越野是比马拉松更残酷的比赛。在高二超常的学习压力下，他一年时间都没有跑过步，直接挑战60公里越野赛可以吗？

男子汉就是要敢于亮剑，比赛前两天刚买了一双越野鞋，试跑了5公里（今年第一次跑步）感觉还合脚。2015年，我曾经带着龙龙16个小时徒步完成五台山大朝台，这次比赛前两周时间内我完成喀纳斯330公里越野挑战＋

太原鹅城 200 公里骑行＋太原森林半程马拉松＋东戴河半程铁人三项赛，但对于这次带龙龙参加首个长距离越野赛我心里也没有底，赛前一晚上都没有睡着，一真在考虑如何应对比赛中可能遇到的各种困难。

早晨 3 点我和龙龙就出发了，龙城 100 的起终点在大山沟沟里的店头村，3 点半的大山里漆黑一片，只有龙城 100 的起点亮着几盏灯。那个昏暗的门夜里看着有点吓人，像是一道人间与地狱穿越的大门，走进这个大门的人今天注定将经历一场炼狱。赛事志愿者还没有来，我和龙龙自觉加入了工作人员的行列，搬物资、布置起点、摆放早餐……龙百今年起点的早餐很不错，年糕、包子、咸菜和热饮。干起活来时间过得飞快，6 点开始比赛，5 点多了才想起来我们还没有准备比赛装备，等我俩戴上计时手环、装上强制装备、背上水袋包、别上号码布、穿上越野鞋，比赛已经开始了。刚跑上公路突然发现没有带登山杖，龙龙说别带了，跑吧！我知道他想跟上乐铁一起跑，但是登山杖的重要性他根本没有概念。我还是让他在路边等我，我又跑回起点拿了登山杖。这样一耽误，我俩成了最晚出发的选手（晚了 3 分钟），看着前面密密麻麻的选手，只好穿插在其中跑了起来。

起点到 CP1 难度不大，只是我们出发太着急忘记了带水，只带了两袋牛奶。6 点的天气比较凉爽，我们一路超人。上山后就没法超了，因为山道很窄，没有适合超人的路况。一路和晋城的铁友、燕姐的舅舅相跟着跑（燕姐的舅舅简直就是来徒步的，背着大包手里还拿着一大袋吃的，让我想起了喀纳斯比赛时我拎着三个人的吃的跑的场景，劝说他换装点一定要放下，根本没必要呀，最后他就这样 23 个小时完赛了，强！）。这样的跑步并不枯燥，龙龙甚至说为何不报上 100 公里？因为他看到很多参加 100 公里选手的速度与他相差无几。初生牛犊不怕虎，此刻的龙龙还沉浸在初次越野跑比赛的兴奋中，他不知道疲劳、饥渴、恶劣的天气对跑者意味着什么？到 CP1 补给点我们终于灌了两瓶水。CP1 的距离是 5.5 公里，我们用时 1 小时 1 分。

CP1 出发很快就进入堵路阶段，只能跟在慢节奏的选手后面慢慢磨性子。爬煤坡上石阶后到了天龙山景区，天龙山景区来过很多次，因比赛还是第一次到，可惜没有进石窟去看看。不知道外地的跑友比赛时有没有雅兴进去参观一下。天龙山石窟保护得比较完好，建于东魏，历史甚至比大同云冈石窟还久远。这一路我嘴一直没消停，好多跑友都知道我刚跑完喀纳斯 330 公里越野，一路问我比赛情况。我就可劲儿给大家吹，中心思想就是一个，跑龙百毛毛雨，这路况根本没难度，补给比喀纳斯好100倍，服务比喀纳斯好1000倍，大家可劲造吧，肯定不会跑崩溃（不知道听了我这话的选手被关门后有没有骂我的？）。CP2补给点就在天龙山景区门口的大广场，距离CP1补给点8公里我们跑到这里是8点26分，这段用时1小时25分。

CP2出发到CP3，天气慢慢热了起来，我们的速度依然不慢。路上遇到中华赤脚团的国姐及其的私人助跑李明一起走得有点吃力。龙龙状态依然很好，我们采取的战术基本是上坡快走，下坡小跑的。我也很纳闷，龙龙一年没跑步，怎么能超了这些长年坚持跑步的老选手呢？看来年轻就是好，年轻就是资本，年轻就是未来……我要是能重回到17岁一定要好好地珍惜时光，把握未来。和燕姐的舅舅到达CP3时，这5.5公里我们用时1小时20分，9点47分到达。记得CP2的志愿者说CP3什么也没有，只有水，到了着实让我惊喜万分。谁说什么都没有？分明有两个硬货在呀！半夜补标硬货张雷和马强哥路边夹道欢迎，CP3是张雷安排的山大二院跑团补给点，有西瓜、包子不说，还有护士姐姐们，真心不错。前三个打卡点跑得相当轻松，根本没有一点难度，水刚喝一半就到了。补给点西瓜、包子随便吃，这样的越野赛简直就是玩开心的节奏。和喀纳斯每个补给点距离30多公里，补给点里什么吃的都没有相比，参加龙百简直就是奢侈。还有两个补给点就跑完了，带着龙龙跑60公里越野没什么难度，白让我紧张一晚都没睡好。

CP3出来没几步就和100公里的选手们分手了，60公里赛道上的选手寥寥无几，没有聊天的人。我和龙龙也跑得无聊起来。龙百赛道基本都在西山，这边的山不算高，植被也不多，此刻太阳越来越毒，气温已经达到35℃了，偶尔遇到山杏摘几个解解馋还尽是虫子。山没有水缺乏灵气，人没有水可真要命，绕着山走了很久，汗出完开始晒出油了，还看不见尽头，带的三瓶水喝得一滴不剩。此刻就到了文章最前面的场景，我和龙龙快被烤化了。让我想起了喀纳斯330公里比赛的第二天中午，盖元培被太阳毒晒得快中暑了，巨大的山谷里居然没有一个可以休息的树荫，那种感觉就是叫天天不灵、叫地地不应。走了10公里还没有到打卡点，和前面5到8公里一个补给点相比，这段路线让我怀疑是不是标错了。问了几个路过的选手，才知道这段路线距离是14公里，心里这个悔恨呀，没有做好补给准备！60公里越野对我而言根本不当回事,跑完330公里的喀纳斯,我感觉100公里以下的越野赛就是玩。但今天我主要任务是带龙龙完成他的首个越野赛,他可没有跑过这么远的距离,对越野跑而言,他就是一张白纸。暴晒下他早已没有了前面生龙活虎的状态,各种难受也爆发了出来。还好他是个坚强的孩子,没有说一句打退堂鼓的话。弹尽粮绝在大太阳暴晒下,没有水没几个人能扛下去。我还好,没水走几个小时问题不大,但龙龙可不行,再继续下去肯定会中暑。不过参赛人数多的好处就是能求助其他跑友,还好遇到一个跑友不错,将他仅剩的半瓶水分了我们一半。我又从包里找到燕姐给的葡萄糖注射液,倒进去一支让龙龙全喝了。就这样一步一步慢慢爬山,终于看到了山顶的电站,虽然看见直线距离不远了,但是爬上去走了至少3公里。快到山顶时遇到了补标的龙哥,他说乐铁刚走一会儿,看来我们也不算太慢。在这里首先看到了年近70岁的商老爷子,跑得真好,这个年纪跑这么快真是佩服!龙龙现在的状态很差,不过到了补给点他吃了两小碗方便面还挺出乎我的意料,能吃进去东西就说明没事。CP4离CP3距离14公里,我们用了2小时53分。幸运的是这个点的收队大神是大同雨哥和太原侯总,给我们找了个休息的地方睡了40分钟,侯总还提供了叫醒服务,真是贴心到家的感觉。避开了最热的天气上路,给龙龙恢复体能创造了条件。(CP3到CP4路标密集清楚离不开雨哥和侯总的精心布置。)

CP4关门时间是2点,我和龙龙1点40分才出发,CP5距离12公里,我们灌足了水瓶,我还拎了半大桶可乐才上路。养足精神再出发龙龙脚步明显轻快了需要,我最担心后半程他耐心不足的问题没有出现。这一段路大部分都是下坡土路和盘山公路,除了高温基本没有难度。不过对于没有任何跑山经验甚至跑步经验的龙龙来说,下坡也是一个很大的考验。前天跑5公里中间还要歇一歇的他,现在已经跑了30多公里了,已经大大超出了我的预期。孩子毕竟还是孩子,越往后他跑得越慢了,一路拿的登山杖终于有了用处。我开始用登山杖拉着他走,多少也能减轻他的负担提高一点速度。暴晒的太古路两边都是塌方的岩石,给人一种苍凉的感受,和太原城市日新月异的变化相比,这里的路况着实让外地跑友有点担心。其实百龙的风景这个季节确实一般,没有山花烂漫,也没有金秋红叶。今天的天气还贼晒,没有风景的好处就是你可以专心去跑步,而不用分神去拍照赏景。到达CP5时15点

一起打铁到八十

38分了,天气还没有任何降温的迹象。CP5是在山里临时搭的棚子,条件比较艰苦,但志愿者非常到位。一位叫不上名字的帅哥对我和龙龙服务得非常细心,吃了西瓜,又帮我们灌好水,临走还给我们两瓶运动饮料。这可是我们一路上第一次喝到运动饮料,正好可以补充电解质。因为没计划冲成绩,也没有准备能量胶和盐丸。听说100公里第一名很快就要来了,我们赶紧走。这个补给点很小,给100公里的选手让开地方,好让他们跑得更快。

CP5到终点14公里,据说没有什么大爬升,一直鼓励龙龙,告诉他估计6点多就可以跑完了。龙龙对山路越来越不适应,这段路刚开始是土路的小下坡,我拉着他走起来很轻松,我们一路还超了不少人。到达山谷底时以为绕上公路很快就到终点了,没想到突然峰回路转,路标指示要上山。龙龙站在山前一看,这么高的山,还是一路陡升的碎石头山路,愁啊!我说55公里都跑完了,这点路算什么?一定要坚持下来。我帮他拿上背包,让他只拿上登山杖轻装上阵,现在他脚痛得走路都困难。这座大山跑百公里的最后一定是苦不堪言,一路上好多跑友都累得原地休息,我们沿着山脊梁一口气爬上来,又开始了不停地下降。已经是18点太阳还那么晒,龙龙实在是累得不行了,为了鼓舞他,我高唱"日落西山红霞飞,战士打靶把营归……"只听后面山坡上传来一个女高音和唱,一会儿一声"1、2、3、4",唰地一个美女的身影飞了过去,这歌唱得没把龙龙的情绪调动起来,倒是把美女调动起来了,我这五音不全的嗓门对美女的刺激比帅哥大呀。龙龙问还有多少公里,我说还剩下4公里了。走了一会儿又问还剩下多少,我说还有4公里。怎么还有4公里?他有点着急了。我说急什么,现在你应该好好享受最后的几公里路,一会儿跑到终点你想再跑也没有了。他说跑个60公里怎么这么难呀?我说你刚开始不是说简单吗?其实不难,60公里和你的人生路相比只是刚刚开始,根本算不了什么!如果你能战胜这个60公里越野跑,那么什么背单词、写作业、考试那都不是事。以后再遇到困难想想今天这60公里越野的经历,其他还不都是So easy?就这样各种鼓励和忽悠他,一路拖着他迈向生命中第一个真正的越野赛终点。

下到公路时燕姐冲上来迎接我们,"还有1公里就到了,龙龙跑起来吧!"此刻身后的很多跑友都激动地跑了起来,龙龙脚痛得根本不能跑,人在比赛最疲劳的时候最后几百米的冲刺很容易加速伤害。所以我就像遛一头小牛一样继续慢慢拉着他走,当看见终点大门时我们才携手冲刺。13小时18分!龙龙完成了他人生的第一个越野比赛,而之前他跑步的最长距离只有5公里。连个半程马拉松都没有参加过的他居然完成了60公里越野跑,真是了不起!相比较于很多选手退赛,龙龙还真是个坚强的铁人,全程都没抱怨过一句,也没有说过一次想放弃,在所有60公里男子选手中排名第91位。

29中的高燕老师看到我们冲线也激动得跑过来和龙龙合影,因为她教的学生正好也是17岁。17岁可以有很多不同的锻炼方式,而越野跑无疑是非常"变态"的一种挑战。越野跑真的那么难吗?其实并没有多难,17岁和越野跑的距离只是一双跑鞋,跑步是人类最原始的功能之一。日本一场半程马拉松有300多人能够跑进1小时10分的成绩,而在中国一个省份能够跑进1小时10分的选手寥寥无几。中国少年的青春基本都消耗在了书本和手机游戏当中,并不是越野跑有多难,而是我们没有勇气送给他们一双跑鞋。留给他们一点时间,让他们走到户外驰骋天下!

回到终点就像回家一样温暖,龙龙第一次感受到原来还有一个和家一样温暖的地方叫比赛终点。燕姐、小军、安老师、雄哥、武海忠、张波、白爷、李爷……一大批他不曾相识的前辈热情地招呼,真是一路苦下来,到达终点才能享受到上帝般的待遇。有吃有喝有按摩,还有奖品和奖牌。这也正是让龙龙参加龙百的初衷,让他明白一分汗水一分收获,人生的道路不会是一马平川,不管是高山还是谷底,只有锲而不舍地走下来才会苦尽甘来。60公里越野跑不是比赛,而是一次生命的修行,考验的不是体力而是毅力!龙龙作为华瑞疯狂铁人俱乐部最年轻的队员,今天我给他打满分!

17岁,绽放吧青春!

赛道难度:★★★
组织能力:★★★★
推荐指数:★★★★

整体评价

龙城100是太原市首个百公里越野赛,也是我的好朋友雄哥精心策划

的比赛。这个比赛围绕天龙山景区和附近的山脉展开，不追求速度的选手可以游览天龙山景区北魏的石窟和佛像。出了景区的景色就一般了，穿越几个村庄，都是荒山没有什么景色。但是补给丰富，有山西特色面食和土特产，难度整体一般，比较适合百公里入门级选手参加。

2017 年 11 月 23 日

第三届三峡 168 公里超级越野赛

经历了 6 月喀纳斯 330 公里越野的洗礼后，对越野跑比赛产生了全新的认识。和两个队友连续五天五夜的奔跑，去追逐用分秒来衡量的时间和距离，那种拼命完赛的心理、那种为了团队绝不掉队的意志、那种即便伤痕累累也要强忍痛苦跑过终点的微笑，总是浮现在我梦中；山洪滚滚的峡谷、深夜沼泽的殊死爬行，一直萦绕在我心头。这样貌似打仗一样的逃亡真值得我们去拿命来捍卫完赛的尊严吗？原来借跑越野游山玩水游览大好河山的初衷已经被赛事的激情改变了味道，我们已经不食人间烟火，无所谓生命的宝贵和身体的健康与快乐吗？越虐越开心的赛事已经成为赛事举办的一个目标，整个越野界正在向一个疯狂的方向发展，比难度、比距离、比爬升……

2017 年三峡 168 公里越野挑战赛是我第三次参加，也是我第四次参加 168 公里越野跑比赛，并且前三次 168 公里越野我两次退赛、两次被关门。今年完赛喀纳斯 330 公里后小伙伴都想和我一起挑战 168 公里越野，我就欣然报名了。第四次挑战 168 公里越野，我的心态很放松，近三年每次三峡比赛都是打了一年铁人三项比赛。三峡作为收官之战，从体能储备上来讲基本已经进入疲劳期，从技术储备上来讲半年多没有跑过山。既然决定去"裸奔"三峡，唯一的优势就是心态，看淡比赛结果，享受比赛过程。

本着享受比赛的心态参加国内最残酷的越野比赛，也算是越野界的奇葩了。22 日飞到宜昌，大哥早已经在机场等候了，先上三峡大坝品尝 2015 年的美酒年和梁子湖优质大螃蟹、三峡秘制烤鱼，每年借跑三峡来和亲朋好友小聚已经成了固定的节奏。酒足饭饱还要打包螃蟹给徒弟带上。到达秭归刚好和何仙姑相遇，这一晚上两顿吃喝不能少呀。23日晚上比赛，报到后中午又和雄哥等一大帮兄弟姐妹好吃好喝一顿，临行几碗壮行酒，义无反顾战三峡。

"不能死在这里，你一定要活着回去！"这不是亲人对我的叮嘱，而是我内心的独白。队友已经离我远去，因为在高海拔极限登山运动中，每一步都只能靠自己，没有人可以代替自己。刺眼的阳光被纯白的雪山反射在我憔悴的脸上，干裂的嘴唇已经失去血色，大山寂静到我已经能清楚地听到自己衰竭的心跳，每迈出一步都伴随着高原反应的眩晕，眼前断裂的沟壑像鬼门关一样咧着大嘴，仿佛要吞食掉我这个山大唯一鲜活的生命。冰瀑般的崖面需要我用冰爪和下降器配合，用全身的力量对抗地球引力，一点点缓慢下滑。而此刻我发现那个救命的下降器早已不知去向，只能靠安全性很差的意大利半扣赌命而下……刚刚经历了雪崩的死里逃生，又将面对这样悲惨的结局。坐在崖边放声大哭，我从来没有懦弱过，但在雪山面前，我是如此的微不足道。大哭了半个小时，我渐渐冷静下来，拿出了相机，拍下了永生难忘的一刻，或许没有人会看到，就如同我走了，这个世界没有发生一点改变。但我也想用镜头记录下来，因为每一张照片都是我对生命的一份渴望，我要活下来，要把生命禁区的图片带回人间，告诉大家这个世界上并非全都是"山高人为峰"，当你真正走进天地共情的雪山之巅才会体验到生命的渺小，天地的博大……

这段话来自何仙姑摄影展，2017年9月25日11点，何仙姑成功无氧登顶玛纳斯鲁峰，填补了华人女性在无氧攀登8000米级雪山的空白！没想到那个一年前还是我带她完成人生第一场百公里越野、马拉松的弱女子，今年7月1日刚带她冒死完成了人生第一场铁人三项，9月就无氧登顶玛纳斯鲁峰。而这次又准备挑战三峡168公里越野赛，难道何仙姑这次真要成仙？

坐上去宜昌的大巴就意味着没有退路，心里想着"不要怂就是干"，呼呼地就睡着了。这两天没有休息好，总是瞌睡，比赛20点开赛，真是困上加困。到达宜昌滨江公园时，天已经彻底黑了，主会场灯火辉煌、音乐轰响，我依然是睡意蒙眬找不到比赛的兴奋感，拍了几张合影比赛就开始了。近500人

跑在两米宽的人行道上，拥挤得跑不起来。我招呼着何仙姑和三水跟紧了一起跑，越野跑充当护花使者也不错。杀出重围后，我们的速度很快，基本是6分半的配速放松跑，三水路跑慢一点，我和何仙姑跑一会儿就放慢速度等她上来。跑到CP1牛扎坪9.5公里用时1小时4分，这一路就在消化酒精了，穿的短袖还出了一身汗，一路的酒嗝把自己都熏晕了。这个补给点自己带的水还很多，拿了几块香蕉就叫她们马上出发，边走边吃当补给。

CP2是平善坝，这段路爬升872米，距离14.7公里，这才是越野真正的开始。夜色下上坡还好，下坡考验的不仅是能力，更是视力。对于我这种眼神不好的人，下坡真的很受罪。在等何仙姑解手时，三水一个人先飞了，跑山她是强项，90后小姑娘第一次参加168公里越野总想拿个好成绩可以理解。我压着何仙姑的速度，让她不要太急，毕竟168公里比的是长距离耐力不是短途速度。这段路去年是白天跑的，现在天黑得什么都看不见。一路上经常遇到堵路的情况，官方指导时间是3个半小时，我们跑到CP2用时3小时49分33秒，0点54分到达。超过了官方参考时间，还好CP1节约了时间，吃了两块红薯就匆匆出发了。这个站点据说关了100多人，想想那些和我们一起出发跑35公里组的新手，大半夜跑这么虐的路线太危险了。对于那些本想来跑步看三峡风景的菜鸟会不会虐哭？跑了大半夜什么都没有看见。

CP3的路线不难，但夜里的露水已经让山路变得湿滑，打开登山杖用才发现我的登山杖是坏的，一扎地就会脱节，只能倒过来凑合用。赛前不检查比赛徒伤悲，有那喝酒的时间检查一下装备也不至于如此尴尬。董家岩只有8公里，我们用时1小时40分就跑完了，给后面节省出了点时间。进补给点没有休息，直接拿吃的就走，遇到雄哥在里面休息，跑这么快还退赛，怕他拉我一起退赛，赶紧就跑。CP3到CP4石牌本来有6公里，由于三峡人家不让进了，所以路线缩短成了3公里，这也让大多数人喜出望外。更让我感到惊喜的是，雄哥CP3没有退也跑到了CP4，他要在CP4退赛。刚才还后悔没有拿上他的登山杖，没想到他专门多跑一站送上来了。赶紧拿了他一根继续前进。这3公里我们用时1小时2分，真困。

CP4到CP5是前半程爬升最大的一座山，累计爬升1257米，限时4.5小时。天还没有亮人特别困，没完没了地上山，瞌睡得不行，我们找了个村民的门洞口避风迷糊了20分钟。别看这20分钟，醒来马上精神了许多，一口气就爬上了山。天也渐渐亮了，看着日出奔跑在山间，这才是越野最享受的时刻。三峡的清晨没有乡村的袅袅炊烟，没有城市的嘈杂熙攘，风轻云淡、鸟语橘香。吃一颗路边的橘子，酸甜的果汁从嘴边一直蔓延到心里，何仙姑说要是能在这里当个橘农该有多么幸福，这时身边过去一个背着大竹篓胖乎乎的农家大姐，健步如飞，比我们快多了。我追上去问大姐您今天多大岁数，她说65岁。是呀，生活在这里真的是世外桃源，什么越野跑在他们眼里可能就是吃饱了撑的的小孩玩意儿，他们世世代代生活在这里，双脚就是他们最好的交通工具，背篓就是他们最完美的越野装备。面朝三峡春暖花开，这种城市人向往的生活对他们只是一种再平常不过的生活状态。天亮了精神也清醒了许多，昨日的酒全醒了，跑到头顶石已是早上7点34分了，这段13.2公里跑用时3小时36分。

通过了前半程爬升最大的一段路，大家都加快了速度。一夜的奔波说不困那是假的，每到补给点我看见沙发总想躺一会儿，已经是第三次跑三峡，对完赛的激情已经淡化了很多，只想按舒服的节奏跑，不想让自己太痛苦。CP5至CP6花鸡坡6.2公里爬升403米下降740米，跑起来并不轻松，早晨下坡土地有点湿滑，危险路段我坚决不超人，到了开阔路段才放开速度超人。就这样这段路限时2个半小时我们跑了2小时33分，不合格的速度。何仙姑都有点着急了，我还是坚持以放松的心态跑，确保跑过前半程身体状态和没跑一样。

到达花鸡坡10点07分，吃了点饭迷了会儿继续上路。花鸡坡至庙沟水库7.5公里，爬升592米，白天跑路况也不是很难，跑起来并不吃力，跑了3小时9分到达。这个点有米饭和炒菜，更开心的是遇到了前两届都遇到过的三峡最美志愿者阳光，她把自己的私补送了我三份，每份都有小袋装的牛肉、葡萄干、榨菜、坚果，幸福感爆棚，揣上满满的幸福上路，心情不要太好哟。一路都是橘园，随手就可以摘到又甜又水又大的橘子，渴了吃橘子就很美，中午时坐在山路边晒晒太阳，脱了鞋上点油，太舒服了，真想躺路边睡一觉。

庙沟水库至三峡竹海11公里，这段路爬升463米不算难，中午跑得有些犯困，和何仙姑商量到三峡竹海我能不能睡会儿再跑，她不同意说时间有点紧张。这段路我跑过，难度不大，就和她商量我先跑，跑过去先睡会儿等她。为了能睡会儿，下山我跑得飞快，用3小时23分跑到，赶紧躺沙发上迷糊。

没想到遇到了小军的好朋友，美女志愿者春喜全程直播了我在 CP8 的睡姿，还给了我私补牛肉和红牛，真是盛情难却。前面阳光美女的私补还没消灭光，春喜的又来了，浑身装得满满的，又吃了两碗热饭才换上装备出发。何仙姑到了没补给就先跑了，没有陪跑，我也懒得发力，连续两年都作为 CP8 的三峡竹海终于可以在天亮时路过，可惜竹海前的一汪清泉干枯了。那个灯火阑珊中美丽的水中竹海，那个温暖如家的亭台楼阁如今变成了苍凉的背影，寂寞地待在山脚下，失去了跑者的喧哗它就好像失去了青春的活力……

从三峡竹海到 CP9 芝兰谷 8.3 公里全是上坡，爬升 992 米。我感觉自己跑得挺快，可是一路都没有追上何仙姑，这丫头还挺厉害呀。我不敢再耽误时间，一步不停地爬起来。上坡我倒是不怕，速度不快，但不需要休息，遇到平路还能跑一跑。到芝兰谷感觉自己跑得也不算慢，用时 3 小时 28 分，已经是第二天 20 点 09 分了。而何仙姑 19 点 47 分到达后基本没有补给就跑了，我落后了她 22 分钟。也不敢再磨叽，灌满姜糖水就走。

芝兰谷到 CP10 九畹溪镇 9.2 公里上升 261 米下降 1288 米，都是下坡呀。心想这下能追回来点时间，然而等跑到下降时我才知道真正的噩梦已经来临。天黑我视力不好，这段路线下坡的坡度非常大，大到我都不敢下脚，更别想冲坡了。前面的选手在露水的影响下已经把路踩得非常湿滑，很多路段我采取屁降的方式结果还磕了尾椎骨，痛得让我想起了前年三峡 168 摔断尾巴骨的小军。看着其他队员唰唰地从我侧身而过，我就奇怪他们就不怕摔跤吗？我是越下越怕摔跤而越摔跤，怕受伤只能慢慢往下挪，真不敢拼这把老骨头。真是下坡下得想哭，首届三峡 168 比赛下雨下坡我就发愁没办法下，今年天气这么好我依然是见下坡死，原来总觉得自己下坡跑得还挺快，没想到遇到这种超级烂泥的下坡真是个技术活，平时不练比赛时只能苦自己。直走得我头皮麻了才下到九畹溪，本来是一段下坡为主的路线，我用了 3 小时 31 分才跑完，原来想靠下坡抢回点时间的希望也泡汤了。

到达 CP10 累得要命，先找地方睡觉，结果床位全满，只能拼床。志愿者正给我找拼床对象，一个大床上传来一个轻柔的声音，"常哥来这儿睡吧，我要走了"，这么亲切的声音一听就是三水。黑漆漆的房间里我定睛一看，原来是三水蜷缩在一个大床的一角，我还以为是一床被子。原以为她扔下我们已经一路狂奔走了，没想到在这里遇到了她。她休息了一会儿要走，我这满身泥乎乎的也顾不了那么多，都是越野的兄弟姐妹将就将就睡吧，告诉志愿者睡上半个小时。迷糊了半天没睡着，时间太紧张，起来继续干吧。出门烤着火整理了一下装备，吃了点东西一个人开跑了。据说三水和何仙姑刚才一起出发了，我加快速度希望能追上她们。九畹溪到 CP11 槐树坪 9.3 公里爬升 605 米下降 392 米，这段路大部分是公路和硬化路面，只要不危险不摔跤我就不怕，跑起来比较舒服。路边的大柚子很诱人，但没法吃呀，跑了一段又看见红红的大橘子，摘了一个死活剥不开皮，可惜地扔了。又跑了一会儿，感觉不对，这红红的大果子不是橘子应该是三峡最好的脐橙九月红，再遇到时我又摘了一个，抠得我指甲痛才剥掉了皮，吃一口太爽了，比前面吃的橘子好吃一百倍。那清新脱俗的口味有种初恋般的感觉，果肉细腻、颗粒丰满、水大鲜嫩，真是越野跑之必备佳品，可惜吃了一个就没有再遇到。这段路非常适合我这种视力不好的选手夜跑，以盘山公路和规则台阶为主，没有摔跤的风险。一段谷底的下坡路正跑得欢快，突然发现一个白衣女子飘在路中间，漆黑的山里头灯的反光下有点瘆人，我马上就联想到了午夜凶灵。

　　放慢脚步硬着头皮走了过去，能听到她发出低沉呻吟，"江哥我不行了"，一个微弱颤抖的声音传了过来，惊得我直冒冷汗，莫非是三水？走上前一看，果然是她，她痛苦的表情感觉是失温的征兆，她说要退赛给组委会打电话。组委会通过 GPS 定位说 CP11 好像已经跑过去了，让她往回走。此时过来好几个人都说没跑过去，我们也都没有看到 CP11。这大山里冷哇哇的，没有救援可怎么弄。这段是公路，旁边有个发电厂，我让她先进去，我去给她找志愿者来接她。三水前面跑得太快，导致身体透支了，把 168 公里当成 100 公里来跑肯定是会出问题的。我边安慰边了解情况，又联系组委会说这里离 CP11 就几百米了。我说你在这里等着，我跑过去给你叫志愿者去。

　　说是几百米，实际远不止，还要爬到半山腰才找到一个农家小院的 CP11。志愿者热情地招呼我吃东西，哪有心思吃呀。告诉他们三水妹子的情况，他们说知道了，已经派车去接了。这下我才放下心，三峡的志愿者服务没问题。我吃了点东西就向 CP12 出发了。CP12 九畹溪镇是后半程最难的一段，12 公里要爬升 1100 米再下降 1100 米，基本就是直上直下一座大山。耽误了半天已经没有休息的时间了，出来已经是凌晨 2 点，上山还好，基本就是一步一步向上挪，无边无际的感觉，熬时间吧，走半个小时看表爬升还不

足 200 米。又走半小时眼前还是黑漆漆一片,根本看不到山头,前后也空无一人,只有我一个人在战斗。又让我想起了第一届三峡 168 第二天傍晚的情景,走也走不到头有点毛骨悚然。也想起了和我一起组团战斗喀纳斯 330 的盖元培、蒋门神两个活宝,要是他俩在多好。门神不就在吗?他是关门兔,唉,等他过来我非冻死在这荒山野岭。对于三峡这种变态的赛道,爬升大其实也没什么,毕竟不危险,最难的是下山。等我爬上山顶开始下山才叫个绝望,这段下山的赛道长满了长长的青草,夜里特别湿滑,被前面的选手踩平后更无法下脚。很多地方只能屁降加倒趴着向下滑,速度慢不说,累得要命。这下山的速度比上山慢多了。如果是白天还能看远一点,速度快还有个预判下脚点,这大晚上的往下滑就如同在地狱门口跳芭蕾,稍不留神就可能唱《来生缘》了。提心吊胆下了 2 小时才看到山下的村落,这时背后有动静,我以为有选手追上来了,加快了步伐。虽然已经下到山脚,但是布满青苔的山石路依旧很滑,可能是一晚上爬山腿部力量不行了,速度一快就感觉很难掌控身体的稳定性。一会儿后面的人就超了我,我定睛一看差点晕过去,居然是一位穿着布鞋、背着竹楼、挑着担子的"仙姑",健步如飞,超过我还回头看了我一眼,红扑扑的脸蛋像苹果一样圆润,让我想起 20 世纪六七十年代的宣传海报。再看我,一脸土灰、满身泥巴、瞌睡打盹、狼狈不堪。当地人每天呼吸着新鲜的空气,吃着自家无公害的蔬菜瓜果,穿梭在青山绿水之间,身体能不好吗?天生就是越野的料啊。

　　天快亮才终于遇到个人,结果还跟不上村姑的脚步,又溜达了快 1 个小时才到了 CP12 九畹溪镇。补给点就在镇里的一个大房子里,这里的关门时间是早上 9 点,我提前 1 个半小时到,吃了点东西就和几个选手一起上路,听补给站的说门神也快到了,那我就边走边等他一起走吧。CP12 到 CP13 荒口坪 11.6 公里,爬升 1100 米下降 760 米,难度也不小。爬到一半看到有个石碑瞌睡得顶不住,靠着睡会儿吧。山风挺大,还要操心门神别走过去,半天睡不着,后悔应该在 CP12 睡一会儿再出发。越野跑最怕的是休息时睡不着,这样既耽误时间又没起到休息的效果。继续跑还是一点精神都没有,溜达着快下山谷的时候,终于等到了门神,CP13 的关门时间是中午 12 点半。我俩相跟上跑,相互照应挺好,但到了山谷看见一块巨大的石头,门神不跑了,要睡觉让我先跑。晕,这睡觉肯定是要被关门,但他就是不走。我只好慢点走,以他的实力追上我很轻松。就这样溜达着翻过大山，还不见他。时间已经是12点了，再不跑就被关门了。跑起来也没劲，一晚上没睡着精力处于崩溃的边缘。突然一个熟悉的声音传过来，"八爷我终于收了你了"。回头一看，一个光头、黑镜、八字胡的家伙一阵风冲了过来，这要是晚上遇到真以为是碰上光头强了。关门兔糨糊追上了我，心一凉，问他门神去哪里了？他说门神退赛了，心里又一凉。唉，我兄弟俩难道命该如此？

下到CP13时刚好12点半多一点，志愿者问我还继续走吗？饥肠辘辘总得补给点吧，没吃两口，最后一只关门兔也过来了。看他们的状态都比我好，我就是跟也跟不上他们的速度，算了，退赛吧，别给组委会添麻烦了。最终我和三水惨痛关门，何仙姑不愧是中国无氧攀登8000米雪山第一美女，后半程火力全开，三峡168一站封神。

第四次挑战168公里越野，第三次挑战三峡168公里越野就这样失败了。作为今年完成喀纳斯330公里的选手居然没有跑完168公里越野，非常值得检讨。还是重视程度不够，每次三峡168比赛前都忙于铁人三项比赛，根本没有时间上山拉练。去年和今年都是前一周参加了厦门Ironman70.3比赛，再参加三峡168比赛，体能恢复、技术准备都远远不够。上半年的越野赛一般都比较好完成，因为冬天公开水域游泳和骑车少，跑步练得多一点。

这次重要的任务是带何仙姑一起完赛三峡168，毕竟从她第一场百公里越野、马拉松和铁人三项比赛都是我一路陪跑完赛。一年的时间，何仙姑已经从越野小白成长为三峡封神，这并不是偶然，所有成功的背后都离不开超出常人的付出。何仙姑从去年杭州100公里之后就积极备战攀登8000米以上的雪山，经常负重几十公斤爬楼梯训练，并长时间在海拔5000米以上的雪域高原进行攀登训练。一年多时间她就成功登顶了两座超过8000米的雪山，她经历过的痛苦、付出的汗水都将成为成长的资本。这次三峡168公里越野一战封神拿到女子组冠军就是最好的证明，看到她成功完赛并夺冠，真为她自豪！追不上她的节奏，也不禁感慨，廉颇老矣，尚能饭否？我的意大利巨人之旅还能实现吗？

赛道难度：★★★★★

组织能力：★★★

 一起打铁到八十

推荐指数：★★★

整体评价

三峡168越野赛已举办第三届，应该算是非常成熟的赛事了，但线路依然非常原始，很多线路的路标从第一届到现在还都存在，真是不比赛就没人走的山野路。每年都是11月下旬才比赛，时间也不改改，让大家感觉一下不同时节的三峡景观。这个季节三峡天气变幻莫测，山路泥滑危险，稍有不慎就可能一失足成千古恨。所以这个赛道只适合越野老炮参与，技术难度较高。组织方面路标布置和赛道距离、爬升高度等依然没有明显提高，赛道距离长、经过的城市和村庄少，给组织都带来了很大的挑战。赛道补给依然非常有特色，当地志愿者非常热情，整个比赛过道比较单调。全程基本没有观众加油助威，只有比赛终点才会有比赛的气氛。

2018年3月9日

UTMB 高黎贡 160 公里越野

报名参加UTMB高黎贡160公里越野挑战赛有两个目的。一个是复仇百英里越野跑比赛，因为这个级别的比赛我还从没完赛过；另一个就是锻炼龙龙。（高黎贡55公里越野赛记，这是他第一次独立完成越野赛，18岁严格来讲还没有报名资格）

虽然完赛已经两天了，但身体的伤痛依然让我一次次回想起前天的比赛。这次参加的是国际顶级越野赛事——UTMB承办的高黎贡超级山径赛，这是我第一次参加这么高级的赛事，也是我第一次独立面对这么大的挑战。由于举办场地腾冲位于祖国西南边陲，天还没亮的早晨7点钟，街上只有一家包

子铺营业。早饭实在不想吃包子的我，也只能硬吃了一个包子、两个鸡蛋后前往起点等待比赛开始。到达起点时已是人山人海，主持人用着和电视上介绍登场的拳击选手一样的语气给我们加油鼓劲，现场气氛十分热烈。所有选手又蹦又跳地做着热身，他们身上穿着的都是一件件高级装备，就像游戏中的三级头、三级甲、三级包、各种备件一样。我的行李被航空公司弄丢了，所有比赛装备不知去向，只穿着一件借来的旧运动衣，一条坐飞机穿的休闲裤，一双烂了一个洞的路跑鞋，一个组委会发的一跑步就晃来晃去的背包。虽然比较寒酸，但没有关系，我还有我的双腿。

7点半随着主持人的一声巨吼，比赛开始了。一开始我就杀进了第一方队，紧跟国内外的特邀运动员。因为柏油路面只有起点这么一段，到后面的赛程没有登山杖穿着路跑鞋就完全处于劣势了。如果我现在落后的话，上山的时候就会被堵在后面，想超也超不了。好景不长，由于没怎么训练，在上坡时双腿就迈不开了。很多选手超越了我，超就超呗，我又不是为了名次，目标完赛。

8点半登上了第一个小山坡，早晨腾冲的城市风景特别漂亮，但我没时间拍照，因为第一个CP点时间很紧，稍微耽误就有被关门退赛的风险。第一赛段是一个大的爬升，虽然爬得很吃力，但我还是于9点08分到达CP1东山草甸，排名149。

吃了一个能量胶补充了运动饮料后我便直接奔赴CP2，原本以为第一赛段是最难的。进入第二赛段没过一会儿就感觉身处热带雨林一样，跑在只能通过一个人的赛道上，穿梭在各种从未见过的大树中，实在困难。我改变策略，上坡时走步恢复体力，平路和下坡时跑步，这样虽然速度较慢，但不至于耗费太多精力。又有7个选手超越了我，10点53分到达CP2素脑河水库，排名156。

还是吃了一个能量胶补充了运动饮料后就出发了，地图显示第三赛段是一整段下坡，我以为会很轻松，结果我才发现轻敌了。坡路十分陡，既得撒开丫子往下冲，又得控制好速度防止危险。一路上心惊胆战，也就是在这段我的左膝盖副韧带拉伤了，再加上下坡时膝盖非常受力，开始隐隐作痛。在接近CP3时，感人的一幕出现了。许多当地的村民站在路旁给我们加油，还有小朋友站成一排伸出手和我击掌。虽然老爸担心我的安全，赛前要求我体

验一下就可以了，让我在CP3退赛。但我打算坚持下来完成比赛，13点到达CP3永乐，排名152。

　　CP3是有午饭补给的，但实在太晒太热了，我没吃饭。吃了两个能量胶喝了一瓶饮料就进入第四赛段。按理说最难的赛道已经度过，可是一出CP3就是一个大上坡，很多选手在爬这个坡时都累得走走停停，我才意识到应该在CP3吃了饭再赶路。但已经没法回头了，我就在山坡上把所带的一点食物吃光了。经过这个大上坡左腿伤势更重了，我已经不能跑步了，很多选手瞬间就超过了我。算了一下时间，由于前半段速度很快，剩下的路程咬牙走下来时间也够，于是孤注一掷，胜败在此一举。第四赛段虽然路程短，但一点也不简单，补给的饮料很快就喝完了，无奈之下只能向路边的志愿者要水喝。终于在15点12分到达CP4栗柴坝，排名215。

　　正常补给后我又出发了，第五赛段虽然全是下坡，但我也走得相当慢，因为每下一点，左腿都像顶在石头上一样痛。还是一直被超，但我没有放弃，16点21分到达CP5飞虎公园，排名227。

　　一出CP5居然是柏油马路，我正高兴以为土路终于走到了头，突然峰回路转，又进了山。我问路旁的志愿者剩下的路是什么情况，他说全是下坡了。可我走了一段发现还有一个大上坡，生无可恋！应该是彩虹前最后的暴风雨了吧？我一瘸一拐地爬完了这座山，终于看见了和顺古镇的冲刺赛道。可我哪还能冲刺啊，镇里的人们都在为我加油，可我真的跑不动了，接近终点时志愿者给了一面国旗。看到国旗我突然热血沸腾，为国争光的信念让我瞬间就像打了鸡血一样，拽着国旗飞奔起来冲向终点！最后用时10小时27分33秒完成55公里越野跑比赛，排名239。

　　今天正好是我的生日，这块沉甸甸的奖牌是我给自己18岁生日的最好的礼物。

疯子报仇5年不晚

　　3月8日坐上从太原中转昆明到腾冲的飞机，昆明到腾冲的飞机上很多参加这次比赛的选手。意气风发准备大干一场的我发现托运行李没了。万念俱灰，看来160公里的仇真不好报！机场留下联系方式上车群里一说，北京的板砖尹路兄弟马上给拉了个"帮帮常江凑装备群",板砖亲自跑到起点送来头灯、皮肤衣、袜子、压缩衣、能量胶、坚果,全江明给凑了背包、雨衣、水壶、折叠杯,云姐谭德惠也给准备了头灯,宋雨的长袖卫衣……酒店拿上何仙姑的整套装备先报道再说。

饥肠辘辘地报道完和龙龙大吃一顿酸汤鸡,能不能比赛还是个未知数。晚上10点何仙姑很给力地领出了55公里的装备,还好参赛包里有个折叠双肩背包,再配个手电,一个折叠水壶,三个能量胶,加宋雨的长袖卫衣凑了龙龙的比赛装备。

3月9日7点半,55公里越野跑开赛,5点半起来收拾好东西,门口买到包子、鸡蛋、豆浆就打车去了起点。话说这是龙龙第一次自己跑越野,装备都是朋友们临时给凑的,我给他的计划是最多跑到CP3就退赛。看着他随着砚湖公园600名跑友共同倒计时冲出起点后,我满怀担心一个人沿着大盈江走回了碧泉酒店,继续倒头睡。20点160公里才开赛,装备不齐跑多少算多少吧……吃饭时终于盼到好消息,航空公司说找到行李了,估计15点能到腾冲。真是谢天谢地,这次航空公司没骗我,15点30分行李真送到碧泉酒店,还赔付了100元精神损失费。想想花了1600元的报名费,1500元的机票,申请了3天休假,就算行李全丢我也不能就这样放弃160公里UTMB赛事。整理装备,还是用上盖元培喀纳斯330公里越野送我的水袋背包和袜子,用上板砖临时凑的头灯(因为这个头灯很轻巧),还给小何大神背上户外神衣。途中三个换装点,只准备在106公里CP12放一双萨洛蒙越野鞋和一套干净衣服和袜子、头灯,怕万一下雨有个备用。

天渐渐黑了,起点的射灯照亮了腾冲的半边天,主持人用夸张的中英文两语主持,把赛事直推上"奥斯卡颁奖典礼"的规格。除了国内外十几个明星般的越野大咖选手,台下的芸芸众生真是生旦净末丑,各行各业都有。不知道42小时后谁又能继续笑傲江湖,谁又可能和我一样留下四年四次挑战168公里赛事均以失败告终的遗憾……不过这些并不影响我此刻的心情,因为龙龙已经在18点完全出乎我意料地完成了55公里越野比赛,用时10小时27分。他近半年跑步没超过10次,每次跑步也就5公里不到的水平能够这么短时间跑完55公里,我岂不应该更快才对?

站在起点心里暗想,第五次160公里再挑战失败,还得再去三峡,时间成

本太高了,一定要顶住睡意硬硬地干!20点一到准时开跑,站位靠前的我甚至超过了特邀嘉宾。前3公里6分内的配速感觉快爆缸了。1公里时宋雨超了我,然后是老全。3公里后开始上坡,不是特别大的坡发现自己完全肌无力,重心也不稳,气喘如牛,按理腾冲2000米左右的海拔不应该有高反呀?

高黎贡总关门时间42小时,每个大站都有关门时间,全程都不敢放松。到达CP1东山草甸距离10.2公里爬升686米,我用时1小时32分排名201,这段路爬升时可以看到腾冲璀璨的夜景,一座小城市像一个火盆一样点亮了乌泱泱群山峻岭的一角,想想连机场都建在山顶上的腾冲人真够拼的!山路狭窄,很多地方旁边都是悬崖,夜景不敢多看,看好脚下的路况更靠谱。CP1关门时间是22点15分,没有人想在这段路浪费时间,跑快点争取时间是大家共同的策略。

CP1到CP2八湾路口距离6.2公里爬升285米。我拿了两瓣橙子就跑,争分夺秒就能给后面留点休息时间。下坡是我的优势,但沙土路被选手跑得尘土飞扬,呼吸都困难,还好我穿的全地型跑鞋比较适合路跑,这段路用时58分,排名191,进步了10名。

CP2到CP3汤家山距离9.3公里大部分都是下降的盘山路,没有上坡高反的痛苦,下坡发力抢时间。这段路用时1小时13分,排名167,进步了24名。基本是见人超人见鬼超鬼,到达补给站前,一群衣着陈旧的孩子在村口前欢迎我们的到来,没想到在中国最边陲的小村庄能受到这样的礼遇,马上像打了鸡血一样跑了起来,把他们的热情转换为我们的激情,把自己最好的状态留在他们心中,让一颗越野的种子在这里发芽。下个站点的关门时间是3月10日凌晨3点整,越早过去越主动。

CP3到CP4龙文桥距离9.1公里总体下降,但也有几个爬坡,已经凌晨1点多了,困意来临,计划到CP4迷糊会儿。这段路应该是在一个峡谷周围跑,能够听到奔腾的江水,吹着习习的冷风,如果再能欣赏到山川河流的美景那就太理想了,可惜在夜里我们只能仰望天空和星星对话。这段路用时1小时32分,排名167名,随着比赛的进行赛道上的人越来越少,名次没变化。比关门时间提前了2小时到达。

CP4到CP5塘梨坝距离7.5公里大部分都是山间上坡路,我在CP4的火盆旁迷糊了十几分钟,心想迷糊会儿等天快亮再跑。刚迷糊着就听到何仙姑跑了过来。前面我一直在她前面,这次再被她超了是不是意味着后面的赛段就像三峡一样再也追不上她呢?迷糊会儿后上坡高反再次来袭,基本都是撑着登山杖一步一步挪着上山,非常不喜欢夜跑的我到达CP5第一件事就是找个火盆继续迷糊迷糊。这段路用时2小时10分,排名210名,掉了43名。可以说把前面的优势都丢光了,不过160公里不是马拉松,后面还有机会。

CP5到CP6大篙坪距离15.7公里都是山间小路,爬升1208米,CP6的关门时间是3月10日早上9点45分,跑得快累死了,天都跑亮了还看不到补给站,足足跑了17公里才到。还好赛事的路标做得非常好,没有给我们跑错路的机会,就这样到达时间8点22分,只比关门时间早1小时23分,我再次感到了强烈的关门压力,毕竟才跑了57.9公里,后面还有100多公里需要一步步完成,按这个状态真的很难完赛。这段路用时4小时47分,排名231名,又掉了21名。跑完这段路我心情非常糟糕,照这个速度被关门是迟早的事情!

CP6到CP7太平铺距离7.4公里爬升667米,CP6作为补给大站,很多人睡觉,天已经亮了,我振作精神,褪掉皮肤风衣,迎着晨风跑了起来。这段路就是传说中的茶马古道,全程不让选手使用登山杖,杜鹃啼血争奇斗艳,越野选手们却无心赏花争分夺秒抢时间。现代人的浪漫是拿秒计算的,快乐一秒算一秒,上班要争分夺秒工作,下班要争分夺秒赶公交车抢车位,参加个越野比赛健健身也要争分夺秒怕被关门!所以越野跑者更关注的是气势磅礴的壮丽景观,如喀纳斯那一望无际的草原、自由奔腾的骏马,崂山100屹立山巅海阔天空的感叹,香港100飞鹰俯瞰八仙岭的连绵山脊,张掖100万年冰川如履薄冰的惊慌……对一花一世界、一草一天堂小女人式的浪漫我们根本无暇去体会。好不容易熬了一夜跑到天亮,居然发现没有什么可以值得我拍照的景色,很是遗憾,反正上坡就是埋头苦干,下坡就是飞奔而下。这段路用时2小时27分,排名193,进步了38名。再次回到了200名之内。

CP7到CP8的81号界碑距离7.5公里上升近600米,大部分都是石板路面。上坡依然有点高反,下坡我就发力抢时间。这段路用时1小时20分,排名181,进步了12名。CP8的关门时间是3月10日14点15分,我比关门时间早到2小时6分,抢回来了点时间。

CP8到CP9三界距离10.75公里,爬升381米,下降615米。CP9是整个赛事最西南端,可惜跑过叫界碑的地方,并没有看到中国的界碑,也没有看

到邻国的风景。爬上山顶才能看到连绵不绝的山峦,大部分时间视线都被茂密的丛林遮挡。偶尔看到注意熊出没的警示牌,但我连个鸟影都没看到,何况熊。很多山间土路都被改造成了沙土路,尘土飞扬有点呼吸困难,三界碑其实是附近三个县交界的地方,估计是"三不管"地带。补给点设在一处貌似采石场的上方,宣传册说三界碑区域为高黎贡山自然公园,是中国第一个国家级自然公园,是休闲、旅游、动植物自然科考绝佳之地。而我看到的是大半个山被挖空,我就不相信野生动物敢到这里来放肆。又热又晒好不容易跑完这段路,用时2小时36分,排名133,进步了48名。我的天哪,难道前面这么多选手真的被熊抓走了吗?这段是我自己感觉跑得最慢的一段,居然超了这么多人,我一点感觉都没有。刷新了这次比赛的最好名次。

CP9到CP10干沟护林站距离7.34公里,爬升320米。这段路爬升不大,午后有点困,很想睡会儿再跑,路过很多山坡草甸,可以看到躺成一片的选手在午休。越野跑我最大的短板就是夜跑,视力不好不敢跑。一步不停地走跑结合,我天生走路慢,经常小步慢跑还被步行选手超,笨鸟先飞只能靠坚持。这次比赛赛道志愿者太多了,而且很多都是当地正规医院的医生,他们能够非常专业地帮你按摩和提出建议。就连一些深山老林的关键转折点都安排了志愿者引导,很多志愿者把自己的水和食品送给了选手。他们的每一声加油都赋予了我心灵的力量,让我能够砥砺前行!这段路用时2小时,排名128,进步了5名。再次刷新最好名次。

CP10到CP11公馆距离8.14公里,爬升225米,下降714米。一看下降多我很兴奋,强项来了就是干。一路上随身带的两个水壶一个加满热姜茶,一个加满热咖啡,偶尔能量胶吃一个,盐丸吃一粒。这段路真的挺好跑,草地路面既缓震又不打滑,我喘着粗气,咆哮着怒吼着飞奔,动静大到老远前面的选手早早给我主动让路,每每跑得畅快淋漓时,突然峰回路转变上坡,马上歇菜。后面的选手又以好奇的眼光慢悠悠地超我而去,估计在心想,你不是能跑吗?不是跑得快吗?怎么不跑了?就这样反反复复中到达了CP11,当然这里名叫公馆根本没有什么公馆。此刻已经是3月10日18点44分,我已经跑了98.9公里,折腾了近23个小时,这段路我用时1小时59分,排名115,又进步了13名。下个站点CP12的关门时间是3月10日24点,天已经快黑了,又一场夜战马上开始,我决定先在这个点睡一会儿,CP12虽然有休息室估计人会很多、很吵。补给点旁边的棚子里有瑜伽垫和毛毯,我躺下计划睡半小时,定了闹钟却怎么也睡不着,过早地喝了咖啡和能量胶导致我身体虽然疲劳但大脑还很活跃,这样的状态真糟糕,其实哪怕只要睡着10分钟就够了,但就这也成了奢望。外面的山风很大,我迷糊到点起来套上皮肤风衣继续开干。

而就在我们大部分人还在纠结下面的里程时,那些国际越野高手已经在20个小时左右完成了比赛。这样的差距让我们奋战在半途中的菜鸟们情何以堪?

3月10日15点58分,双虹桥人潮涌动!超级喧嚣热闹,因为人们迎来了MGU的王者归来,来自立陶宛的2017UTWT总冠军、2016年UTMB亚军和2015UTMF冠军——Gediminas Grinius(G2),在前100公里不慌不忙,后面发力,奠定领先优势,最终以19小时58分问鼎MGU!

CP11到CP12桥街距离10.6公里,爬升365米,下降1005米。又是我出成绩的好路段,戴上头灯时刻准备发动起猛攻。前面的爬升并没有什么烂路、碎石路,快走还是可以的,到了山顶路变成了土灰下坡盘山路,这种路虽然灰尘大,但是路面不算太硬,很好跑。我撒开欢跑,刚跑到兴奋点听到有人叫我,急刹脚一看是云姐。我拿出备用头灯给了她就先跑了。可能云姐很失望,不过她可是喀纳斯330公里越野赛混合组第三名,有比我快十几个小时完赛的实力,她后半程反超我是相当容易的。这段路就在这儿耽误了几分钟,其余时间我都是全力冲刺的节奏,一口气干到了CP12用时2小时52分,排名134名,睡了一觉名次又掉了19名。进入补给站先吃东西,饿坏了!先吃了一盒意大利面,超级难吃,就是白面条上面挤了点番茄酱。又喝了碗白米粥,纳闷最大的补给站怎么连个方便面都没有?这次比赛的补给一般,食品种类比较少,很多补给食品都是志愿者自己准备吃的,看选手可怜分给我们点。吃完看时间还富裕,上楼睡一会儿,躺下一看旁边睡的是老全,居然追上了这猛男。这个成天钻在山里拉练5~6个小时的超级野人也需要睡觉?躺下还是睡不着,旁边的选手收拾装备也不出去,包上的铃铛一直响个没完,新进来的选手大声聊天也不顾及正在休息的选手,忍了十几分钟还不见他们收敛,火大了!我直接跳起来拿上装备冲出大门继续干!

CP12到CP13马场村距离9.37公里,爬升862米,下降65米。这段路赛道说明上写着:徐霞客笔下的良辰美景和幽幽古道散落在村落之间,弥漫着历史的芬芳气息。夜里什么也看不见，就记得过一座小桥后就一路上坡，本来以为爬升很大是很虐的山路，其实都是机耕土路，路很宽也比较平，没有一点危险。上坡我看见就头痛，不过一路前后几乎就没有任何选手，我一个人安静地溜达着上山，脑子里时常冒出来一些稀奇古怪的歌词。

  反正没有人，星空、山峦就是我一个人的舞台，纵情高歌宣泄一下埋藏在内心的种种不忿！刚吼两嗓子，旁边传来加油声，吓我一跳，真是志愿者无处不在呀。CP13绕了好久才到，居然是在新修的马路边，而且出现了一路没有出现过的方便面。可惜在上个站点出站前我刚吃到了站长爱心奉献的饵丝，所以没有浪费这个补给站站长自掏腰包给选手们买的方便面。坐在电暖气旁让志愿者给按摩了一会儿腿我就出发了，前面站点也都有按摩服务，我这也是第一次在赛道上麻烦志愿者给按摩，实在是腿困得有点挺不过去了。这段路用时3小时3分，排名121名，全上坡路居然还进步了13名，不可思议。

  CP13到CP14素脑河水库距离7.98公里，爬升377米，下降280米。赛道说明说这段路是漫山遍野的油茶花。远处的山、近处的田地、行进的小道边，都是红艳艳的油茶花。可惜我只能看到天上的星星和一路相伴的反光路标。夜里一两点一个人跑在沙土路上，不瞌睡不可能，这已经是第二个晚上了，我越野跑最大的短板就是熬夜。何仙姑为了高黎贡大过年的去四姑娘山拉练，专门拉练连续20个小时不睡觉登山，而我一天夜都没有熬过。CP4之后连人家背影都没有看见过很正常，记得CP13时问志愿者170号选手几点过去的，回答很让我受刺激，说已经过去3小时了，差距不是一点半点。终于1小时51分我干掉了这段不太难的沙土路，排名109名，又进步了12名。

  CP14到CP15永乐距离12.28公里，爬升395米，下降882米。CP15的关门时间是3月11日8点45分，我2点40分到CP14，6个小时跑12公里多时间还是比较宽松的。没想到刚跑出去一会儿就成了过河比赛，沿着河谷不停地转来转去，路边都是那种乱石草丛，这段路如果在白天，一定是小桥流水人家、高峡峻岭连绵不绝的景色。可惜，这一路又是黑夜，又是只闻水声不见美景，远远地看着山顶亮着灯火，走了半天爬上山顶才发现那是月亮。不知道是困了，还是烦了，感觉自己跑进了死循环，围着山谷不停地转圈，土木桥过河、爬上山谷再下山谷再过土木桥，路标很清晰，路况很相似，跑得正心烦时突然头灯灭了。周围一片漆黑，我立马也清醒了，完了完了这下麻烦大了。备用头灯借给了云姐，我这个充电头灯没法换电池，用手机照亮找出 CP12 拿的另外一个头灯，居然电池没电了。现在是凌晨 4 点，这里天亮要到 7 点多，这一路都是河边和山谷，没头灯非掉山崖下！正在发愁，后边有选手跑了过来。马上问有七号电池吗？一问有，还正好是三个。谢天谢地啊，赶紧借上才又点亮了我完赛的希望。换上头灯继续前进，遇到下坡又飞了起来。5 点 55 分到达了 CP15，比关门时间提前 2 小时 50 分。用时 3 小时 15 分，排名 109 名和上站一样。进站后看到了西安大神张斌，他前面带人跑，把人跑崩了后自己一个人跑。我吃了点东西盘算一下，后面剩下 21 公里，好像爬升也不大，相当于个半程马拉松，干脆争取一口气在 40 小时内干完回去睡觉吧，反正现在喝了一夜的咖啡睡也睡不着。

CP15 到 CP16 栗柴坝距离 7.74 公里，爬升 482 米，下降 120 米。这个爬升不算大，我埋头爬呀爬，还是有好多人超了我，这个备用头灯的光线有点昏暗，一路上除了飘摇的路标就是山顶的月亮，越走越迷糊，习惯性地看表，却不知道表上的数字代表什么？是公里在走还是我在走？考虑半天也想不出来我此刻是在做什么。我不停地怪叫想让自己清醒，但疲劳的极限已经悄悄来临。我一定要睡觉、要睡觉，不然下坡非摔死不可。刚有这个念头就发现路边有个帐篷，仔细看确定就是帐篷不是我的幻觉。顾不了那么多了，我上去敲了敲帐篷，问能不能让我进去睡会儿。现在想想要是里面是个女孩或者一对情侣，这是要死的节奏，可那个时候大脑就已经简单到了如此直截了当。或许真的是我人品大爆发，里面出来个帅哥说没问题，他披个大衣就出来了。6 点多的山顶冷风飕飕，这样的志愿者简直太棒了。我躺在他暖好的睡袋里，很快就睡着了，还梦见我一直用吃奶的力量去爬山。正睡得香甜，我醒来一看 7 点 20 分了。起来感谢帅哥，想起口袋里还有两个山西带来的枣夹核桃，送给了他，匆匆告别继续前进。天终于亮了，我收起头灯，正准备跑，一个熟悉的、矫健的、S 形的身影跑了过来，云姐追了上来。她状态非常好，满脸笑容，上坡贼快。我说你先走，我整理一下追你。

8 点 45 分我到达了 CP16，睡醒后超了不少人。这段路用时 2 小时 50 分，排名 122，掉了 13 名。

CP16 到 CP17 飞虎公园距离 5.87 公里，爬升 77 米，下降 483 米。快到

CP16时雄哥电话来问我情况怎么样,怎么数据没有更新,是不是又快关门了?不行就退吧……这电话比吃一盒能量胶都刺激呀,有多少人在关注我比赛,又有多少人在等待我再次被关门的"好消息"。5次160公里越野5次被关门?我要说NO!低头看了看最后的数据,后面基本下坡,这数据我还需要休息吗?一鼓作气干完算了,进站吃了口鲜花饼,补了点姜茶水就跑。出口看到了老全,没想到又追上了他。打个招呼我就飞奔而下,这一路发飙可了不得了,原本酸痛的双腿经过下坡振动的刺激,渐渐恢复了弹性。这段路是我最喜欢的草坡路,我迈开大步,跳跃式前进,脚后跟轮换踢着屁股蛋,大声吼叫着呼啸而过,超过的选手都啧啧称赞,跑这么快早干啥去了?

第一公里跑出7分多的配速,继续全速前进,只要腿不抽筋我就不停。路边的景色已经模糊,心中的怒火还在燃烧,燃烧吧小宇宙,让5年的仇恨在今天化为灰烬。我就像一头猛虎一样飞扑进了飞虎公园,其实没有看见公园,只看见了工地,补给站设在工地的铁架后面,我跑进去打了卡就继续跑,没有做任何补给。这段路我仅用时45分钟搞定,排名102,反超了20名选手。

CP17到终点和顺古镇距离7.56公里,爬升193米,下降229米。沿着山路很快就翻了一座小山,又过了一条新建的公路,还有交警维持秩序让车辆给我们让道。这次比赛当地政府的支持力度非常大,基本上医院、公安之类的都出动了。越野跑即将成为腾冲打造新经济增长点的重要一环,如果只靠旅游产业,这个城市每年也就只能红火上两个黄金周加上暑期,而注入越野跑这个新元素,旅游产业的一些投入就可以更持续地发挥效果,产生更大错峰经济效益。跑过一个下穿公路的涵洞,路边的志愿者说还有5公里就到终点了。沿着盘山公路继续跑,超了几个选手看见盘山公路下面的建筑,以为很快就到了,没想到旁边有个小山口,志愿者指挥从这里继续上山,还是说离终点有5公里。难道这段盘山公路又是赠送的里程?硬着头皮又开始爬坡,原来计划一路飞奔跑到终点的计划泡汤了。上坡本来就弱,经过刚才的狂奔,腿更加酸痛了,我咬牙坚持也无法阻挡被反超的结果。40小时内跑完没问题,但39小时内跑完可能性不大了。爬上山林绕来绕去还看不到终点的样子,一会儿遇到一个拿大喇叭的志愿者说只剩下2公里了。只要不是上坡我就跑,终于跑出山林进入了和顺古镇。古镇里还要绕弯弯,到达一段直下坡的石板路,旁边的观众多了起来,都在给我们加油助威,振作最后的精神,迈开大步，强忍着酸痛的双腿，面带苦涩的笑容和呼之欲出的泪水冲了下去。古镇的游客已经把我们当成了一道亮丽的风景，很多人闻讯赶来拍照。古色古香、安逸休闲的小城风景与嘶吼咆哮、疯狂冲刺的越野选手产生了强烈的视觉对比。

到达终点时间 2018 年 3 月 11 日 10 点 59 分，160 公里总用时 38 小时 59 分 42 秒，总排名 102 名。简直是生死时速，居然提前 18 秒跑进了 39 小时。热烈的终点气氛让我有点发蒙，真的报仇雪恨了吗？晕晕地硬是把冲刺时的泪水忍了回去。更让我惊喜的是终点还有猛犸美女张研在等我，帮我领奖牌和完赛服，她参加了 55 公里的比赛，能够在赛场上再次偶遇真的是缘分。还有专程从太原飞云南旅游的李安安兄弟在终点为我拍照，有帅哥和美女相伴，兴奋之余还是有一点点不满足……早早就拿在手中的手机没有用上。

这是一场艰苦的比赛，赛后统计完赛率只有 46%。我的名次从刚开始 CP1 的 201 名，最惨掉到 CP6 的 231 名，最后追到 102 名，男子总排名 88 名（居然有 14 个美女比我快）。其实并不是我后面跑得有多快，而是很多人选择了放弃，160 公里组一共 385 人参赛，退赛 192 人，完赛 193 人，正好一半。我的名次从头到尾也正好前进了一半。事实证明越野跑就是一场自己和自己较量的比赛，很多越野大咖这次退赛都是因为太拼了，和别人拼速度，最后把自己拉崩导致弃赛。

非常感谢 UTMB 高黎贡 160 公里越野赛在最适当的时间给了我雪耻的机会，但对本次比赛而言，依然有点小遗憾。那就是比赛出发时间和赛道规划并不完美。腾冲应该是中国西南边陲最美的城市之一，很早就听说过这个城市，来参加这个比赛就是想领略一下它独有的风景和魅力。然而这次比赛将出发时间安排在夜晚，大部分选手和我一样都跑了整整两个晚上和一个白天，大部分"美景"（可能是美景，虽然我们没有看到）都在夜间度过，白天我们路过的景色并没有什么宏大壮观的场面，山间小路哪里没有？路边野花哪里不产？很多路线选择在机耕路和农田边，并没有让线路进入腾冲最著名的景区和公园。除了这一点，这场赛事无疑是一场精心设计的完美赛事，特别是赛道救援和保障方面，志愿者布局非常合理，补给点和换装点设置非常科学，路标的密集程度更是惊人，如果对于一个纯粹就是喜欢跑步，追求刷成绩的跑者而言，这个赛道最适合不过。

看看一起征战高黎贡160公里越野小伙伴们的成绩吧。

榆林张兴如，由于CP1崴脚遗憾退赛，他可是去年三峡168的完赛选手，这次崴脚的主要原因是穿了新鞋，鞋底子特别厚，不提前适应直接上场比赛风险很大。

重庆云姐39小时24分完赛，年龄组第二名，总排名114名。我们前后相遇四次左右。喀纳斯330公里混合组第三名，去年三峡未完赛来复仇。

何仙姑37小时47分完赛，年龄组第五名，总排名80名。CP4看到一次后再无相遇。去年三峡168女子组第一，今年来拉练。

西安宋雨36小时41分完赛，年龄组第六名，总排名57名。开赛1公里看到一次后再无相遇。去年三峡百公里亚军。

浙江老全39小时51分完赛，年龄组第40名，总排名130名。我们前后相遇四次左右。我们中唯一大三峡和喀纳斯双料完赛选手。

由于手机在室内GPS有漂移，实际距离应该在161公里左右，累计爬升7866米。官方公布数据距离基本准确，爬升可能不太准确，实际爬升可能没有那么大。

最后感谢这次比赛年龄最小选手龙龙，他能够在高三独自完成一场本不属于自己的55公里越野赛，对他来说不仅是一次前所未有的大冒险，更是一次难得的18岁成人礼。

终于站在了高黎贡160公里的终点，仰视天空，疯子报仇5年不晚！今日痛饮庆功酒，壮志未酬誓不休。来日方长显身手，甘洒热血写春秋……

赛道难度：★★★★

组织能力：★★★★

推荐指数：★★★

整体评价

高黎贡160公里越野是UTMB系列赛事之一，每两年办一次，这次比赛的季节和日期选择都很好，志愿者也非常热情。赛道整体难度不算大，属于相对成熟的徒步线路，不像三峡168那样危险。遗憾的是赛道风景一般，没有把当地最著名的景点穿插进来，很多路线都是农田和公路。而有山有水的赛段大部分是夜间经过，无法欣赏。这个比赛大部分时间在夜间进行，有点儿不符合正常人的生活习惯，如果改成早上出发效果会更好。值得点赞的是当地物价水平不高，餐饮非常有特色，如果时间充足，比赛后玩一两天会比较惬意。

2018 年 9 月 10 日

意大利 330 公里巨人之旅国际越野赛

2018TDG 赛前那点事

参加 TDG 原本就是一个善意的谎言，没有想到会变成一个真实的谎言！

2017 年我虽然完成了喀纳斯 330 公里越野赛，但每年 11 月的长江三峡 168 公里越野挑战赛我连续三次被关门，加上 2014 年的香港 168 公里越野赛，我是连续四年挑战 168 公里越野赛失利。令人尴尬的是何仙姑 2017 年第一次挑战就成功，信心爆棚的她叫我一起再次挑战喀纳斯 330 公里越野赛。说句心里话，去年虽然 108 小时无伤安全完赛喀纳斯 330 公里越野赛，但真的是太危险了，自补给、自导航烧脑不说，突袭的大暴雨天气、泥石流的河谷、喀纳斯湖边往死咬的铺天盖地的蚊群、深夜爬行而过的沼泽，真是打死我也不想再受一次这样的罪。推辞不过的我只好拿出 TDG 当救命稻草，要参加就参加高大上的巨人之旅 TDG。那可是世界顶级难度的越野赛，也是我跑越野跑第一天就给自己设定的目标！心里想的是 TDG 我们就不可能中签。果然是个英明的借口，她报了三个人，摇号出来我们三个谁都没有中，一颗石头终于落地。今年工作忙得一塌糊涂，6 月还要参加澳大利亚凯恩斯大铁。有点时间还要备战大铁，其实以我目前的能力挑战意大利巨人之旅还真欠点火候。

然而，5 月初我突然收到一份国外的邮件，按我平时的习惯，英文邮件一概不看，鬼使神差的是这份邮件我居然点开看了看。看不懂就问了问同事，才知道居然在 TDG 中签名单公布三个月后我被补中了。原本就没计划参加比赛的我，看看周围报名的人都没有中签，老天给我一个补中签的机会，不去也太不给 TDG 面子了。我一直在为之努力的意大利巨人之旅突然向我张开了怀抱，而我却叶公好龙地有点怕了。一想到出国比赛就发愁，先不说语言关这个大问题，办理出国签证、假期都是头痛的事。硬着头皮先报上名，计划 6 月澳大利亚凯恩斯大铁回来再着手准备 TDG 的事。

一晃 6 月大铁终于在上半年没有时间训练自行车的情况下刷最好成绩完赛，回来正准备备战 9 月的 TDG 时又接手了一项很重要的工作。培训 160 名新员工，两期共 28 天时间，导致我 7 月中旬至 8 月中旬家都没有回一次，天天加班加点，每天睡眠只有 5 小时。抽空跑步也只能是短距离，连一次超过 20 公里的山都没有跑过。其间还要准备签证、强制装备，真是忙得开始怀疑人生，我为什么要参加这个比赛？难道是又想去被关门吗？

比赛出发前 10 天签证才搞定，前一周才买到了合适的鞋子，出发前三天才上山试了试鞋和网上买的 35 元一对的铝质登山杖——一根就是别人两根半的重量，而且太短，上山还行，下山就成鸡肋了。当时天真地想带上四根，不好用就直接扔垃圾桶里。

头灯、冰爪、冲锋衣、手套一堆东西都是借的，就这样东拼西凑了一大包东西出发了。几番周折在北京和郭启云大神会合后被告知飞机没座了，拉不上我们，让我们改签机票。头大得要死，坚持不改签（一改签就耽误一天时间，可能会错过报到时间），还好老天再次开眼，苦等了半个小时后终于有座了，晚点 3 小时飞到了日内瓦。两个不会外语的山汉全凭脸皮厚运气好，转了两次大巴没走弯路安全到达库马约尔，已经是夜晚。没有时间倒时差，第二天醒来就赶紧和重庆跑友深蓝上山适应了一下赛道。山景美得我们不知不觉就爬上了山顶，看着近在咫尺的雪山，深蓝甚至想爬到顶峰。明天就要比赛了，启云大神理智地打断了爬山活动。我一口气冲下山跑回了酒店，爬山 15 公里用时 3 小时 10 分，爬升 770 米。而深蓝回来时发现手机落在了山上，这下可满足他爬山的欲望了。等我和启云去体育场报到完毕时，他又爬了一回山，幸运的是找到了手机才回到酒店，他爬了两次至少 25 公里。报到过程比较曲折，因为一个防水手套过不了关，奇怪的是我借毛毛的滑雪手套检验不行，同一副手套启云拿上就过关了。难道是我人品差吗？酒店还有一副手套，去拿太浪费时间。幸亏遇到一个马来西亚会讲中文的帅哥，借了他的手套才过了关。

这次比赛我的参赛号码是 1388 号，居然和我的手机号后三位完全一致，难道是组委会专门给我定制的号码？我按这个吉祥号码规划了完赛计划，最快计划是 138 小时完赛，最慢 146 小时（138+8）完赛。根据这个时间参照以前年度选手完赛情况，做了个表格，并在手机上设定了到达站点和出站闹钟，理想很丰满，就看明天的现实如何了。TDG 正式比赛时间是当地时间 9 月 10 日 12 点开赛（意大利巨人之旅的起跑时间非常人性，中午起跑能让大家好好睡个懒觉，国内很多越野跑是晚上起跑，我一看就不想参加），甚合我意，可以好好地休息一晚上。晚上参加了欢迎晚宴，我和启云就回房间休息了，激动的心在连续两天的疲劳旅程下很快入眠了。睡得好才能有精神去迎接连续六天六夜的折磨。

出发前按照我参加崂山 50 公里越野赛参考，51 公里爬升 3000 米左右，我用时近 10 个小时完赛。TDG 分七个赛段，每个赛段距离 50 多公里，爬升 3000～4100 米。相当于爬七个崂山 50 公里越野赛，由于难度加大，我按平均每个 50 公里越野赛用时 15 小时计算，每个赛段休息 5 小时计算，需要 7×20 个小时等于 140 小时。看来是有希望完赛。

如果按照太原横岭步道的数据折算，横岭单向 3 公里，一个来回 6 公里，累计爬升和下降 500 米，TDG 相当于爬横岭 62 次，累计爬升也是 30000 多米，我平时爬一个来回用时 1.5 小时，如果不休息一直保持这个速度爬需要 93 个小时。实现情况是横岭我爬两个来回就累得再也不想爬了，如果爬一个来回休息一小时再爬，相当是一个来回用时 2.5 小时，那么需要用时 155 小时，肯定是要被关门。

按去年喀纳斯 330 公里越野赛用时 110 小时来计算，我更难完成，因为喀纳斯爬升才 10000 多米，而 TDG 总长度近 330 公里，累计爬升 30000 米，这样的数据比喀纳斯至少难两倍。喀纳斯我用 110 小时，那么 TDG 至少得 200 小时。

TDG 到底有多难？至今中国完赛选手没有超过 100 人，理论测算完成 TDG 的时间相当于完成 3 个 UTMB（意大利环勃朗峰百英里越野）+10 小时的

用时，关门时间 150 小时（六天 +6 小时）。全程要穿越 25 座高山，平均每个赛段要翻过三个半山峰，它考验的绝不是你的马拉松成绩，更多的是你长距离爬坡和下降的能力。平均每年完赛率只有一半人左右，只要有勇气站在这个赛道的起点就已经很棒了。所以我抱的心态就是，借跑步的名义来旅游观光一下美丽的阿尔卑斯山。温小军的话：能跑多少算多少，安全回来就可以了！

第一赛段

一次次的梦想，一天天的等待，心中充满期盼。我们带着遥远的祝福，与世界各地的朋友相聚在阿尔卑斯山下。长城问候阿尔卑斯山，中国与世界牵手。

我们将日夜兼程，呼吸着大自然的芬芳，陶醉于路上的壮丽迷人的风景里。纵横山水中，而无车马喧；驰骋天地间，其气浩然。我们追逐太阳，伴随月亮，穿越风雨，俯瞰山下的万家灯火。一路奔波，一路歌。我们健壮了体魄，净化了心灵。对自然的热爱，让我们热爱生命，于是，我们的勇气与信心倍增，将一路向前，永不停。

我们将用汗水与毅力收获美好与友谊，永远回忆快乐与自由。

这是 2013 年挑战巨人之旅 TDG 不幸遇难的杨源兄弟在赛前写给主委会的信，每次看到这封信我都会感慨万千，梦想、友谊、美好、热爱、阿尔卑斯山、太阳、月亮……每一个词都深深地打动着我，当为工作的忙碌而烦恼时，当人生没有目标时，我就会想起臧克家《有的人》中的诗句：有的人活着，他已经死了；有的人死了，他还活着。

活着的意义是什么？肯定不是等死。虽然每个人都会死亡，如果我们总是想到会死去而无所事事，那我们和死了有什么区别？

2013 年为了参加铁人三项比赛，我开始了跑步锻炼，当时就有人说，跑步坏膝盖，人的膝盖是有寿命的，跑到一定次数膝盖就报废了。如果我连跑步都不能了，那我活着还有什么意义？我在开始跑步半个月后完成了成都金堂铁人三项赛，从此就喜欢上挑战各种赛事。一个月后我的第一个马拉松——北京金山岭长城马拉松，我认识了昂国平、贾榜先、杨源几位跑圈大神……受他们的影响我报名参加并完成了 2014 年的香港 100 越野赛（杨源也报名了这个比赛，不幸的是他已经不在人世，赛前香港 100 举办方还专门组织大家悼念了他。有人戴着他的号码跑向了赛道，当时我的感觉就是杨源复活了，他的精神永远与中国越野在一起！）。就这样不知不觉地从铁人三项小白迅速成为马拉松和越野跑菜鸟，就这打酱油的水平一不小心还混成了山西省最先完成百公里越野跑的选手之一。杨源兄弟参加意大利的 TDG330 公里越野赛不幸遇难，贾榜先老哥还组织大家进行了募捐活动。从此知道了这个比赛，而在备战香港 100 时看到了荒城写的《奔跑 332 公里》这本书，更让我对 TDG 充满了敬佩和恐惧，感觉这个赛事离我真的太遥远了。如果有朝一日我能够踏上这条赛道，一定要去悼念杨兄。

今天当我站在这个赛道上时，看到库马约尔整个小镇为这个赛事沸腾，看到来自世界各地的越野爱好者欢聚一堂，看到五星红旗在赛道中飘扬，我想起了杨源兄弟的信。虽然他没有走完整个赛道，但是他的精神已经被永久地保留在了阿尔卑斯山的巅峰，影响更多的人加入这条无比艰险的赛道，我们为了同一个梦想前赴后继永不放弃！

参加过很多越野赛，TDG 的开赛仪式让我得到了从未有过的荣誉感，世界各地的选手们站在了同一个舞台上接受着节日般的庆典。每个观众都洋溢着崇拜的笑容，发自内心为选手们加油喝彩，盛装的志愿者载歌载舞，让我怀疑这是比赛还是在参加盛大的聚会。在轮椅跑者们领跑仪式后，欢快的人流像一条奔腾的河流席卷向赛道。五彩缤纷的队伍迅速吞没了小镇的干道，向着大山的方向激情而去。我和唐磊并驾齐驱，高举着五星红旗骄傲而兴奋，就像我们比赛前的合影一样，巨人之旅我们来了，中国队加油！加油！加油！

长长的队伍在 2 公里后进入了爬山状态，蜿蜒的山路大家自觉地收缩成一字长龙，礼貌、友好地按序前行，没有人冒进。因为 330 公里的山路这才是个头，贸然拼命的结果可能是提前崩溃退赛。中午的太阳暴晒在头顶，爬山 6 公里后山路从树林转入草甸，没有一丝阴凉，我的呼吸越来越急促，爬坡是我的弱点，而这 6 公里的连续爬升让心率疯狂飙升。看着好似到了山顶，峰回路转，更高的山峰又到眼前。比赛刚开始就给我们来一个下马威。8 公里时唐磊超过了我，他路上等了珊瑚女神 20 多分钟，没等到就提速单飞了。一周前他刚刚 28 小时跑完了 UTMB，马不停蹄地又来挑战 TDG，更可怕的是之后他还要继续回国马上参加 800 流沙，真佩服他的勇气和能力。

唐磊一晃而过，我抬头看看山顶前长长的 S 形队伍，感觉自己太渺小了，巨人之旅面前我只是一个微不足道的小人物。在阿尔卑斯的蓝天白天雪山面前，我能不能坚持走完 330 公里的山路，心中不免燃起悲壮的情怀，悄悄咬紧牙关跟紧队伍一步一步向前爬。到达山顶垭口时，没想到这么艰难的山路已经有很多志愿者和观众在夹道欢迎我们，太震惊了！国内越野赛观众也就在起点加加油，TDG 连山顶都有加油的队伍，作为一名选手，我心里热乎乎的，真的被他们的热情所感动。

很多选手爬上山顶都累得坐下休息，我看了一眼那陡峭的下山路，没有犹豫直接奔跑而下。上山我是慢牛，下山我要当猛虎！一路狂奔，基本没有人超我，我超了很多人。冲下坡谷就是第一个补给站，我报了号码吃了几个橙子、加满水就继续跑了。因为后面还是下山，我不想减速，发挥优势给自己赢回点时间。7 公里下山我一步没有走，40 分钟就下到一个小镇。在这里还遇到了准备参加后天 TOT 比赛的中国选手来为我们加油，太激动了，镇上加油的人越来越多，儿童们伸出稚嫩的小手来和我们击掌。热情的加油声比任何能量胶都管用，我尽情地和观众们互动着，加快脚步跑进了第二个补给站。这个补给站在一个大厅里，已经是 17 点多。坐下来吃了点东西，也就是凉肉片和面包，没有热食。这次比赛的我计划不吃任何能量胶、盐丸、蛋白粉、咖啡、可乐之类的东西，只要能引起我精神兴奋的东西都不吃。当然不是为了省钱，最主要的目的是要自己在自然状态下运动，虽然随身也装了启云送我的几颗盐丸和能量棒，但我就是想试试看能不能不吃。

补给完抓紧出发，白天多跑跑晚上就有时间多休息。出了补给站又是一路爬山，第一赛段要爬过三座大山头，后面的两座爬升更大。24 公里时爬上了半山腰，这座山比上一座更美，一条瀑布从山顶奔腾而下，我们沿着瀑布一路爬升，沿途徒步的游客主动让路给我们，并为我们加油。快 17 点了，困意开始强烈地干扰我的意识，我开始进行思想斗争，是在路上睡会儿还是坚持到大站再睡？越斗争意识越模糊，山顶还遥遥无期。到达半山腰的时候一个漂亮的湖泊静静地躺在山坳中，一群牛悠闲地在吃草，牛铃声从山谷回荡到天空，暴晒的太阳也恢复了一点温柔。我看到一块很大的石头，这样的美景不睡就太不会享受了。套上冲锋衣枕着越野包，我席地而睡，短短 15 分钟时间就已经美美地睡着了一会儿。起来继续战斗，马上感觉丹田充满了天地正气，一鼓作气爬上了山顶。这座山非常高，云层已经和山顶相连，金色的山顶与蓝天白云在夕阳的衬托下无比灿烂，壮观！山顶的乱石与飞云刚柔并济，预示着接下来的下坡将异常险峻。我的登山杖很短，上山还好用，下山导致支撑点太低反而增加了危险，所以下山只能收起登山杖全靠脚刹控制平衡和速度。大部分选手用的都是长登山杖，有的登山杖还能直接背在身上，他们下山时长长的登山杖非常好找落脚点，让我非常羡慕。

下了这座山天已经黑了，杨源的纪念碑应该就在这座怪石嶙峋的山里，可是我一直没有看到，给他带的家乡大枣送不到了吗？我一路用头灯扫描着周围的情况，几次差点因为没有看脚下路而绊倒。很失望地又翻了一座山，感觉最危险的山路都已经过去了，依然没有看到。心里失望至极，看荒城的《奔跑332公里》那本书时我就想，如果有朝一日我也能站在巨人之旅的赛道上，一定要看望一下杨源的纪念碑，不管能不能完赛，能够在杨兄的碑前悼念一下也就心满意足了。如果我真的错过了，即使侥幸完赛也将不是一个完美的比赛。但我的能力确实有限，没有在天黑前走过这段赛道，甚至后悔不应该在半路睡觉耽误了时间。我的大脑中浮现出荒城书中描写的镜头，杨源站在山顶的补给站，随着音乐的节奏尽情享受赛事带给他的快乐。平时跑步我也喜欢带着音响听着激情的歌曲奔跑，然而这次强制装备太多了，随身的越野包塞得满满的没有一点空间。另一个原因是我也想静静地聆听阿尔卑斯山的呼唤，让心灵也能够伴随着残酷的赛道来一次净化之旅。

爬过36公里山顶补给站时，我非常感叹TDG赛事组织的周全，在国内越野赛山顶基本是不会有补给站，因为补给品没法搬上山，而TDG赛事非常人性化地在你最需要帮助的时候，总能够看到他们的补给站点。七大赛段的每个赛段又分设了5～8个补给点，不但能够给参赛选手及时补给能量，而且也能给参赛选手一种安全感，当然万一选手出什么状况，最近的补给点也能够提供最快捷的救援。黑暗中，我小心地下山，告诫自己慢点再慢点，安全第一。突然一个白色的影子让我喜出望外，好像是一块纪念碑，头灯打上去，赛道正中间立着一个1米多高的石堆，就像山顶垭口的地标一样。不同的是这次它并不在山顶，而是在半山腰，四面都镶嵌着杨源兄弟写给组委会的那封信。正面是中文，其他三面应该是英文、意大利文和法文。我静静地站在杨源兄弟的纪念碑前，献上从国内带来的大枣。时间静止了，身边没有

一个选手，只有我默默地和他对话，"杨源，兄弟来看你了，给你带来了家乡的枣，愿你在天堂一切安好……再会"，短短几句话已经无法继续用语言表达，5年前的夜里你在这里倒下，但你的精神却成为我们永远仰望的丰碑！悼念过杨兄后我再也没有敢回头，我怕控制不住已经涌上心头的悲伤，加快步伐用实际行动告诉杨兄，中国人都是好样的，我们既然来了，就要像您一样，向前、向前、向前！

到达第一大站时已经是夜里2点半，超出我预想的时间一个半小时。赛道的难度和美景也远远超出了我的预期，由于语言不通，进入第一大站我像无头苍蝇般不知所措。每个大站都由餐饮区、医疗区、按摩区、洗浴区、存包区、睡觉区等几部分组成（这也是跑了三四个赛段后才知道的），我没吃东西，好不容易找到了睡觉区，赶紧躺下睡了两小时。起来又是一顿折腾，不知道哪里存包，还要补给……看着有后援团队的选手有条不紊地享受大站的服务，我却像个逃荒者，背个大包东张西望一脸蒙。终于存了包，于意大利时间9月10日早晨4点31分挺进了最难的第二大赛段。

第二赛段

意大利时间9月10日早晨4点半，我开始了巨人之旅TDG第二大赛段的征程。第一赛段跑完我已接近崩溃，比计划晚了一个半小时。第二大赛段距离62公里，爬升4080米，是七大赛段中最难的赛段之一、据说比第一赛段难多了，我赛前计划这个赛段用时18小时，非常不乐观。

第一大站睡了两小时就自然醒了，起来找了半天存包的地方，强行让自己吃了点冷肉片和奶酪，强行的意思是咬几口用冷水硬往下冲。4点半继续出发，一开始就一路爬山，直接进入高潮状态，也不给点预热时间。黑漆漆的大山带来无情的压迫感，头灯的光芒去挑战无尽的黑暗，就如同大海里扔进个石头一样微不足道。连续跑了8公里用了2个半小时，天际有了点白光，也让我看到了希望。夜路爬山不但危险，而且阴冷的山风让我动作僵硬出不来速度。到达了半山腰的补给点，只补充了点食品，因为天冷基本都没有水喝，休息10分钟继续向山顶前进。越往上路越难走，山路越陡峭，看样子又要爬上大山顶才是头。天蒙蒙亮时大神龚明程超了我，年初高黎贡160公里越野赛他就比我快得多，看他矫健的步伐不愧是泰尼卡的签约运动员。像我们这种自己来玩无团队的散户也就抱个游玩的心态，不能和大神们相提并论。快到山顶时，一片又一片冰川提醒我这是在阿尔卑斯山，可不是山西的土山头，不专心爬山一脚踩空将成千古恨。最后上山顶的路就是直接在乱石堆里攀爬，看到站在山顶的选手，虽然看似很近，陡峭的山壁没十几分钟根本到不了。

爬上山顶的那一刻回望我们走过的路，感觉自己太伟大了，如此高耸入云的大山也被我们一步步走完了。"山高人为峰"的壮志豪情没过了两分钟就改成了屁滚尿流，看看下山的路，我的妈呀，能不能让人喘口粗气？马上又是接近70度的陡降，还没下腿就已经发软了。我小心地拄着两根过短的登山杖，生怕没力量的双腿打滑，更怕头上掉下滚落的碎石。比赛中只要听到背后有脚步声，我马上找地方让路。这仅一脚宽的路，后面的选手一打滑前面的选手肯定被当成保龄球打进山谷里。气温慢慢上来了，跑在朝阳里舒服了很多，我都能够感觉到皮肤对阳光的渴望，一夜的阴冷终于被阳光一扫而光。和我们一路赛跑的还有一条飞流的瀑布，像一条银带装饰在黄色的大山中央，和它比下坡速度那可就太自不量力了，下降100米我们至少要迂回跑近1公里的距离，而瀑布才不怕什么落差和碎石，就算碰个粉身碎骨它依然要不断前进、前进！

到半山腰时看到一个穿银色外套的外国女选手反向上山，应该是当地晨练的。这边的居民人人都是爬山好手，经常看到当地人三五结伴上山徒步。山脚下就是一个小镇，补给站应该就在那里，跑了快6个小时，我又困得不行了，超了大神关雅荻一路狂奔跑下山，那个女孩看我跑得来劲，居然掉转回来跟着我也一路狂奔。我们像一对山羊奔跑在隐藏于草丛中的山间小路上，此起彼伏好似神雕侠侣一样飞舞在朝阳之中。快冲下山时她居然弯道超车超了我。我真想大喊一声"侠妹请不要超我！"太伤自尊了。让我兴奋指数直接掉成了负数，勉强跑进补给站，看见有个椅子就坐那像个泄气的皮球一样装睡。

耽误了快一小时没睡着，起来走时才发现这里有专门的睡觉区域，我这在门口吵闹得没睡好又浪费了时间，真是郁闷至极。趁有网络，上网查了一下英语单词sleep，记住"撕里布"就是睡觉，下次再进补给站就这样问。一出站就又开始爬山，比晚上爬的山还陡，因为上个补给站没睡着，所以大早上的爬山还是瞌睡得不行。爬了一个小时看到一块大石头，虽然石头上面挺冷的，还是躺下来睡了 15 分钟，草地有露水和虫子更没法睡。起来后精神好点，憋足一口气爬上山顶。回头一看，这一早上爬的两座高山真近，两山夹一沟就是那个小镇，我向小镇摆了摆手，侠妹我们就此别过，后会无期！（不是嫌弃侠妹跑得快超了我，也不是嫌弃她是山沟沟里的，是这山太虐了，你长得再美我也不想再来爬了。）

每次爬上一个大山顶我都不敢直接往山下看，因为一看到那陡降的下坡我就想骂娘，不过这次我却喜出望外。只见半山腰上静静地躺着两个美女，错了，哪有那么大的美女，是两个秀色可餐的、美如蓝宝石的、平静如镜的小湖泊。蓝天给了它俩蓝色的嫁衣，白云给了它俩美玉般的珠宝，我兴奋地加快了步伐，跳进它们的怀抱裸泳个 3.8 公里此生无憾。山路左拐右转，湖面也越来越大，一会儿它映衬着山景像黄花闺女一样金色艳丽，一会儿变成碧绿的罗裙妖艳如少妇，它俩就这样挑逗着我一路狂奔。我心里不断在挣扎，要不要？到底要不要？跑近湖边时，湖水清澈见底，湖底满布了枯枝碎石，水很浅，我真要进去可能连腰都遮不住。周围的选手也渐渐多了起来，还是别游了，万一被拍照我可就红了。

依依不舍地告别两个美人，从各种角度留下它们的秀色，它们就像一对天生的姐妹花，静静地留在山中孤芳自赏，春夏秋冬变换着各种美丽的外表，接济过无数干渴的流浪汉，千百年来会不会只有我为它们动情呢？多情自古伤离别，后面的路还很遥远，我只能挥一挥手不带走一片云彩。

这 16 公里连上山带下山用了 6 个多小时，终于又追上了大神关雅荻和他前后脚进了一个山谷中的补给站。已经是 16 点 30 分了，好好地吃了点东西，唯一的热食是一种叫"巴丝他"的意大利面，有点像山西面食里大一号的压花猫耳朵，调料是肯德基里的那种番茄酱，然后再加点芝士粉，那个口味可想而知的难吃了。为了增加热量我还要加上冷肉片和奶酪，奶酪那味如果单吃能吐！这种奇怪的混合物我关闭味觉系统就着冰冷的牛奶狼吞虎咽下肚，然后趁着天亮抓紧出发了。

不用幻想，出站又是立刻爬山，第二赛段最后一座高山，爬升 1700 米距离 25 公里，前面两座山已经干了 33 公里，爬升 2380 米用了 12 个小时。国内越野跑个 50 公里越野也用不了这么长时间呀，记得玉泉山越野跑 33 公里我3小时43分就跑完了（爬升1379米），真是没有比较就没有伤害。爬了两个多小时才到半山腰，这次瀑布从脚边奔腾而过，真是水往低处流人往高处走，爬得我浑身酥软昏昏欲睡。晚霞已经彩绘了整个天空，美好的时光总是短暂的，拍几张照片抓住今天最后的光芒，因为马上又要同大山一起进入无尽的黑暗。匆匆拿出头灯戴上，等天全黑了在这危险的山路上翻找头灯相当于找死。这座山高得有点变态，从下午一直爬到22点多终于爬到了山顶。山顶风大得能把选手的帽子吹没影，我穿着短裤吹得两腿发抖，看着深不见底的下坡头都快炸了。硬着头皮一步步向下挪，不久后居然看见一个微型的补给站，好像半悬空在石头上。这个补给站只能加水不能进去，我比画着穿裤子，老外才让我进去，翻出雨裤套上有点不舍地走出了这个温暖的小木屋，头也不回地走向了深沟。又跑了一个多小时到达了半山腰一个稍大点的补给站，里面的东西没有一点胃口，看已经离关门时间近了，我没敢停留，要了点热茶就继续跑。半山腰后的下坡不算太陡了，可以加快速度跑起来，跑到山下的小镇时，发现路标都没有，有选手反向出来。我也不会和人家交流，是他们跑错了还是应该进小镇，东张西望中看到后面的选手超过我跑进了小镇。我跟上转了几个弯跟没了，又不知道向哪里走。转了半天，后面又来一个人，跟着才进了补给站。进来才知道终于到达了第二大站。

这62公里我用了21小时半，我的天，和我大连100公里越野赛的用时一样，这62公里简直太难了。看见意大利漂亮的妹子给做按摩，我也想做。排了个号，可是听不懂人家叫号，最后好像叫过号了，不会交流只好眼巴巴地放弃。关雅荻也在，看他洗澡我也洗了个澡睡了一觉。埋头睡了3小时，睡眼蒙眬起来出发。第二大赛段比原计划多用了3个半小时，比关门时间提前一小时出站。时间太紧张了，这样下去第三站会不会被关门？一丝凉意让我打了个寒战。

第三赛段

意大利时间9月11日5点半，我开始了巨人之旅TDG第三大赛段的征程。我这时离关口时间只剩下一个多小时，第二赛段比计划晚了3个半小时。第三大赛段能不能追回来点时间呢？第三大赛段距离49公里，爬升1733米，

一起打铁到八十

下降 2900 米，是七大赛段中最简单的赛段之一，我也充满了期望，希望能早点干完。

　　早晨出来没跑多久天就快亮了，我喜欢白天跑步。因为视力太差，两只眼睛加起来视力才 0.5，还不戴眼镜，晚上跑步真的太操心。跑进了森林，新鲜的空气让我激情澎湃，到这个赛段选手们的距离已经拉开了，基本前后半天也看不见一个人，无聊的我只能用歌声与大山对话。在阿尔卑斯山举办了我的第一场个人演唱会，大山是舞台，森林是观众。我高歌一曲《醉拳》，陶醉在清晨的迷雾中，让歌声赐予我力量吧，让我能够振奋精神迎战崭新的一天。

　　一路的小爬升进入了草甸区，连续三天的跑步加上时差，我已经跑得昏天黑地，想想在我跑步的过程中，亲朋好友们在不停地工作、学习、吃饭、睡觉、娱乐……而我的世界却禁锢在了荒山野岭之中，没有其他任何想法，只有一个目标就是不停地跑去完成更远的距离，跑过更多的山。跑了 9 公里早上 9 点我就又瞌睡了，一瞌睡我就跑不动，索性找个大石头靠着睡了会儿。其实这又是一个严重的错误，迷糊 15 分钟起来走了 800 米左右就看见了补给站，真是亏大了，在补给站休息多好。在这个补给站又和关雅荻相遇，我们认真合影了一张才出发。

　　第三赛段的最高峰就在眼前，这个山峰被红色的花和绿色的多肉植物装扮得很时尚。散落的石头多姿多彩，让我忍不住诱惑，边爬边研究起了石头，蓝色的像大海、金色的像黄金、绿色的像碧玉。我发达啦！我要把它们统统带回家！左手一块玉，右手一块金，身后还背着一个胖石头呀，咿呀咿嘚儿喂，哎哟我怎么去跑我的山？每块都爱不释手，可又背不动，最后忍痛割爱，捡了一块像大海的石头，毕竟我还是喜欢像江海的东西。就这样一路捡一路扔爬上了山顶，在我后面的选手一个个超我而去。我鬼迷心窍地捡着石头上了山最后又把石头扔下了山，当了一回大自然的搬运工。

　　山下又有天池，我开心地一路小跑冲下了山。这个湖比昨天的大，完全可以游泳，但湖是人工筑坝拦起来的，周围全是牛。我这样下水，牛把我的衣服偷走怎么办？又一次放弃了游泳计划，就因为比赛没有游成泳，比赛后我真专程找了个地方狠狠地在美女面前游泳了一把。跑着跑着又被关雅荻超过了，我也就纳闷了，也搞不清楚他怎么总是超我，我就没有超过他呀。一个下坡接着一个下坡，跑得相当开心，我仿佛已经看到了第三大站在向我招手。沿着山沟的河流跑，看着如河南老君山一样美丽的河谷，绿水青山、浪花四溅、峰回路转、激流勇进、瀑布轰鸣、心情大好，路过一个小镇，看着摇铃的儿童，更让我兴奋得收不住脚。贵州的灯塔躺在里面睡觉，我都没有心动，直接向下一个站点跑去。

下坡路来回穿梭在河谷两岸，坡越来越陡，桥多了起来，完全没有小桥流水人家的浪漫。路况一危险我就蔫了，生怕崴脚受伤，一路跌跌撞撞终于看到了小镇，上了公路开心得不得了，心想马上就能好好睡一觉了。这个小镇相当漂亮，山上有一个很大的古堡，山谷的泉水在这里聚集成大河围绕在古堡的山下，让古堡更显得庄严神秘。很多教徒安详地走在街道上，她们向我们报以微笑就如同母亲一样慈祥，这种表情让我想起了达·芬奇的名画蒙娜丽莎的表情，天才达·芬奇难道也曾经在这里跑过越野吗？就算是天才让他跑巨人之旅也会把他折磨成像我一样神经兮兮的蠢材。

小镇上每看见一个TDG的旗子，我就以为到了，就这样一路兴奋又失落。当走出小镇看到最后一个旗帜也没有时，我彻底绝望了，甚至想骂娘。或许是太疲惫了，真是一步都不想走。还好遇到了一个新加坡的华人，他告诉我第三大站后移了2公里，我才知道没跑错。后来又遇到了一位中国摄影师，帅哥告诉我再进一个小镇走2公里就到了。我强忍着脚痛疲惫不堪地走进了第三大站，真是谢天谢地，再多一公里我绝对……唉，那也要忍着跑回来。

第三大站用时居然比计划提前了一小时，49公里用了13小时。虽然不到18点，天还没有黑，我死活不想跑了，准备好好睡一觉认真考虑一下退赛的问题。睡觉时我突然梦到了太师附小的小朋友们给我和启云大神拍的加油视频，看着他们稚嫩可爱的脸颊，我怎么能够让他们失望？睡了5个小时决定起来继续干！

第四赛段

意大利时间9月11日22点30分，我开始了巨人之旅TDG第四大赛段的征程。休息了5个小时，感觉体能恢复了80%。据说第四大赛段是整个比赛最难的一段，一般闯过这一关，完赛的概率将大大提高。第四大赛段距离62公里，爬升5100米，下降4100米，距离远爬升大，经过了前三站的折磨

现在光看数据就已经吓尿了。

深夜走出小镇,经过的每个小镇都是隐藏在山沟里,这个小镇也不例外。沿着小镇冷清的街道爬向一座山顶的教堂,教堂在灯光的装扮下金光灿灿,像一座宫殿耸立在黑色的大山里。小镇补给站的牛铃声回荡在山谷,更让教堂显得庄严肃穆震撼人心。不知道白天路过的选手是不是进入教堂进行祈祷,我路过的时候大门已经紧锁。我静静地走着,思考着巨人之旅可能出现的种种结果。完赛固然是最完美的结局,那么完赛代价是什么?是死抗到底?是硬拼时间?是伤痕累累?还是笑傲巅峰?客观地分析,第三赛段的难度给我带来的是肉体疲惫,精神状态还好。如果我像前三站这样硬拼应该能完赛,但是肯定会非常苦,甚至会受伤,因为按我赛前的训练量根本无法应付这样难度的比赛。突然让我豁然开朗,跑了三天三夜,这不也是在训练吗?赛前训练不就是为了适应比赛,这个世界法则就是优胜劣汰适者生存。比赛也是一样的,对于我们这种平时缺练的酱油党,只有去适应比赛的环境和节奏而非硬碰硬地去对抗才能完成比赛。适应的关键是放松,是享受比赛的过程,而不是抱怨、苦恼、谩骂。

心里想通了,心情也就放松了,脚步也不再沉重。赛前感觉异常痛苦的巨人之旅,我现在把它当成游山玩水。据说一个普通的游客需要 31 天才能走完这 25 座山峰,而我只是一个走马观花的游客,时间短任务重,争取用 6 天时间看完这一路美景。

黑夜给了我一双黑色的眼睛,而我却用它寻找光明。无尽的黑夜总是让阵阵困意来袭,我渴望着光明,但在经过一个又一个山顶村庄的光明时,一次又一次的失望,强忍着困意就是到不了补给站。最后实在困得不行,裹上太空毯在路边睡了会儿,又转战到一个废弃的小屋子里迷糊了一会儿,才有点精神继续爬。等爬上补给站时才发现离我休息的地方不远。这个补给站比较简陋,但我还是申请睡了两小时。因为睡两小时天就快亮了,我的原则是晚上可以多睡会儿,白天可以多跑一会儿。

在走风漏气的野外帐篷里睡了一个多小时就醒了,继续向上爬。当东方露出鱼肚白时我终于爬上了山顶,放眼望去,山脚下居然出现一个白色的大湖,明明刚从山下爬上来,没看到有湖水。我睁大被头灯晃了一晚上的双眼,仔细一看,哇,居然是平静的云海,更神奇的是远方的山居然在云海中形成了倒影，我看第一眼时以为是一片湖水。太阳马上就要出来了，一缕霞光把天边装点成粉红色，好似仙女在天池上飞舞，跑了一个晚上能够看到这样的景色太值了。记得跑三峡 168 时看到过一次云海，但是由于植被茂盛和时间关系，只看到了一点点，完全没有如此宏大场面。阿尔卑斯山的云海太震慑人心，虽然前两天的清晨也爬到过山顶，但天气原因并没有出现这样的景观。我放慢速度边走边欣赏这难得的美景，出国跑一次不容易，如果就埋头一路跑，美景都没有欣赏，那我们越野跑的意义是什么？现在我不跑马拉松更喜欢越野跑，就是因为越野跑可以看到平时欣赏不到的美景，借跑步的名义去旅游的初衷不能变。所以我一般越野跑只跑一次，特别好的赛事就跑两次。最反感那些一味追求难度，而不注重赛道景色设计的比赛，比如高黎贡 160，还有那些报名费高得离谱赛道绝对枯燥的比赛。因为我们是有感情有审美的人类，而不是专门跑步的机器，我们不靠跑步吃饭，而是靠跑步来追求真善美、健康和快乐。

山的海拔越来越高，我们行走在山的脊梁上，山的一边是阳光普照大地，山的另一边则是云海密布。因为山太高挡住了刚日出的光线和云层，一山之上两种不同的风格让山变得更加神秘威严。突然风起云涌，云海翻腾，初升的太阳若隐若现在天际，而我们如同腾云驾雾的大仙走到山梁上。如果说刚才是远观平静如画的云海，那么现在完全就是大闹天宫，我想挥舞登山杖直上云霄，唱一首《敢问路在何方》，脚踩祥云奔向山顶的那个"天宫"。真的有一个威严的古城堡耸立在山顶，百年孤独的它因为巨人之旅而再现人间，而我们经历三天三夜的磨难能够到达这里，真的是一种难得的修行。

"天宫"没有蟠桃盛宴，只有需要花钱的炒鸡蛋一样的东西，语言不通的我咽了咽口水跟着休息好的关雅荻出了门。一路跑下乱石嶙峋的山坡，一路的山景让我目不暇接。第四赛段的路线是要连续不停翻几个山头，每个山沟里都有美丽的天池点缀在山间。湖里有非常大的鱼，它们快乐地游弋在湖面上，拉出长长的涟漪远远看去以为是水怪在兴风作浪。跑了好几个山谷，有一段下得太快还跑错了路。一路上和灯塔相跟，他一口贵州话我听不太懂，就听他叽里咕噜不停地说。我也有一句没一句地回应着，好像是在各说各的，又好像是在聊天。关雅荻在我们前面不远，三个中国人就这样消磨在这段无尽的爬山中。天黑前的一段非常陡峭的乱石山路，看着灯塔走错了路，我在

半山腰狂喊他。因为那段路太危险，旁边有小道可以上山顶，他居然笑着回应，他就喜欢走这种爬大石的路，我也是无语了。

又下到一个补给点，这个站点非常好，志愿者很多，一个美女志愿者像日本女优一样双腿跪着给坐着的选手处理脚泡，那个样子真是秀色可餐。我赶紧要了碗刚做出来的"巴屎塔"，就着她漂亮的背影美美地吃了一碗。赶紧出发，关门时间又快来了，天马上就黑了，这一晚我们爬得很辛苦，在大山里转来转去，两座山顶之间来回切换。在月黑风高夜、伸手不见五指的情况下，花了近6个小时才来到了第四大站，只比关门时间快一个多小时，只要出任何状况都可能被关门。第四赛段连休息一共用时27小时（含休息时间），我的天哪，国内跑100公里也用不了这么久，巨人之旅一个赛段就干了27小时。5100米的爬升超过了香港100的爬升，第四站能跑下来对我来讲绝对是奇迹，如果变成恶劣天气，100%被关门。

跑完前四大赛段，还有166公里三大赛段，这难度比跑个168公里越野赛要难一倍，甚至一个赛段的用时就相当于一个百公里。我告诉自己要不断适应这种残酷的环境，遵循大自然的法则——适者生存！

第五赛段

意大利时间9月13日1点42分，我开始了巨人之旅TDG第五大赛段的征程。休息了两个小时，感觉体能恢复了60%。第五大赛段是整个比赛最短的一段，距离38公里，爬升2800米，下降2600米，这个数据相对人性，相比第二和第四赛段简直可以偷笑。虽然体能没怎么恢复，但也要抓紧时间出发，因为第四赛段结束后我离关门时间只剩下一个多小时，再不追回来点时间，估计第六赛段肯定要被关门。

一夜的爬山也看不出来有什么美景，紧盯着被头灯照亮的脚下。时间长了眼睛困导致大脑困，大脑困导致四肢困……真是一系列的困乏都蜂拥而来。熬到山上一个补给点睡了20分钟，由于精神高度紧张，关门时间变成了我的起床闹钟，睡一会儿就自动醒了，赶紧出发。有了经常定闹钟的习惯后，现在已经养成了定多少时间就正好睡多长时间，这个特异的功能很奇怪，感觉自己像个机器人。

又跑到天亮时进入了一个小镇，清晨的小镇非常安静，整洁的街道没有一个行人，好像一个漂亮的空城，而我就像小城的主人一样想怎么跑就怎么跑。想得挺美，实际情况是跑了一夜冷、饿、困已经占领了我身体的全部细胞，我睁大布满红丝的大眼睛，扫描着小镇的每一个角落，生怕错过补给站。然而穿过了整个小镇也没有盼到补给站，奇怪的是我已经能够平静地接受这个残酷的事实。或许是这种情况前面遇到太多了，或许是累得已经没有力量发泄不满情绪了，但更多的原因是我已经适应了这个比赛，即使没有补给站我也要战斗到底。我没有任何理由在第五赛段退赛，我也是一个有理想、有尊严的跑者。

半山腰的小木屋才是补给站，休息了一个小时就向山上出发了。这座山算是植被茂密的一座，绿幽幽的大山中迂回着一条黄色的山径，漫长得像岁月的痕迹，让我们想到的不但有远方还有诗歌。好像回到了童年，走在上学的路上，想起妈妈的叮嘱，"江江下学早点回家，别贪玩！"想着想着我已泪流满面，母亲去世那么多年，可我总觉得她一直陪伴在我身边。山顶的风很大，我的泪水好像已经化作了雨水，我连忙收起心情。这几天一直没有下雨，如果前几个赛段下中雨我都不可能走到这里。还好只是小雨，下山的路很陡，我得抓紧往下跑，如果变成大雨可就惨了。

下山一路小跑，看着山下的小镇，就好像下学回家一样心急如焚。男儿有泪不轻弹，很多年没有流过泪了，而真的流过泪后才发现身体变得很舒畅、很放松，非常轻松地跑到了第五大站。第五大站挺热闹，我以为是 TOT 的终点。没敢久待，整理一下装备就匆匆上路了，心急火燎地居然犯了一件大错……

第五赛段我用时 14 个半小时，比计划的 15 小时提前了半小时，连站内休息时间用时 15 小时，这也是比赛来我第一次用时比计划少的一站。第六赛段距离 55 公里，上升 4100 米，下降 4200 米，又是一场可怕的硬仗！

第六赛段

意大利时间 9 月 13 日 17 点，我开始了巨人之旅 TDG 第六大赛段的征程。想趁天亮多跑点距离，所以第五大站基本没有休息，收拾了一下东西就匆忙上路了。第六大赛段是整个比赛中较难的一段，距离 55 公里，爬升 4100 米，

下降4200米,在我连续跑了五天的情况下能不能完成这么大强度的距离,心里真没底。

豪华的包间分成两个功能区,一边是放着茶点的聊天区,一边是铺着红色落地台布、自动旋转的12人餐桌。金碧辉煌的装饰、温暖如春的室温,再配一桌美味佳肴,真是人间天堂。"常老师,巨人之旅TDG比赛过程中你有没有害怕和绝望过?"在比赛结束回国几天后参加猛犸跑团的太原马拉松庆功宴。因为和巨人之旅时间冲突我没有参加今年的太原马拉松,但是一年一度的跑友聚会不容错过。意大利之行饿太久了,回来非常渴望浸润在大鱼大肉的生活中。

美好的时刻因为这个话题又把我带回了痛苦的回忆,330公里的越野赛道,真的很难完整回忆,在酒精的刺激下我精准地搜索到了问题的答案。"害怕和绝望当然有过,印象最深的就是第六赛段……"

有一句老话叫"欲速则不达"。跑完第五赛段状态还好,为了给第六赛段多留点时间没有休息匆匆调整一下装备补充点能量就出发了。毛毛雨还在下,非常喜欢雨中爬山的感觉,就像中学课文《雨中登泰山》一样别有一番意境。在小雨中跑步比在太阳暴晒下跑步轻松惬意一点。小雨不断地浇醒我的大脑,期望在天黑前爬到5公里左右半山腰的补给站,在那里美美地睡一觉。能力不行的人总是计划赶不上变化,直上的爬升太耗精力,没一会儿我就瞌睡难忍。索性在路边找到一个大石头,套上雨衣坐在上面打个盹,睡了半小时左右冻醒了,收拾东西继续爬。迷糊一会儿爬山效率高点,爬上山头穿过一个好像废弃的水库,又绕了几个小山坡终于看到了补给站。这个补给站非常漂亮,布置得像酒吧一样有情调。我顾不上情调,进门就申请Sleep,志愿者把我带到一个温暖的小屋。木质的地板,有高低床两张,一次性床单和干净的木棉被子的木床很舒服,只有我一个人非常安静。我脱下脏衣服躺下美美地睡了两小时。醒来感觉精力恢复了很多,比赛以来一直困扰我的不是体力问题,而是精力。身体没感觉太累,就是瞌睡虫总是让我无法自拔。

天色已黑,信心百倍收拾东西准备再次夜战时,我蒙了,天啊!头灯没了。我找遍了房间的每个角落也没有。回想了半天,难道是半山腰打盹拿雨衣时掉了?返回找是不可能的。天已经彻底黑了,在这大山里没有头灯寸步难行。穿好衣服心想补给点要是能遇到个中国人,借个备用头灯。出来一看,只有一男两女三个外国选手,这里没有手机信号、语言不通、翻译软件不能用。这个头大呀,看着他们出门要走,我赶紧追了出去。头灯是强制装备,必须全程携带,志愿者要知道我没戴头灯的结果就是强制退赛,千辛万苦干完前五大赛段在这里被强制退赛怎么能甘心?追出去拦住他们,我手脚比画表达意思是我没头灯了能不能和他们一起走,人家直接NO!NO!这时正好来了两个徒步的游客,三个选手也跟着进去了。我这个提心吊胆呀,选手要告诉志愿者我没头灯,可能会直接取消我的比赛资格,站在门外根本不敢进去,命运之神即将对我的巨人之旅提前进行宣判。一会儿,国外选手和两个游客出来了,一个游客拿着自己的头灯给我,还一直和我说"NO money"。真是遇到天使了,我拿着头灯激动得一句话都说不出口,确实也就不会说,只会说"Thank you! Thank you!"两位天使还送我两颗糖吃,真是好心人。我们一起合影后,就分手了。连个联系方式都没有留下,有点遗憾。两位天使的形象一直在我的脑海里,在我茫然失措的时候,他们像天使一样降临帮助我,难道他们是上天派来的吗?阿尔卑斯真是个神奇的地方,一切都是最好的磨炼和最好的安排,我们在经历的不仅仅是一场比赛,更像是一段刻骨铭心的修行。

三个外国选手早已走远,我戴着这个头灯,完全不知道电池电量有多少,能够坚持多长时间。一个人拼命向前跑,生怕头灯突然没电,希望能够尽快到达下个补给站,能够遇到中国人借到电池或头灯。从来没有晚上跑这么快过,此刻的我就像一个机器人在和电池电量进行赛跑,生怕耗光电量把我扔在无穷无尽黑暗之中。这段夜路爬升不大,不是那种直上直下的山路,这个头灯的亮度也很弱,不能和我用的头灯亮度相比。我这双眼视力加起来0.5的水平,能够在黑暗中飞奔,完全是一种疯狂的恐惧,恐惧被大山收留在无限的黑暗中。没有头灯意味着根本看不见路标,在这荒无人烟的大山里迷路可能意味着死亡。我已经得到了天使的眷顾,坚决不会向黑暗屈服,哪怕就算摔个粉身碎骨,我也要向前、向前、向前!山风大作,小雨变成中雨,又马上升级成了雪沙,打在脸上生痛,我无奈地唱着"北风那个吹,雪花那个飘……"这个漆黑的夜晚有多少选手正在与风雪拼搏,寒冷一点点地在吞噬大家的热量,任何一个没有坚定信念的跑者都会被它无情地击垮,我好像已经看到了一张恶魔的大脸在漆黑的天空中监视着我们,只要有人胆怯颤抖,它就会张开大嘴吞噬掉你。

 一起打铁到八十

　　意大利时间9月14日凌晨3点我跑到了一个补给站,这个补给站挺大,但没有睡觉的地方,也没有中国人。志愿者把我带到隔壁的一个大房间,拼着座椅我迷糊了一会儿,心想一会儿有中国人来了借两节电池再出发,因为我研究了一下,天使给我的头灯里面只装了两节七号普通电池。刚才亮度已经下降了,继续跑就怕把我扔在黑夜里。睡了一个多小时听到有一堆人进来了,看到贵州的灯塔也进来睡觉。我喜出望外连忙和他打招呼,他已经累得脱相了,完全听不进去我说什么,埋头就睡。失望的我又走回补给站,看到了广东的小何,赶紧向他求救。运气真的太好了,和他借到了两节七号电池。手里有粮心不慌,有了备用电池我就不怕天黑黑路茫茫。马上出站开启奔跑模式,我奔跑着期待黎明的到来,我奔跑着期待日出的灿烂,我奔跑着去驱逐无尽的黑暗,我奔跑着用生命点燃心中的灯塔。

　　一晚上的路都是山顶的起伏路,没有遇到直上直下爬升超过1000多米的要命路段,基本都可以用慢跑快走来解决问题。连续五天的奔跑居然还能跑动,在特定的环境和气氛影响下,总是能够发挥出连自己都不敢想象的潜力。伴随着一个山头直升机的轰鸣声,东方红出现在天边。TDG的赛事保障做得很好,前两天我亲眼看见直升机吊着一个人从山上飞过,我暗暗祈祷千万别是运动员受伤等待直升机救援。天下越野一家亲,虽然我们来自五湖四海,非亲非故语言也不通,但是我们每个人都心怀善良,崇敬大自然,翻山越岭马不停蹄地传递着天地日月的浩瀚正气。

　　又翻过了一座山,意大利时间9月14日8点40分,看到一个非常小的补给站,其实身上的水一口没有喝,晚上那么冷完全没有喝水的欲望。不需要补给还是钻进了补给站,暖和暖和也算是一种另类的补给。补给站小得只能坐下6个人,没想到吴卫星也进来了。坐在我身边一脸的茫然和憔悴,不过从他那双聚光的小眼睛里,我看到了坚定和信念。他去年TDG300公里退赛,今年抱着必胜的信心来复仇,结果报名没中签,想办法弄到赞助商名额在比赛前两天被通知没参赛号码。但他没有绝望,居然破天荒地和另一位被赞助商忽悠的选手玩起了全程自补给比赛,两人租了车、自购了所有补给品,沿着TDG的路线自嗨起来。这个难度真的不可想象,但是只要有信心,什么样的困难都不可能战胜他们。在第六大站看到吴卫星非常鼓舞我,原以为他早就退出比赛了,没想到他依然在锲而不舍地坚持。休息了会儿就赶紧出发了,

因为我想迎着朝阳奔跑。

　　小时候总有一个梦想，想伸手捕捉到天空的彩虹，想生活在色彩斑斓的童话世界，而当我再次跑过一个山头时，我被震撼了！这不就是儿时的梦想吗？温暖透亮的阳光充足地照耀在山谷之中，青色的石头、翠绿的植被、黄色的泥土、蓝色的天空组成了一个像水晶球一样色彩斑斓的童话世界，而最让我感动的是山谷中央还飘浮着一道七色的彩虹，而此刻的我正跑在彩虹的脚下。"不经历风雨怎么见彩虹，没有人能随随便便成功，把握生命里的每一次感动……"此情此景这首歌被我唱响在山谷，不经历风雨怎么见彩虹，没有人能够随随便便成功，把我感动到热泪盈眶！巨人之旅，真心英雄！

　　过了这个山头是一路直下的大坡，终于熬过了黑夜、熬过了寒冷、熬过了没有电量的委屈。我放开脚步纵情在山野之中，好像要把所有的疲惫和寒冷抛弃在这座大山里，下了山就是一个全新的自我，再大的困难都不会阻挡我前进。跑得尽兴时已经看到了山下的小镇，到达这个小镇第六赛段就相当于跑完2/3了，后面还有一座大山，而此时第六赛段已经用去了18个小时，原计划用时18个小时跑完，没想到只跑了2/3，真是不能放松自己。跑着跑着突然发现路上有个车钥匙，捡起来看是一辆丰田车的。估计是哪个志愿者掉的，我捡起来往山下跑，到达小镇公路时发现旁边的路标向山上走，这是看一眼小镇就继续爬上山的节奏？看着有人向山上爬，我也无奈地掉头向上跑。刚跑就听见有人叫我，一看是中国人东北大胖哥李学生，他问我下去打卡没有，我说没有呀，看着路标向上我就转过来了。大胖哥说错了得先下到镇里，打完卡再爬山。吓得我出一身冷汗，差点误了打卡点，关键时刻又遇到贵人指路。如果不是大胖哥在这儿，或者遇到一个外国人，那我可就惨了，重要的打卡点没有数据，就算完赛成绩也可能无效。

　　扭头又跑下山，在小镇里绕了一圈到达一个大的体育馆，遇到了关雅荻的几个助理，这一路的多次相遇大家都很熟悉了，让他们帮忙说明了一下把我捡到的车钥匙交给了组委会。这个补给站很大，能睡觉，我赶紧睡了两个小时。意大利时间9月14日13点再次出发，毕竟后面还有一座直上1000米再直下1000米，距离13公里的大山需要啃。再次出发时遇到了昨天晚上帮我借头灯的外国大姐，没想到她跑这么快，我再次表示感谢并拍照留影后继续向上爬。现在已经习惯了一睡觉体能就能够快速恢复个六七成，上山的速

一起打铁到八十

度明显比晚上要快。

第六赛段的最后一座山真宏伟,满山的青草爬到山顶时草叶已经有点枯萎了。阿尔卑斯山的海拔没有五台山高,这个山顶的海拔只有2500米,但是由于阿尔卑斯山地处地中海附近,它的基础海拔很低,所以每一座山的绝对爬升高度要远大于五台山。五台山海拔3000多米,但是五个台连穿下来的爬升只相当于TDG一座大山的爬升。由于离海近,空气湿润,所以阿尔卑斯山的主要山峰都是终年积雪,如此低海拔的雪山在国内很少见,国内的雪山海拔4000米以上才有雪。用了两个半小时才爬上山顶,向下一看,这下坡也太陡峭了,还好是白天,要是晚上下这个山太危险了,都是Z字形的陡峭碎石小径,如果下雨真就完蛋了。小步子谨慎地下山,一不小心登山杖杵到一块松脱的大石头,大石头快速地从山顶向山下滚落,而且是越滚越快。我看见下面大概300米的距离有选手正在Z字路上下山,吓得我在山上大声喊叫,"落石!落石!"这半个西瓜大的石头砸上人绝对……可惜离得太远,风太大,下面的人根本听不到我的声音。眼看着石头从离他们10米左右的地方飞了过去,老天保佑没有砸到人,真是吓死我了。经常在国内盘山公路上看到"小心落石"的标语,这次才知道落石太可怕了,吓得我更加小心地下坡,千万不敢再踩落碎石。

下到半山腰时再次看到了东北大胖哥李学生,他今年是连续第四年参加巨人之旅,前三次都安全完赛。认识他很多年没有什么深交,就记得好几次三峡168公里越野和大连100,都是后半程被他超。他的特点是上山下山一个速度,精力特别旺盛,别看长得挺胖,但耐力超强,跑个100公里、168公里都不需要路上睡觉。这么虐的比赛他连续四年参加并完赛,简直非人类。完赛后我问大胖哥是什么精神鼓励他玩了一次又一次。他的回答令我震惊,他说他是抱着学习的态度来的,巨人之旅需要学习的东西太多了,每参加一次都是对自己的一次提高。这话听得我简直无地自容,我参加巨人之旅就是想完成自己多年的心愿,在朋友圈晒晒,证明自己也有能力完成这个世界顶级难度的比赛。而东北大胖哥是抱着学习的目的一年又一年来提高自我。他工作也很忙,平时只能爬楼梯训练,周日才有时间去千山户外训练,他对赛道的营养补给、休息各方面都做了严肃的计划,相比我简直就是在裸奔。

告别了大胖哥很快就跑进第六大站,已经是意大利时间9月14日16点了（关门时间 14 日 19 点，只提前了 3 小时），第六赛段我跑了 23 小时，用时仅次于第四赛段，跑到这里的总距离是 317 公里。进站时又看到了关雅荻的助理，看见他们简直就和自己兄弟一样亲切。他们告诉我这个站点有什么好吃的，我没有嘴下留情，狠吃了一顿。比赛越往后补给越给力，这站居然有现煎的牛扒，还有沙丁鱼罐头特别好吃，我吃了两罐。吃饱喝足去洗个澡，不小心把短裤弄湿了，只好把穿了一路的短裤换成了平时穿的长裤。由于快关门了，只睡了两小时就赶紧出发了。最后一个赛段还有 55 公里、爬升 3400 米、下降 3600 米，革命尚未成功，同志还须努力，千万不能在最后一个赛段被关门，那可就前功尽弃了。

第七赛段

意大利时间 9 月 14 日 18 点 30 分，我开始了巨人之旅 TDG 第七大赛段的征程。第七大赛段距离 55 公里，爬升 3400 米，下降 3600 米，TDG 老炮们都说跑完第四大赛段后基本就可以完赛了。事实是除第五赛段外，我基本都是压着关门时间跑，特别是第六赛段出发已经和第六赛段的关门时间只差半个小时，不熬夜战是不可能了。

出站时广东小何招财还在吃，我估计他是在等圆儿，看他冻成狗的图片真是看一次笑一次。这个可爱的广东大男儿简直就是移动的表情包。每个大站出来都马上开始爬山，爬一会儿就遇到了刚拍完片子的摄影师们，他们太敬业了。一位摄影师说他为了这次拍摄专门练习了很长时间爬山。记得前面有一段比赛他跟着关雅荻跑了一整段，大概 10 公里，一直跑我前面，连续搞几年越野摄影真能练就成巨人的体能。

"八爷怎么还没有更新记录，这是马上要被关了！"龙爷张晓龙焦急地在群里吆喝。

"难不成又像去年大峡一样，可不能最后掉链子！"雄哥也担心地计算着时间，因为时间确实不够用了。哥几个连续几天关注着我的轨迹，担心我最后时刻掉链子。

龙爷是龙城 100 线路总设计师，对时间和轨迹把控相当到位，他能够通过实时跟踪轨迹猜出八九不离十的完赛时间。他这一说要关门，兄弟们心里都拔凉拔凉的。

　　当我再次经历了从日落的绚丽迈向黑暗世界时，满脑子都是龙爷在群里的留言（山里偶尔会有网络信号，每次看一眼微信的更新，都是一种幸福），马上要被关门了，我要快点到达下一个打卡点。一路的上坡别说跑，走都累得喘。对关门时间赛前我只关注了七个大站的时间，具体的小站真没关注。这一路语言不通，进站出站都是稀里糊涂。对每个站的名字、距离完全搞不清楚，赛记上写的时间也都是根据事后的赛事打卡记录推算出来的。真实的情况是我一路都在蛮干，完全搞不清每个赛段中间设有几个小站，哪个站能睡觉，哪个站设有关门时间。意大利时间9月14日20点46分时我终于爬到半山腰的一个补给点。这个灯火通明的补给点在山间格外地陶醉，在音乐声和牛铃声烘托下以为是个酒吧，远远的就有人声鼎沸的感觉，没进房间已经闻到了诱人的酒肉飘香。爬了4个小时才到这里，补给果然是非常美味，土豆泥一样的稠粥里面放了不少火腿肠。虽然国内没有这种吃法，但真的非常美味，还有自酿的啤酒随便喝，坐在这里边吃边认真地研究了一下官方的海拔图，终于弄明白翻过这座山后下个补给点的关门时间是9月15日的早上6点半。大概距离有15公里左右。看来这个站点的选手们实力都很强呀，大家吃着美食、喝着啤酒、听着音乐，已然陶醉在完赛的欢庆中，一点都没有比赛的紧张气氛。

　　但我已没有心情继续轻松了，不敢睡觉赶紧出发。从温暖热火的Party中出来，夜很冷很静，顶风前进瞬间就把那激情的音乐扔进了山谷。爬着爬着看到山顶有一个非常明亮的大灯，马上就又到补给站了？这么近真是太贴心了。有了目标马上就充满了动力，奋力向前冲啊。灯光越来越亮，山顶除了风声没有一点动静，和半山腰的补给点差别很大。当我爬上山顶时彻底呆了，哪里有什么补给点和灯光，那分明是一轮弯月！站在山顶，好像置身在星空之中，如灯的明月和璀璨的星空包围着我，我分明就是一个跑上星空的巨人，张开双臂我可以拥抱整个宇宙，仰望天空我的头灯变成了天空中最亮的星星，奔跑在阿尔卑斯山的第七个夜晚我终于跑上了它的天空。我昂首呼唤星空，"我是巨人！"这声音穿透了遥远的太空，覆盖了崇山峻岭，山谷回应、风声鹤唳，挥舞双杖，谁人能敌？此刻的我无比强大。高歌一曲：

无敌是多么多么寂寞，无敌是多么多么空虚。
独自在顶峰中，冷风不断地吹过。
我的寂寞，谁能明白我！
无敌是多么多么寂寞，无敌是多么多么空虚。
躲在天边的她，可不可听我诉说。
我的寂寞，无尽的寂寞！
我是巨人我要疯癫，迈开大步一步一个山头，我要上天揽月下海捉鳖！

正自娱自乐地享受着无边无际的幻想，旁边传来一个喘粗气的女声。"啤酒喝多了？马上关门了还不快点！"

这句话如同头顶爆了惊雷，炸了！醒醒吧，别在阿尔卑斯山的星空溜达了，关了门你还怎么无敌。什么巨人，你也就是一个二愣子青年。赶紧向山下跑起来，这个下坡不是特别陡，但是距离很长，路过了好几个小镇也不见补给点，每见一次灯光都让我空欢喜一场。终于又跑进一个小镇，通过黑暗狭长的小巷后看到了补给点。这个补给点的关门时间是早上6点半，我到达时间是3点。还提前了3小时，但是龙爷为啥说我时间不够了呢？喝了口冰水上了个卫生间我突然明白了，龙爷看的是北京时间，比赛是意大利时间，北京时间比意大利时间快6小时。

这个站点也过了能睡觉的时间，确实很困，趴桌子上迷糊了一下，想想这一路还真没有鏖战过一整夜。最后的尖峰时刻了，还不拼一把？毅然走出补给站头也不回地奔向了黑暗。3点多的山漆黑而神秘，通往胜利的路线时断时续，最后一座大山对于速度慢的选手就像鬼门关一样高耸入云。TDG一路上的路标布置得都非常清晰，而这一段路我经常找不到，TDG的路标一般是插在地上的小旗子和反光标，夜里反光标在头灯的照耀下非常明显。第七赛段开始我用的头灯是龙爷的能装三块五号电池的攀索头灯，除了第六赛段我没有戴头灯路上乞讨的头灯，前面用的都是充电版的一款国产的头灯，非常好用。第六赛段没有充上电，所以换了这款头灯戴。没想到装了三块干电池的头灯待机时间完全不行，用了5个小时亮度就不够了。而这段山路非常陡，坡太高，以至于坡上的路标都被坡度挡住了视线——大部分路标是用2米多高的杆子固定插在高处，就这样还是经常看不到。一夜没有睡觉的我爬得昏昏欲睡，几次走着走着就睡着了，碰到坑洼一个踉跄才惊醒，吓得我出一身冷汗。为了振奋精神，我一会儿高歌《没有共产党就没有新中国》，一会儿高歌《国歌》《国际歌》，几乎能想起来的歌胡乱窜唱还是瞌睡，干脆改成体罚，打嘴巴、掐屁股、拧大腿，就差上老虎凳了，依然无效。我强睁着大眼，一会儿就迷糊成缝隙，我用力摇头晃脑，扭腰提臀，挺胸收腹，一秒钟就萎缩成了蜷蛐，感觉旁边一队一队的人从我身边摇旗呐喊而过，我想大声呼唤别丢下我，可怎么也张不开口，看着他们就像鬼魅一样一会儿就飘得无影无踪。这个夜非常非常冷，我要躺倒在这里就再也起不来了，坚持！想成为巨人必须能够战胜瞌睡虫，我一步一步地向上爬，真的是一步一步，每一步都是将全身力量依靠在登山杖上迈出的，离开登山杖我会像一栋没了地基的大厦轰然倒塌。本来就困得睁不开眼，还要强打精神寻找一路被坡度遮挡的路标。我焦急地期待补给站的到来，上了一座山又下了一座山，又开始爬山，还是没有补给站的影子，天都有点亮了也不见踪影。更可怕的是天一亮路标的反光标更不起作用了，找路标更加伤神费力。精力充沛的时候你可以眼观六路耳听八方，腿脚灵活，反应灵敏，就算路标少，只要速度快发现路标也快；而当你已经困到走路都能睡着的时候，还谈什么效率。我就像一个七八十岁的老太太，弯着腰驼着背走在通往巨人的征途上。

当你老了 头发白了
睡意昏沉
当你老了 走不动了
炉火旁打盹回忆青春
多少人曾爱你青春欢畅的时辰
爱慕你的美丽假意或真心
只有一个人还爱你虔诚的灵魂
爱你苍老的脸上的皱纹
当你老了 眼眉低垂
灯火昏黄不定
风吹过来 你的消息
这就是我心里的歌

这一刻我仿佛感觉到自己老去的那一刻，当我老了，走不动了，炉火旁打盹回忆青春……

这或许就是巨人之旅给我们的另一种考验，从情绪激昂的欢快出发，到伤痕累累的死扛坚持；从踌躇满志的向往完赛，到哀鸿遍野的诅咒退赛；从装备精良的勇往直前，到丢盔弃甲的步履蹒跚，让我们经历了浓缩版的世间百态。如果说天上一天，人间一年，那么巨人之旅就是地狱。此刻的我每走一公里都好像要经历一天的煎熬，各种幻觉开始袭击我的大脑。有一种说法，当你精力旺盛阳气足什么妖魔鬼怪都会避而远之，而当你气血不足、精力憔悴时，这些东西就可能出现在你眼前。幻觉就是这样形成的，疲劳过度时虽然你强迫让大脑运转，但它会因为能量不够而悄悄进入睡眠状态，此刻看到的东西或许是你梦中的东西，你再仔细辨认也完全不受你控制，而且是越看越觉得像。这是一种非常危险的状态，很多登山运动员都是无法控制幻觉而发生意外的。我不想出意外，但又找不到可以休息的地方，咬牙爬也要挺到下个站点睡觉。边走边幻觉，好像穿越了冬天、穿越了时空、穿越了几个世纪，太漫长了，终于爬上了一个山顶，看到了一处灯火。这个灯火悬停在半山腰，分为上下两部分，我开始犹豫，到底是该走向山谷的灯火还是半山腰的灯火。我一步步向前挪着，每走一步都会感觉山谷的灯火快灭了，山上的灯火还在，我再也不想爬山，想溜达到谷底。灯火千万别熄灭，等等我！我像一只飞蛾扑向灯火，因为那是一团美丽的、多彩的、温暖的……

"叮当叮当"突然传来一阵牛铃声把我从幻觉中惊醒，妈呀，山谷下哪是什么灯火，那是一汪湖水中倒映着半山腰补给点的灯火。要不是牛铃的驱魔，我已跳湖……

睁开蒙眬的双眼，清晨的朝霞已经染红了半边的天空，我再也没有前几日清晨的激情，死里逃生一样步履蹒跚、老态龙钟地走进了补给站。温暖的补给站把我带回了人间，优雅的音乐、飘香的食物都无法吸引我驻足。我此刻只有一个念头，向志愿者说"Sleep，Sleep"，志愿者带我进入干净的房间，我没有洗澡脱光衣服倒头就睡。刚躺下，门开了，好奇地睁开眼睛看了一眼。这一眼差点吓飞我的半条命，只见一位皮肤白皙的欧洲妹子，刚刚洗了澡长发披肩。而我的目光却直接落到了她的下半身，白嫩的大长腿居然只穿了个红小内，妈呀，挺别致呀，这是什么状况？没等我反应过来，她已躺在了我

身边，这一定又是幻觉。我闻着一缕淡淡的香水味昏睡了过去（睡得太香太美了）。

一个小时后我醒了，连续比赛几天不知道是生物钟已经升级成一小时就醒，还是被折腾成神经衰弱了。我扭头一看身边，哇，这不是幻觉，美女还盖着厚厚的被子睡在我身边很香很香，长这么大第一次和女选手同床，我真不想起来，赶紧掏出手机悄悄拍张合影……静静地从地上捡起我的衣服，无声无息地穿戴整齐，强忍着心跳逃了出来。真是大难不死又遇到美女考验，难道我是西天取经的唐三藏，马上要完赛了还给我安排这么一出美人计，想让我陷入温柔乡放弃最后的征程？我呸！组委会用心太险恶，还好我经受住了考验，留得金身在，不怕不完赛！

睡了一觉慵懒地坐在长椅上，边享受照进窗内的阳光，边品尝最后一顿补给点的美食，心想一口气干完算了，早点回去少受罪。这时贵州美女跑友海青进来了，她一脸憔悴，神色慌张，吃点东西就匆匆忙忙要走。她说还有一个关键的关门点是13点，那就赶紧走吧，我俩一起出发了。没走一会儿海青就走不动了，她膝盖后面有点扭伤，需要绷带。正好我带着护脚踝的绷带一路没有用，就给她绑上了，顺便和她一起在小腿上擦了擦爱波玛乳。都是爱越野的人，海青的小腿白得像藕抹上油光滑白嫩，我的小腿黑得像炭，粗糙干燥，人和人的差别真大，看她那细皮嫩肉的怎么也想不出来这六天六夜怎么跑过来的，真是女中豪杰。

路边收拾利索继续上路，抬头一看，我的妈呀，横在眼前是一座好似从天上倾倒而下一大堆碎石大山包。半山腰有一条细细的轨迹，不仔细看根本不会相信这能有路，而轨迹上有东西在蠕动。用手机拉近一看，居然是选手们在艰难地爬行，这要是一失足真会滚雪球一样下去，完全没有可以阻挡的地方。行啊，来来来，有本事你再给我摆几座山放终点前。我正犹豫，海青同学已经急不可耐冲了上去，她这上坡真是一阵风，刚才还哭喊腿痛，看见坡比看见老公都亲。我是见坡就想骂娘，虽然哪儿都不痛，就是爬不动，像个老头一样拄着登山杖一步一步向上挪，生怕有个闪失滑下山谷。向垭口爬时刻意保持与前方选手的距离，昨天踩下落石飞奔而下的场景还历历在目，这个坡踩落碎石比昨天那个更可怕。到达垭口时碎石变成了几人高的巨石，手脚并用才能勉强上去，而且组委会已经在关键点打了脚踏和绳索，就这样还得志愿者在上面辅助拉拽才爬了上去。要是下雨天，原来没有绳索和脚踏，这个垭口不是3米的巨人就是攀岩也无从落脚爬不上去啊。

爬上垭口海青已经开始下坡了，经过几天的锻炼，啥样的坡都下遍了，所以下坡追时间已成惯例。我连蹦带跳地超过海青，这个下坡比山那边的上坡缓多了，更奇怪的是坡那边是横刀夺爱的碎石阵，山这边却变成了山花烂漫的青青河边草。正跑得来劲，听到身后有急促的脚步声，回瞥了一眼不是海青，下坡我可没有被超的习惯。深吸一口丹田气，收腹提臀踢屁股，撒开脚板子就是跑，后面的主也不含糊，居然能够跟着我的节奏都听不到喘气之声。好嘛，看来我不使出凌波微步还真甩不开他，立马变换策略，向着远点多跑直线少跑拐角，多跑草皮少跑石头，噌噌噌飞奔而下，脑子和眼睛飞速运转，计算寻找最佳落脚点和线路。眼看到半山腰一个面包房小补给点都舍得没进，这是为了荣誉而战，身披速豹疯狂铁人战袍的我如同猎豹下山一样嗷嗷地一气狂奔了两公里，居然没有拉爆后者。眼看前面马上要上山我绝望了。

那一刻我好像回到了三年前的夏天，骄阳似火、大汗淋漓的我在太原西山旅游公路骑车，一个大下坡我飞驰而下路过一个小村落，突然蹿出一条大狼狗，狂叫着就追我。心想以我骑车的速度还不拉爆狗，加速拼命骑，狼狗看我加速它更来劲了，四蹄腾空嗷嗷地开始追我，近40迈的速度居然没甩开狗。眼看下坡马上变成上坡了，我绝望地边摇车边回头看狗，跑步见坡死，骑车更是见坡死。没摇几下狼狗就追上我了，张开了血盆大口，完了，这下完蛋了，我这裸露的、健美的、黑棕色的小腿肚子……没想到这狼狗温柔地舔了一口扭头走了。你早说只是想亲我一口，我至于这么激动地拼老命骑吗？

故事的结局往往是惊人的相似，上坡没走几步，就被后者轻松追上，居然是一个当地的白发老头，并不是参赛选手。还好他没老母狗坏，没亲我。这本地人也太争强好胜了，你们这样蔑视巨人之旅的选手真的好吗？山野之中真的是藏龙卧虎，看着他头也不回速度不减地跑上了山，我瞅瞅自己已经有点瘫软的双腿，这样真是给巨人丢脸了。

爬山没一会儿海青也追上了我，上坡她快，下坡我快，我们就这样交替领跑着，始终没有看到那个13点要关门的打卡点（后来才知道其实那个点是我和本地老头飙下坡没进的那个小补给点）。我俩根本不敢放松，一路小跑没有停。沿途的当地游客越来越多，成群结队地在山地边嬉戏边给我们加油，有人加油我就加速，怕被他们笑话跑不动。很快在一个下坡的地方看到了补给站。一群志愿者欢呼着迎接我们，一位白胡子老大爷恭喜我们完赛了。这就完赛了？我们已经是巨人了？这也有点太突然了，终点大门还没有看见就已经完赛了？海青说这就是最后的打卡点，过了这个就算完赛。我俩好像泄了气一样慢慢开始溜达着下山。突然一个外国选手一阵风一样跑了过去，不是已经完赛了吗？他跑那么快干啥？手机正好有信号，我问了一下去年完成巨人之旅的邹宏江，他说到终点才算完赛，终点还有打卡点。我瞬间就惊醒了，告诉海青快跑，终点才算完赛。拿着手机就追前面的老外，就是不想让人在下坡时超我。习惯了越野跑最后几公里一路冲刺的感觉，这里距离终点6公里左右，一路下坡正是我喜欢的路况，紧紧地跟着前面超我的选手，不信他能甩得开我，一点一滴地拉近和他的距离。终于拐到了公路上，他跑不动了，我轻松地和他擦肩而过，同时不忘记给他加油"阿里阿里"。终于跑在库马约尔的公路上了，中午的太阳照耀在我眼前，汗珠挂满了我的脸颊，成功了，马上就要完赛了。从来没有这样激动过，一路各种苦难和遭遇早已抛到了九霄云外，"妈妈，九泉之下的妈妈，您再也不用担心那个体弱多病的儿子了，我马上就要成为巨人了！""感谢兄弟姐妹亲朋好友几天来的关注，是你们给了我能量，让我能够坚持到底！"一路唠叨着万种的柔情涌上心头，不知不觉已经热泪盈眶。

小镇的街道很快繁华了起来，两旁的观众激昂呐喊夹道欢迎，终点的大门就是我们出发的大门，我边跑边四处张望想找到一面国旗，但并没有。好在我设计的这款速豹铁人三项服上有一面小国旗，我解下背包露出国旗，从来没有如此自信地跑向终点。终点北京启云、温州会师和重庆深蓝三个兄弟在迎接我。6天，整整分别了6天，从分手到再次相聚，我们每个人经历了多少痛苦和历练只有自己知道，这6天与其说是比赛不如说是重生。经过了这样的考验，我们会更加坚强意志、更加热爱生命，更加珍惜生命中的每一天！40分钟后海青也回来了，我们喝着啤酒啃着苹果和面包聊着比赛中的点点滴滴，完全忘记了我们刚刚经过了"战场"的洗礼。比赛完了真的好轻松，拿了参赛包吃了饭回去激动得一晚上都没睡沉。

145小时10分我完成了TDG巨人之旅（第七赛段55公里用时20个小时），

在600多名完赛选手中排名第431名。跑者八零95小时、启云97小时、顾海燕113小时、关雅获143小时、我和海青145小时，广东小何、贵州灯塔在我们后面完赛，吴卫星自补给的两兄弟也安全完赛。这次中国人完赛率很高，中国越野人在这届巨人之旅干得相当漂亮！这一切都归功于老天的眷顾和大家的集体努力，虽然我们来自不同的地方，但我们都有必胜的决心，用自己的热血让五星红旗在阿尔卑斯山飘扬！巨人之旅累，比巨人之旅更累的是赛后的赛记和视频制作，巨人之旅我一共拍了近400段视频，完整记录了赛前、赛中和赛后的美好时光，这或许是巨人之旅历史上最完整最真实的第一视角完赛记录。它是我冒着生命危险，用汗水、力量和信念拍摄而成的，希望对今后的中国参赛选手有帮助，也希望巨人精神能够传播得更深更远，让更多的沉迷于游戏、麻将、抽烟、喝酒等不良嗜好的中国人觉醒，走到户外让我们一起成长为中国巨人，一起来完成中国梦！

赛道难度：★★★★★★
组织能力：★★★★★
推荐指数：★★★★★

整体评价

意大利巨人之旅是全球越野爱好者追求的终极目标，我为参加这场比赛经历了近20多场越野跑比赛的磨炼才顺利完赛。从我参加过的所有越野跑比赛来看，巨人之旅无疑是难度最大、风景最美、服务最好、安全保障最完善、观众参与度最高、参赛选手素质最高的一场比赛，不愧为国际越野顶级赛事。和巨人之旅相比，国内越野跑比赛还需要很长的路要走，越野文化的培育需要更多越野爱好者和赛事公司共同努力，只有将越野精神注入我们的血脉之中，我们才能真正感受到大山的召唤、森林的气息、远方的诗歌。

一起打铁到八十

2019年3月15日

黄山170公里雷越野赛

黄山归来不看岳,黄山的风景闻名天下,能够在春天的黄山跑一场越野,对越野人来说无疑是人生一大快事。雷越野黄山170公里越野赛已经成功举办过两届,总是因为交通不便而遗憾错过。今年第三届说什么也得去圆这个梦。终于在比赛前一天飞合肥又开了5个小时的车来到了黟县,在接待了四批跑友后才休息下来准备第二天的比赛。明明是别人的比赛,我赛前累成狗,是不是有点抢戏的成分?

早晨7点和西安的何仙姑、宋雨、张兴如,济南的袁小记,北京的盖元培,重庆的蒋门神站在了起点。雷越野开赛前的仪式感越来越高大上,不但有激情热舞,这次更是请来了东方神鹿王军霞来助阵50公里越野跑。草根和世界冠军的大碰撞,谁才是越野赛道真正的王者?拭目以待!

8点01分出发枪响,260多人的队伍冲出了古色古香的黟县古镇,沿着一条宁静的河流翻滚而去,惊起河边的一群鸭子,雷越野就像一声春雷一样让这个沉睡已久的小城成了今年越野届的焦点。如果不是越野跑,这个季节黟县整山的油菜花只能孤芳自赏随风飘落……

黟县这个名字我是第一次听说,也是到了这里才会读这个字。黟县隶属安徽黄山市,位于安徽省南端、黄山风景区西南麓,是徽商和徽文化的发祥地之一,也是皖南国际旅游文化示范区的核心区之一,拥有"世界文化遗产地""国家生态示范区""中国旅游强县"等名片和"世外桃源、画里乡村"的美誉。黟县因黟山(黄山)而得名,建置于公元前221年。黟县总面积857平方公里,总人口9.63万人。境内有西递、宏村、赛金花故居、南屏景区、打鼓岭景区、五溪山大峡谷等景区,其中西递、宏村已被联合国教科文组织列为世界文化遗产。沿途的风景非常秀美,这个季节北方还是一片荒凉,而黄山已经是鲜花盛开的季节。早晨的第一缕阳光洒落在越野跑小伙伴们兴奋的脸颊上，憋了一冬天的激情在此刻彻底爆发了。

赛前莫言大神说："我要把自己PB掉，创最好成绩！"

东北黑哥说："我最看好我自己，莫言退赛！"

实力选手周道庭说："确保30小时内完赛！"

济南的袁小记说："争取36小时搞完！"

可以肯定地说，报名黄山越野跑的都是这个冬天没偷懒的，都想打好2019年开春第一跑！

春光烂漫意气风发，一不小心前5公里的配速都进5分内了。袁小记迈开大长腿唰唰唰的比梅花鹿还跳得快，我心里暗暗嘀咕，这个糨糊的徒弟真能甩出糨糊几条街，按这个速度跑下去，我也很快被拍在沙滩上了。还好跑过CP1小记同学明显速度下滑了，我也跑得轻松了很多，抽出时间还能拍拍风景。3月的油菜花开得正艳，跑在盛开油菜花的田野间就好像跑回了童年，生活在城市的钢筋水泥丛林里，每天呼吸着汽车尾气的我，跑在这有点牛粪加花香味的空气里，真有点醉氧。就像赛前大同小雨说的一样，黄山越野就是个大氧吧，我们不是来跑步的，是来洗肺的。尽情地呼吸吧，让清爽湿润的春风抚平我们被雾霾、尾气腐蚀的皮肤，让满山的翠绿洗净我们干涩的双眼，让我们重回到童年的童话世界里……

告别了油菜花马上又进入《卧虎藏龙》的竹海，李安的电影《卧虎藏龙》正是因为这片竹海而成为经典，而此刻我们看到竹海真想个个成为剑客大侠，飞身跳上竹林顶，蜻蜓点水如履平地般地飞奔而去。电影总归是电影，现实中的我吃力地慢跑在上坡路上，强行坚持不要走。因为小记又像小鹿一样飞奔着，她的背后紧跟着东北的黑哥，他像一头饿狼一般随时会爆发出惊人的能量。虽然他一路徒步，还时刻发出干咳声，但我清楚，一到风高月黑之夜饿狼就要大现原形。我就是跑也比溜达的黑哥快不了多少，我此刻走路1公里配速是13分，他走路时才9分，而我跑起来也就9分的配速，压力山大！

不到CP3时何仙姑也追了上来，三个人愉快地跑在了一起。实际上却并不简单，小记去年龙百秒杀了登山越野铁人三项老司机何仙姑，今年两人狭路相逢在黄山赛道，这次170公里谁能再次笑傲江湖呢？小记第一次跑170公里心里没底，何仙姑可是三峡168、乌蒙山330完赛选手，同时还是中国第一个无氧攀登 8000 米雪山的大神，别看有点小肉肉，那里面可全是地道的精红肌肉。刚过一条小溪流，当我们被旁边的碉堡吸引时，何仙姑就轻松地实现了超越，一遇到爬山，我是见坡死，而何仙姑的那虎步噔噔两下就爬上去了。我拿着手机还没拍上人家的尾灯就差点摔了一跤，等我们爬上去，何仙姑已经消失在茫茫山野中……

雷越野的补给还不错，除了一般都有的水果和运动饮料，经常还会有干果、热米饭、菜和方便面。这个冬天我饭量增加了不少，每次进补给点都是别人两到三倍的食量。导致跑过 CP3 就需要去解手，这一解手又把小记给跟丢了。唉，现在的妹子个个都不简单，每个人都有一颗冠军的心。我这种跑酱油选手只能望妹兴叹，"你美你先跑"，我还是一个人静静地去欣赏黄山绚丽的风景吧。

如果跑三峡 168 是欣赏长江三峡的气势磅礴、三峡两岸鬼斧神工的大自然造化和一路品尝随手可摘的三峡蜜橘，那么黄山越野无疑是欣赏隐藏在金色油菜花中的徽派建筑、小桥流水人家、竹海梅林、水墨丹青一样的实景画卷。越野跑的节奏对于这样的风景有点格格不入，这里更适合邀三两知己盘膝而坐，品一壶黄山云雾茶、听一曲黄梅戏、下一局围棋、静静地享受时光千百年来在这里游走的记忆。同一棵老树下不同的时空记录着李白、徐霞客、老舍和你共同畅想。

在一路的奇思妙想、胡思乱想中，速度自然顶不住景色的诱惑，终于在路过宏村阿菊的大山里，被一路徒步而来的黑哥秒杀。天色越来越暗，等待我的是前半程最艰难的大山，前面的爬升都是一些小山，围绕着黟县牛魔王岭、西递古村、奇墅湖、宏村、木坑竹海、塔川、卢村等风景区跑。而第 6 赛段五溪山才是前半程最难啃的骨头，爬升 1289 米，同时还有 963 米的下降。这段路的风景一定非常气势磅礴，爬上山顶绝对可以一览众山小，可惜我的速度太慢，进入这个赛段只能靠头灯前行，什么风光也看不见。上坡虽然速度慢，但是相对安全，只要注意力集中就不会出问题，但是下坡就不同了。黄山本身空气湿润，晚上山里气温骤降，地面湿滑，这个下坡还是直线下降，不是 S 形缓冲式下山，非常难控制平衡和速度，脚底一打滑就可能骨碌下去。更可恨的是，CP2 我的一根登山杖就断了，一根登山杖不好掌握平衡，下山下得我心惊肉跳腿抽筋。这一座山就把我的速度和节奏全部打乱了，过了这座山名次急剧下滑。坚持到换装点 CP7 已经是 24 点 16 分了,原计划前半程 82.5 公里用时 16 小时完成,结果超了 16 分钟,还不算太糟糕。

原计划 CP7 睡两小时出发,结果躺下就不想起,睡了两个半小时才出发。外面非常冷,坚持到 CP+(CP7 和 CP8 之间的补水点)看到有房车,申请进去又睡了半小时。到 CP8 已经是早上 7 点 18 分了,这一站 14 公里就用了 7 个小时。名次从 CP7 的 89 名直接掉到了 134 名。

CP8 出来天渐渐亮了,山顶远眺是一个大大的湖面,这湖海拔这么高?仔细一个原来是云海,低一点的山头在云海中才露尖尖角,陡峭的土坡我们只能一点点下移,五颜六色的参赛服成为山间最美的风景。告别了一夜的寒冷困倦又回到了鲜艳多彩的世界,沿着乡村小路慢跑着。沿路的河流笼罩在一层水汽之中,远处的山村白墙青瓦错落有致,这一切都包围在竹山梅林之中,宛如仙境一般。清晨的神秘很快被升起的太阳曝光,周身的寒气也被上升的阳气征服,跑得越来越舒服。过了 CP9 没有休息继续前进,突然有人叫我,回头一看喜出望外。原来是盖元培追上了我,这可是喀纳斯一起战斗了六天六夜的兄弟。原本这次黄山 170 公里越野我、盖元培、蒋门神已经吹响了集结号,兄弟三个再团伙来一次越野跑,结果被糨糊师徒黄了我们的好事。蒋门神顶替糨糊当了关门兔,我被小记抓壮丁当陪跑。现在我俩相遇真是患难见真情,什么"没妹子不越野"(糨糊名言),"无兄弟不越野"才是真理!

CP9 到 CP10 是四座直上直下的小山,每座爬升都是 180 米左右,真是累死人不偿命的节奏。虽然山不高,但路不好走,很多路都被终年落叶覆盖,深一脚浅一脚的,很难掌握平衡。不过我和盖元培相遇已经碰撞出了激情的火花,跑得还是相当轻松,这段路用时 4 小时 10 分,名次上升至了 108 名。跑完这段已经是 14 点多了,又困又饿。我们先睡了半小时,起来吃了饭继续干,信誓旦旦要一口气干完下面的路程。

CP10 到 CP11 是后半段最大爬升,累计爬升 871 米。这段风景非常旖旎,打鼓岭上有仙女洗浴池、仙女潭、水帘洞,光看这名字就让人心旷神怡,走在山谷里看那峡谷中幽绿的山泉水、柔滑的瀑布都让盖元培激动不已。幸亏今天仙女没来洗澡,不然何仙姑肯定要把根留住。这个景区还不收门票,真是一个人迹罕见的世外桃源。景区出口有一座关公试刀石,两层楼高的巨石被从中间一刀劈开,这功力比我强太多了。游玩景区只是开胃小菜,真正的大餐是后面的主丈山，这座山看似没前面的五溪山高，实际爬起来却更难，一个原因是后半程体能下降了，另一个原因是山路更野，这个赛段我俩用了 4 小时 47 分，用时最长的一段。

　　CP11 至 CP12 只有 6.5 公里，补给站人员说都是盘山公路，那就干吧，干到还剩下不到 2 公里时又拐进了山沟。一山连一山，都不高却没完没了。6.5 公里用了快两小时才搞定，到 CP12 已经是 20 点 50 分了，原来不打算再睡觉的我们顶不住困意，又睡了半个小时。睡起来盖元培说他失温了想退赛，这还剩下 29 公里了我怎么能让他退赛？只能用激将法鼓动盖元培，喀纳斯、三峡都完赛了，怎么能在黄山退赛？真要退赛了糨糊还不羞辱死我们兄弟？

　　出门盖元培跑起来很快就不冷了，甚至大半夜脱了外套只穿短袖干了起来，真是个神奇的胖子，CP12 到 CP13 距离 7 公里我们用时 2 小时 53 分干完了。最后两个站点了，不能再磨叽了，就是爬也要爬完。CP13 到 CP14 要爬两座大山，我们第二天 24 点出发，心想 5 小时干完最后两段路总距离 23 公里。然而山路就是山路，人肉就是人肉，盖元培走得快睡着了。我为了刺激他清醒，打开音响，高歌了一曲又一曲，他都没有听见，只说看见我的背影是个拖拉机！我去，有这么智能、这么帅的拖拉机吗？他真是困得走路都要睡着了，还好 CP14 前半段爬升路比较宽，我让他拉着我的登山杖走，别真一个人梦游跑得找不到了。盖元培为了清醒猛打自己耳光，可能我那时也困了没有听见，下次这种力气活让我来干就行了，何必自己用力？我说回头一看盖元培小脸红扑扑的煞是可爱，这个男人对自己够狠的。

　　耳光没白扇，下到谷底时盖元培已经清醒了。这个赛段我们已经跑了 11 公里，又看到一个右转的箭头，上山！第二座山那叫一个虐，幸亏盖元培是在前面出现幻觉，如果在这一定挂了，这山路仅有一脚宽，旁边就是深不见底的山崖，一路都是这样。很多选手跑到这里都出现了幻觉，以为自己鬼打墙了，来回怎么跑的都是一样的路线。我跑到这里也非常后怕，幸亏盖元培上个站点没有退赛，如果没有他陪我跑，自己跑这段恐怖又无聊的路线，我会不会也出现盖元培一样的幻觉？

　　跑到 CP14 用了 4 小时 48 分，排名 104 名。最后一站 10 公里平路，但我俩谁也跑不动了，跑跑走走，硬是熬到天都亮了我们才步履蹒跚地回到了黟县县城起终点，46 小时 58 分第 106 名和 107 名携手冲线完成了黄山 170 公里越野挑战赛，终于获得了期待已久的雷神抱。从 2015 年完赛大连 100 之后我就没有再完成过雷越野，2015 年、2016 年、2017 年三次挑战三峡 168 失利，让我对雷神抱的渴望比美女还痴情。今天雷神一抱一切烦恼随风而去，5 月 11 日乌蒙山 450 信心倍增！何仙姑这次比赛一雪前耻，完赛时间比袁小记快了好几小时。袁小记也绝非等闲之辈，比我和小盖快了近 3 小时。两个老汉真的是干不过美女，我们认了。最神奇的是，黑哥预测崂山越野总监莫言退赛，一语成谶，果然姜还是"黑"的辣。

多少次越野跑前面再累最后十几公里都是满怀激情地冲向终点，一路秒杀很多选手。包括比黄山难太多的喀纳斯 330 公里和意大利巨人之旅，而这次面对终点却激情全无。或许是我们已经看淡了名次、时间，或许是我们真的老了，或许有一天我们再也没有力气去挑战越野、去梦想征服世界，但是我们来过了、努力过了就不会后悔。纵然我们被无数选手碾压而过，但只要战胜自己就是胜利，就是我们自己心中的神！

做最好的自己、交最真的兄弟、携手并进、无怨无悔……

赛道难度：★★★★
组织能力：★★★★
推荐指数：★★★★★

整体评价

黄山 170 公里越野跑每年 3 月下旬举办，这个季节正是油菜花盛开的季节，春江水暖鸭先知，江南水墨丹青的画卷在这场赛事中展开。北方人经过一冬天的天干地燥、荒山土岭的憋屈，来到黄山、宏村水米之乡，真有一种沐浴春光的享受。黄山 170 越野没有三峡 168 难，又比高黎贡 160 景色好、难度大，非常适合已经玩腻百公里越野后想尝试挑战 168 公里越野的选手参加。

 一起打铁到八十

2019年4月6日

济南50公里越野赛

正是越野好风光,清明时节又逢君!

清明小长假早就策划好了和济南首个50公里越野的约会。济南作为山东的省会城市,又名泉城。应该是一个泉水肆意奔腾的地方,想想奔跑在泉水叮咚的山野之中,柳絮轻抚,春花娇艳,登高望远,五彩缤纷。绝对是个享受暖春的好机会。当然比美景更重要的是,这是一场兄弟赛事。俗话说"无兄弟不越野",糯糊兄弟办的处女野我怎能不来助兴呢?特别是上月跑黄山170越野时,糯糊高徒袁小记同学的"添油加醋":什么泉水泡面、"甜沫蜜语"的一堆勾引,不来都对不起流光的口水。

说干就干,清明带龙龙拉练一个50公里越野,也让他的大学生活注入一点越野的挑战精神,相信通过比赛的强烈刺激,一定能够再次点燃他新的人生阶段高昂的斗志。

几年没见济南,城市建设明显比太原落后了很多,缺乏快速路的城市交通降低了出行效率。市区基本一两百米就一个红绿灯,在这样的城市出行最好的方式就是跑步,开车真能急死人。这也解开了我深藏已久的疑惑,为啥济南越野人跑得那么快?耐力那么好?因为出门基本靠跑呀,开车红绿灯太多,一路下来可能比跑步还慢。

糯糊从铁人三项到越野,是相识了好多年的朋友,第一次知道他的名字是通过无锡楚楚。他陪楚楚完成了杭州100,当时看照片就感觉这个光头佬其貌不扬还真不简单,后来比赛相遇的次数多了,才发现这个"关门兔"更多不简单,特别是关起美女选手来真的丝毫不手软……比赛前一天参加赛道技术会,才发现作为济南越野赛道总监的糯糊还有粗中带细的一面。从赛道的布局、补给的安排就可以看出不愧是老越野人的情怀。原来喜欢吐槽赛事组

织水平的他力争要让自己的赛事办得完美。一个优秀的男人背后肯定离不开几个好朋友，而糨糊身后的男人和女人也一样优秀，吉哥、猫姐、小记……一个精诚合作的团队看得让我有点想"吃醋"。

如果说比赛前一天晚上几个越野老炮聚在一起把酒言欢，特别是其中几个顶尖高手暗中较劲，相互调侃并没有把一个50公里的比赛看得多重。但是当4月6日大家站在比赛起点的那一刻，每个人都对赛事举办方秩序井然、场面恢宏的仪式肃然起敬。济南奥体中心的大广场能够作为济南50公里比赛的起点，可以看出济南体育界的良苦用心。

枪声响起，近500名选手齐奔腾，这次比赛50公里选手近200名，25公里选手也近200名，还有很多10公里和5公里的选手，从奥体中心跑出来过一条马路就直接上山，马上人流就阻碍了济南的交通，严重堵车。还好我抱着陪龙龙一起完赛的目的，也就随着人流慢慢前进。50公里越野实际比赛距离近54公里，分为5个CP点，总体爬升3100米，应该算是50公里越野中难度较大的比赛。我和龙龙计划12小时左右跑完，他上大学后就没有怎么锻炼，这次通过50公里越野也是对他的一个鞭策和磨炼。

CP1的路况不算难，前面一段是在一个没有完工的公园里跑，一会儿碎石路，一会儿台阶路，龙龙跑得并不轻松，不一会儿就被小记同学超过了。等他再去解个大手后，我们成了50公里组最后的选手，连黄山60公里组近15小时完赛的青岛美女张洁都远远超过了我俩。不急，陪龙龙跑越野只是培养他运动的兴趣，只有轻松愉快地参与到运动中来，才能让他发现运动之美，让他体会到赛事之外的亲情、友情、关爱、坚强、困难……

没有哪一个越野是简单的，还好济南今天的天气很给力，阴天有点风，跑起来很清爽。到达CP1时我感觉龙龙已经有点累了，有点不想吃东西。不过CP1的包子和蛋花汤味道真不错，喝了一碗汤，马上有了胃口，他又吃了个包子。灌满运动饮料后我们就继续上路了。

CP1逮到的天使团长袁小记没多久就掉队了，因为她带伤参加了黄山170公里越野赛的后果是伤痛加重。这次济南越野前她一步没有跑，计划到CP2退赛。吃过包子我带着龙龙逐步加快步子，超了不少选手。后面的路越来越野，真想不到济南还有这么多小野路，糨糊真是跑遍了济南的小山头，这种山路在太原还真难找到。虽然太原周边也都是山，但大部分山都已经开发成森林

一起打铁到八十

公园，铺装路面失去了越野的"野味"。跑到济南这种原生态的山间小路上，越野老炮们绝对兴奋、刺激！翻完一座小山又是一座小山，虽然每座山都不高，但是上上下下的感觉依然让龙龙有点吃不消。

很快翻过一座千树万树梨花开的大山后，我们看到了传说中的济南最高海拔的泉水——斗母泉。村子里的小朋友百米冲刺跑过来迎接指路，让我们感动得不知所措。而吃到斗母泉水泡面后，真是三碗不过冈，吃过三碗面和龙龙继续上路。通往CP3的路先是跑到愚公路，难道愚公就是移的这座大山吗？山上有个避炮洞，难道是专门给糨糊的女弟子们准备的逃难庇护所？山顶是大片的迎春花，而我们脚下的路是悬崖边的一条被迎春花包裹的小土路。太美了，人在花中跑，她在丛中笑，跑到这段路前后的选手已经很少了。放慢脚步跟着春天的气息，软软抚摸枝头的花儿，让心情随着花瓣飘散，深深呼吸一口花香，心醉了，梦飞了，一切都变得更加美好了。

CP3幸好只有水补充，不然再吃下去真跑不动了。如果说CP2到CP3的路是香艳，那么CP3到CP4的路线就是震撼了。一条沿着山脊鬼斧神工般的巨石叠加起来的路，一直通向远方。这些巨石洁白得像刚刚装修好的大厦，没有一点尘土，石头的夹缝中顽强生长着很多小松树，让原来险峻的山脊充满了生机。山脊蜿蜒曲折，巨石也随之忽上忽下，忽成平台，忽成台阶，看到远处巨石山崖上站着一个人，好似迈出一步就要飞翔在空中。惊得我大声呼喊，"兄弟，千万别想不开啊"。慢慢地走近山顶，才发现那是一位志愿者，站在悬崖边给选手们指路，真是山高人为峰！这段路比较危险，一路上很多蓝天救援队的志愿者帮助选手们安全通过，济南越野赛虽然是首届，但组织管理真是精心策划过的，为关爱选手的组织安排再次点赞！

CP4又是半山腰的一个小村庄，这里的补给居然是饺子。越野中吃上热腾腾的饺子还真是第一次，旁边的大哥直呼："有没有啤酒？"饺子就酒越喝越有！如果有啤酒，我也选择在这里退赛。韭菜素饺子太好吃了，龙龙平时不爱吃饺子也吃了两碗。CP4出来经过一座寺庙就又开始上山了，寺庙外面的石雕小和尚个个可爱活泼，就好像在给选手加油一样温暖。上山的路千百条，越野的路只有一条，那就是跟着路标跑，不过后面有几段线路的路标布置得还是缺乏经验。我上个大号让龙龙先走，随后追他怎么也追不到，真担心他跑错迷路。担心别人跑错路，没想到我自己在山顶跑错一段路，返回来时遇到了他。一路没看见他，他居然出现在了我的后面，原来他也跑错一段路。幸亏我跑错了路，不然一直以为他在前面，肯定把他跑丢了。

天色有点暗了，抓紧时间天黑前跑出山路，跟着前后相伴的威海越野三人组一路狂奔起来，一段下坡路刚飙得爽，就听见背后一声惨叫。回头一看龙龙摔跤了。两条腿都蹭破了皮。关节应该没事，我本想说没事继续跑吧。威海的小帅哥热心地说，"让我来帮他处理"，只见他麻利地拿出医药包，里面碘酒、纱布、药棉应有尽有。看到小伙伴们这么热情地关照龙龙，我都有点不好意思了，怎么别人比我还心痛？这就是越野，无兄弟不越野，天下越野人皆兄弟，人在江湖走，有兄弟就有爱，关爱别人就是关爱自己，成就别人才是自己最高的荣誉。默契地帮助威海小哥一起处理龙龙的伤口，虽然没有过多的语言交流，但这份关爱或许比处理伤口更有意义。读万卷书行万里路，从小带龙龙出来比赛就是想让他融入社会这个大家庭，学习威海小哥这种做事严谨、对人有爱的处事之道，才是越野跑最难得的运动哲理。

到达 CP5 时已经夕阳西下，志愿者提醒我们准备好头灯，原来打算补水就走我闻到了屋内饭菜的飘香。进去一下，哇！手把肉、尖椒土豆丝、甜沫……四个热菜一汤和热腾腾的大米饭。谁走谁傻瓜呀，安心坐下来品尝济南特色佳肴，龙龙摔跤后的愁容看见美食马上喜笑颜开，平时不吃肥肉今天吃两大块手把肉，这胃口比我还好！刚才 CP4 要啤酒的老哥也进来了，看见这美味，直呼："附近有超市没有，我要买啤酒大吃一顿……"

CP5 出来离终点只剩下 9 公里多了，天快黑时遇到了糨糊大神在补夜光标，可能路标的问题已经有选手反映了。糨糊兄弟真是亲力亲为，什么苦活累活他一人挑呀。告别了糨糊刚下山就迷路了，其实这段路是上午进山跑过的路线，但是赛前没做功课的我真是比糨糊都迷糊，跑了三个方向准备再次进山时被一路"要喝啤酒"的老哥追上叫住，才找到正确的路线。后面的路糨糊已经挂好了反光标，我和龙龙戴上头灯找路标方便了许多。我探路他扫尾，保持 20 米左右距离，发现不对马上掉头。很快就下了山。

下山时看到灯火阑珊的济南市区，我和龙龙再次重返人间。龙龙上大学了，不在身边的孩子总是离不开家长的牵挂，能够一起参加比赛，帮助他完成一场有挑战性的比赛，或许对他的学业并不会有什么提高和帮助，但总是想再多陪他历练一次。一路上帮他拿着登山杖和水壶，时刻提醒他安全，就

是希望他的人生路上能够少一点挫折和恐惧，多一点自信和毅力。当我们手牵手跑向终点时，听到了龙龙姥姥的呼唤，夜色里也只有一手拉扯他长大的姥姥能够听出外孙的脚步声。从小参加过很多比赛，第一次在终点拥抱姥姥，看到她那斑白的花发，龙龙的心里会是什么样的感受？

24点12分我们完成了济南50公里越野，和预期的目标基本一致。虽然只是一场带领龙龙的热身赛，但却是一场非常有意义的比赛，感谢糨糊总监精心策划、感谢小记、吉哥、猫姐的盛情款待，也感谢莫言、林潇、非诚、诗人等兄弟的相聚，更感谢赛道上每一位志愿者和威海三人组的无私奉献，还有所有的参赛选手的共同努力，是我们齐心协力演绎了一场精彩绝伦的济南越野挑战赛！期待下一届济南越野，2020我们不见不散！

赛道难度：★★
组织能力：★★★
推荐指数：★★★★

整体评价

首届济南50公里越野举办得非常成功，参赛人数、起点布置、志愿者服务、特色补给都非常到位。济南作为北方城市，这个季节正春暖花开，赛道上梨花、桃花、迎春花争奇斗艳，济南参赛的妹子也很多，靓丽大方春光明媚。赛道设计很有特色，既有成熟的森林公园，又有比较野性的山径小路。总体来说线路比较成熟、危险度不高，比较适合入门级越野爱好者参与。

越野跑马拉松篇

2019年5月11日

乌蒙山478公里越野赛

简单平凡的生活总是让人活得越来越麻木,特别是2018年完成多年夙愿意大利巨人之旅后,好像生活失去了目标。2019年是红军长征胜利83周年,从小就背诵的毛泽东主席七律《长征》总是激发起我对革命圣地的向往。

> 红军不怕远征难,万水千山只等闲。
> 五岭逶迤腾细浪,乌蒙磅礴走泥丸。
> 金沙水拍云崖暖,大渡桥横铁索寒。
> 更喜岷山千里雪,三军过后尽开颜。

2018年11月,乌蒙山越野推出了450公里实际距离超过478公里的国内难度最大的越野挑战赛。虽然我不是军人,但我也想感受一次"五岭逶迤腾细浪,乌蒙磅礴走泥丸"的斗志豪情,看看我是否也能够拥有英勇红军的精神力量,去完成一次前所未有的挑战。

虽然去年参加的很多选手都抱怨:这个比赛补给太差、路上有很多蚂蟥咬人、晚上得睡猪圈、有蛇、没路标、6000元的报名费太贵……

但我早已下定了决心,再困难能比80多年前的红军长征困难吗?不困难我还不想去、越原始才越能够体会长征精神,新时代的红军战士M888号已经做好心理准备,不管前途有多恶劣,我就一个字"干"!

第一日

赛事起点的昭通市是中国著名的"南丝绸之路"的要冲,素有"锁钥南滇,

咽喉西蜀"之称,是云南省通向四川、贵州两省的重要门户,是中原文化进入云南的重要通道,是中国极限户外运动翼装飞行的训练基地。组委会安排的大酒店非常豪华,酒店对面是一个满天飞舞着黑颈鹤的小湖,其中一个小岛就是黑颈鹤的栖息地。天高凭鸟飞,路险任我野,背后的小山跑一圈6公里,由台阶、石路、盘山公路组成,是个训练越野跑的好地方。能够在城市中心有这样一个湖,这样一座山,昭通人民太幸福了。

你不疯狂就不会知道别人有多疯狂,当我到达昭通时,几个不曾相识的小伙伴聚在一起,450选手和330选手加起来总共才130多个人,450选手只有30个,想想450公里的路程只有这么几个人比赛,完全没有红军轰轰烈烈干革命的气氛。特别是知道一起小聚的重庆曹小弟仅参加过百公里的比赛也报上名参赛后,担心得我把卡卡赠送的两包肽娃娃转送给了他,虽然他有点胖,储备的能量不少,可是户外长距离运动必须有超过常人的补给量才能坚持下来。

最后一顿壮行大餐是辽宁陈新老哥给大家安排的牛肉火锅,21点出发后,再想吃火锅可能比登天还难。330公里辽宁老付和山东小孙速配成功计划129小时完赛,美女周胜男计划330公里95小时完赛,果然是胜男。上届冠军卡卡大神450公里计划140小时完成,我和小曹的想法一样,450公里关门时间完赛就好。

19点吃完组委会的能量晚餐后,挺着这两天酒足饭饱的小肚子来到出发广场。可能是有点高反的原因,前一天晚上睡得不沉,直接找了个帐篷倒下继续睡,也没有去开技术会,多睡一秒算一秒。想想马上就要开始的征程,小腿肚子已经有点紧绷了,赶紧起来拉伸拉伸。风越来越大、夜越来越黑、音乐也越来越旷野,选手的表情越来越凝重! 21点,在简短的开跑仪式下,130名勇士在礼花弹的照耀下开跑了。夜空下弥漫的火药味如同长征路上的战场,醉卧沙场君莫笑,古来征战几人回?想想这100多人冲进乌蒙山,有多少人能够再次回到这个赛事广场?我留恋地多看了几眼这里,心中念叨"7天之后我们不见不散"!

前面十几公里基本都是平路,大家跑得都非常快,我控制速度在6分半左右。大神们跑得更快,我只能和女选手齐头并进。前面跟跑也没有关心路标的问题,别人跑哪儿我就跟哪儿,慢慢地发现身边多了一个妹子,是深圳的陈杏兰,没想到她跑得这么快,我们就这样一前一后地跑着,也没有过多的交流。夜色里，只能凭借呼吸的声音判断对象状态的好坏。她说刚才睡觉有点凉了肚子，而我刚才睡得还出汗了，男人和女人的体质差别还真大。我穿着短袖短裤跑一点不冷，而其他选手很多都穿上了冲锋衣。跑着跑着又遇到刚才在帐篷里睡觉的榆林张虎，我纳闷地问你怎么跑这么慢，这句话好像刺激了陕西愣娃一样，遇到一个上坡张虎像猛虎一样撩着灰嗷嗷地就冲上去了。我跟了十几米就放弃了，和这种非人类的选手飙太耗体力了（难道是在我的刺激下，这家伙居然最后跑到了亚军的位置，最后和卡神一起携手冲线，真是一头下山猛虎）。

　　和陈杏兰跑着跑着跑错了路，唉，错就错在我怎么能相信女人会识路呢？我俩一路冲下山去才发现彻底不对路子。再返回头来不说多跑了两公里路，光这个爬升就累得半死。吓得我再也不敢蒙头乱跑了，关键路口一定要小心观察，宁可慢点也别跑错了。想得挺好，还是难免出错，这和路标布得不专业有很大的关系。因为关键的转折点路标太少，路标总是布在转折后的路上，总是导致会出现沿原路跑过后一段发现没有路标了返回头找才能看见拐弯后的路标。

　　一夜的奔波，也不清楚什么时候我已经和陈杏兰不辞而别，同是天涯越野人，相逢何必曾相识。因为从开始就已经注定我们不可能是一路人，她跑330公里，我跑450公里，能够一起跑过一段艰难的旅程就是缘分。我也默默祝福她后面的道路少跑错路，要安全完赛。毕竟330公里女子单人跑实在是太危险了（最终结果真是亮瞎了我的钛金眼，她居然是女子冠军）。

　　天亮时下起了毛毛雨，原来一夜奔波的倦困在小雨的滋润下了无踪影。终于看清了乌蒙山的样子，满山都是如同牡丹花一样大小的杜鹃花，它们天真无邪地张着大嘴笑着，就像当地的小朋友一样纯真可爱。小雨和露珠挂满了枝头和花瓣，看得我垂涎欲滴，真想成为护花使者，一生一世呵护在它们身边。难怪古人会有"牡丹花下死，做鬼也风流"的诗篇。不过想想我们的红军战士，怎么可能留恋这一草一木呢，或许那红艳的杜鹃花正是革命烈士用热血浇筑的。看着沁人心脾的花丛，踩着一不留心就可能滑倒的烂泥巴路，感慨人生就是如此，没有烂泥何来鲜花，没有艰难何来幸福？只有强烈的对比才能珍惜眼前的一切，想想毛主席那句豪迈的"乌蒙磅礴走泥丸"，在伟人眼里气势磅礴的乌蒙山只不过是长征路上一颗小小的泥丸！看着这颗令我有

点疲惫的小泥丸，对于我的人生路又算得了什么？

很快一个昆明草帽哥超了我，没跑几步就拐上了山，看不见他的影子，这老哥也太快了吧？隔着大片的杜鹃花丛我又听见急促下山的声音，连忙高喊"兄弟你是不是跑错了"，该上山了。原来他又跑错路了，老兄的能力确实强，听见我喊他，顺着声音摧残着花骨朵就又冲到了我前面。牛人啊，我还是跟不上他，跑一阵突然想解手。排空时看见一美女在众男神的保驾护航下跑了过去，据说这就是450赛道上的两个女神之一，跑得确实很快。

没跑了几步，发现前面丢了一件羽绒服，肯定是前面选手的。不管吧，想想前面的选手晚上肯定要吃苦。算了，捡上拿到下个站点吧。就这样一路拿了13公里从CP3凉风台一直拿到CP4的莫洛河，包里满满的装不进去，只能一路手里拿着，搞得我登山杖都没法好好用，胳膊也酸困。到了站点一问，原来是昆明那个老哥丢的，幸亏追上了他。

CP4莫洛河吃了个烤土豆和方便面就出发了，一路盘山公路去追跑在前面的江西小安子，跑着跑着就跑到了一个圆广场一样的断头路。前面的选手没了踪影，我找了半天也没有路，前方只有布满荆棘的陡下坡，我大声呼喊"有没有人？"隐约听见似乎有人在山下应答。磨蹭了半天无从下脚，手机导航也是直冲荆棘，二万五千里长征路怎能被一个小山坡阻挡？心一横跳入荆棘，挥舞登山杖，杀出一条蚂蟥路，荆棘扎得我嗷嗷乱叫。正跑得怀疑人生时，突然看见了侧边的路标，"妈呀，谢天谢地，感谢邱总不杀之恩！"这句话几乎成了我一路迷路的心灵背书，只要找到路标总得念叨几次，也不知道赛事总监邱总是不是这几天脸烧得厉害。

CP5陈家厂的志愿者条件很艰苦，也就是路边的一个小帐篷，我进去吃了个香蕉。旁边的选手一声尖叫，这么夸张，我长得有那么帅吗？"蚂蟥、蚂蟥！"跑友指着我喊，把我也吓得半死。我身上有蚂蟥，哪里哪里？我迅速扫描一遍裸露的肌肉，没有呀。跑友指着我的鞋，"在那里"。只见一个黑色的、令人作呕的软体动物扒在我的鞋上。估计是我刚才冲荆棘时吸上来的，恶心得我垫着一个塑料袋想把它揪下来，没想到它吸得非常紧。我感觉都把它的肚子揪破了，肠子肚子流了一手……吓得对面的女孩蒙头就跑出了帐篷。我也被自己的行动恶心得一口补给也吃不进去了，出来直接上路吧。

再次出发，那泥路相当可怕，有的泥可深到小腿，一不留神就可能脚拔出来鞋留下了。这深一脚浅一脚地走着 S 形线路，和甘肃、昆明和广州的几个跑友相跟在一起，他们都是 330 的选手，4 公里后我们就要分道扬镳了，心里流过一丝悲壮——风萧萧兮乌蒙寒，壮士一去兮不复还！革命同志一路走好！330 公里和 450 公里的分岔口是一个大墓，因为这里没有任何提示路牌。志愿者告诉我们，昨天晚上雨太大，路牌被冲没了，330 公里直对着墓走，450 公里沿墓的右手拐弯上山。真是打扰了这位静躺多年的主人了，我走上墓顶的山脉看了看 330 公里的选手，没有流泪没有羡慕，淡淡地咽了口口水，单兵作战正式开始，M888 号红军，你必须一个人完成 400 公里的长征急行军！

最令我头脑的导航问题没有出现，因为这段原本自导航的线路居然路标布得比前面的路段都好，非常地专业。跑起来反而省心多了，我心里窃喜，要是后面的线路都是这么好的路标，我真要好好感谢邱总的关爱了。这一路的风景非常棒，特别是进入一段河谷，两边是鬼斧神工秀丽挺拔的山崖，一条浅浅的小溪随意地流走到山间。两边的村庄里有几个年轻的妹子在地里干活，穿着紧身衣裤显露出很优美的曲线。昭通是个奇葩的地区，一路上拾柴火的、下地干活的、背着孩子上街的都是女性。这一路真是前后没有一个选手，寂寞的我在山谷里一个人狂躁，听着山谷的回音确定我还是在这个真实的世界中行走。

走着走着看到警示牌，"打草惊蛇、危险慢行"，明明这里草还没有一寸高，打什么草？比起前面的荆棘岭安全多了。不过我也没有放松警惕，一路打草打得手腕痛，越到后面草越高，河道变窄，河谷巨大的石块有几层楼高，上面还长着漂亮的植物，真想抱回家当盆景。草坪也慢慢变成了阔叶草丛，在高度齐腰的草丛里走，真担心有蛇。一路上上下下绕在山谷中，很快就爬上了半山腰的崎岖山路，一股金色的小溪流在散落着巨大白色卵石的河谷之中，让这条河流显得富丽堂皇，青山金水白玉石，这景色还是第一次看到。更神奇的是，这条黄金河流了也就一公里左右消失在了河谷中间，好像有一个洞口把黄金水全部吞噬了，河谷的下半段干干的，没有一点水流。乌蒙山的喀斯特地形可能就是这样形成的。据说红军就是利用这个变幻莫测的峡谷摆脱了敌人的追赶，而我也成功地利用这个峡谷把我变成了一个孤家寡人。

到达 CP1 补给点时，已经是 18 点，为了多赶路，没有多休息，直接向 CP2 进军。然而刚才还欢天喜地赞扬路标好的我，出了 SP1 就傻帽了，路标

基本全无,在熊家沟几条平行的道路上弄不清怎么走,前面一直用手表导航,但手表没有实景,离得近的线路根本区分不清应该走哪条。手机虽然下了轨迹,可是没有下载离线地图,这里还没有联通信号。真是头大了好几圈,翻出路书说要过一个水电站。好吧,一路问人找到了水电站,还问了路过的志愿者,他们也说不清楚,真后悔没有跟上前面两个选手。想想一个人这一晚上要这样找路,直冒虚汗。熊家沟一面的山谷在施工,在山谷里凿什么洞子,相当壮观。我绕上了对面的山谷,开始了又一个夜色的征程。目标是龙街,龙街的名字可能和贺龙元帅在这里带领红军伏击白军有关。红军不怕远征难,我这才第一天怎么能退缩?我就是爬也要沿着轨迹爬回昭通。这段路非常艰苦,全程24公里是比赛以来最长的一段路线,天黑了也欣赏不了景色,就是蒙头苦干了。全程没有看见一个鬼影,跑到5月12日23点半才进入了传说中的龙街。而此刻的我已经变成一头饿狼,看到路边居然有卖烧烤的,啥也不说了,来20串牛肉串、2串鸡翅、1瓶啤酒。话说这家烧烤店简直太好吃了,是我吃过最好吃的烧烤,肉嫩味美,一结账才34元,要不是比赛,我还不在这里撸上一晚上串。

龙街的补给站能睡觉洗澡,我第一时间锁定了房间洗澡睡觉。这里关门时间是5月13日早上7点,我先睡上3小时再说。第一天27个小时我跑完了110公里,反正也没有给自己设定目标,感觉好、玩得爽、吃得美、睡得香比什么都重要。M888是一个喜欢享受的"红军"。晚安,明天见!

第二日

龙街洗完澡涂上按摩油美美地睡一觉真是一种享受,不过越野老炮的生物钟就如同精密的机器,不等闹钟响就自动醒来了,我也很奇怪自己的这项生理功能是如何开发出来的。起床必然是一个人战斗,我不知道像我这样一个人战斗的选手有几个,反正我是不准备依靠任何人,就算多跑路也要按自己的节奏一干到底。

4点出来雾水很大,本来半干的鞋很快又湿了,换的干袜子又变成了湿冷的泡脚布。红军穿着草鞋也要爬雪山过草地,我穿着越野鞋还有什么可抱怨的?穿梭在丛林之中,山里任何一点动静都会让我冒鸡皮疙瘩,有时候甚至不敢回头看身后，"勇往直前"的概念可能就是看着头灯照耀的地方就不会害怕吧？听说乌蒙山夜里瘴气很重，如此湿冷的空气呼吸在肚子里不会有什么问题吧？城市中呼吸够了汽车尾气的我反而担心大山里的新鲜空气，我这智商也是没谁了。6点天色稍微亮了点时，我终于走出了身边就是万丈深渊的山谷，又翻上了云雾缭绕的另一座山。

　　这次450公里越野赛，男女选手一共才30人。女选手就两名，一位是来自陕西的疯清扬，一位是来自江西的萍儿。看来西部的人都比较爱吃土，比如我来自山西，也带个"西"。对于两个美女能不能完成450公里越野我并不看好，长征路上是有红色娘子军，但当今社会的女人们大部分是花瓶，女红军还是算了吧。天快亮时一个猛男领着一个衣衫褴褛的女野人出现在了我眼前，原来她就是来自陕西的疯清扬。看她那一腿的泥巴，晒黑的脸蛋，我心里忍不住笑了，看这狼狈的样子马上就要被白军活捉了。只见她紧紧跟在大神海鸣哥的身后，小腿倒腾得挺快，一会儿就超了我，身后还跟着两个男选手。这时的我正找路标找得脑仁痛，看见他们几个开心得不得了，本身我的视力很差，天黑能见度更差，还从来不戴眼镜。晚上大山里雨雾的能见度也就一两米，有相对规则的"路"和路标还好，一旦没有了常规的路和路标，我就会变成无头苍蝇一样乱窜。这里手机的GPS信号弱，更新位置延迟，手机还没有网络信号，原地不动导航位置就不准确，所以我不得不左动右动前动后动才能找到前进的方向。海鸣哥是这次赛道布标的志愿者，也是参赛选手，这家伙手拿一支强光手电，发出的光线能够笔直地穿透20米浓雾精确地打在前方的反光标上，他们找路相当轻松。我跟在他们身后跑感觉大脑和双手得到了彻底的解放，真是舒服极了。

　　就这样蹭着女神的光环，我们很快就到达了奎香，一进村两个男选手就像鬼子进村一样找吃的去了。我跟着他俩跑了一段，进入奎香镇时，也忍不住美食的诱惑……越野跑中不乏吃货，而我这次另一个目标就是吃当地的特色美食，有极品吃货居然把火锅都搬上了赛道。而我的想法是走千里路吃百家饭，遇到什么吃什么，能够一路吃到当地的特色美食也不虚此行。这段19公里812米的爬升过后的第一件事情不找点好吃的对得起自己吗？从半夜出来到早上11点还没有吃东西呢！奎香也是红军长征的重要战斗点之一。这里也就两条街的村庄，比一般的村庄好像大一点，沿着公路有大车的停靠点和

吃饭的地方，我想找一家稍大点有门脸的饭店。功夫不负有心人，终于看到一家羊肉粉的饭店，吃了一碗热腾腾的羊肉粉，感觉马上回到了人生巅峰。10元钱一大碗特别好吃！

爱吃爱睡觉的人注定是孤独的越野者，疯清扬和她的男人们早就出发了。奎香是第二个换装点，第一个换装点我没有放东西，这个换装点放了啤酒和小吃，这里能洗澡睡觉。我到房间里喝了啤酒吃了小吃，睡了1小时趁着天亮也赶紧出发了。

奎香离下一站红军长征纪念馆距离不远，9公里的路坡度也不大，对于动不动十几、二十公里的站点已经是非常简单的线路了。中途我没有休息，心里想着"红军"M888终于要归队了，向革命先烈们来致敬！一路小跑进入了寸田村，到达纪念馆才发现纪念馆还没有建成，打卡点在纪念馆门外。只能心里默默地悼念革命先烈们，继续上路了。13点多，后面是距离近58公里爬升近1900米的全程最长的CP4，所以这里一定要补给够。找了半天也没有合适的饭店，许多开着门放着方桌的门面房，进去其实并不是饭店，只是本地的民居。好不容易找到一家又吃了一碗羊肉粉，结果这家做得比奎香的差太远了，我都没有吃完。出门又买了三瓶饮料才花了10元钱。我全程不计划喝可乐、咖啡、吃能量胶等补给，确保自己不兴奋，想睡觉马上能够睡着。到这里时才知道另外一个女神在我前面，在江西小安子的保驾护航下，早就出发了，真让我大跌眼镜。原本以为女人们来到这条赛道也就是跑个百八十公里就退赛，没想到两个女神都超过了我。唉，看来我也就比女神们能吃罢了，跑人家已经甩我好几个CP点了。

寸田村出来的路非常难找，一条施工的路段明明把路标布上了山，轨迹却是山下，折腾了半天决定按轨迹走，在田埂里转了几圈才走上正道，还过了一条河，这段路到CP4距离58公里，爬升近1900米，中间只有一个临时打卡点。心想天黑前是不可能走到了，这是一场硬仗，过了这个坎儿可能后面的路就要好点了。跑到16点多近180公里时，看到了山谷间流淌的瀑布，由于我们的位置远高于瀑布，能够看到整体瀑布形成的过程，相当有趣。平时看瀑布是飞流直下三千尺的壮观，而今天则是看着一股溪水聚集在好像有点人工筑成的蓄水池，水聚多了形成了大的水流流向，断崖处成了瀑布。原来想山顶哪里来的那么多水，看了这个瀑布真是豁然开朗。不识庐山真面目，只缘身在此山中。要看清一座山，必须跳出山顶，只有你的高度够才能够一览众山小，才不会被眼前的瀑布蒙蔽双眼。做人也是一样，站得高才能看得远，有储备才能走得远。

走了大概20公里，天快黑时来到了阴山临时补给点，这个补给点只有帐篷，志愿者烤着篝火，帐篷边上摆着一大桶药酒。又饿又冷的我居然喝了一碗药酒吃了一个烤山药。这药酒真是好东西，非常解乏。拍拍身上的灰尘、振作疲惫的精神，远方也许尽是坎坷路，也许在孤孤单单走一程……紧抱双拳辞行上路，我那瘦小的背影在篝火的衬托下不断放大。没有人可以理解越野到底为了什么，深更半夜一个人穿梭在深山老林里，包括我自己也常常问自己，到底为了什么？

其实58公里拉长了1900米的爬升，所以看似恐怖的数据只有亲自走过才知道并不是特别可怕。就像很多人一听跑450公里就吓个半死一样。喝了酒再上路，我都想不起来走过了什么样的路况，精神亢奋记忆力却下降了，走到CP4发达村时已经快24点了。民居不大，志愿者把我安排在了一个没有人的客厅沙发上睡觉。我把背包放在茶几上，脱了鞋倒头就睡，睡得不是很沉，志愿者非常贴心地关掉了外面的灯，压低了说话的声音。我迷糊了两小时起来，打开头灯一看我背包放在一个密密麻麻的方格纸上，手一摸还黏黏的。头灯一照，妈呀，差点吐了，那是一个粘苍蝇板，上面密密麻麻的全是苍蝇的遗体……

强压住翻江倒海的心情，心里一直想这不算什么，红军长征吃树皮、皮带不也照样前进？CP4的志愿者小猪是湖南妹子，第二次遇到她非常开心，另一个志愿者好像是甘肃的，非常有爱心。和他们道别后，凌晨3点我又一个人奔向了黑漆漆的大山深处……

第三、四日

5月14日凌晨3点我再次一个人上路，下个站点CP5发界村，距离24公里，爬升1165米。其实半夜并不是很冷，我只穿着半袖加皮肤风衣，在太原大冬天-10℃多我也就这装备出门跑步。但乌蒙山的夜并非寻常，很多时候大雾会变成小雨、小雨会变成中雨。我手拿两根杖还要看手机导航，一个

 一起打铁到八十

人在风雨交加的大山里没完没了地爬呀爬，浑身湿透，我已经分辨不出是雨、是汗还是泪水在我脸上纵横交错。我心中只有一个念头，快点跑出这个鬼地方，天快点亮吧，让我活着爬出山。万幸的是这段路的路标相对多一点，如果再多跑错几次路，我估计非得失温。终于在我强大的精神意志的支撑下，走出了黑暗，走到了天亮。气温慢慢回升，我的精神也慢慢涣散。爬累了撑着登山杖站着就能睡着。反复这样几次让我非常害怕，要是在危险路段我这个状态可是有坠入悬崖的风险。强打精神看到一个小山村时，我刻意离开赛道，在村边的一个破房子前靠着门柱，裹上急救毯迷糊了不到一个小时。梦醒时分，鸟语花开。我再次上路时又走错了，并行的几条路在导航上分不清哪条是对的。犹豫之中，疯清扬和海鸣哥来了，他们沿着我刚才走错又返回来的方向走，还说是对的，我困惑地站在原地看他们能不能走对。这时一个圆滚滚的小胖子也走了过来，原来是M128曹英发，这个重庆小胖子一开赛我就没见过他，还以为他早退赛了。没想到在这里他出现了，真是每个胖子都是潜力股，千万不能小看哟。告诉他上面的路不对，他也不信，执意往上走。这时海鸣哥返回来了，确定线路不对。我们又往回走才找到路。海鸣的烟瘾很大，看见村庄就要买烟去，疯清扬和我们一起走，走了半天也不见海鸣哥追上来，着急得小姑娘在山头上大喊……海鸣……海鸣哥……是呀，没有海鸣哥她怎么可能走到这里，一路上我遇到他们几次，都是海鸣哥在导航，疯清扬只管走。海鸣一直是按她的节奏在前进。所以我感觉他俩肯定很难完赛，因为海鸣状态好时不能跑，得等疯清扬的速度。疯清扬状态好跑起来的时候，海鸣哥就是状态不好也得强行启动跟着跑。这样的结局肯定是海鸣哥又是导航又是保驾护航非常累，要跑完近500公里的路程，简直不可思议。

睡过觉的我总是干劲十足，很快就把曹小胖和海鸣哥他们扔在了身后的大山中，因为我想早点到SP5发界村睡觉，这好像已经成了我一路上能够快点跑的唯一动力。太阳一出，一夜的湿冷马上就切换成了暴晒模式，这一段路跑了5小时，水早喝干了。爬出云雾山峰进入盘山公路时，突然发现路上掉的黑色物体，一开始我以为是羊粪蛋，仔细一看是桑果，抬头一看山崖上一棵古老的桑树结了浓密的桑果。这下不用望梅止渴了，我捡起地上的桑果顾不上脏吃了几颗，甘甜可口，心里想这可能是红军长征路上吃过的野果，80年后的我能够和红军吃同一棵树上的果实，是不是意味着我也将品尝到胜

330

利果实的滋味？马上信心满满地一路去寻找新的果子吃，这一路红枣大小的青桃和甘甜桑果都没能逃出我的法眼，品尝着美味很快就看到了山脚下的发界村。

发界村像个大工地正在建高架，半个山头都倒满了垃圾，原始美丽的小山村可能很快就要被钢筋水泥武装了，人类的幸福真的是建立在自然环境的巨大破坏和损失之中……

5月14日11点到达SP5发界村，进村的路非常怪异，和前面的老大爷一同下山。我按轨迹走，他慢慢悠悠沿公路走，轨迹好像是切公路下山，可是老大爷总是在我前方出现。难道我一直自豪的下山速度还不如老大爷散步快？跑过220公里后的我也许真的变成了六七十岁的老大爷了。

SP5在一个酒店的三楼，门口没有正规志愿者，只有几个晒太阳的农民工主动告诉我坐电梯上楼。没有他们估计我可能又要绕村子转半天，上楼第一件事就是拿换装包开房间睡觉。在宾馆住还不好好享受一下？腿套和袜子、防沙套、鞋都包了厚厚的泥浆，我全部都洗干净。然后把自己也洗干净，裸睡了两小时，舒服得真不想起床。虽然两小时洗的衣服还是湿乎乎的，也只能穿上。在门口吃了一碗10元钱的肉炒饭继续上路。穿着干净点的衣服虽然湿得不舒服，但是心里很舒服。

14点出发，太阳暴晒下的我还是有点困，裸睡的效果还是比一般人的状态好一点，因为出来没多久就超过了M128曹小胖，看他色眯眯的眼睛不知道一路在寻觅什么。不过我的战斗力在太阳的暴晒下很快就消失了，16点时一路爬升的我也坚持不住了，找到一个农家门口坐着打了个盹继续干。心里盼着快别晒了，老天啊快给我来点小雨爽爽吧。

SP5出来的下个站点是SP6黑湾。距离20公里爬升1600米，只看这数据就有点变态，出发前就有点心虚，心虚也得干呀，因为没有人替你走一步路。穿过了小山村一直向山顶上爬，这时路标和轨迹又不一致了，我这次赌跟着路标走。因为看轨迹实在太累了，走着走着爬上了一条正在施工的泥土路，刚刚在SP5洗干净的鞋、袜马上又陷入了泥浆。而刚才期盼的雨真就来了，来得让我有点后悔。马上天黑了，我祈求老天来雨不是自作自受吗？

18点时在泥巴路上遇到四个苗族阿妹背着沉重的包袱，看着天黑了，她们问我去哪里住？我说黑湾吧，她们几个笑嘻嘻地说去我家住吧。我当时就

石化在了路边,"去我家住吧……"这句话在我脑海里单曲循环……看着她们泥巴飘香的鬼魅身影从眼前飘过,我赶紧录了段视频。因为我想确定一下我到底遇到了什么?盘丝洞,女儿国?

走着走着发现泥巴路变成了断头路,也没有了路标。雨也越下越大,我真心后悔呀,跑到什么鬼地方了。前不着村后无路标,还真不如刚才跟着四个阿妹回家,哪怕她们真想吃唐僧肉也比我冻死深山好一点。正不知道如何是好时,不知道哪里钻出来一个施工的工人,我如同孙猴子寻长生不老药在深山里遇到砍柴的樵夫一样幸运。他给我指了一条不仔细看根本发现不了的泥巴路上的一个小缺口,告诉我爬上去一直走会看到小路。

看来我经受住了美女的考验一定是遇到神人相助,找到小路深一脚浅一脚地看到了泥乎乎的月亮湾。我一路在思量,那四个阿妹她们反向而来,是从哪里过来的,明明是个断头路,下着雨她们上山做什么?还好是白天遇到,再晚一两个小时,我在深夜遇到她们会是什么样子?

5月14日19点我爬了5个小时到达了SP6黑湾,这个站点可能刚送走一批选手,我到达时只有我一个人。好像我到达的大部分站点都是这样,前后都没有选手,只有我一个人享受服务。站点是在村主任家里,村主任热情地邀请我上二楼唱卡拉OK,搞得我一脸蒙,这个站点的打卡方式有点嗨呀?原来村主任看着选手们比赛非常激动,拿出了自己陈酿的老酒和选手喝。这一路还真品尝了不少乌蒙山人民自酿的老酒,都是纯粮高度酒,非常对我的口味。既然相见就是缘分,如果没有乌蒙山越野比赛,我这辈子绝对没有可能跑进这个山里到这个村主任家做客喝酒,说不定上辈子我们还真是兄弟,这辈子有缘再相见喝一杯酒。两个志愿者,一个是红哥,起点时我们偶遇睡在一个帐篷里。他是我好友喀纳斯志愿者朱靖的好友,她还特意叮嘱红哥路上照顾我,这下好,直接招呼两杯白酒爽不爽?另外一个志愿者是甘肃的应届毕业生,和我从小长大的地方离得不远。这缘分简直了,来来来,喝了这一杯我们再来喝三杯。

还好红哥知道我还要赶路,没有多劝酒,不然我真是不想走了,喝他个昏天黑地醉卧沙场又有何妨?

SP6到CP7盘河乡距离16公里,但爬升只有165米,应该相对比较轻松。所以我没有在黑湾多休息,喝完酒吃完肉就上路了。老村主任和三位志愿者热情地把我送到门口，我乘着酒兴撒腿就跑。跑了一阵发现轨迹不对，绕了半天找不到路，没办法又原路绕回村子里，重新找路标上路。惹得村里的狗又多叫了好几遍。19:30离开黑湾，在山中蒙头跑了4个小时才到达CP7。要不是那几杯白酒的热量顶着，我真能被这大雾雨整死在半路。到达盘河乡CP7是5月14日23:44。又是我一个人孤身到达，果断钻进帐篷里睡觉，睡到5月15日凌晨3点开始我第四个晚上的夜战。至此，6个450公里专属的SP站点彻底干完了，我们回到了330公里选手的线路上，我暗自庆幸，终于不用自导航自补给了，后面的旅程是不是可以轻松愉快地完成了？我也长记性了，从这一站开始天黑就穿上防雨的冲锋衣，淘汰了不防雨的皮肤风衣。

踏上330公里的路线时，那种不用再找路标看导航的喜悦感没维持10分钟就变成了失望和无奈。黑湾到大坪子村距离11公里，爬升1171米，下降只有120米。这么短距离这么高的爬升，基本是全程上升。而且线路根本就不是人走的路线，全是钻花丛、草丛、树洞，你要敢挺直腰走，不开了你的脑壳对不起你。一晚上猫着腰还要时不时地找高点寻找隐蔽在草丛中的路标，分辨哪里可能是前面选手踩过的草皮和树枝，在找不到路标时突然发现前面选手新扔掉的垃圾都成为庆幸，每每在快失望时看到一个路标都要对邱总谢天谢地，真是活得一点尊严都没有了。

5月15日6点13分，天有点亮了，终于看见了一个垭口，兴奋得以为爬到最高点了，一个路标孤单地待在那里没有任何指向。我按轨迹爬上旁边的山头转了几圈也没路，就是狗也钻不过去。下来又顺着右手走了很远才发现了路标。绕了个山弯又开始无尽的爬升。早晨4～6点是一天最冷也是露水最厉害的时候，每天这个时候我的鞋就全湿透了。从不起脚泡的我泡在湿鞋里也起了水疱，终于感受到其他跑友起水疱跑步的痛苦。我拄着登山杖一步一步地爬向山顶，这段路的爬升真和意大利巨人之旅的爬升有一比，比巨人之旅困难的是一晚上的钻丛林、找路标，这些附赠的难度太辛苦。

5月15日7点50分时我终于爬出了迷雾，快到山顶了，太阳也和我一样从遥远的云海中钻了出来，普照大地。半山腰的云海在霞光万道的阳光下折射出大海的光芒，此刻的我好像爬出了地狱回到了人间。突然我发现身后不远处有个动物，这一晚上真是连个鬼影都没看到，看见一个活物我兴奋得不行。不管是猪是牛逗逗再说，吼叫两声发现对方是来自北京的450号选手大黄鸭景洪，他好像后面还拖着一个老张。我始终没有见到老张，景洪也是第一次见到。他要等老张，我就一个人先跑了，因为我要第一时间赶到大坪子村睡觉。

8点多我到达大坪子村，又是一个人到达。躺在户外的帐篷里，正好晒着朝阳美美地睡了一个半小时，起来烤着火炉吃了热乎乎的面，继续上路。在我睡觉的时候景洪他们已经打完卡早走了，打不死的小胖子M128和智行结伴刚到这里。9点半我在山西老乡这次红酒的供应商怡农老哥的护送下向下个站点苗寨出发了。

CP8离CP9苗寨13公里，爬升109米，下降900米，正是我最喜欢的路线。告别怡农大哥后我快马加鞭跑了起来，脚上有水疱，说是跑其实也就和平常的快走差不多，12分半的配速已经很满足。12点22分我到达了苗寨，这个村庄应该是一路上基础设施条件最好的一个村庄，村子像公园一样美丽，池塘里游着观赏的鲤鱼，水面上还游着一群快乐的小鸭子，我很纳闷，难道鸭子不吃红鲤鱼吗？

补给点是在一个小学旁边的活动室，可爱的小孩子们扒着窗户偷偷看这些奇装异服的选手狼狈的样子。我到这里时终于看到了好几个选手，应该是和景洪一批的。景洪像老板一样光着脚让志愿者帮他处理脚伤、泡脚。我吃了点东西就赶紧钻进帐篷里小睡了40分钟。醒来时景洪他们已经走没影了，志愿者大妈热泪盈眶地对景洪赞叹不已。因为景洪向她们了解有没有上不起学的孩子，他资助孩子们上学。选手们对老区的孩子们真的是一路献爱心，有的把自己的吃的送给孩子，也有辽宁付哥、北京景洪这样的选手有备而来，付哥是看见可怜的孩子百元大钞直接送。我想通过几年乌蒙山越野赛，赛道上的落后村庄肯定会越来越受到社会的广泛关注，而越野文化也会像意大利巨人之旅的小镇库尔马约一样成为当地的支柱产业之一，实现绿水青山就是金山银山的中国梦。

CP9苗寨到CP10上高桥距离16公里，爬升800米下降800米。13点30分我出发了。这段路是要绕一座很大的山的南东北三个方向转一圈再下山，其实直线距离不远，切路的话肯定能少走至少一半的距离和爬升，特别是白天切路非常安全省力。不过对于越野挑战者，怎么可能自降难度呢？我想组委会安排这样的路线就是让我们欣赏这一路的美景。上凉山的景色确实不错，难得的晴天登高望远。看着一路爬过的崇山峻岭体会一览众山小的气概，顺口再骂几声组委会的变态。这样的好事你不花 6000 元是根本体会不到的，如果你花了 6000 元切过了这段变态的路线那你的人生将不再完美，反正玩越野的人就是这么变态。爬了 280 公里的山还没爬够，这就是对越野人最完美的诠释。最好玩的是有一座山长得特别像一只大猩猩爬在地上觅食，我也像一只大猩猩一样开心地奔跑在难得的好天气里，终于在 17 点 28 分到达了 CP10 上高桥，用时 4 小时。到达这里时景洪、海鸣、疯清扬等也在，我们在这里合影了一张，我小休息了一下就向 CP11 大者保米出发了。

CP10 到 CP11 大者保米距离 16 公里，爬升 800 多米下降 570 多米。我 18 点出来，就是想在睡觉前再干一座山，然后美美地睡一觉。这段路相对比较直，沿着一个方向前进，奇怪的是一路上一个人也没有见到。每次在站点遇到的选手，跑在赛道上他们好像都穿上了隐身服，每次都是我一个人从站点出来，然后埋头苦干到另外一个站点。跑了近 6 个小时，5 月 16 日 24 点我才进了大者保米村，轨迹上说的补给点还没找到。村里找半天没有，打组委会电话也说不清楚，沿着轨迹继续出发，才在路边发现了一个帐篷。这个补给点非常艰苦，一个大男孩守着无电的孤零零的帐篷。睡觉就是躺在铺着防潮垫的地上，盖着睡袋睡。地面还是倾斜的，睡着睡着就滑向下方。大男孩看我进来就给我用气罐做了一碗热粥加咸菜。吃完我说睡上半小时走吧。睡着睡着海鸣他俩也进来了，不知道啥时候他们跑我后面了。索性我又睡了两小时，3 点起来出发。小帅哥又给我煮了热大米粥吃，吃完送我到路上，叮嘱我一个人注意安全。看着这个青涩的大男孩，最冷的夜让我感觉到了最暖的心。

第五、六日

从 CP11 出来的那一夜太恐怖了，又是一个风雨交加的夜晚，16 公里爬升 800 米下降 600 米，基本都是一个人在山梁上行走。高山草甸没有高的树枝，本来不多的路标都贴在草丛里，在能见度只有一米的雨雾里根本就看不见。草甸也没有明显的路，只能看手机导航，手机电也不多了，也没有手机信号，GPS 非常不准确，位置反应迟钝。我一个人跑在山顶，跑得快哭了。我多么多么地想有个伴，帮我看看导航，哪怕是他什么都不做就站在原地，开着头

一起打铁到八十

灯,我在前方找路,就算找不到路也能回到起点。我想起了海鸣哥他那穿透迷雾50米的蓝光手电,指哪里打哪里,他要是现在能从天而降,我真的是要烧高香。我就像一个傻子一样,一会儿下坡,一会儿又爬上坡,看着手机顶着大风雨,转来转去就盼望手机上那个小箭头能够和那条细细的红线一致。可是它就是忽左忽右无法吻合。

最后我彻底放弃了和轨迹完全吻合的念头,就按大致方向跑吧,再找下去一种可能是我冻死在这风雨之中,另一种可能是手机进水无电,我就彻底成了无头苍蝇,永远也不可能找到回去的路。听说有选手在这段路电话请求救援了,我真想遇到他们,让我们携手共渡难关。我倒是想请求救援了,可手机连信号都没有,随身带的GPS跟踪器早就没有电了,我要出状况真是鬼才能找到我。5个多小时,我终于连滚连爬地从鬼门关逃了出来,天亮时到达了李家沟,来这里的唯一念头就是倒头睡觉。我知道海鸣哥带着疯清扬在我后面,希望他们安全到达,一起走。

想着想着我昏睡了过去,我梦到刚才的大山里,海鸣哥和疯清扬走丢了,疯清扬在大风中大声呼唤"海鸣哥,你在哪里?海鸣哥……海鸣……"而海鸣失温倒在草丛里,看着不远处的疯清扬无力回应。风雨无情地打在他们已经麻木的脸颊上,泪水和雨水浸透了悲凉的心……

疯清扬的惨叫吓醒了我,怎么做了这么个梦?9点48分醒来吃了志愿者王岩(退赛后当志愿者,非常有爱心)准备的早餐和Viki洗的樱桃。发现小胖曹和智利也到了,光头智利正在那里摆弄一个夜用型卫生巾,放在鞋里吸干鞋子里的水,这样脚会舒服一点。原来这一夜海鸣哥真的退赛了,他把一路陪伴的疯清扬交给了小胖曹和智行,智行估计是偷了疯清扬的卫生巾,看着他得意扬扬的样子,我想疯清扬跟上这两个不靠谱的男人真能走完最后的160公里吗?

李家沟离CP13松林村10公里,爬升500米下降200米。天气暖和了,我也从一夜的惊恐中缓了过来,一个人出发了。雨后的天空非常亮丽,一匹马儿独自在遥远的山坡上吃草,就像千里马一样高傲孤僻。谁不想当千里马?谁甘愿平庸地过一辈子?然而世上又有几个伯乐识得你这匹千里马?所以我们只能用一场近500公里的越野来证明自己,不管有没有伯乐,我们可以成为自己的千里马。

连续6天找路标，可能已经看过成千上万个路标了，看到路标还是这样亲，还是想拍几张美美的路标。红军长征就是跟着党的路线才能取得根本的胜利。路标就是我们越野人的希望，就相当于党的路线，我们只有紧紧地跟着路标走才不会迷失方向，才会像革命红军一样完成长征路。

11点46分我到达了松林村，这个村的狗非常"友好"地一直吼我，让我不得不给它们拍了视频。吓得它们直钻狗洞。CP13没有什么补给，也没有手机信号。志愿者告诉我到CP14中寨村的路线改了，只有6公里了。真是喜出望外，说全程都有路标，我灌了一瓶水就走了，心想去下个站点吃好喝好休息。这个站点景洪他们10点47分出的站。而小胖曹他们三个人14点45分出的站。

走了一段才有手机信号，赶紧在群里要到了新的轨迹，却发现新轨迹不能导航，而路标完全时有时无，我也弄不清是新路线的路标还是旧路线的路标。天气越来越热，我不敢走太快，怕路线是错的就毁了。走着走着看到迎面来了一个瘦干老哥，好像姓杜，他说他走旧线路走错了，水也没有了要回松林村灌水。我说路边好像有自来水。他不听还往回走，我更犹豫得不敢走了，找了个破墙靠着等CP13的朱站长，听志愿者说她去送前一批选手上山了。等着等着瘦老哥又返回来了，说他知道路，我就跟着他上山。他速度很快，我跟不上。半山腰朱站长回来了，她领着瘦老哥爬山，俩人速度飞快，把我又扔到了半山腰。我一个人爬上这个山头时，瘦老哥已经没有了踪迹，朱站长又回来送了我一段。这么热的天气，美女朱站长真是太辛苦了，后面还有小胖曹他们要出发。我就和朱站长告别，自己沿着大致的方向走。走着走着又迷路了，不清楚新路线还是旧路线，也找不到路标。下山坡看见山顶上有风车，索性向风车爬去。我拼命舞动着登山杖，顶着大风，就像堂吉诃德大战风车一样爬呀爬，这路线远远不止6公里，走了10公里暴晒下水也喝完了，也找不到路标。真是要命，感觉身体已经开始冒烟了。

爬到风车山顶，突然发现了一条土路。沿着土路走，走到了大路，终于发现了路标。虽然已经弹尽粮绝，但是知道方向是对的。咬着牙痛苦地坚持，直到17点30分才到达了中寨村，用了6个小时。这CP13、CP14连起来真是一生一死的节奏，虐暴我了。中寨村的补给站是在一个村民家，就两间房子，一间养着两头猪，全是苍蝇。另一间住人，一个非常非常帅的小伙子坐在门

一起打铁到八十

口玩iPad，我以为他是志愿者，原来他是农民的儿子。我问他为何不去上学，他说他已经30岁了还找不下媳妇。我问他为何不去打工，他说只有小学文化，家里太穷。旁边的志愿者大姐一直说这里的男人懒，送她们到这里的司机连补给物品都不帮忙搬，都是她们自己搬的，这在大城市根本不可思议。这一路上我发现农田里干活、路上背柴火和东西的都是女人，这里的男人好像基本不干活。累得要死，我在这个站点的外面帐篷里睡了两小时。志愿者给做了非常丰盛的晚餐，五菜一汤，吃得饱饱的准备夜干CP15勺寨村，20点06分出发了。

CP14到CP15勺寨村16公里，爬升近600米下降近500米，又是跑在山脊上，风大雾大，冷得要命。幸亏在CP14睡了觉，精力充沛，手机电也充满了，不然真是够受的。我用时3个小时5月16日23点到达了CP15。CP15是在村公办室里，我到达时几个昭通的大妈志愿者正和站长搞纠纷，还没有到关门时间，她们要先撤回去。我赶紧吃了饭就出发了，也不知道该说什么。CP15到CP16犀牛村11公里，爬升和下降都200米左右。感觉不是很难，就一个人又冲进了大山，翻过一座小山就上了机耕路，沿着机耕路又上了公路，非常瞌睡，在公路上边跑边睡。半梦半醒之间，我好像跑错了路，沿着公路跑，多跑了几公里，还好公路还能回到轨迹上。5月17日凌晨3点08分我用时4个小时到达了犀牛村。这个村子的志愿者是来自甘肃嘉峪关的一对老夫妻，他们在云南旅游顺便来当志愿者。惊奇的是老哥居然是铁人三项爱好者，还是我的铁友嘉峪关刘雪梅的好朋友。世界真小，缘分真不浅。我躺在沙发上睡了3小时，非常安静，睡醒老哥给我热了两个红糖水煮鸡蛋，我吃了就匆匆告别。早晨6点21分再次上路。

CP16到CP17雨霁村11公里，上升136米下降600米。相对简单的路线我下山时居然也跑错了，从一个悬崖上攀岩才下到公路，我这主动增加比赛难度真搞不清自己是傻还是牛。清晨的雨霁村在山顶上看被云雾打扮得非常漂亮，就像蒙着面纱的大姑娘一样清新脱俗，7点48分在下山的路上遇到雨霁小学的小学生去上学。我们在路上比赛，孩子们个个身轻如燕飞奔而下，让我有老脸丢地上使劲摩擦的感觉。孩子们特别纯真，一个小孩子手里拿着竹竿，我以为是打旗用的，一问是老师打人用的。那么粗的竹竿打手、打腿，这是要严师出高徒吗？看着这些可爱的学生，真想不出来他们有那么调皮吗？看着他们破旧的衣服和鞋子，我的心好酸。8点我到达了雨霏村补给站。景洪还在里面睡觉，我吃了早餐和志愿者们玩了一会儿，这里的志愿者是阳光徒步群的大妈们，非常热情可爱。

8点离开CP17向CP18转山包村出发，这段路12公里爬升600米下降230米。我出来没多久就瞌睡了，找了个破墙靠着迷了20分钟，景洪超我时叫醒了我。他非常会导航，很快就扔下我沿着河谷走了。我走的山上的公路正在修路，路上很多大车非常危险，看着景洪走在河谷里着急下不去，等我在最前方掉头下了河谷时他已经爬上山看不见了。我又开始一个人慢慢地爬山。真是一山更比一山高，看着雨霏村慢慢离我远去，我在山头真心祝福村里的孩子们能够早日插上理想的翅膀飞出大山，走向更广阔的天地大有作为。

12点19分我到达了转山包村，看到志愿者的表单，知道王志英和苏保文老夫妻完赛了330公里越野赛，我这一路提着的心也放下了。向老同志致敬，我也要战斗到最后一刻，决不投降。这个站点吃的非常棒，五菜一汤太好吃了。吃饱喝足必须睡觉呀，中午这么热，正睡得香，有个广西的马拉松跑步会长来到这个站点，本来我想多睡一会儿走，他进来没怎么睡就叫我起来和他一起走，好吧，我一脸蒙地起来和他出发。没跑几步，他好像落下什么东西又返回去了，我就一个人跑了。这个站点我13点35分出站。小胖曹他们三个是14点11分到达的这个站点。

CP18到CP19苏甲乡距离16公里，爬升400米下降1000米，又是一个考验腿功的路段。中午非常热，只能埋头苦干。前面看过风力发电，这里是太阳能发电，真长见识了，这一天我就被晒成非洲人了，说明这个发电厂的选址绝对没问题。公路还大部分在修，大车非常多，也非常危险，尘土飞扬，让我一路吃了不少土。16点08分时我遇到了下寨村小学生放学，一堆孩子陪我走路，真是开心死了。这是6天来最幸福的时刻，他们像看怪物史莱克一样看着我，我给他们普及越野跑知识，想给他们幼小的心灵种下越野的种子，俨然一副大师的样子。小朋友们问我："你累了是不是睡在树上？你胸前的管子是干啥用的？你背包里装的什么？"我像导师一样耐心回答，满满的自豪感。然而很快画风就变味了，遇到一个大陡坡，我原本想给他们展示一下登山杖的厉害用途，没想到孩子们看见大坡飞奔而下，漂移、侧滑、单脚跳……真是各种凌波微步的妙招，就是K天王也不会有这么牛的下坡方式，我这越野老炮彻底傻眼了，我这下坡简直是菜鸟中的菜鸟，连小女生都不如。看着他们穿的破布鞋，有点想流泪，这就是农村的留守儿童每天上下学的必经之路，没有汽车接送他们，没有家长替他们背包，没有街边的小吃和好玩物，只有风雨无阻的山路。和他们比赛跑步，看他们生虎活龙的样子，真是少年不懂愁滋味，看着他们我好像回到了激情燃烧的岁月，真想为这些可爱的孩子做点什么。赛后我号召参赛选手捐助，想在六一儿童节给他们送上越野跑者的爱心，也让越野文化能够在这里生根发芽，就像意大利巨人之旅的库马约尔小镇一样，成为中国的越野圣地。然而却没有查到学校的地址，也没有得到当地志愿者的支持，就这样内疚地结束了，希望在今后的日子里还有机会为这里的孩子做一点事情。

16点30分到达横江，非常美丽的江水，真想下河游泳，可惜赛道并没有靠近河水，而是一直在半山腰上行走。青青河边草、悠悠白云边，真是美不胜收。

18点13分我到达了CP19，志愿者催我先吃饭，我困得必须先睡觉。在外面的帐篷里睡了40分钟，志愿者大叔叫醒我，说饭好了。我和他们一起共进晚餐，就像一家人一样特别温馨。品种非常多，吃得甭提多香了，19点40分我离开了站点。小胖曹他们三个20点到达这里，跑得很快。

CP19到CP20葫芦口14公里，爬升下降都是340米，大部分是盘山公路，有部分路线需要切下公路，有几个切线非常危险，其中一个下去就很难找到上来的路，还有一个下来时非常危险，特别高，腿一软肯定摔。葫芦口有一个女志愿者非常热心，开着车在赛道上照着选手情况，我遇到两次。苏甲乡的宣传标语是亮点，看了标语拍了视频让我笑开了花，原来想讨媳妇也得听乡里的话才行。5月17日23点我到达葫芦口，用时3小时20分。葫芦口我睡了40分钟，吃了东西继续上路，因为下个站点严家山只有11公里，爬升500米下降400米，计划到下个站点好好睡。

18日1点29分我到达了严家山，这个站点非常艰苦。没电没啥补给，志愿者睡在河边的睡袋里，连个帐篷都没有，原来计划跑到这里睡觉的想法泡汤了。一个高个子美女拿着一个不怎么亮的手电说她认识我，吓我一跳，黑漆漆地冒出个美女说她认识我，而我根本看不清她的脸。后来她给我指路下河道走，我走着走着感觉和轨迹不一样，又爬上了山才找到轨迹。这个站点好恐怖，她就一个人在河边待着，不害怕吗？我继续一个人爬呀爬，又到一个好像河边的地方，看来又要爬山了，突然发现路边停着一辆车，车里居然还躺着一个人，真是吓得我半死。我问他深更半夜待这里干啥，他说这里有他的工地，这黑漆漆的还有工地？我不敢多问，扭头钻进了树林……一夜的恐怖就开始了。

一路全是在灌木丛林里钻，原来计划睡觉也没睡，越走越困。不知走了多久，在深山老林里听到了狗叫，我想有村庄了，太高兴了。一个黑漆漆的村庄一丝灯光都没有，也看不见哪里有狗，反正有狗叫，除非是我产生幻觉。我困得实在不行，看见有一个红色的大门在路边，也无灯无窗的，我就坐在门口套上雨衣睡觉。睡着睡着梦见有人叫我，睁眼一看是一个只穿着红肚兜的美女，让我进门睡觉。我好饿呀，我说我要吃龙街或者盘河乡吃过的烧烤，吃饱了才睡觉。她说睡醒了就给你吃。我好饿呀，也想睡觉，就跟着她走。刚准备进门，突然一声狗叫，我一个激灵就醒了。只见一双绿幽幽的眼睛在草丛里盯着我看，吓死我了，看背后的大红门也并没有开，我撒腿就跑，也不敢回头看，浑身发毛……

妈呀这是什么鬼地方，我拼命跑呀跑……

大结局

4点44分，我依然在深山老林地钻树洞子。刚才的梦境让我一直产生幻觉，总感觉有一双眼睛在盯着我。我一路神叨个没完，还给太阳穴、人中擦上了清凉油，结果也没有什么用。一晚上的头灯晃得眼花，只要钻出这座大山就是胜利，因为这是最后一夜了，过了这一关，后面的路就简单了。突然脚底一滑，眼前飞过一团白东西，吓得我差点一屁股坐在地上。赶紧拿手机摄像，是飞鸟还是倩女幽魂，幸亏我拍了视频。天快亮时终于上了公路，公路没什么恐怖的了。早上6点到达名樱山庄，进来的第一件事就是开房间睡觉。一觉睡到8点，洗澡刮胡子把多余的备用头灯、皮肤风衣、充电宝都放在了这个换装点。志愿者洗好了一篮子大草莓，还有一碗煮鸡蛋。美女志愿者给我剥鸡蛋皮，我吃着草莓就着鸡蛋，晒着朝阳真舒服。正吃得爽，海兔不知道从哪里闻着味就过来了。多年的越野老伙计了，我也不好意思再吃了，

让海兔继续吃"草蛋",我抓紧上路了。小胖曹他们三个11点18分到达的CP22。

名樱山庄离CP23六祖文化广场12公里,基本没有爬升下降,一路沿着横江走。河边全是青苹果树,周末午夜别徘徊,请到苹果乐园来,欢迎流浪的小孩。我就像个流浪的小孩,在大山里流浪了7天,终于有希望回家了。一路上边捡石头边玩,11点我到达了六祖广场。天气太热了,可六祖广场的志愿者比天气还热情。我们又拍照又视频,还有爱眼医院的医生给我检查眼睛。一检查说我眼睛"色",一个人深山老林里跑了7天看见美女能不色吗?旁边一个志愿者大妈检查也是"色",原来是指眼睛干涩。哈,我说嘛,我这种正人君子怎么会色?吃了两碗红烧粉,我顶着烈日直接向CP24三善堂出发。

三善堂距离六祖广场10公里,出发的路是先上六祖广场的山顶,这个路线非常好,我们可以顺带拜一拜彝族祖先六祖,火把节就是彝族最著名的节日,在这酷日下我感觉比火把节都烤得厉害,这一上午就把我晒成了非洲人。翻过这座山就是一路沿着一条污水沟走,没有一点遮阳的地方。污水沟散发着恶心的臭味,这条路线选择得太不好了,一路的美景最后到终点一条臭水沟破坏了昭通美好的形象。10公里平时很轻松,现在却好像比20公里都远。13点45分到达了三善堂,志愿者早早就来迎接我,坐在臭水沟边我一个人吃完了一整个西瓜,实在是太热了。装上水就出发,小胖曹他们到达这个站点时间是16点。

CP24离终点8公里,还是沿着臭水沟走,一路上看到农民兄弟们抽着污水沟里的水浇灌庄稼、种水稻。暴晒下的我已经奄奄一息,一步步地溜达向终点。8公里用了2个小时,到达终点时我兴奋地冲了过去,倒在了离终点前5米的地方,志愿者过来搀扶我,我阻止了,我就是爬也要爬回终点!5米,仅仅5米,我好像爬了一个世纪,5米可能代表着一生的追求。99.99%也是失败,只有100%才是成功。我爬呀爬,就像红军冒着枪林弹雨匍匐前进!我爬呀爬,就像革命先烈飞夺大渡河一样摇摇欲坠!我爬呀爬,就像热血青年用身体掩护战友突围!我爬呀爬,终于爬到了终点,"报告,红军战士M888完成乌蒙山越野挑战赛",说完这几个字我仰面朝天晕厥过去……帅不到3秒钟突然被一脚踢在了屁股上,"同志醒醒,你还没交党费呢"。啊!我一下被惊醒，坐了起来，"我还不是党员呢"。

哈哈，在志愿者 Viki 和王岩的帮助下，我终于完成了心愿，拍了一段模拟红军战士百折不挠长征胜利的视频。其实我跑完状态非常好，163 小时 3 分完成比赛，脚没伤，全程一双去年完成巨人之旅的跑鞋跑下来。一路换了 5 双袜子，没有吃一颗盐丸、一袋能量胶、一杯可乐或咖啡，除了吃当地的美食就是吃补给点的食物，全程下身短裤，上身短袖，晚上下雨加一件防雨皮肤风衣。还一路捡了不少漂亮的石头。

两个多小时后，小胖曹、智行、疯清扬也回来了。两个不靠谱的男人奇迹般地完成了海鸣哥交给他们的任务，冒着生命危险把疯清扬这个革命的种子带回了终点。一个人可以跑得更快，但一群人可以跑得更远。小胖曹这个只跑过百公里的选手完成了近 500 公里的越野跑，充分说明了这一点，团队的力量是无穷的，只要有使命感，三个臭皮匠也能顶个诸葛亮。我深深地为他们三个不离不弃的"饭醉团伙"点赞！

比赛完当天 5 个"饭醉团伙"既是庆功宴也是散伙饭。虽然我们完成了近 500 公里国内距离最长、难度最大的比赛，但生活还要继续，我们依然是最底层最普通的人，不管是一路的伤痛、疲劳还是喜悦，比赛结束都将回到起点。因为生活还要继续，我们可以是自己的千里马，但在别人眼里你可能还是那头个性倔强的驴、任人宰割的猪、累死累活的牛、摇头摆尾的狗，无所谓别人怎么看我们，只要心中有梦想，我们终究会成为不可战胜的红军，百折不挠永远向前、向前……

5 月 19 日恢复正常的生活，去对面的山上跑了 7 公里，被来自贵州的志愿者小念同学拉爆。告别昭通这个美丽的地方，也祝福这里可爱的人们幸福安康。六一儿童节马上到了，没有圆了捐助孩子们的心愿，默默地祝福那些大山可爱的小朋友，也期待有识之士一起行动起来，一起为大山深处的留守儿童做一点事情，奉献我们的微薄之力。

5 月 20 日凌晨 2 点回到太原，没想到龙爷和小军深更半夜还去机场接我。回家，这就是回家的感觉，只有回家才是越野跑真正的终点。早上 8 点正常上班，这就是越野人的生活，就算你刚跑完 500 公里，也不能影响正常的工作。就算成为了山西第一个完成千里越野跑的人，你也就是比别人黑点、丑点，没什么了不起的。

 一起打铁到八十

晚上终于喝上了青岛小妖早就寄来的青稞酒，和兄弟姐妹们大快朵颐，这才感觉到从地狱回到了人间。只有经过了长征的磨炼，才会深刻地体会到我们的工作和生活原来是如此美好。珍惜现在的每一分每一秒吧，因为每一分每一秒都是革命烈士用血肉换来的，只有我们更加努力、不负青春，才能铸就新的长城！

赛道难度：★★★★★★
组织能力：★★★★
推荐指数：★★★★

整体评价

"乌蒙磅礴走泥丸"形容红军跨越乌蒙山就像迈过一个小泥丸一样轻松，歌颂了红军不怕远征难，万水千山只等闲的英勇气概。如果你想体验红军二万五千里长征上吃的苦，参加乌蒙山450公里越野绝对不会让你失望。这个国内最长距离的越野赛，很多线路就是当年红军翻越乌蒙山的路线，蚂蟥、蛇等动物你都有可能遭遇，泥泞、迷路、饥寒交迫、劳累、崩溃、绝望、恐惧都不会放过你。这个比赛只适合有完赛330公里以上经验的越野老炮参加，并且要熟练掌握自导航技术。

一起打铁到八十

2013年,铁人三项为我打开生命的另一扇门

记得2012年暗暗许愿要让自己活出自己的精彩。2013年是我此生最值得骄傲的一年,因为这一年我接触到了铁人三项运动,它为我打开了人生的另一扇门。我要为它付出努力,也坚信它将改变我的后半生。为了铁人三项我从3月中旬买自行车开始铁人三项训练,就为参加4月13日成都金堂的铁人三项比赛。2013年我总共游泳272公里、骑行4119公里、跑步2560公里,比我前40年总共的运动量都大。

2013年我参加铁人三项比赛9场(含两项),最好成绩是6月22日宁夏石嘴山国际51.5公里铁人三项比赛,2小时46分完成,排名第8,得200元奖金。最长距离是9月28日威海长距离国际103公里铁人三项比赛,6小时22分完成,排名第13。也经历了痛苦的关门赛事,8月18日宿迁铁人四项因为不会划皮划艇而被关门。

参加马拉松比赛4场,最好名次是北京金山岭越野马拉松,5小时11分完成,排名第19。最好成绩是12月1日上海国际马拉松3小时44分完成,排名第1254。

通过一年的征战,2013年我发起成立的疯狂铁人三项运动协会(太原市铁人三项运动协会)在中国铁人三项运动协会的全国81个团队年度赛事积分排名第11名。

通过艰苦的训练和比赛改变了我很多的人生态度和生活习惯,认识了很多各行各业的高人,也看开、看淡了很多原来总放不下的事情。感谢一年来陪我走过的亲朋好友,感谢那些永远默默关心我支持我的亲们!2013年因为相遇铁人三项让我感觉到人生居然可以如此美好、幸福和精彩。相信在今后的日子里,铁人精神会让我活得更加快乐、幸福和坚强。

总结篇

2014年，光辉岁月

时光飞逝、岁月如梭，转眼一年又将过去。2014年永远值得怀念，那是所追求过的光辉岁月。这一年我第一次不知天高地厚地顶着风险在冰天雪地里组织了太原市冬季雪地马拉松和疯狂铁人联赛，填补了太原市民间体育赛事的空白；第一次傻乎乎地站在100公里越野的起点肆意摇摆，种下了要为杨源完成意大利巨人之旅的梦想；第一次走出国门完成赤道大铁，成为山西历史上唯一既完成100公里越野又完成226公里大铁的选手；第一次用一场艰难的铁人三项比赛激发了龙龙小铁人的信心，并拿到人生的第一个冠军，一夜之间成长为小男子汉；第一次成为国内唯一38小时内完成100公里越野加51.5公里标铁的选手；第一次不自量力地在没有准备就远征香港168公里越野饱尝失败的滋味……

2014年我参加了10场铁人三项比赛，最长距离是马来西亚兰卡威的226公里大铁，13小时3分完成了我的首个大铁。参加马拉松和越野跑比赛10场，马拉松最好成绩是11月2日上海马拉松，用时3小时32分。完成了人生的首个百公里越野，1月16日的香港百公里越野，用时22小时3分，获得小铜人奖杯。也经历了11月30日香港168公里越野的关门痛苦。

努力地拼搏在各种赛事中，从来没有想到过放弃，从来没有感觉过痛苦，已经习惯了把汗水当成甘露，把嘲笑当成欢乐，把疲劳当成发泄，把孤独当成沉积……2014年运动量，游泳170公里、骑行3568公里、跑步2854公里。所有的努力就像今年的第一场和最后一场比赛"太原市迎新年光猪健身跑"一样，光光地来又光光地去。我们的人生不也就是这样？平均每天锻炼3小时，无数个周末奔波训练和比赛的路上，充分利用每一天年休假，全年没有请过一次事假，吃过多少苦只有自己知道。

通过一年的征战，2014年疯狂铁人三项运动协会（太原市铁人三项运动协会）在中国铁人三项运动协会的全国107个团队年度赛事积分排名第2。

一起打铁到八十

参加了这么多场比赛并非为了收获奖金,而是为了强健体魄、磨炼意志、充实心灵。因为爱上铁人三项,我的处女作《疯狂铁人ing》出版,这本挤出来时间完成的日志(每天训练完边吃饭边写),浸润了我全身汗水和力量的铁人成长录,将成为我铁人生涯的里程碑,鼓励我一直走下去……

2015年,没有什么可以阻挡铁人的成长

经过2014年嘉峪关铁人三项的磨炼,龙龙这一年成长得很快,他已经能够用铁人的标准要求自己进步,学习成绩稳步提高,终于顺利地考上了重点高中。孩子在这个时期最需要学习的不一定是知识,可能正确的人生观和精神力量更重要。初三暑期我们又一起完成了石嘴山铁人三项比赛,龙龙取得体验组冠军,一起用时16小时35分完成五台山51公里东、北、中、西、南台的一日朝台穿越;父子并肩作战完成了龙龙首次成人组半程铁人三项比赛,并拿到了18~29岁组第4名。行万里路、读万卷书,很多道理书本中可能学不到,只靠抽象的说教他可能永远无法明白。走出去,用实战去证明,就可能影响他一辈子。

我还非常幸运地遇到了16岁的小徒弟胡琛昊,他是一个铁人三项的好苗子,在我手把手的带领下,他成长得非常快,首战重庆长寿湖铁人三项就拿到了18~29岁成人半程铁人三项组的季军,小伙子前途无量。

2015年我参加铁人三项比赛9场,最长距离为4月13日台湾垦丁226公里Ironman比赛,12小时46分刷新了我的大铁纪录。参加马拉松和越野赛事11场,马拉松最好成绩为9月20日的北京马拉松3小时25分。最长距离为11月28日首届三峡168公里比赛再次遗憾退赛。通向意大利巨人之旅的磨炼还在继续,就算碰得头破血流也要继续向前。

2015年运动量,游泳187公里、骑行2781公里、跑步2792公里。经过一年的征战,2015年疯狂铁人三项运动协会(太原市铁人三项运动协会)在中国铁人三项运动协会的全国133个团队年度赛事积分排名第2名。虽然协

会成绩不错,但是经费遇到了前所未有的危机。但我坚信,推广铁人三项运动是我义不容辞的社会责任,压力再大、事更苦更难也要扛下去,没有什么可以阻挡我对铁人三项的热爱。

2016年,小铁人成熟了

2016年是我打铁的第四年,这一年我的工作经历了很大的变动。从一个单位的业务骨干突然调整为另一个没接触过的单位领域的新手。而这一年龙龙进步很大,高二分班居然从普通班考入全校前100名,进入了尖刀班。铁人三项我是他的榜样,工作学习也要让他看到榜样的力量。面对工作生活的压力,铁人无惧,大不了重头再来。通过不断努力积累新的业务知识,没日没夜地学习,终于通过半年时间考得了新岗位需要的所有业务资质,并在某些业务领域实现了引领作用。任何事情都是有利也有弊,铁人什么样的苦、什么样的困难没有挑战过?铁人精神就是要有能力、有信心将一次次弊端转化成一次次挑战和历练,笑对人生才能从容打铁。所以当我因为新工作忙无法陪龙龙去哈尔滨比赛铁人三项时,却正好成为历练龙龙的一次机会。16岁这年,龙龙一个人背着自行车远征大庆铁人三项,参加18~29岁成人组半程铁人三项比赛,在受伤的情况下取得了第7名。17岁这年,小徒弟胡琛昊铁人三项训练和独立自主能力进步很大,已经能够完全独立应对比赛,更可喜的是东戴河铁人三项他取得了"全场冲刺王"的称号。小铁人成熟了,铁人精神永流传。

2016年我参加铁人三项比赛8场,最长距离为9月10日威海长距离铁人三项比赛,我连续两天完成了51.5公里标铁和103公里长距离铁人三项。最好成绩是10月23日富阳铁人三项,我取得半程组第3名,第一次登上了领奖台。参加马拉松和越野赛事10场,马拉松最好成绩为3月20日的无锡马拉松3小时38分。最长距离为11月2日第二届三峡168公里比赛再次遗憾退赛。让我甚至对意大利巨人之旅的梦想能否实现产生怀疑。

2016年运动量，游泳202公里、骑行2988公里、跑步2700公里。经过一年的征战，2016年疯狂铁人三项运动协会（太原市铁人三项运动协会）在中国铁人三项运动协会的全国135个团队年度赛事积分排名第3。2016年是协会发展最困难的一年，不但弹尽粮绝，而且还欠下了主力会员的比赛奖励。没有办法，我只能一个人战斗，再苦再累不能苦孩子，而太原市铁人三项运动协会无疑就是那个比我亲生孩子还让我头痛的孩子。我绝不能让山西铁人唯一的组织倒下，相信黎明就在前方。

2017年，贵人解忧，离梦想又近了

只要你不懈努力，就可能感动上天。2017年是我打铁的第五个年头，正当我四处奔波几乎面临走投无路的情况时，贵人立雄兄弟伸出了援助之手。在他无偿的支持下，协会终于化解了历史包袱，再次轻装上阵。同时在太原市冬泳协会梦之队、水立方队、晨光队、太原神骑俱乐部、雄哥跑友汇、难忘老兵队、山西越野、博维体育等一大批热心志愿者的支持下，以及武兵的加盟，让协会有能力恢复了疯狂铁人联赛四站比赛，逐步培养出了阳泉、忻州、长治、临汾、运城等铁人孵化基地，终于将铁人三项运动从太原向全省推广。

2017年我参加铁人三项比赛11场，最长距离为9月30日威海长距离铁人三项比赛，我再次连续两天完成了51.5公里标铁和128公里超级铁人三项。最好成绩是4月1日柳州70.3Ironman铁人三项，用时5小时20分。参加马拉松和越野赛事9场，最好成绩为4月17日的太原玉泉山越野赛，取得第4名。最长距离为6月15日的330公里喀纳斯国际越野挑战赛，让我跨越168公里完成了330公里的越野赛，再次鼓起挑战330公里意大利巨人之旅的梦想。最开心的赛事就是和龙龙一起携手完成了他人生的第一场60公里越野挑战赛——龙城60公里越野赛。

2017年运动量，游泳232公里、骑行2006公里、跑步2548公里。经过

一年的征战，2017年疯狂铁人三项运动协会（太原市铁人三项运动协会）在中国铁人三项运动协会的全国123个团队年度赛事积分排名第4。

2017年是个好年头，不管是协会还是我个人都取得了新的成绩，让我离梦想更近了一步。

2018年，老子英雄儿好汉

2018年无疑是我和龙龙有生之年最幸运、最努力和最有成就感的一年。这一年我幸运地补中签并挑战成功了梦想六年的全球最著名的330公里意大利巨人之旅国际越野挑战赛，而龙龙也幸运地在年初确定了保送大学。

高三下学期龙龙忙着考驾照、考铁人三项教练员证、陪姥姥出国旅游、参与雄哥跑友汇赛事志愿者服务，并和我一起去云南独立挑战了他的首场55公里越野赛，去澳大利亚凯恩斯完成他的首个70.3公里Ironman比赛。每一件事都让他充满了兴趣和挑战，一次次的成功都更加激发了他的信心，体会到了克服困难完成挑战的成就感，也希望他将这种不断挑战自我的铁人精神融入他的大学生涯中，开启人生新的旅程。

2018年我参加铁人三项比赛8场，最长距离和最好成绩为6月10日澳大利亚凯恩斯226公里Ironman铁人三项比赛，用时12小时38分51秒，刷新了我的大铁纪录。这场比赛也是龙龙最长铁人三项比赛，他参加的113公里的70.3组别比赛，用时6小时38分。参加越野赛事3场，最长距离为9月10日的330公里意大利巨人之旅国际越野挑战赛，六年的不断挑战和历练终于完成了巨人梦想，成为山西省唯一完赛选手。最开心的赛事是和龙龙一起征战澳大利亚凯恩斯Ironman赛事，比赛完我们和浩宇在悉尼相约，领略了异国风光。

2018年运动量，游泳285公里、骑行949公里、跑步4636公里。经过一年的征战，2018年疯狂铁人三项运动协会（太原市铁人三项运动协会）在中国铁人三项运动协会的全国142个团队年度赛事积分排名第2。

2018年是非常有成就感的一年,也是我本职工作最繁忙的一年,特别是去参赛意大利巨人之旅前一个月,连续培训单位新员工一个多月,每天加班加点到凌晨两三点钟,一天都没有回家,去北京办签证都是当天去当天回。今年也是我外出比赛次数最少的一年,比往年少了一半。幸运的是今年协会引进了一个自行车品牌作为疯狂铁人联赛的冠名商,解决了联赛的部分奖金问题,在广大会员的共同努力下,终于在中铁协赛事中再次夺得亚军的位置。

2019年,更上一层楼

2019年即将过去,大家都在晒收获,我也俗一把,晒晒今年的小收获!

2019年最痛苦的一次晨练,没想到就是今天早上。2019年最后一天早上6点37分出门进行常规跑步5公里+汾河冬泳+跑步5公里锻炼。昨天太原大降温,我入冬以来第一次穿上了皮肤风衣去跑步(平时一直是短袖+短裤),没想到今天比昨天冷太多了。昨天预告气温-15℃,但早上出门手环显示-10℃,今天手环显示-15℃。穿上皮肤衣像没穿一样,感觉气温至少-18℃(接近十八层地狱的温度),跑到汾河还算好。脱衣服跳河前就感受体温瞬间没了,下河的木梯已经完全被冰包裹。游了30米已经冻得不行,上岸一穿拖鞋就发现拖鞋已经冻住了。上来跳几下想甩干身上的水,就发现手套和脚套也冻住了。好不容易脱下来,胡乱擦干身上,穿衣服时,手一碰铁锁,手就和铁锁冻在一起了。哆哆嗦嗦穿上衣服,往包里装游泳手套、脚套,死活装不进去,冻得没有弹性了。当时真想不要了,赶紧往回跑。跑起步来寒气没有一点被驱赶走的意思,很快就感觉脸被冻住了,甩一下鼻涕感觉出来就粘脸上,嘴唇也被哈出的热气冻住。皮肤衣已经像层皮一样冻在胳膊上,身体的灵活性完全丧失,非常怕撞到人,感觉摔一下身体就会像冰块一样破碎。手表还在工作,但是按键已经被冻死,无法切换运动方式,只好一直停留在游泳后的换项状态,跑到单位用热水冲才化开,结束运动。吃早饭时,手和胳膊冻得拿不住盘子……直到喝一口热牛奶才感觉回到了人间,才感觉身体

慢慢融化,慢慢有了脸部表情,那一刻才能真正体会到吃一口热饭太幸福了(如果你缺乏幸福感,只能说明你对自己不够狠)。

2019年我参加铁人三项比赛8场,组织疯狂铁人联赛3场,最长距离和最好成绩都是11月9日连云港226公里铁人三项比赛,用时12小时26分,刷新了我的大铁纪录。参加马拉松和越野赛事4场,最长距离为5月11日的478公里乌蒙山越野挑战赛,再次刷新了我的长距离越野跑纪录,成为山西省省历史上完赛距离最远的选手。也是国内少有的既完成478公里越野又完成226公里大铁的选手。

最开心的是今年龙龙和郭曦辰克服学习压力,参加了全国第二届青少年运动会的选拔,成功取得二青会铁人三项资格,代表山西省参加了芮城圣天湖的二青会铁人三项比赛,均取得了前八名的成绩。而为我奇迹般地获得了二青会铁人三项优秀教练的证书和二青会短视频制作二等奖的荣誉。作为一名业余爱好者,我这满腔热血七年如一日竭尽全力推广铁人三项运动付出终于有所回报。

2019年运动量,游泳246公里、骑行2399公里、跑步4500公里。经过一年的征战,2019年疯狂铁人三项运动协会(太原市铁人三项运动协会)在中国铁人三项运动协会的全国161个团队年度赛事积分排名第5名。

2019年还留下了太多太多想完成的事情,没想到就这样匆匆而过了。对我而言,生命缺乏的不是精彩,而是创造精彩的时间。不要说什么向天再借五百年,只想认认真真地做好自己喜欢做的每一件事情,问心无愧就好!

2020年马上来了,没有什么可跨年的庆祝,只有满满的责任和压力。每天都想早点睡,每天都有做不完的事情,因为我们一直在努力!期待明天协会连续第七年举办的太原市第七届迎新年光猪健身跑一切顺利,让运动影响更多的朋友加入铁人三项运动中来,平安、阳光、健康、快乐地一起打铁到八十。

最后向一年来关心和支持我的朋友们、家人真心地说一声"感谢您在我生命中的每一天!"

一起打铁到八十

2020年，一切都会更美好

突如其来的疫情让2020年变得非常严峻。原来已经报名并办理好手续和机票的2月中国台湾三天完成三个大铁的计划因疫情而取消。8月的哈萨克斯坦大铁也变更到了明年。龙龙半月都在家学习，没有开学。体育经济跟很多行业一样都遭到了毁灭性打击。作为铁人，虽然不能外出参加比赛，不能组织大家比赛，但是这段工作不忙碌的时间也不能浪费，利用起来整理2013~2020年我的赛记，终于将《疯狂铁人ing——火力全开》完稿。

经过全国上下的共同努力，国内恢复了部分赛事，我也有幸参加了4场铁人三项比赛。最长距离和最好成绩是10月23日在山西壶口瀑布举办的120公里骑行加100公里越野跑的黄河英雄挑战赛，我作为首届唯一报名120公里骑行和100公里越野跑的选手，终于站上颁奖台，拿到了全场唯一一枚黄河英雄奖杯。

2020年运动量，游泳185公里、骑行3960公里、跑步3336公里。今年仅有的几场铁人三项赛，疯狂铁人也克服困难进行了有限的参与，2020年疯狂铁人三项运动协会（太原市铁人三项运动协会）在中国铁人三项运动协会的全国170个团队年度赛事积分排名第7。

2013年至2020年我总共游泳1778公里、骑行22860公里、跑步25926公里，八年时间平均每天游泳610米、骑行7.8公里、跑步8.88公里。《疯狂铁人ing》是我每一天运动的汗水与力量的积累，是冒着生命危险迎接一场又一场比赛的记录。作为一名热爱铁人三项运动和越野跑的业余爱好者，我可能并没有能力去改变世界甚至改变自己的生存环境。正如我在乌蒙山赛记中写的一样：

虽然我们完成了近500公里国内距离最长、难度最大的比赛，但生活还要继续，我们依然是最底层最普通的人，不管是一路的伤痛、疲劳还是喜悦，

比赛结束都将回到起点。因为生活还要继续，我们可以是自己的千里马，但在别人眼里你可能还是那头个性倔强的驴、任人宰割的猪、累死累活的牛、摇头摆尾的狗，无所谓别人怎么看我们，只要心中有梦想，我们终究会成为不可战胜的红军，百折不挠永远向前、向前……

"一起打铁到八十，生命不息、运动不止！"将这句太原市铁人三项运动协会的口号再次分享给大家，希望这本书里记载的微不足道的正能量能够给您的生活带来一点点变化。

运动起来吧，朋友。因为运动能够让我们活得更加幸福、活得更加自信、活得更加有成就感！

附　表

2013～2020年山西速豹疯狂铁人三项运动协会在中国铁人三项运动协会年度积分排名

年度（年）	名次（名）	全国铁人三项团队总数（队）
2013	11	81
2014	2	107
2015	2	133
2016	3	135
2017	4	123
2018	2	142
2019	5	161
2020	7	170

截至2020年山西籍完赛226公里铁人三项选手名单

姓名	性别	参赛次数	赛事名称	最好成绩	目前所在地区
常江	男	6	2014年马来西亚兰卡威、2015年中国台湾垦丁、2018年澳大利亚凯恩斯、2019年中国广德、2019年中国连云港大铁、2020年中国连云港大铁	2019年连云港大铁12小时22分	太原
孙世怡	女	6	2016年澳大利亚凯恩斯、2017年南非、2017年美国KONA、2018年美国KONA、2019年德国法兰克福、2019年美国KONA	2017年美国KONA13小时41分	北京

续表

姓名	性别	参赛次数	赛事名称	最好成绩	目前所在地区
朱风云	男	2	2014年马来西亚兰卡威、2019年中国广德	2019年中国广德11小时49分54秒	北京
贾玉才	男	2	2018年德国roth、2019年广德	2019年中国广德12小时37分39秒	北京
罗晶宇	男	1	2014年马来西亚兰卡威	2014年马来西亚兰卡威11小时5秒	太原
胡琛昊	男	1	2018年中国台湾澎湖	2018年中国台湾澎湖12小时21分（游泳距离不足）	太原
姜维	男	1	2017年中国台湾澎湖	2017年中国台湾澎湖16小时40分	太原
杨建军	男	1	2019年中国广德大铁	2019年中国广德12小时41分56秒	太原
吴国新	男	1	2019年中国广德大铁	2019年中国广德15小时44分50秒	太原
张铁娃	男	1	2020年中国连云港大铁	2020年中国连云港大铁14小时53分	阳泉
贾宝贵	男	1	2020年中国连云港大铁	2020年中国连云港大铁14小时54分	运城
张红卫	男	1	2020年中国连云港大铁	2020年中国连云港大铁16小时14分	朔州
李永鹏	男	1	2020年中国连云港大铁	2020年中国连云港大铁16小时39分	临汾
武晨	男	1	2020年中国连云港大铁	2020年中国连云港大铁15小时53分	太原
谢晓军	男	1	2020年中国连云港大铁	2020年中国连云港大铁17小时37分	运城

截至2020年山西省完成330公里以上越野跑选手名单

姓名	性别	完赛次数	赛事名称	目前所在地区
常江	男	3	2017年新疆喀纳斯330公里越野、2018年意大利330公里巨人之旅、2019年乌蒙山478公里越野赛	太原
王志英	女	1	2019年乌蒙山330公里越野	太原
苏保文	男	2	2018年乌蒙山330公里越野、2019年乌蒙山330公里越野	太原
马强	男	1	2018年800流沙（400公里）	太原
王峰	男	1	2018年800流沙（400公里）	长治

2013～2020年常江个人训练量

单位：公里

年度	项目	1月	2月	3月	4月	5月	6月	7月	8月	9月	10月	11月	12月	合计
2013年	游泳	15	21	26.2	36.9	28	23.7	14.4	20.2	25.7	20	34	7	272.1
	骑行		8	281	319	614	671	1046	282	447	280	30	141	4119
	跑步			102	141	300	186	116	259	507	282	403	264	2560
2014年	游泳	5.3	23.6	26	12.2	9.8	14	6	20.7	21.8	18.7	5.7	6	169.8
	骑行		223	392	568	217	424	308	790	424	182		40	3568
	跑步	348	326	247	283	241.3	179	237	254	177	211	199	152	2854.3
2015年	游泳	12.5	21.4	18.6	9.2	12.2	24.9	20.4	18.9	15.8	16.2	8.3	9	187.4
	骑行	45	392	443	285	148	371	280	287	353	174	37	56	2871
	跑步	271	180	207	190	110	257	240	156	231	234	421	295	2792
2016年	游泳	10.5	17.4	6.7	7.2	6.3	31.3	21.8	16.8	24.2	19	17.9	22.9	202
	骑行	90	191	131	122	329	524	598	276	286	284	102	55	2988
	跑步	274	218	369	308	181	208	177	122	380	158	211	94	2700
2017年	游泳	37.5	15.6	20.4	7.4	16.2	7.7	15.6	14.5	9.6	9.6	28.3	49.3	231.7
	骑行	125	50	191	144	173	278	233	216	150	217	202	27	2006
	跑步	160	227	243	157	146	371	155	98	202	251	324	214	2548

续表

年度	项目	1月	2月	3月	4月	5月	6月	7月	8月	9月	10月	11月	12月	合计
2018年	游泳	44.1	38.6	22.1	20.7	31.3	18.5	15.8	11.5	9.2	25.4	18.7	28.6	284.5
	骑行			119	328	188	196	51	40		27			949
	跑步	272	422	400	320	325	281	363	331	671	386	419	446	4636
2019年	游泳	41.9	40.8	24.5	10	8.9	26.8	20.8	20.8	8	25.2	9.6	8.4	245.7
	骑行			46	71	14	440	226	487	308	377	298	132	2399
	跑步	330	382	535	240	709	379	281	246	266	310	433	389	4500
2020年	游泳	23.3	0.5	4.2	12.9	15	31.9	19.5	16.2	19.3	17.8	12.5	11.7	184.8
	骑行	393	555	451	352	302	177	307	356	201	424	250	192	3960
	跑步	330	363	383	332	334	324	163	165	182	297	265	198	3336
累计	游泳	190.1	178.9	148.7	116.5	127.7	178.8	134.3	139.6	133.6	151.9	135	142.9	1778
	骑行	653	1419	2054	2189	1985	3081	3049	2734	2169	1965	919	643	22860
	跑步	1985	2118	2486	1971	2346.3	2185	1732	1631	2616	2129	2675	2052	25926.3

2013～2020年常江参加的赛事及评价

赛事名称	距离（公里）	成绩（用时）	赛道难度	组织能力	推荐指数
2013年4月13日成都金堂国际铁人三项赛	51.5	2h56′	★★	★★★	★★★
2013年6月11日北京金山岭长城马拉松	42.2	5h11′	★★★	★★★	★★★
2013年6月22日宁夏石嘴山全国铁人三项锦标赛	51.5	2h47′	★★	★★★	★★
2013年7月20日甘肃嘉峪关国际铁人三项赛	51.5	2h47′	★★	★★★	★★★★
2013年8月10日太原铁人两项赛	5.5	0h34′	★	★★	★★★
2013年8月18日宿迁铁人四项比赛	58	关门	★★★★	★★	★★
2013年9月8日黄河金岸吴忠马拉松	42.2	3h59′	★	★★★	★★★★
2013年9月28日威海国际长距离铁人三项赛	103	6h22′	★★★★★	★★★	★★★★★
2013年10月13日梅州雁鸣湖国际铁人三项赛	51.5	2h58′	★★★★	★★	★★★
2013年10月19日北京国际马拉松	42.2	3h53′	★	★★★★	★★★★★
2013年12月1日上海国际马拉松	42.2	3h45′	★	★★★★	★★★★
2013年12月14日太原二龙山骑跑两项赛	20	58′	★★	★★	★
2014年1月1日太原迎新年元旦光猪健身跑	5	30′	★	★★★	★★★★
2014年1月16日香港100公里国际越野赛	100	22h3′	★★★	★★★★★	★★★★★
2014年2月6日太原迎春纳福马拉松	42.2	3h45′	★★★	★★★	★★★★
2014年3月26日太原10小时越野耐力王挑战赛	72	9h56′	★	★★★	★★★

续表

赛事名称	距离（公里）	成绩（用时）	赛道难度	组织能力	推荐指数
2014年4月26日镇江"金山湖"国际铁人三项赛	51.5	2h37′	★★	★★★★	★★★★
2014年5月2日疯狂铁人联赛超级骑跑马拉松	112.2	7h34′	★★★★	★★★	★★
2014年5月10日成都金堂铁人三项世界杯赛	51.5	2h35′	★★	★★★	★★★
2014年5月24日北京TNF100公里国际越野赛	100	25h9′	★★★	★★★	★★★
2014年6月7日宁夏石嘴山国际铁人三项赛	51.5	2h35′	★★	★★★	★★
2014年6月22日重庆长寿湖国际铁人三项邀请赛	51.5	3h13′	★★★	★★★★★	★★★★★
2014年7月5日安徽池州海峡杯铁人精英赛	51.5	2h43′	★	★★★★	★★★★
2014年7月25日张掖百公里越野赛	105	26h33′	★★★★★	★★	★★
2014年7月26日嘉峪关铁人三项世界杯赛	51.5	2h50′	★★	★★★★★	★★★★★
2014年8月9日太原勇闯天涯越野赛	13	1h7′	★	★★	★★
2014年9月7日北戴河铁人三项比赛	51.5	2h36′	★	★★	★★★
2014年9月13日太原国际马拉松	42.2	3h39′	★★	★★★	★★★
2014年9月20日威海长距离铁人三项世界锦标赛	144	8h30′	★★★★★	★★★★★	★★★★★
2014年9月27日马来西亚兰卡威226公里Ironman	226	13h3′	★★★★★	★★★	★★★
2014年10月19日杭州富阳全国业余铁人三项积分赛	51.5	2h40′	★★	★★★	★★★★

361

续表

赛事名称	距离（公里）	成绩（用时）	赛道难度	组织能力	推荐指数
2014年11月2日上海国际马拉松	42.2	3h32′	★	★★★★	★★★★
2014年11月30日中国香港168公里越野赛	168	退赛	★★★★	★	★★
2015年1月24日冬朝五台山	35	11h11′	★★★★★		★★
2015年3月15日无锡国际马拉松	42.2	3h28′	★	★★★★	★★★★★
2015年3月24日太原迎春纳福马拉松	42.2	3h47′	★★	★★	★★★★
2015年3月29日汇添富南京山地越野马拉松	42.2	4h46′	★★	★★★★★	★★★★★
2015年4月13日中国台湾垦丁226公里Ironman	226	12h46′	★★★★★	★★★	★★★★★
2015年4月18日大连100公里越野赛	100	21h32′	★★★	★★★★	★★★★★
2015年5月9日成都金堂铁人三项世界杯赛	25.75	1h17′	★	★★★★★	★★★★★
2015年5月30日河南睢县全国铁人三项精英赛	25.75	1h15′	★	★★★	★★★★
2015年6月13日兰州马拉松	42.2	3h53′	★★★	★★★★★	★★★★★
2015年6月29日太原森林公园半程马拉松	21.1	1h44′	★	★★	★★★
2015年7月4日宁夏石嘴山国际铁人三项赛	25.75	1h16′	★	★★★	★★★
2015年7月25日第零届大五台越野赛	51	16h35′			★★★★★
2015年8月8日哈尔滨全国铁人三项锦标赛	25.75	1h16′	★	★★★	★★★★
2015年8月23日泰州全国业余铁人三项积分赛	51.5	2h35′	★	★★★	★★★★

续表

赛事名称	距离（公里）	成绩（用时）	赛道难度	组织能力	推荐指数
2015年9月12日威海长距离铁人三项世界系列赛	103	6h39′	★★★★★	★★★★★	★★★★★
2015年9月20日北京国际马拉松	42.2	3h25′	★	★★★	★★★★
2015年10月17日重庆长寿湖国际铁人三项赛	25.75	1h22′	★★★	★★★★★	★★★★★
2015年10月24日杭州富阳全国业余铁人三项积分赛	51.5	2h42′	★★	★★★	★★★★
2015年11月28日第一届三峡168公里超级越野赛	168	关门	★★★★★	★★★★	★★★
2015年12月5日深圳国际马拉松	42.2	4h29′	★	★★★	★★★★
2015年12月6日广州国际马拉松	42.2	5h2′	★	★★★★★	★★★★★
2016年3月12日问道杭州100公里越野赛	100	21h19′	★★★	★★★★	★★★★
2016年3月20日无锡国际马拉松	42.2	3h38′	★★	★★★★	★★★★★
2016年3月27日郑开马拉松	42.2	4h40′	★★	★	★★
2016年4月2日太原玉泉山越野挑战赛	33.5	4h25′	★	★★★	★★
2016年4月23日大连100公里越野赛	100	30′	★★★	★★★★	★★★★
2016年5月20日青岛崂山50公里越野赛	50	10h37′	★★★★	★★★★	★★★★★
2016年7月3日宁夏石嘴山全国铁人三项冠军杯赛	25.75	1h17′	★	★★★	★★★
2016年8月7日大庆全国铁人三项积分赛	25.75	1h23′	★	★★★	★★★★

续表

赛事名称	距离（公里）	成绩（用时）	赛道难度	组织能力	推荐指数
2016年8月28日中国铁人三项联赛——绥中东戴河站	25.75	1h16′	★	★★★	★★★★
2016年9月10日威海长距离铁人三项世界系列赛	51.5	2h59′	★★★★★	★★★★★	★★★★★
2016年9月11日威海长距离铁人三项世界系列赛	103	6h31′	★★★★★	★★★★★	★★★★★
2016年9月16日太原国际马拉松	42.2	3h45′	★★	★★★★	★★★★
2016年9月17日北京国际马拉松	42.2	4h33′	★	★★★★	★★★★
2016年9月24日重庆长寿湖全国铁人三项锦标赛	51.5	2h44′	★★★	★★★★★	★★★★★
2016年10月17日合肥70.3Ironman	113	5h24′	★★	★★★	★★
2016年10月23日杭州富阳全国铁人三项积分赛	25.75	1h19′	★	★★★	★★★
2016年10月30日上海国际马拉松	42.2	4h27′	★	★★★★	★★★★
2016年11月2日第二届三峡168公里超级越野赛	168	关门	★★★★★	★★★★	★★★
2016年11月14日厦门70.3Ironman	113	5h56′	★★	★★★	★★★★
2017年3月19日重庆国际马拉松	42.2	4h46′	★	★★★★	★★★★★
2017年4月1日柳州70.3Ironman	113	5h20′	★★	★★★	★★★
2017年4月9日太原玉泉山越野挑战赛	33.5	3h43′	★	★★★	★★★
2017年4月30日华瑞疯狂铁人联赛第二站比赛	21	组织	★	★★★	★★★

续表

赛事名称	距离（公里）	成绩（用时）	赛道难度	组织能力	推荐指数
2017年5月20日青岛崂山50公里越野挑战赛	50	9h27′	★★★★	★★★★	★★★★
2017年6月3日中国铁人三项联赛——江苏泰州	25.75	1h19′	★	★★★	★★★
2017年6月15日喀纳斯330公里越野挑战赛	330	108h57′	★★★★★	★★★	★★
2017年7月1日中国铁人三项联赛——绥中东戴河	25.75	1h19′	★	★★★★	★★★★
2017年7月8日太原龙城60公里越野赛	60	13h18′	★★★	★★★★	★★★★
2017年7月23日磴口铁人三项赛	25.75	1h21′	★	★★	★★
2017年7月30日中国铁人三项联赛——黑龙江大庆	25.75	1h18′	★	★★★★	★★★★★
2017年8月12日中国铁人三项联赛——甘肃嘉峪关	25.75	1h19′	★	★★★	★★★★★
2017年8月20日易水湖铁人三项比赛	51.5	2h43′	★★★	★★★	★★★★
2017年8月26日华瑞疯狂铁人联赛第三站	33.2	组织	★★★	★★★	★★★
2017年9月10日太原国际马拉松	42.2	4h31′	★★	★★★★	★★★★
2017年9月18日北京国际马拉松	42.2	5h15′	★	★★★★	★★★★
2017年9月30日威海超级铁人三项比赛	51.5	3h7′	★★★★★	★★★★★	★★★★★
2017年10月1日威海超级铁人三项比赛	128	9h43′	★★★★★	★★★★★	★★★★★
2017年10月6日华瑞疯狂铁人联赛总决赛	21.8	组织	★★★★	★★★	★★★★★

365

续表

赛事名称	距离（公里）	成绩（用时）	赛道难度	组织能力	推荐指数
2017年10月14日秋朝五台山	30	7h50′	★★★		★★★★
2017年10月29日中国铁人三项联赛——杭州富阳	25.75	1h20′	★	★★★	★★★★
2017年11月5日中国铁人三项联赛——宁波东钱湖	25.75	1h22′	★★	★★★	★★★
2017年11月12日厦门70.3Ironman	113	5h40′	★★	★★★★	★★★★
2017年11月23日第三届三峡168公里超级越野赛	168	关门	★★★★★	★★★	★★★
2018年1月1日迎新年半程马拉松	21.1	1h49′	★	★★	★★★
2018年3月4日华瑞疯狂铁人联赛第一站	5.3	组织	★	★★★	★★★★
2018年3月9日UTMB高黎贡160公里越野	160	38h59′	★★★★	★★★★	★★★
2018年4月1日太原玉泉山越野	25	3h11′	★	★★★★	★★★
2018年4月15日太原美骑100公里	100	5h20′	★★★	★★	★
2018年5月27日中国铁人三项联赛——河南睢县	51.5	2h29′	★	★★★	★★★★
2018年6月10日澳大利亚凯恩斯226公里Ironman	226	12h38′	★★★★	★★★	★★★★
2018年7月1日中国铁人三项联赛——绥中东戴河	51.5	2h32′	★	★★★	★★★★
2018年7月7日夏朝五台山	63	16h54′	★★★		★★★★

续表

赛事名称	距离（公里）	成绩（用时）	赛道难度	组织能力	推荐指数
2018年7月22日中国铁人三项联赛——大庆铁人三项接力赛	51.5	龙龙	★	★★★★	★★★★★
2018年7月27日内蒙古磴口海峡杯黄河铁人三项赛	51.5	龙龙	★	★★★	★★
2018年8月19日阿拉善乌兰布和沙漠超级铁人三项	51.5	2h45′	★	★★	★★★
2018年8月26日速豹疯狂铁人第三站	19.8	组织	★★★★★	★★★	★★★★★
2018年9月10日意大利330公里巨人之旅国际越野赛	330	145h10′	★★★★★	★★★★★	★★★★★
2018年9月16日天津团泊湖铁人三项比赛	51.5	龙龙	★★	★★	★★★
2018年10月23日江西德兴铁人三项赛	9.8	33′	★	★★★★	★★★★★
2018年10月28日宁波东钱湖中国铁人三项联赛总决赛	25.75	1h17′	★★	★★★★	★★★★
2019年3月15日黄山170公里雷越野赛	170	46h58′	★★★★	★★★★	★★★★★
2019年4月6日济南50公里越野赛	50	12h12′	★★	★★★	★★★★
2019年4月21日中国铁人三项联赛——江西德兴	25.75	1h21′	★	★★★★	★★★★★
2019年5月11日乌蒙山478公里越野赛	478	163h3′	★★★★★	★★★★	★★★★
2019年6月8日速豹疯狂铁人联赛第一站	25	组织	★★	★★★	★★★
2019年7月14日中国铁人三项联赛——河北衡水	51.5	2h34′	★	★★★	★★★

续表

赛事名称	距离（公里）	成绩（用时）	赛道难度	组织能力	推荐指数
2019年7月21日速豹疯狂铁人联赛第二站	10.5	组织	★	★★★★	★★★★
2019年7月7日嘉峪关铁人三项戈壁挑战赛	51.5	$2h52'$	★★	★★★	★★★★
2019年8月2日山西运城圣天湖二青会铁人三项决赛	25.75	优秀教练	★	★★★	★★
2019年9月15日西安70.3 Ironman	111	$5h29'$	★	★★★	★★★
2019年9月22日威海超级铁人三项赛	125	$8h$	★★★★★	★★★★	★★★★★
2019年9月9日太原国际马拉松	42.2	$4h4'$	★★	★★★★	★★★★
2019年10月20日安徽广德226公里大铁	226	$13h58'$	★★★★	★★★★	★★★★★
2019年11月9日连云港226公里大铁	226	$12h26'$	★★★	★★★★★	★★★★
2019年12月1日汕头中国铁人三项联赛总决赛	51.5	$2h39'$	★★	★★★	★★★★★
2020年10月17日连云港226公里大铁	226	$13h4'$	★★★	★★★★★	★★★★★
2020年10月23日黄河英雄挑战赛	220	$30h50'$	★★★★★	★★★★	★★★
2020年11月8日舟山群岛铁人三项赛	51.5	$2h46'$	★★★	★★★★★	★★★★
2020年11月15日东台条子泥湿地铁人三项公开赛	51.5	$2h48'$	★★	★★★	★
共计133场	9598.65				

注：以上赛事全部有赛事日志，内容太多没有全部出版，感兴趣的朋友可关注微信公众号"速豹疯狂铁人ing"。赛事评价是以同一种运动赛事的同组别比赛来进行对比的评价结果。